böhlau

Ines Hopfer

GERAUBTE IDENTITÄT

Die gewaltsame „Eindeutschung"
von polnischen Kindern in der NS-Zeit

BÖHLAU VERLAG WIEN · KÖLN · WEIMAR

Gedruckt mit Unterstützung durch

den Fonds zur Förderung der wissenschaftlichen Forschung F LUF Der Wissenschaftsfonds.

die Universität Graz

Umschlagabbildung: Julia S. im Zuge der „rassischen" Untersuchungen in Litzmannstadt. Archiv des Institutes des Nationalen Gedenkens (Instytut Pamięci Narodowej)), ZB Fotograffii, UWZ 64, Julia S., Sign. 12063 I-III.

Umschlagentwurf: Judith Mullan

Bibliografische Information der Deutschen Nationalbibliothek:
Die Deutsche Nationalbibliothek verzeichnet diese Publikation in der Deutschen Nationalbibliografie; detaillierte bibliografische Daten sind im Internet über http://dnb.d-nb.de abrufbar.

ISBN 978-3-205-78462-3

Gedruckt auf umweltfreundlichem, chlor- und säurefrei gebleichtem Papier

Druck: General, HU-6726 Szeged

Für meine Großeltern ...

„Wir sind alle durch diese Erlebnisse, die heute nicht mehr zu begreifen sind, befangen. (…) Bei mir sind Ängste geblieben, Angst, dass ich nur zuhören muss, dass ich alles akzeptieren muss. Das waren die Nachfolgen von diesen psychischen Erlebnissen. (…) So meine ich das heute, als ein bisschen klüger als damals."

Eine Betroffene (April 2004)

Inhalt

Einleitung

„Alles gute Blut auf der Welt, alles germanische Blut, was nicht auf deutscher Seite ist, kann einmal unser Verderben sein. Es ist deswegen jeder Germane mit bestem Blut, den wir nach Deutschland holen und zu einem deutschbewussten Germanen machen, ein Kämpfer für uns, und auf der anderen Seite ist einer weniger. Ich habe wirklich die Absicht, germanisches Blut zu holen, zu rauben und zu stehlen, wo ich kann."[1]

Tausende polnische Kinder wurden aufgrund ihres „arischen" Erscheinungsbildes aus ihrer vertrauten Umgebung verschleppt und in das „Altreich" und in die „Ostmark" deportiert. Diese zwangsweise „Eindeutschung"[2] von Jungen und Mädchen aus Polen stellt eine Symbiose von „rassen"-, „volkstums"- und bevölkerungspolitischen Inhalten dar und machte so den Weg für Heinrich Himmlers Visionen frei. Der Reichsführer-SS und „Reichskommissar für die Festigung deutschen Volkstums" gilt als zentrale Figur, die den Raub und die zwangsweise Überführung dieser Kinder forcierte, um ihre Idee vom „Großgermanischen Reich" zu verwirklichen.[3] Die Vision vor Augen, dem „deutschen Volk" einen „wertvollen Bevölkerungszuwachs" zu liefern, wurden unzählige nichtdeutsche Kinder „rassenbiologisch", gesundheitlich und psychologisch getestet und nach positiver Bewertung als „eindeutschungsfähig" beurteilt. In speziellen Anstalten wurden die Betroffenen mit spezifischen „Eindeutschungsmaßnahmen" konfrontiert, um als „krönender Abschluss" dieses Verfahrens in eine deutsche Familie vermittelt zu werden. Die Integration in diese „Ersatzfamilien" verlief allerdings unterschiedlich: So wurden einige Kinder von ihren Pflegestellen als Arbeitskräfte ausgenutzt, andere Familien hingegen gaben den ausländischen Pfle-

---

1   Rede Heinrich Himmlers am 8.11.1938 vor den SS-Gruppenführern bei einer Gruppenführerbesprechung im Führerheim der SS-Standarte „Deutschland". Zit. nach Bradley F. Smith, Agnes F. Peterson (Hg.), Heinrich Himmler. Geheimreden 1933 bis 1945 und andere Ansprachen (Frankfurt/Main, Berlin, Wien, 1974), S. 38.

2   Um den historischen Kontext zu wahren, werden in der vorliegenden Studie bewusst die Termini „Eindeutschung", „eingedeutschte" bzw. „einzudeutschende" Kinder verwendet – diese Bezeichnungen treten in den zeitgenössischen Unterlagen auf. Der Begriff der „Germanisierung" in all seinen sprachlichen Variationen wurde von den verantwortlichen Dienststellen des „Eindeutschungsverfahrens" bzw. deren Vertretern nicht verwendet.

3   Das Schicksal der im Deutschen Reich von Zwangsarbeiterinnen geborenen Kinder sowie der zur Zwangsarbeit deportierten Jugendlichen wird nicht untersucht – auch bei diesen Gruppen wurden diverse „Eindeutschungsversuche" vorgenommen, sie unterscheiden sich allerdings grundlegend von der in der vorliegenden Darstellung untersuchten Thematik.

gekindern ein herzliches Zuhause. Infolgedessen lehnten manche Jungen und Mädchen nach Kriegsende die Repatriierung in ihre ursprüngliche Heimat ab.

Die gewaltsame „Eindeutschung" war nicht auf Jungen und Mädchen aus Polen beschränkt – auch Kinder anderer Nationalitäten waren davon betroffen. Ablauf und Umfang dementsprechender Verfahren sind zwar nicht mit der Operation in Polen zu vergleichen, sie machen allerdings die generelle Strategie der zwangsweisen „Eindeutschung" deutlich.[4]

FORSCHUNGSSTAND

Unzählige wissenschaftliche Publikationen haben sich bereits mit der Thematik „Kindheit im Nationalsozialismus" auseinandergesetzt, Darstellungen über die Verfolgung von Kindern und Jugendlichen durch das NS-Regime sind mannigfach vorhanden und leisten beträchtliche Aufklärungsarbeit. Eine ausführliche Untersuchung der gewaltsamen „Eindeutschung" von polnischen Kindern, die in die „Ostmark" verschleppt wurden, stellt im deutschen Sprachraum allerdings ein beträchtliches Forschungsdesiderat dar.

Im Jahr 1981 erschien im deutschen Sprachraum die ins Deutsche übersetzte polnische Publikation von Roman Hrabar,[5] Zofia Tokarz und Jacek Wilczur.[6] Das Autoren-

---

4 Eine Darstellung zur „Eindeutschung" von Kindern aus der Oberkrain, Untersteiermark, Tschechien, Rumänien und Russland ist in Volker Koops Monographie „Dem Führer ein Kind schenken". Die SS-Organisation Lebensborn e.V. (Köln, Weimar, Wien, 2007), S. 149–166 zu finden.

5 Roman Hrabar gehörte zu den ersten polnischen Autoren, die die zwangsweise „Eindeutschung" von Kindern an die Öffentlichkeit brachte. Er publizierte zahlreiche Bücher über diese Thematik, u. a. Roman Hrabar, Hitlerowski rabunek dzieci polskich (1939–1945) (Katowice, 1960); Roman Hrabar, Jakim prawem? (Katowice, 1962); Roman Hrabar, „Lebensborn" czyli źródło życia (Katowice, 1976). Neben Hrabar sind noch die polnischen Autoren Jozef Wnuk und Kyril Sosnowski zu nennen. Wnuks Publikationen: Jozef Wnuk, Dzieci polskie oskarżają (Lublin, 1975) sowie Jozef Wnuk, Losy dzieci polskich w okresie okupacji hitlerowskiej (Warszawa, 1980). Sosnowski befasste sich, wie Hrabar, bereits Anfang der Sechzigerjahre mit dem Schicksal „eingedeutschter" polnischer Kinder: Kyril Sosnowski, Ohne Mitleid. Dziecko w systemie hitlerowskim (Poznan, 1962), darin findet sich im Anhang eine beachtliche Quellensammlung. Die Publikation wurde 1983 ins Englische übersetzt: Kyril Sosnowski, The Tragedy of children under Nazi Rule (New York, 1983). Weiters empfehlenswert ist der Aufsatz von Anastazy Nadolny, der auf zahlreichen Quellenbelegen fußt und sich insbesondere mit der Repatriierung polnischer „eingedeutschter" Kinder beschäftigt: Anastazy Nadolny, Polskie sieroty i dzieci samotne w Austrii po II wojnie światowej. In: Przegląd Zachodni, 40. Jg., Nr. 2 (1984), S. 87–110.

6 Roman Hrabar, Zofia Tokarz, Jacek E. Wilczur, Kinder im Krieg – Krieg gegen Kinder. Die Geschichte der polnischen Kinder 1939–1945 (Hamburg, 1981) bzw. Roman Hrabar, Zofia Tokarz, Jacek E. Wilczur, Czas niewoli czas śmierci. Martyrologia dzieci polskich w okresie okupacji hitlerowskiej (Warszawa, 1979).

trio analysiert die Geschichte der polnischen Kinder im Zweiten Weltkrieg. In einem Kapitel wird die planmäßige „Raub- und Germanisierungsaktion" in Polen behandelt – der Schwerpunkt der Untersuchung ist in den gesetzlichen Rahmenbedingungen sowie in den Methoden der „Eindeutschungsaktion" aus polnischer Sicht zu finden. Auf die „Ostmark" als Schauplatz der „Eindeutschung" wird nicht detailliert eingegangen. Vier Jahre später widmet Georg Lilienthal dem „Eindeutschungsverfahren" im Rahmen seines Standardwerks über den SS-Verein „Lebensborn"[7] ein Kapitel, er beschränkt sich jedoch hierbei auf die Involvierung des SS-Vereins. Lilienthal publizierte allerdings im Jahr 1993 einen Aufsatz über die Thematik in der Reihe der „Dachauer Hefte", der einen prägnanten Überblick über die „Aktion" bietet und den planmäßigen Ablauf des Verfahrens dokumentiert.[8] Hans-Christian Harten untersucht in seiner Publikation „De-Kulturation und Germanisierung. Die nationalsozialistische Rassen- und Erziehungspolitik in Polen 1939–1945" aus dem Jahr 1996 die faschistische Besatzungspolitik in Polen, er reißt die „Eindeutschung" polnischer Kinder nur fragmentarisch an.[9] Drei Jahre später wurde an der Universität Innsbruck von Elisabeth Märker eine Dissertation mit dem Titel „Rassisch wertvoll. Die positive Eugenik: Ihre Handhabung am Beispiel des Lebensbornvereins im ‚Heim Alpenland' und ‚Heim Wienerwald'" eingereicht.[10] Die Inhalte und Forschungsergebnisse dieser Doktorarbeit konnten für Recherche und Aufbereitung dieses Buches allerdings nicht verwendet werden. Märkers Arbeit war aus unerklärbaren Gründen gesperrt und infolgedessen nicht verfügbar. Auch eine Zusammenarbeit lehnte Märker ab.

Isabel Heinemann befasst sich in ihrer breit angelegten Studie über das „Rasse- und Siedlungshauptamt der SS" in einem Unterkapitel mit der „Eindeutschung" von „gutrassigen" Kindern in den besetzten Gebieten Europas,[11] ihre Untersuchung fußt auf zahlreichen Quellenbelegen und liefert dem Leser einen umfassenden Einblick in diese

---

7   Georg Lilienthal, Der „Lebensborn e.V.". Ein Instrument nationalsozialistischer Rassenpolitik (= Forschungen zur neueren Medizin- und Biologiegeschichte 1, Stuttgart, New York, 1985). Erweiterte Neuausgabe, veröffentlicht im Fischer Taschenbuch Verlag, Georg Lilienthal, „Der Lebensborn e.V.". Ein Instrument nationalsozialistischer Rassenpolitik (Frankfurt/Main, 2003).

8   Georg Lilienthal, Kinder als Beute des Rassenkriegs. Der „Lebensborn e.V." und die Eindeutschung von Kindern aus Polen, der Tschechoslowakei und Jugoslawien. In: Die Verfolgung von Kindern und Jugendlichen (= Dachauer Hefte 9, 1993), S. 181–196.

9   Hans-Christian Harten, De-Kulturation und Germanisierung. Die nationalsozialistische Rassen- und Erziehungspolitik in Polen 1939-1945 (Frankfurt, New York, 1996).

10   Elisabeth A. Märker, „Rassisch wertvoll". Die positive Eugenik: Ihre Handhabung am Beispiel des Lebensbornvereins im „Heim Alpenland" und „Heim Wienerwald" (Dissertation, Innsbruck, 1999).

11   Isabel Heinemann, „Rasse, Siedlung, deutsches Blut". Das Rasse- und Siedlungshauptamt der SS und die rassenpolitischen Neuordnungen Europas (= Moderne Zeit. Neue Forschungen zur Gesellschafts- und Kulturgeschichte des 19. und 20. Jahrhunderts Bd. II, Göttingen, 2003), S. 508–533.

Thematik. Auch in Volker Koops Studie über den SS-Verein „Lebensborn"[12] wird der zwangsweise Raub von polnischen Kindern thematisiert. Koop stützt sich in dieser Thematik einerseits auf Lilienthals Forschungsergebnisse, andererseits bemüht sich der Autor, dem Leser durch eine sorgfältige Quellenrecherche ein umfangreiches Bild über das „Eindeutschungsverfahren" zu vermitteln: Anhand der Aussagen von Klara Keit, der ehemaligen Leiterin der Heimschule in Achern, wird die Deutsche Heimschule Achern als „Eindeutschungsstation" kurz vorgestellt, auch die zwangsweise Verschleppung „einzudeutschender" Kinder in die „Ostmark" wird im Zuge eines Quellenbeleges[13] angedeutet, allerdings geht Koop nicht weiter auf das Verfahren im Reichsgau Salzburg ein.[14]

Diese doch recht kurze Auflistung zeigt deutlich, dass das gewaltsame „Eindeutschungsverfahren" der Nationalsozialisten im deutschen Sprachraum bis dato kaum Beachtung fand.[15] Auf die „Ostmark" als Schauplatz der „Eindeutschung" wird nur äußerst marginal eingegangen. Ablauf und Umfang der „Aktion" werden thematisiert, die Betroffenen, sofern sie namentlich bekannt sind, wurden von deutschsprachigen WissenschafterInnen allerdings bis heute nie befragt.

Im vorliegenden Buch kommen die ehemaligen „eingedeutschten" Männer und Frauen erstmals zu Wort und erzählen ihre Sichtweise dieser gewaltsamen „Aktion" und von ihrem Schicksal, das sie in die „Ostmark" führte. ZeitzeugInnen aus Österreich, die direkt[16] bzw. indirekt[17] mit den „eingedeutschten" Kindern Kontakt hatten, schildern ihre Eindrücke und Erinnerungen. Die „Ostmark" als Schauplatz der „Eindeutschung" wird bewusst ins Zentrum der Analyse gestellt.

Zeitgenössische Befehle und Anordnungen geben einen Einblick in das planmäßige Verfahren, das dem Raub von Tausenden Kindern zugrunde lag. Aussagen von Betrof-

---

12 Koop, Führer.
13 Quellenbeleg Nr. 66, auf Seite 172. „BA Berlin, NS 48/30, Der Höhere SS- und Polizeiführer Salzburg, Liste der im Gau Salzburg angesetzten Wiedereindeutschung Salzburg, 5. Oktober 1943". Vgl. Koop, Führer, S. 172, 289.
14 Vgl. Koop, Führer, S. 172.
15 Frank Berger und Beatrice Weise leisteten beträchtliche Pionierarbeit im audiovisuellen Bereich und haben das Verfahren der zwangsweisen „Eindeutschung" von polnischen Kindern medial für das Fernsehen in Form einer einstündigen Dokumentation aufbereitet: „Zwangsweise deutsch. Als Kind von der SS verschleppt". Erstmalig gesendet am 8. März 2002 im WDR, weiterer Sendetermin am 26. März 2004 im WDR.
16 Mitglieder der Familien, bei denen die polnischen Jungen und Mädchen untergebracht waren, Freunde und Nachbarn.
17 Hierbei sind jene Personen zu zählen, die nahe des „Lebensborn"-Heimes „Alpenland" wohnten. Den Bewohnern des Kinderheimes war der Kontakt mit der einheimischen Bevölkerung (mit Ausnahme von einer Familie) strengstens verboten, die Oberweiser Bürger konnten die Kinder während ihrer täglichen Aufmärsche beobachten.

fenen schärfen den Blick und machen die Sicht auch für das persönliche Empfinden der Betroffenen frei. Anhand von Interviews, Fragebögen, brieflichen Mitteilungen und Archivalien wird die Geschichte dieser Kinder lebensnah und naturgemäß exemplarisch, gleichsam „pars pro toto", untersucht. Aus diesem Grund stellten Aussagen von ZeitzeugInnen einen elementaren Bestandteil der vorliegenden Studie dar. Nur durch eine gemeinsame Aufbereitung und Gegenüberstellung von Archivgut und Erlebnisberichten ist das riesige Spektrum dieser gewaltsamen Operation annähernd rekonstruierbar.

Die Durchführung der Interviews, die dieser Arbeit zugrunde liegen, basiert auf den Techniken des „Narrativen Interviews" und des „Leitfaden-Interviews".[18] Die Gespräche stellen thematisch zentrierte Interviews dar, die über Antworten der Befragten auf spezifische Fragen der Interviewerin Auskunft gab.[19] Hierzu wurden gezielt Themenfelder (Leben vor der „Eindeutschung", Stationen der „Eindeutschung", Alltag in den „Eindeutschungsheimen" und bei den Pflegefamilien, Repatriierung) ausgewählt. Der Einstieg in die Gespräche erfolgte meist, sofern nicht von den GesprächspartnerInnen ein anderer Weg vorgegeben wurde, über einen biografischen Zugang, halboffen und narrativ.[20] Hierbei erging an die Personen die Aufforderung, kurz etwas aus ihrem Leben, beginnend mit Geburtsdaten, über ihre Schulbildung sowie den beruflichen Werdegang zu erzählen. Dadurch sollten die erste Unsicherheit und möglicherweise Nervosität vermindert, Erinnerungen entlang dieser Chronologie mobilisiert und ein freies Erzählen ermöglicht werden.

Alle geführten Interviews wurden auf Tonband oder Video aufgezeichnet und transkribiert.[21] Etwa die Hälfte der geführten Interviews fand in Polen statt. Ein Teil der in

---

18 Vgl. dazu Siegfried Lamnek, Qualitative Sozialforschung. Bd. 2. Methoden und Techniken (München, 1989), S. 68–80, S. 90, sowie Christel Hopf, Qualitative Interviews – ein Überblick. In: Uwe Flick, Ernst von Kardorff, Ines Steinke (Hg.), Qualitative Forschung. Ein Handbuch (Reinbek bei Hamburg, 2003), S. 349–360. Zu „Leitfaden-" und „Narrativen Interview" siehe auch Uwe Flick, Qualitative Sozialforschung, Theorie, Methode, Anwendung in Psychologie und Sozialwissenschaften (Reinbek bei Hamburg, 1998), S. 94–124.

19 Alle Interviews wurden von Ines Hopfer durchgeführt.

20 Alexander von Plato empfiehlt eine lebensgeschichtliche Anlage der Interviews, halboffen und narrativ. Vgl. Alexander von Plato, Erfahrungsgeschichte – von der Etablierung der Oral History. In: Gerd Jüttemann, Hans Thomae (Hg.), Biographische Methoden in den Humanwissenschaften (Weinheim, 1998), S. 60–75, hier S. 71; sowie derselbe Autor, Zeitzeugen und die historische Zunft. In: Zeitschrift für Bibliographieforschung und Oral History, 13 Jg., H. 1 (2000), S. 5–29, hier S. 21.

21 Da es sich nicht um eine sprachwissenschaftliche, sondern um eine historische Studie handelt, die sich mit den Inhalten der Interviews auseinandersetzt, ging es bei der Transkription vor allem um gute Verständlichkeit der Gespräche. Die Erzählungen der ZeitzeugInnen wurden möglichst wortgetreu wiedergegeben, aus Gründen der besseren Verständlichkeit wurde nach langer Überlegung davon Abstand genommen, die Erzählungen lautgetreu wiederzugeben. Die Verschriftung erfolgte aus diesem Grund

Polen lebenden ehemaligen „eingedeutschten" Kinder war der deutschen Sprache nicht
mehr mächtig, aus diesem Grund wurden diese Interviews auf Polnisch geführt. Die
Übersetzung in die deutsche Sprache erfolgte möglichst detailgetreu von Barbara Paciorkiewicz und Arno Wonisch. Übersetzung bedeutet allerdings auch Reduktion: durch
die Übersetzung vom Polnischen ins Deutsche fand unweigerlich eine Reduktion des
„Erzählten" statt, die zu Bedeutungsverschiebungen des Verbalen führen kann.

Die Auswahl der ZeitzeugInnen wurde nicht wahllos getroffen, mit Ausnahme von
Barbara Paciorkiewicz und Wiesława B. wurden nur Aussagen von Personen verwendet,
die sich zum damaligen Zeitpunkt in der „Ostmark" aufhielten: polnische Kinder, die
zu „Eindeutschungszwecken" in die „Ostmark" deportiert worden waren, Nachkommen
von Pflegeeltern, welche die „einzudeutschenden" Jungen und Mädchen bei sich zuhause aufgenommen hatten sowie BewohnerInnen des Ortes Oberweis, in dem sich das
„Lebensborn"-Heim „Alpenland" befunden hatte.[22]

Das Aufspüren der ZeitzeugInnen stellte ein sehr zeitintensives Unterfangen dar. Neben in- und ausländischen Medien, Archiven und Forschungsstätten wurden Kriegsop-
ferverbände, das Österreichische und das Polnische Rote Kreuz, die Polnische Botschaft,
der Österreichische Versöhnungsfonds, zahlreiche Gemeinden und Schulen, Jugendämter, Bezirkshauptmannschaften sowie Bezirksgerichte in Salzburg und Oberösterreich
kontaktiert. Die Stiftung „Polnisch-Deutsche Aussöhnung" in Warschau ermöglichte die
Versendung von Fragebögen an Betroffene,[23] der Łódźer Verein „Zrzeszenie Dzieci Polskich Germanizowanych przez reżim hitlerowski" stellte einen Kontakt mit Opfern des

---

auf Basis der Standardorthographie. Äußerungen, die nichts zur Erzählung beitragen, wie etwa „Hm"
oder „Ah", wurden ausgelassen, sofern sie bedeutungslos schienen, während ansonsten der Charakter
der Erzählungen durch möglichst originale Wiedergabe der Gespräche gewährleistet sein soll. Vgl. zur
Methodik Valerie Raleigh Yow, Recording Oral History. A Practical Guide for Social Scientists (Thousand Oaks, 1994), S. 227–233 sowie Sabine Kowal und Daniel C. O'Connel, Zur Transkription von Gesprächen. In: Uwe Flick, Ernst von Kardorff, Ines Steinke (Hg.), Qualitative Forschung. Ein Handbuch
(Reinbek bei Hamburg, 2003), S. 437–468.

22 Es muss betont werden, dass historische Interviews nicht repräsentativ sein können – ZeitzeugInnen
werden als „Betroffene" ausgewählt, als typische Vertreter ihrer Gruppe, jedoch nicht nach statistischen
Normen. Vgl. dazu Herwart Vorländer, Mündliches Erfragen von Geschichte. In: Vorländer Herwart,
Oral History. Mündlich erfragte Geschichte (Göttingen, 1990), S. 7–28.

23 Aufgrund der polnischen Datenschutzbestimmungen darf die Stiftung keine Adressen ehemaliger
Zwangsarbeiter an Dritte weitergeben. Die Stiftung erklärte sich jedoch bereit, die Fragebogen-Aus-
sendung zu übernehmen. Die ausgefüllten Fragebögen (in der Landessprache verfasst) wurden von den
Befragten danach direkt der Autorin übermittelt. Die Unterstützung der polnischen Stiftung war für
die vorliegende Studie von großem wissenschaftlichen Wert – dem Wissenschafter/der Wissenschafterin
muss jedoch bewusst sein, dass der Weg über diverse Hilfsorganisationen zu einer Vorselektion durch
diese führen kann.

„Eindeutschungsverfahrens" in Polen her. Doch nicht immer erklärten sich Betroffene bereit, ein Interview zu geben. Andere Personen wiederum willigten nur unter der Bedingung ein, anonym bzw. unter einem Pseudonym veröffentlicht zu werden.[24]

Im Hinblick auf die vorhandenen Quellen sind die Prozessunterlagen des achten Nürnberger Nachfolgeprozesses als wichtiges Quellenmaterial zu nennen. Die Unterlagen, die für die vorliegende Studie verwendet wurden, liegen im „Institut für Zeitgeschichte" in München (IfZG) sowie im „Zentrum für Antisemitismusforschung" in Berlin (ZfA) auf. Neben den Protokollbüchern des achtmonatigen Gerichtsverfahrens wurden die Beweisdokumente der Anklage (ADB) und der Verteidigung (VDB) ausgewertet. Die Eidesstattlichen Erklärungen der Zeugen waren von großem wissenschaftlichen Wert und schildern den Zugang von Einzelpersonen zur „Eindeutschungsaktion" – die Aussagen der Entlastungszeugen der Verteidigung waren aufgrund des Naheverhältnisses zu den Beschuldigten naturgemäß entsprechend zu gewichten. Weiters boten die Dokumentenbestände des „Persönlichen Stabes Reichsführer-SS" (NS 19), des „Rasse- und Siedlungshauptamtes" (NS 2) und des „Statistisch-wissenschaftliches Institutes des RFSS" (NS 48) des Bundesarchivs in Berlin wertvolles Material, ergänzend dazu lieferten die Quellen aus dem Archiv des „Instituts des Nationalen Gedenkens" (Instytut Pamięci Narodowej) in Warschau sowie aus dem Staatsarchiv in Łódź (Archiwum Panstwowe w Łódźi) bedeutende Ergebnisse. In den polnischen Archiven wurden zeitgenössische Unterlagen gesichtet, die erstmals für eine wissenschaftliche Untersuchung herangezogen wurden.

Angesichts des „Pioniercharakters" wurde neben den Archivalien eine breite Palette von unterschiedlichen Quellen- und Literaturgattungen verwendet: Quelleneditionen und Dokumentensammlungen, Memoiren und Erinnerungen von Betroffenen, zeitgenössisches Schrifttum, Literatur nach 1945, Periodika, Justizblätter, Websites, Audioquellen sowie audiovisuelle Quellen.

Das vorliegende Buch hat sich zum Ziel gesetzt, anhand zahlreicher ZeitzeugInnenbefragungen und ihrer Auswertung „weiterführende" Quellen zu dieser Thematik zu erschließen. Ergänzend zum zeitgenössischen Archivgut konnten neue Forschungserkenntnisse gewonnen werden, welche die zwangsweise „Eindeutschung" von Kindern und ihr Schicksal in der „Ostmark" darlegen und bewusst machen. Die Lücke, die dieses Thema bisher in der zeitgeschichtlichen Forschungslandschaft darstellte, kann somit endlich geschlossen werden.

---

24 Die Verwendung eines Pseudonyms ist in den Fußnoten gekennzeichnet bzw. im Anhang nachzulesen.

ZUR TERMINOLOGIE

Um den historischen Kontext zu wahren, werden bei den Ortsbezeichnungen, soweit sie gebräuchlich waren, die deutschen Namen verwendet – aber jeweils bei ihrer ersten Nennung die polnischen in Klammern hinzugefügt. Für den Zeitraum nach Kriegsende werden in dieser Studie polnische Ortschaften wieder mit ihren polnischen Namen genannt. Auch die Namen der Kinder wurden im Zuge ihrer „Eindeutschung" „eingedeutscht" bzw. „verdeutscht", dennoch werden die betroffenen Kinder in der Arbeit mit ihrem ursprünglichen polnischen Namen zitiert.

Nach Möglichkeit werden in der vorliegenden Studie geschlechtsunspezifische Termini verwendet. Im Interesse des Textflusses und der Lesefreundlichkeit wird darüber hinaus aber auf die explizite Nennung der weiblichen Form verzichtet; mit der männlichen Form sind jedoch jeweils beide Geschlechter gemeint.

I. Die „Eindeutschung" von Kindern aus Polen – Ideologie, Rahmenbedingungen und Durchführung

„Es ist klar, dass es in diesem Gemisch von Völkern immer wieder einige rassisch sehr gute Typen geben wird. Hier haben wir, glaube ich, die Aufgabe, deren Kinder zu uns zu nehmen, und wenn wir sie rauben oder stehlen müssten."[1]

Die zwangsweise „Eindeutschung" von „rassisch wertvollen" Kindern aus den eroberten Gebieten des „Dritten Reiches" unterlag keiner einheitlichen Regelung. Ablauf und Umfang der „Aktion" waren in den einzelnen Ländern unterschiedlich, dennoch immer denselben Prinzipien untergeordnet. Vor allem auf polnischem Boden wurde die „Eindeutschungspolitik" planmäßig betrieben – Tausende von Jungen und Mädchen wurden aus ihrer gewohnten Umgebung verschleppt, unter Zwang mit diversen „Eindeutschungsmaßnahmen" konfrontiert und somit schrittweise ihrer Identität entledigt.

Im Sinne der nationalsozialistischen, auf rassistischen Kriterien basierenden Ideologie ist die „Eindeutschung" von polnischen Kindern streng genommen ein Widerspruch in sich. Doch offenkundig bedienten sich die Machthaber der weltanschaulichen Grundlagen des Systems nach der jeweiligen Zielsetzung. So hatte Heinrich Himmler, in Personalunion Reichsführer-SS und „Reichskommissar für die Festigung deutschen Volkstums", die Vision der sogenannten „Aufnordung" vor Augen – angetrieben von der Vorstellung, „deutsches Blut" zu vermehren, gebrauchte er diverse Methoden, um seine Pläne durchzusetzen. In der erfolgreichen „Rückgewinnung" „deutschen Blutes" sah er eine wirksame Methode, um die Weltherrschaft des Nationalsozialismus „rassen"-, „volkstums"- und bevölkerungspolitisch zu sichern und im Zuge dessen zu legitimieren.

Grundsätzlich gehörten polnische Kinder im „Rassendenken" der Nationalsozialisten nicht der „nordischen Rasse", der sogenannten „Herrenrasse" an – jener Rasse, deren Weltherrschaft nach nationalsozialistischer Diktion biologisch determiniert war. Nach „rassenpolitischer" Auffassung der Nationalsozialisten trat in Polen die „ostbaltische Rasse" als „Grundelement" auf, „nordische Bestandteile" waren demnach nur vereinzelt in

---

[1]   Rede Heinrich Himmlers am 14.10.1943 auf einer Befehlshaber-Tagung in Bad Schachern. Himmler begründete den Raub „gutrassiger" Kinder folgendermaßen: „…mancher wird mir sagen: ‚Wie können Sie so grausam sein, einer Mutter ihr Kind wegnehmen zu wollen?' Darauf darf ich die Antwort geben: ‚Wie können Sie so grausam sein, dass Sie einen genialen künftigen Feind auf der anderen Seite lassen wollen, der dann Ihren Sohn und Ihre Enkel umbringt?'" ZfA, ADB 8 A, NO L-70, S. 22.

den deutschen Ostprovinzen, in Nordpolen längs der ostpreußischen Grenze und im Wilnagebiet vorhanden.[2] Die Vertreter der „ostbaltischen Rasse" galten nach Hans F. K. Günther, einem der führenden Rassentheoretiker des „Dritten Reiches", als „rachsüchtig" und „verschlagen", waren „dumpf", „gierig" und „hasserfüllt".[3] Ein ganz und gar konträres Bild zeichnete die Ideologie des Nationalsozialismus vom „arischen", „nordischen" Menschen. Adolf Hitler selbst charakterisierte den „Arier" als den Kulturschöpfer, als „Begründer höheren Menschentums überhaupt".[4] Nach Hitler gab es höhere und niedere Rassen,[5] deren Vertreter im Sinne der nationalsozialistischen Rassenpolitik als „wertvoll" bzw. als „minderwertig" deklariert wurden.[6] Zu welcher Kategorie die polnische Bevölkerung zu zählen war, wurde unmissverständlich vier Wochen nach der Okkupation Polens in einer Weisung des Reichspropagandaministeriums bekannt gegeben. Darin wurde verlautbart, dass es „auch der letzten Kuhmagd in Deutschland klargemacht werden [muss], dass das Polentum gleichwertig mit dem Untermenschentum"[7] zu sehen sei. So ist die Frage nach den ausschlaggebenden Faktoren der „Eindeutschung" von polnischen Kindern, die nach „rassenkundlicher" Lehre der Nationalsozialisten mit Zuschreibungen wie „minderwertig" und „Untermenschentum" assoziiert wurden, überaus berechtigt. Die Antwort ist in der Synthese der nationalsozialistischen „Rassen"-, Bevölkerungs- und „Volkstumspolitik" zu finden. Die zwangsweise „Eindeutschung" von polnischen Jungen und Mädchen muss als eine „praktische Konsequenz" dieser oben genannten Ideologien gesehen werden.

„Rassenpolitisches" Motiv der „Eindeutschung" „fremdvölkischer" Kinder war die Klassifizierung der betroffenen Jungen und Mädchen als „rassisch wertvoll" – die Kinder stellten somit einen „erwünschten Bevölkerungszuwachs" dar.[8] Die Kinder wurden auf ihr „rassisches" Erscheinungsbild hin genau untersucht, in sogenannten „Assimilierungsheimen" wurde ihre „Eindeutschungsfähigkeit" mehrere Male in Form von psychologi-

---

2   Vgl. Heinz Müller, Die Bevölkerung im ehemaligen Polen. In: Volk und Rasse, H. 11/12 (1939), S. 236.

3   Vgl. Hans F. K. Günther, Kleine Rassenkunde des deutschen Volkes (München, 1933), S. 66.

4   Vgl. Adolf Hitler, Mein Kampf (München 1027.–1031.000 Auflage, 1944), S. 317.

5   Vgl. Hitler, Mein Kampf, S. 311 ff. Hitler leitet seine Behauptungen von Vertretern des anthropologischen Rassismus wie Joseph Arthur de Gobineau oder Houston Stewart Chamberlain ab, welche die Überlegenheit der „arischen Rasse" in ihren Werken postulierten. Vgl. Joseph Arthur Gobineau, Versuch über die Ungleichheit der Menschenrassen, 4 Bde. (Paris, 1853–55) sowie Houston St. Chamberlain, Die Grundlagen des 19. Jahrhunderts, 2 Bde. (München, 1899).

6   Vgl. Hans F. K. Günther, Der nordische Gedanke unter den Deutschen (München, 1925), S. 75–81.

7   Weisung Nr. 1306 des Reichspropagandaministeriums vom 24.10.1939 an die Presse. Zit. nach Czesław Madajczyk, Die Okkupationspolitik Nazideutschlands in Polen 1939–1945 (Berlin, 1987), S. 166.

8   Vgl. Schreiben des Leiters der Außenstelle des RuSHA Litzmannstadt, Walter Dongus, an das Jugendamt Litzmannstadt am 7.4.1943. IfZG, Nürnberger Dokument, NO-4320.

schen Gutachten geprüft. Die Jungen und Mädchen mussten sich mehreren Auswahlverfahren unterziehen, da die Mehrheit der ausgewählten Kinder keine deutsche Herkunft aufweisen konnte und ihre „Eignung" auf ihrem „rassischen" Erscheinungsbild beruhte.

Die „volkstumspolitischen" Ideale der Nationalsozialisten begründeten sich darauf, in den eroberten Gebieten des Deutschen Reiches „rassisch wertvolle" „Blutsträger" auszusondern und diese zur Festigung der „germanischen Rasse" der deutschen Bevölkerung zuzuführen. Die unterlegenen Völker sollten so ihrer „Führerschicht" beraubt und der „germanischen Gemeinschaft" ein Bevölkerungszuwachs zugeführt werden.[9] Aus dieser NS-Politik heraus ergab sich in Absicht und Ausführung eine doppelte Zielsetzung: die biologische Stärkung des deutschen, „germanischen Volkes" durch die Zufuhr „rassisch wertvoller" „Blutsträger" sowie die Schwächung des polnischen Volkes durch die Wegnahme dieser „Elite".

Der Zusammenschluss aller Deutschen in einem „Großgermanischen Staat" gehörte zu Adolf Hitlers „rassen"-, „volkstums"- und bevölkerungspolitischen Zielen.[10] Heinrich Himmler teilte offenkundig die Visionen seines „Führers".[11] Auftrag der „blonden Rasse" sei es, so Himmler in einer Rede 1942, „die Erde zu beherrschen,"[12] aus diesem Grund wäre es erforderlich, alle „Menschen germanischen Blutes"[13] für das „Germanische Reich" zu gewinnen und zu vereinen.[14] Um dieses Ziel zu erreichen, war es nach Auffassung der NS-Führungselite notwendig, eine Art „Sammlungspolitik" zu forcieren. Diese „Sammlungspolitik" beinhaltete eine umfassende Suche nach „nordischen Blutsträgern" sowie deren Hereinholung in die deutsche Bevölkerung.[15] „Nordisches Blut" durfte nach Hein-

---

9   Vgl. H. H. Schubert, Zur Praxis der Volkstumspolitik. In: Volk und Rasse, H. 6 (1942), S. 105–106.

10   „Der Zusammenschluss aller Deutschen (...) zu einem Groß-Deutschland" wurde bereits in dem 1920 abgefassten Parteiprogramm der NSDAP gefordert. Diese primäre parteipolitische Zielsetzung hatte unweigerlich einen „volkstums- und rassenpolitischen" Charakter, da die Staatsbürger jenes propagierten Großdeutschen Staates nur „Volksgenossen" „deutschen Blutes" sein konnten. Vgl. Gottfried Feder, Das Programm der NSDAP und seine weltanschaulichen Grundgedanken (München, 1931), S. 19.

11   Vgl. zum Lebenslauf Heinrich Himmlers, Josef Ackermann, Heinrich Himmler – Reichsführer-SS. In: Ronald Smelser, Rainer Zitelmann (Hg.), Die braune Elite. 22 biographische Skizzen (Darmstadt, 1989), S. 115–133. J. Tuchel, Der Reichsführer SS. In: Ronald Smelser, Enrico Syring (Hg.), Die SS: Elite unter dem Totenkopf (Paderborn, 2000), S. 234–253 sowie Heinz Höhne, Der Orden unter dem Totenkopf. Die Geschichte der SS (Gütersloh, 1967), S. 32–51. Zu Himmlers Gesinnung und Utopien siehe Josef Ackermann, Heinrich Himmler als Ideologe (Göttingen, Zürich, Frankfurt, 1970).

12   Rede Himmlers vor den Oberabschnittsführern und Hauptamtchefs im Haus der Flieger in Berlin am 9.6.1942. Zit. nach. Smith, Peterson, Heinrich Himmler, S. 161.

13   Ebda., S. 157.

14   Vgl. ebda.

15   Vgl. Rede Himmlers vor den Oberabschnittsführern und Hauptamtchefs im Haus der Flieger in Berlin am 9.6.1942. Zit. nach Smith, Peterson, Heinrich Himmler, S. 157.

rich Himmler „niemals zum Trennenden in Deutschland"[16] gemacht werden, sondern ein verbindendes Element des „deutschen Volkes" symbolisieren – unabhängig davon, ob die „nordischen Blutsträger" in den Masuren, in Pommern, im Schwarzwald oder in Bayern lebten.[17] „Nordisch-germanische Blutsträger" waren nicht ausschließlich in der „nordischen Rasse" zu finden. Nach Himmler waren die Slawen ein „Mischvolk [...] mit eingesprengten Blutstropfen unseres Blutes, einer führenden Rasse, nicht fähig sich selbst zu beherrschen und Ordnung zu halten".[18] „Zu Völkern sind diese Horden[19] geworden durch das Einsickern unseres Blutes",[20] resümierte der Reichsführer-SS. Gemäß der NS-Ideologie galt es infolgedessen als oberste Priorität, „rassisch wertvolle" „Blutsträger" auch aus den okkupierten Ländern des Deutschen Reiches „herauszusieben", um das „deutsche Volkstum" im Sinne einer „rassischen" Einheit zu festigen: „Der Blutsgedanke des Nationalsozialismus kann auf die Rückgewinnung deutschen Blutes nicht verzichten, soweit es erhalten geblieben ist. Grundsatz muss sein, dass kein Tropfen wertvollen deutschen Blutes verloren geht,"[21] wurde demgemäß in der NS-Zeitschrift „Volk und Rasse" im Jahr 1942 propagiert.

„Nordisches Blut in den Adern feindlicher Völker" gefährdete die expansionistischen Pläne der Nationalsozialisten: „Gefährlich in der Geschichte und gefährlich auf diesem Globus, auf dieser Erde, kann uns immer nur unser eigenes Blut werden",[22] betonte der Reichsführer-SS; dies gelte insbesondere dann, wenn das „nordische Blut" auf der Gegenseite stehe.[23] Große historische Führerpersönlichkeiten wie Attila und Dschingis Khan, aber auch der Gegner Stalin hatten gemäß der NS-Ideologie „nordisch-germanisch-arische" „Blutsteile" in sich und besaßen infolgedessen die Fähigkeiten des Führens und des Organisierens.[24] Folglich gehörte die „Rückgewinnung" des „nordischen Blutes"

---

16   Rede Himmlers vor Schülern der 8. Klassen der NAPOLA am 3.7.1938. Zit. nach Smith, Peterson, Heinrich Himmler, S. 54.

17   Vgl. ebda.

18   Rede Himmlers bei der SS-Gruppenführertagung in Posen am 4.10.1943. Internationaler Militärgerichtshof Nürnberg, Der Prozess gegen die Hauptkriegsverbrecher vor dem Internationalen Militärgerichtshof. Nürnberg, 14. November 1945 – 1. Oktober 1946, Bd. 29 (Nürnberg, 1948), PS-1919, S. 118.

19   Himmler bezieht sich in dieser Aussage auf Hunnen, Polen, Tschechen, Slowaken, Goralen, Ungarn sowie auf die russischen und balkanischen Völker.

20   Rede Himmlers vor Gauleitern und anderen Parteifunktionären am 29.2.1940. Zit. nach Smith, Peterson, Heinrich Himmler, S. 125.

21   H. H. Schubert, Errichtung der Volkstumsgrenze. In: Volk und Rasse, H. 4 (1942), S. 66.

22   Rede Himmlers am 29.2.1940. Zit. nach Smith, Peterson, Heinrich Himmler, S. 127.

23   Vgl. dazu Himmlers Ausführungen aus seiner geheimen Rede anlässlich des „Tages der Freiheit" am 24.10.1943. Zit. nach Ackermann, Himmler als Ideologe, S. 291–298, hier 291 f.

24   Vgl. Rede Himmlers anlässlich der SS- und Polizeiführer-Tagung in der Feldkommandostelle in Hegewald am 16.9.1942. Zit. nach Hans-Adolf Jacobsen, Werner Jochmann (Hg.), Ausgewählte Dokumente zur Geschichte des Nationalsozialismus 1939–1945, Bd. 3 (Bielefeld, 1961), S. 4.

zu Heinrich Himmlers wesentlichen Aufgaben: „Wir müssen es uns nehmen und – die anderen dürfen keines haben",[25] schärfte der Reichsführer-SS seinen Untergebenen ein.

Die Realisierung dieser Ideologie, die Suche nach „rassisch wertvollen" „Blutträgern", konnte mit Kriegsbeginn verwirklicht werden. Himmler ließ keine Zweifel darüber entstehen, dass er mit allen Methoden die „Rückgewinnung" „guten Blutes" durchzusetzen gedachte:

> „Selbstverständlich werden wir einen Slawen finden, aus dem eine früher einmal gute Rasse herausmendelt. Dann wollen wir dessen Kinder nehmen und nach Deutschland bringen. Fügt er sich nicht, wollen wir ihn totschlagen, weil er gefährlich ist. (…) Fügt er sich, wollen wir ihn wie jedes germanische Blut, aber auch kein anderes, in unseren Volkskörper aufnehmen, ihn erziehen und nie mehr in diesen Raum zurücklassen."[26]

Himmlers Soldaten bekamen daher klare Anweisungen für jene Personen, die sich der Aufnahme in die „Herrenrasse" widersetzten: „Wo Sie ein gutes Blut finden, haben Sie es für Deutschland zu gewinnen oder Sie haben dafür zu sorgen, dass es nicht mehr existiert."[27]

Die zwangsweise „Eindeutschung" von nichtdeutschen Kindern, die der „rassischen Norm" entsprachen, wurde zu einer effektiven Methode dieser NS-„Sammlungspolitik".

BEGRIFFLICHER DISKURS

Unter dem Begriff „Eindeutschung" wird in erster Linie die Verleihung der deutschen Staatsangehörigkeit an „Volksdeutsche" und an „rassisch wertvolle" „Fremdvölkische" verstanden, mit der langfristig die „Germanisierung" der okkupierten Länder im Osten gesichert werden sollte.[28] Der Terminus „Germanisierung" wurde bereits im Deutschen Kaiserreich für die Kolonialpolitik des Deutschen Reiches verwendet. Im Ersten Weltkrieg

---

25 Ansprache Himmlers an das Offizierkorps der Leibstandarte-SS „Adolf Hitler" am 7. September 1940. Internationaler Militärgerichtshof Nürnberg, Prozess, Bd. 29, PS-1918, S. 109.

26 Rede Himmlers vor den Reichs- und Gauleitern in Posen am 6.10.1943. Zit. nach Smith, Peterson, Heinrich Himmler, S. 166.

27 Rede Himmlers anlässlich der SS-und Polizeiführer-Tagung in der Feldkommandostelle in Hegewald am 16.9.1942. Zit. nach Jacobsen, Jochmann, Ausgewählte Dokumente, S. 5 f.

28 Vgl. „Eindeutschung". In: Wolfgang Benz, Hermann Graml, Hermann Weiß (Hg.), Enzyklopädie des Nationalsozialismus (München, 2001), S. 439.

waren mit dem erhofften Zusammenbruch des Russischen Reiches[29] koloniale Pläne für die Expansion Deutschlands Richtung Osten mit diesem Begriff verbunden.[30] Unter den Nationalsozialisten wurde der Begriff „Germanisierung" eng mit den Schlagwörtern „Lebensraum" und „Drang nach Osten" verknüpft: Hitler propagierte in seinem Buch „Mein Kampf", dass eine „Germanisation nur aus Boden vorgenommen werden kann".[31] Der notwendige „Lebensraum", das Recht auf Grund und Boden des „deutschen Volkes", wurde gemäß Hitler im Osten gesehen.[32] Im Osten sollte die Vision des „Großgermanischen Reiches" verwirklicht werden. Zur Realisierung dieser Pläne wurden slawische Völker aus ihrer Heimat vertrieben, Deutsche sowie „eindeutschungsfähige" „Fremdvölkische" anstelle der Vertriebenen angesiedelt. Das Hauptinstrument dieser „Eindeutschung" war die Deutsche Volksliste (DVL), mittels derer es zu einer „rassischen Siebung" der Bevölkerung kam.

Die DVL stützte sich auf Himmlers Richtlinien in dem „Erlass über die Überprüfung und Aussonderung der Bevölkerung in den eingegliederten Ostgebieten" vom 12. September 1940, in dem er die Bevölkerung Polens vier Gruppen[33] zuordnete und die Bildung von vier Volkslistenabteilungen vorschrieb, welche wiederum in ein vierstufiges System der Staatsangehörigkeit unterteilt wurden.[34] Am 4. März 1941 wurde die Deutsche Volksliste durch die „Verordnung über die Deutsche Volksliste und die deutsche Staatsangehörigkeit in den eingegliederten Ostgebieten" zu einer Rechtsgrundlage fixiert.[35]

Ziel der DVL war es, die gesamte deutsche Bevölkerung in den besetzten Gebieten in einer Liste zu erfassen, die sich in vier Abteilungen gliederte: die Abteilung I nahm jene

---

29 Im Originaltext von Madajczyk, auf dem diese Aussagen beruhen, wurde der Terminus „Sowjetrepublik" verwendet. Vgl. Madajczyk, Okkupationspolitik, S. 389.

30 Vgl. Madajczyk, Okkupationspolitik, S. 389.

31 Vgl. Hitler, Mein Kampf, S. 428.

32 Vgl. ebda. S. 741 f. sowie S. 757.

33 „Gruppe A: Deutsche Volkszugehörige, welche die deutsche Staatsangehörigkeit und das Reichsbürgerrecht besitzen. Gruppe B: Deutschstämmige, die wieder zu vollwertigen Deutschen erzogen werden müssen und daher nur die deutsche Staatsangehörigkeit, zunächst aber nicht das Reichsbürgerrecht besitzen. Die Wiedereindeutschung soll im Allgemeinen im „Altreich" vorgenommen werden. Gruppe C: Wertvolle Fremdvölkische und deutsche Renegaten, die die deutsche Staatsangehörigkeit auf Widerruf besitzen. Diese müssen im „Altreich" eingedeutscht werden. Gruppe D: Fremde Volkszugehörige, die nicht die deutsche Staatsangehörigkeit besitzen." Gekürzt zitiert aus: Erlass Himmlers vom 12.9.1940. Internationaler Militärgerichtshof Nürnberg, Prozess, Bd. 31, PS-2916, S. 290–294.

34 Für die Überprüfung und Aussonderung der Bevölkerung sollten bei den Reichsstatthaltern bzw. bei den Regierungspräsidenten Dienststellen für die Deutsche Volksliste eingerichtet werden. Die durch die DVL nicht erfassten Personen waren Polen oder andere „Fremdvölkische". Vgl. Erlass Himmlers vom 12.9.1940. Internationaler Militärgerichtshof Nürnberg, Prozess, Bd. 31, PS-2916, S. 290–294.

35 Vgl. „Verordnung über die Deutsche Volksliste und die deutsche Staatsangehörigkeit in den eingegliederten Ostgebieten" vom 4.3.1941. In: RGBl. I (1941), S. 118–120. Die Verordnung wurde vom Reichsminister des Innern, dem Stellvertreter des Führers sowie vom RFSS und RKFDV gezeichnet.

deutsche Volkszugehörigen auf, „die sich im Volkstumskampf aktiv eingesetzt" hatten, in die Abteilung II wurden jene „Volksdeutsche" eingetragen, die sich „ihr Deutschtum bewahrt" hatten.[36] Die in der Abteilung I und der Abteilung II erfassten Personen erwarben mit Wirkung vom 26. Oktober 1939 (Tag des Inkrafttretens des „Führererlasses über die Gliederung und Verwaltung der Ostgebiete" vom 8. Oktober 1939) die deutsche Staatsangehörigkeit.[37] Zu der Abteilung III sollten Personen deutscher Abstammung zählen, die bereits Bindungen zum Polentum eingegangen waren, doch Chancen hatten, „vollwertige Mitglieder der deutschen Volksgemeinschaft" zu werden. In die Abteilung IV wurden „deutschstämmige" Personen aufgenommen, die bereits politisch „im Polentum aufgegangen" waren.[38] Nach der Verordnung vom 4. März 1941 wurden für die Angehörigen der Gruppen III und IV weitere Aufnahmevoraussetzungen vorgeschrieben. Es kam zu einer Ausdifferenzierung zwischen „eindeutschungsfähigen" Personen, die in der Abteilung III erfasst wurden, und „rückdeutschungsfähigen" Personen, die der Abteilung IV zugeordnet wurden. Als „eindeutschungsfähig" galten Polen und „Nichtdeutsche" deutscher Abstammung, die ein aktives Bekenntnis zum Deutschtum vor 1939 nachweisen konnten, Menschen, die in „Mischehen" lebten, „in der der deutsche Teil eindeutig hervorging", sowie Volksgruppen, die „rassisch" nicht klar einzuordnen waren, aber dennoch „zum Deutschtum neigten" (z. B. Masuren und Kaschuben). „Rückdeutschungsfähige" Personen waren „Nichtdeutsche", die zwar deutscher Abstammung waren, jedoch „im Polentum aufgegangen" waren. Konnte die deutsche Abstammung nicht mehr nachgewiesen werden, musste eine zusätzliche „rassische" Überprüfung durch die SS-Dienststelle des „Reichskommissars für die Festigung deutschen Volkstums (RKFDV)" vorgenommen werden.[39]

„Eindeutschungsfähige" Polen erwarben mit der Eintragung in die Abteilung III die deutsche Staatsangehörigkeit auf Widerruf, „rückdeutschungsfähige" Personen erhielten

---

36 Vgl. Erlass Himmlers vom 12.9.1940. Internationaler Militärgerichtshof Nürnberg, Prozess, Bd. 31, PS-2916, S. 292.

37 Vgl. „Verordnung über die Deutsche Volksliste und die deutsche Staatsangehörigkeit in den eingegliederten Ostgebieten" vom 4.3.1941. In: RGBl. I (1941), S. 119.

38 Vgl. Erlass Himmlers vom 12.9.1940. Internationaler Militärgerichtshof Nürnberg, Prozess, Bd. 31, PS-2916, S. 292 f.

39 Die Kriterien für die Aufnahme in Abt. III und IV waren nicht in der Verordnung vom 4.3.1941 festgelegt, sondern wurden erst im Ausführungserlass des Reichsministers des Innern vom 13.3.1941 angeführt. Vgl. Diemut Majer, „Fremdvölkische" im Dritten Reich. Ein Beitrag zur nationalsozialistischen Rechtssetzung und Rechtspraxis in Verwaltung und Justiz unter besonderer Berücksichtigung der eingegliederten Ostgebiete und des Generalgouvernements (=Schriften des Bundesarchivs 28, Boppard am Rhein, 1981) S. 421 f. sowie Erlass des RMI vom 13.3.1941. In: Karol Marian Pospieszalksi, Hitlerowski „Prawo" Okupacyjne w Polsce (=Documenta Occupationis V, Poznan, 1952), S. 122–135.

durch einen besonderen Einbürgerungsakt die deutsche Staatsbürgerschaft auf Widerruf.
Alle übrigen Polen, die nicht in die DVL eingetragen waren, wurden zu „Schutzangehörigen des Deutschen Reiches".[40] Bis 1944 wurden rund zwei Millionen Polen mit abgestuften Rechten und Pflichten zu „Volksdeutschen"[41] verschiedenen Grades erklärt.[42] So
entstand eine privilegierte Schicht mit enormen Rechten, „Eindeutschungsfähige" und
„Rückdeutschungsfähige", die ins „Altreich" gebracht werden sollten, sowie eine unterprivilegierte Schicht, die zur Schwerstarbeit und Aussiedlung gezwungen wurde. Es darf
jedoch nicht angenommen werden, dass sich alle „Deutschstämmigen" freiwillig einer
Eintragung in die DVL unterzogen hatten.[43]

Die begriffliche Verwendung des Wortes „Eindeutschung" im Zusammenhang mit der
DVL unterscheidet sich von jenem sprachlichen Gebrauch des Wortes, der in der vorliegenden Studie thematisiert wird: Polnische Kinder wurden aufgrund ihres „rassischen" Erscheinungsbildes und eines psychologischen Gutachtens als „eindeutschungsfähig" erklärt,
aus ihrem gewohnten Umfeld gerissen und in das „Altreich" transportiert. Die betroffen
Jungen und Mädchen wurden als „bindungslos" tituliert – eine Zuschreibung, die nur bei
einem Teil der Kinder wirklich zutraf. Tatsache ist, dass die ausgewählten Kinder ohne
Begleitung von Angehörigen[44] deportiert wurden. Ein Umstand, der auf alle Kinder des
„Eindeutschungsverfahrens" zutraf und als grundlegendes Kriterium der „Aktion" angesehen werden muss. Die „Eindeutschungsaktion" beschränkte sich zuerst auf Waisenkinder
und wurde danach systematisch ausgeweitet auf Kinder, die bei Pflegefamilien, Eltern oder
bei Verwandten lebten oder aus polnisch-deutschen „Mischehen" stammten, sowie auf

---

40   Die Volkslistenverordnung im März 1941 wurde zwar als Rechtsgrundlage fixiert und institutionalisiert,
      zu einer einheitlichen Durchführung der „Eindeutschung" mittels DVL im Reichsgebiet kam es jedoch
      nicht. Vgl. Martin Broszat, Nationalsozialistische Polenpolitik 1939–1945 (Stuttgart, 1961), S. 120 ff.

41   Im nationalsozialistischen Sprachgebrauch wurde ein „Volksdeutscher" folgendermaßen definiert:
      „Volksdeutscher ist jeder, der abstammungsgemäß und gesinnungsgemäß als Deutscher im Ausland
      lebte und fremde Staatszugehörigkeit besitzt. Als Volksdeutscher werden auch solche Personen betrachtet, die zwar schon im Reiche geboren wurden, zeitlebens hier weilten, deren Vorfahren aber im Ausland
      gelebt hatten und dortige fremde Staatsbürger waren, ohne dass sich ihre Nachkommen im Reiche
      hätten einbürgern lassen." Arbeitsunterlagen für die Kreisbeauftragten der Völkischen Schutzarbeit, Mai
      1942. ZfA, Fall VIII, ADB 5 B, NO-3476, S. 1.

42   Vgl. Werner Röhr (Hg.), Europa unterm Hakenkreuz. Die faschistische Okkupationspolitik in Polen
      (1939–1945) (Berlin, 1989), S. 60 f. sowie Tabelle Nr. 17, S. 385.

43   In einem Erlass Heinrich Himmlers vom 16.2.1942 wurden die nachgeordneten Dienststellen angewiesen, Deutschstämmige, die eine Eintragung in die DVL nicht beantragten, der örtlichen Stapoleitstelle
      zu nennen. War nach Ablauf einer 8-Tages-Frist der Nachweis einer Eintragung in die DVL nicht erbracht, „... ist der Betreffende in Schutzhaft zu nehmen und seine Überführung in ein Konzentrationslager zu veranlassen". Erlass Himmlers vom 16.2.1942. IfZG, NO-1893.

44   Ausnahmen stellen hier Geschwister dar, die auch als „eindeutschungsfähig" bewertet wurden.

Kinder, deren Eltern sich weigerten, die DVL zu unterzeichnen, die ins Reich zur Zwangsarbeit deportiert oder verhaftet, hingerichtet oder ins KZ verschleppt worden waren. Ent-
scheidendes Motiv der zwangsweisen Deportation von polnischen Jungen und Mädchen
war deren Entsprechung der „rassischen Norm" – auf die Familienverhältnisse wurde keine
Rücksicht genommen, die Kinder wurden regelrecht entführt.

Diese Art der „Eindeutschung" geht mit den Selektionskriterien der Deutschen
Volksliste nicht konform, da die „Eindeutschung" von Kindern großteils auf eigenen
Anordnungen basierte, die von Heinrich Himmler initiiert worden waren. Motiv und
„Endresultat" der DVL sowie der „Eindeutschung" von Kindern sind jedoch denselben
Kriterien unterworfen: die Aussonderung von Personen, die „rassisch" einen „wertvollen
Bevölkerungszuwachs" für das „deutsche Volk" darstellten sowie deren „Wiedereindeut-
schung" bzw. Erziehung im „Altreich" zu „vollwertigen" Deutschen.[45]

Mit zunehmendem Kriegsverlauf – die „Eindeutschungsaktion" der DVL sowie die
Verschleppung von „eindeutschungsfähigen" polnischen Kindern waren gerade im Gange
– riefen verantwortliche Stellen dazu auf, die Verwendung der Begriffe „Eindeutschung"
und „Eindeutschungsfähigkeit" zu meiden – „Missverständnisse"[46] sollten dadurch beseitigt werden. So wies der Amtschef des „Rassenamtes" des RuSHA, Dr. Bruno Kurt
Schultz, an, den Begriff „Eindeutschung" nicht mehr zu gebrauchen. An seiner Stelle sollte
das Wort „Wiedereindeutschung" unter Berücksichtigung aller sprachlichen Variationen
wie „Wiedereindeutschungsverfahren" oder „wiedereindeutschungsfähig" verwendet werden.[47] Ulrich Greifelt, Chef des Stabshauptamtes des RKFDV, ordnete bereits ein Jahr vor
Schultz' Befehl an, den „Ausdruck ‚eindeutschungsfähige Polenkinder' nicht zum Schaden
der Kinder in die Öffentlichkeit"[48] zu bringen. Die betroffene Jungen und Mädchen mussten stattdessen „als deutsche Waisenkinder aus den wiedergewonnenen Ostgebieten"[49] bezeichnet werden. Hier spielte das Stabshauptamt, dem Heinrich Himmler vorstand, klar
und deutlich darauf an, ein „Täuschungsmanöver" zu etablieren, um die wahre Abstam-

---

45 Vgl. Himmlers Erlass für die Überprüfung und Aussonderung der Bevölkerung in den eingegliederten Ost-
    gebieten. Internationaler Militärgerichtshof Nürnberg, Prozess, Bd. 31, PS-2916, S. 291, 293; „Verordnung
    über die Deutsche Volksliste und die deutsche Staatsangehörigkeit in den eingegliederten Ostgebieten" vom
    4.3.1941. In: RGBl. I (1941), S. 118–120, sowie Anordnung 67/I von SS-Gruppenführer Ulrich Greifelt, Chef
    des Stabshauptamtes des RKFDV, vom 19.2.1942. BA Berlin, NS 2/58, Bl. 102–106. Weitere „Überschnei-
    dungen" entstanden, als die „Eindeutschungsbestimmungen" auch auf Jungen und Mädchen ausgeweitet
    wurden, deren Eltern die Aufnahme in die DVL verweigerten. Vgl. Schreiben Hofmanns, Chef des Rasse-
    und Siedlungshauptamts, vom 12.2.1942, an B. K. Schultz, Chef des Rassenamtes. IfZG, NO-1404.
46   Schreiben von Schultz vom 9.5.1943. BA Berlin, NS 2/152, Bl. 121.
47   Vgl. ebda. Dem Befehl wurde großteils Folge geleistet.
48 Anordnung 67/I. BA Berlin, NS 2/58, Bl. 106.
49 Ebda.

mung der Kinder zu verschleiern. Himmler bzw. die ihm unterstehenden Dienststellen wendeten diverse Methoden an, um einen reibungslosen Ablauf der „Eindeutschung" von polnischen Kindern zu garantieren.

In Polen – hier stellten insbesondere die Städte Litzmannstadt (Łódź) und Posen (Poznań) zentrale Schaltstellen dar – wurden die „Eindeutschung" und der Raub von „rassisch wertvollen" Kindern systematisch betrieben. Legitimiert durch eine gesetzliche Verordnungsgrundlage wurde aus einem anfänglichen „Pilotprojekt" ein planmäßiges „Eindeutschungsverfahren": Bereits vor der reichseinheitlichen Regelung begann man im Raum Litzmannstadt mit der Überführung von „eindeutschungsfähigen" Kindern in „Assimilierungsheime", in denen die Kinder mit diversen „Eindeutschungsmaßnahmen" konfrontiert wurden. Die Tatsache, dass die „Eindeutschung" derart planmäßig im Warthegau betrieben wurde, entsprach Gauleiter Arthur Greisers[50] Bestrebungen, aus dem Wartheland einen „Mustergau" zu formen.[51]

POLEN: EXERZIERFELD NATIONALSOZIALISTISCHER IDEOLOGIE

„Aufgabe deutscher Ostpolitik ist es, keinen Tropfen deutschen Blutes dem Polentum nutzbar zu machen (…). Sachgerechte Polenpolitik bedeutet deshalb immer zuerst: Festigung und Ausbreitung des deutschen Volkes."[52]

Mit dem Überfall auf Polen am 1. September 1939 hatte das Deutsche Reich den Zweiten Weltkrieg ausgelöst. Rund zwei Wochen vor dem Angriff auf den östlichen Nachbarn forderte der „Führer und Reichskanzler" in einer Geheimkonferenz mit den Heeresgruppen- und Armeeführern als „Lösung der Ostfrage" die „Vernichtung Polens" sowie die „Beseitigung seiner lebendigen Kraft".[53] Die zahlenmäßig überlegene deutsche Armee konnte den Widerstand der polnischen Streitkräfte in kürzester Zeit brechen, am 27.

---

50 Zur Person Arthur Greisers vgl. Ian Kershaw, Arthur Greiser – Ein Motor der „Endlösung". In: Ronald Smelser, Enrico Syring, Rainer Zitelmann (Hg.), Braune Elite II. 21 weitere biographische Skizzen, (Darmstadt, 1993), S. 116–127.

51 Vgl. Werner Röhr, Occupatio Poloniae. Forschungen zur deutschen Besatzungspolitik in Polen 1939–1945 (=Bulletin für Faschismus- und Weltkriegsforschung, Beiheft 4, Berlin, 2004), hier insbesondere Kap. „Reichsgau Wartheland" 1939–1945. Vom „Exerzierplatz des praktischen Nationalsozialismus" zum „Mustergau", S. 123–142, sowie Madajczyk, Okkupationspolitik, S. 512–517.

52 Hans Joachim Beyer, Das Schicksal der Polen. Rasse, Volkscharakter, Stammesart (Leipzig, Berlin, 1942), S. 158, 166.

53 Eintragung in Halder-Tagebuch vom 14.8.1939. Veröffentlicht in Akten zur Deutschen Auswärtigen Politik 1919–1945, Serie D, Bd. VII, S. 463. Zit. nach Broszat, Polenpolitik, S. 9.

September 1939 kapitulierte die polnische Hauptstadt Warschau (Warszawa), am 5. Oktober 1939 der letzte taktisch-operative Verband der polnischen Armee.[54]

Das von der deutschen Wehrmacht besetzte Polen wurde aufgeteilt: Die im Westen und Norden angrenzenden Gebiete wurden als „eingegliederte Ostgebiete" annektiert. Hierzu zählten die Wojwodschaften Poznán, Pomorze, Śląsk, Łódź, die halbe Wojwodschaft Warszawa sowie Teile der Wojwodschaften Kielce und Kraków.[55] Die Kreise Suwałki und Augustów sowie der Regierungsbezirk Zichenau (gebildet aus den nördlichen Kreisen der Wojwodschaft Warszawa und Ciechanów) kamen zu Ostpreußen, die Wojwodschaft Śląsk wurde der Provinz Schlesien angegliedert.[56] Aus den annektierten Teilen Polens wurden zwei neue Gaue geformt: der „Reichsgau Posen" (ab 1940 als Reichsgau „Wartheland" bezeichnet) sowie der „Reichsgau Danzig-Westpreußen". Beide Gaue erhielten die auch sonst übliche Verwaltungsstruktur mit einem Reichsstatthalter an der Spitze: Gauleiter Albert Forster wurde als Reichsstatthalter in Danzig eingesetzt,[57] in Posen herrschte Gauleiter Arthur Greiser.

Die Bevölkerungszahl in den eingegliederten Gebieten betrug 10.139.000 Personen, davon waren 8.905.000 Polen und 599.000 Deutsche.[58] Die annektierten Distrikte wurden als jener Teil des Deutschen Reiches betrachtet, mit dessen Hilfe die „Großgermanische Reichsidee" realisiert werden konnte. Aus diesem Grund sollte das Territorium auch so schnell wie möglich „entpolonisiert" und „eingedeutscht" werden. Eine Zeitzeugin, zum Zeitpunkt der deutschen Okkupation zehn Jahre alt, beschreibt die ersten Monate der Fremdherrschaft mit den Worten „eine Zerstörung von allem, was polnisch war".[59] Bezeichnend für die nationalsozialistische Politik in den eingegliederten Ostgebieten ist Himmlers Ausspruch über die Aufgabe im Osten:

---

54 Vgl. Madajczyk, Okkupationspolitik, S. 3 f. Am 17. September marschierte die Rote Armee in die weißruthenischen und ukrainischen Provinzen Ostpolens ein, Polen wurde zwischen Deutschland und Russland aufgeteilt.

55 Vgl. Röhr, Europa, S. 23.

56 Vgl. Röhr, Occupatio, S. 15.

57 Das Verhältnis zwischen Forster und Himmler war denkbar schlecht. Als Beispiel, Forster über den RFSS: „Wenn ich so aussehen würde wie Himmler, würde ich überhaupt nicht über Rasse reden!" Zit. nach Ruth Bettina Birn, Die Höheren SS- und Polizeiführer. Himmlers Vertreter im Reich und in den besetzten Gebieten (Düsseldorf, 1986), S. 195.

58 Vgl. Madajczyk, Okkupationspolitik, S. 234, Tabelle Nr. 3. Am 12.9.1940 wurde der „Erlass für die Überprüfung und Aussonderung der Bevölkerung in den eingegliederten Ostgebieten" herausgegeben, in dem die Gesamtbevölkerung auf 10.130.000 Menschen beziffert wurde, davon waren 8.530.000 Polen.

59 Fragebogen, Krystyna Lesiecka, S. 1.

„Unsere Aufgabe ist es, den Osten nicht im Sinne zu germanisieren, das heißt den dort wohnenden Menschen deutsche Sprache und deutsche Gesetze beizubringen, sondern dafür zu sorgen, dass im Osten nur Menschen wirklich deutschen, germanischen Blutes wohnen."[60]

Der restliche Teil des eroberten Landes, die mittleren und südlichen Wojewodschaften, wurde zum „Generalgouvernement für die besetzten polnischen Gebiete" ernannt. Im „Generalgouvernement" lebte der größte Anteil der polnischen Bevölkerung: von 11.863.000 Einwohnern waren 9.792.000 polnischer Nationalität, 65.000 waren Deutsche.[61]

Im Sinne der Besatzer sollte dieses Territorium ein Sammelbecken für halbfreie, billige Wanderarbeiter sowie einen Konzentrationsraum für das „Helotenvolk" darstellen. Das „Generalgouvernement" diente als „Abladeplatz" für Juden und Polen aus dem „Altreich" und den annektierten Gebieten des Reiches.[62] Es gab weder rechtliche noch moralische Schranken für die deutschen Okkupanten, die polnische Bevölkerung war den Deutschen schutzlos ausgeliefert. Ziel war demnach die gänzliche Zerstörung des polnischen Staates sowie die Verhinderung seines „Wiederauferstehens". Treibende Kräfte, die sich dagegen wehrten, trachtete man zu vernichten – der Fokus wurde hierbei auf die sogenannte „polnische Intelligenz" gerichtet: „Es muss verhindert werden, dass eine polnische Intelligenz sich als Führerschicht aufmacht. In dem Lande soll ein niederer Lebensstandard bleiben; wir wollen dort nur Arbeitskräfte schöpfen",[63] so Hitler in einer Besprechung über die künftige Neugestaltung der polnischen Verhältnisse mit Wilhelm Keitel, Chef des Oberkommandos der Wehrmacht.

Auch jeglicher Versuch einer Neuentstehung der „polnischen Intelligenz" wurde durch die Herabsetzung des Bildungsniveaus und der Existenzbedingungen zunichtegemacht. Die Erweiterung neuen „Lebensraumes" für das „deutsche Volk" wurde durch die Verlegung der Reichsgrenze um 150 km, stellenweise sogar um 200 km, nach Osten auch territorial in die Realität umgesetzt. Dadurch schuf sich das NS-Regime günstige Ausgangsbedingungen, um für zukünftige Kämpfe gerüstet zu sein.[64]

---

60 Heinrich Himmler im Juni/Juli 1942. In: Deutsche Arbeit. Die Volkstumspolitische Monatsschrift, Berlin, 42. Jg. H. 6/7, S. 157. Internationaler Militärgerichtshof Nürnberg, Prozess, Bd. 31, PS-2915, S. 281.

61 Vgl. Madajczyk, Okkupationspolitik, S. 234, Tab. 3.

62 Vgl. Röhr, Occupatio, S. 16 f.

63 Besprechung des „Führers" mit dem Chef des OKW über die künftige Gestaltung der polnischen Verhältnisse zu Deutschland vom 17.10.1939, Niederschrift vom 20.10.1939. Internationaler Militärgerichtshof Nürnberg, Prozess, Bd. 26, PS-864, S. 378.

64 Vgl. Röhr, Occupatio, S. 14 f.

Auch die polnische Wirtschaft musste im Sinne der deutschen Okkupanten arbeiten: „Die polnische Wirtschaft muss zur Blüte kommen",[65] erklärte Adolf Hitler im Jahr 1939. Das bedeutete eine Stärkung der deutschen Kriegswirtschaft durch die Integrierung und Ausplünderung polnischer Produktionskapazitäten, Rohstoffe und Arbeitskräfte.[66] Nach der Charakterisierung von Werner Röhr wurde im besetzten Polen die gesamte Bandbreite nationalsozialistischer Expansions- und Kriegsziele umgesetzt: a) die vollzogene Aufhebung bzw. Einschränkung der staatlichen Souveränität des okkupierten Landes zugunsten einer Annexion, einer Form staatsrechtlicher Verbindung mit Deutschland als „Generalgouvernement" sowie als „annektierte Ostgebiete" des künftigen „Großgermanischen Reiches"; b) die territoriale Beschneidung des Landes; c) der hemmungslose Griff der deutschen Industrie nach polnischen Rohstoffressourcen, Industriekapazitäten und Arbeitskräften; d) die Massendeportationen von Arbeitskräften nach Deutschland; e) die Konzeption und Praxis, politische Probleme der Okkupationsherrschaft durch Terror und Gewalt zu lösen sowie die Eskalation des Terrors während des Krieges; f) die planmäßige Verfolgung und Ermordung aller im Land lebenden Juden.[67] Diesen Punkten wäre noch hinzuzufügen: Die radikale Änderung der Bevölkerungsstruktur in Form einer „rassischen Siebung", die in einem rassenideologischen Vernichtungskrieg gipfelte.

Die Liste der in Polen erprobten „Modelle", die nach erfolgreicher Durchführung auch in anderen Gebieten des Deutschen Reiches verwirklicht wurden, ist lang: In Polen erlangte beispielsweise die Politik der Verfolgung und Vernichtung der jüdischen Bevölkerung mit der Errichtung der Vernichtungsstätten in Chelmno, Sobibór, Treblinka, Majdanek, Belzec und Auschwitz ihren traurigen Höhepunkt. Erste Erfahrungen mit der Behandlung der einheimischen Bevölkerung als „minderwertige" Arbeitskraft wurden ebenfalls in Polen gesammelt. In Polen wurde auch mit bevölkerungs- und „volkstumspolitischen" Maßnahmen begonnen, die später in anderen Ländern „erfolgreich" im NS-Sinne durchgeführt wurden: Enteignung und Massenvertreibung der nichtdeutschen Bevölkerung sowie An- und Aussiedlung „volksdeutscher" Gruppierungen, um die „Heim ins Reich"-Ideologie zu realisieren.[68] In Summe stellte Polen ein Experimentierfeld für die machtpolitischen Pläne des Deutschen Reiches dar.

Auch die „Sammlungspolitik" Himmlers, „jeden Tropfen guten Blutes" für das „Germanische Reich" zu gewinnen, wurde in Polen erprobt. Die „Eindeutschung" und die

---

65 Besprechung des „Führers" mit dem Chef des OKW über die künftige Gestaltung der polnischen Verhältnisse zu Deutschland vom 17.10.1939, Niederschrift vom 20.10.1939. Internationaler Militärgerichtshof Nürnberg, Prozess, Bd. 26, PS-864, S. 379.

66 Vgl. Röhr, Occupatio, S. 14 f. sowie Röhr, Europa, S. 23.

67 Vgl. Röhr, Occupatio, S. 9.

68 Vgl. Röhr, Occupatio, S. 21 f.

Verschleppung von nichtdeutschen Kindern, die in das „volkstums"-, bevölkerungs- und „rassenpolitische" Konzept der Nationalsozialisten passten, nahm hier einen gesetzlich legitimierten Charakter und zahlenmäßigen Umfang an, der im Gegensatz zu den oben aufgelisteten „Modellen", nur ansatzmäßig in anderen Ländern des Deutschen Reiches verwirklicht wurde.

VERORDNUNGSGRUNDLAGE DER
„EINDEUTSCHUNG" VON KINDERN

Der Durchführung der erzwungenen „Eindeutschung" von „rassisch wertvollen" polnischen Kindern lag eine Reihe von Richtlinien und Rechtsvorschriften zugrunde. Bereits im Jahr 1939 wurden die ersten maßgeblichen Bestimmungen punktuell erfasst,[69] die einheitliche Regelung der „Aktion" erfolgte jedoch erst durch die Anordnung 67/I[70] im Februar 1942 und den darauf folgenden Runderlass des Reichsministers des Innern im März 1942.[71]

Im Raum Litzmannstadt wurden die reichseinheitlichen Direktiven nicht abgewartet – hier lief die „Eindeutschungsaktion" und die damit verbundene „Vorbereitungsarbeit" bereits seit 1940. Aufgrund des eigenmächtigen Vorgehens des Leiters des Gesundheitsamtes hatte man bereits im Herbst 1940 begonnen, polnische Pflegekinder auf ihre „Eindeutschungsfähigkeit" hin zu untersuchen.[72] Litzmannstadt ist daher auch als „Wiege" des „Eindeutschungsverfahrens" zu sehen: Aus einem „Pilotprojekt", das gegen den Willen der Posener Dienststellen durchgeführt wurde, entwickelte sich der systematische Raub von polnischen Kindern, der schlussendlich durch die Anordnung 67/I und durch den Runderlass des Reichsministers des Innern legitimiert wurde.

Die Erlässe und Anordnungen, die für die Überführung von „rassisch wertvollen" Kindern geschaffen wurden, wurden in keinem Gesetzesblatt veröffentlicht. Diese Rechtsnormen waren häufig mit Geheimhaltungs- und Vertrauensklauseln vermerkt, dennoch schufen sie eine neue Rechtslage gegenüber den Angehörigen der „eindeut-

---

69   Vgl. Denkschrift des Rassenpolitischen Amtes. BA Berlin, NS 2/56, Bl. 546 f., S. 18 f.

70   Vgl. Anordnung 67/I von Ulrich Greifelt vom 19.2.1942 betreffend „Eindeutschung von Kindern aus polnischen Familien und aus ehedem polnischen Waisenhäusern." BA Berlin, NS 2/58, Bl. 102–106.

71   Vgl. Schnellbrief des Reichsministers des Innern an den Reichsstatthalter im Wartheland in Posen am 11.3.1942. Archiwum Panstwowe w Łódzi (AP Łódź), Sign. 31794, Bl. 103 f.

72   Vgl. Verwaltungsbericht der Abteilung Erb- und Rassenpflege von September 1939 bis September 1941. BA Berlin, NS 48/29, Bl. 163 f. Vgl. weiters Verzeichnis der zur ärztlichen Untersuchung am 24.10.1940, 25.10.1940 und 28.10.1940 vorgeladenen Pflegekinder. AP Łódź, Städtisches Jugendamt Litzmannstadt (1940), Sign. 31667.

schungsfähigen" Kinder. Erste Rechtsgrundlage einer „Eindeutschung" von „fremdvölkischen" Kindern stellte die „Verordnung über die Deutsche Volksliste" vom 4. März 1941 dar, die von Wilhelm Frick, Reichsminister des Innern, Rudolf Heß, dem „Stellvertreter des Führers", und von Heinrich Himmler unterzeichnet wurde.[73] Diese Rechtsnorm beinhaltete zwar primär die Ausführungsbestimmungen der Deutschen Volksliste, doch galt nach dieser Verordnung die Wiedereindeutschung, die Rückgewinnung von „verloren gegangenem" „deutschen Blut", als oberste Priorität.

Heinrich Himmler trug die Hauptverantwortung der „Eindeutschung" von „fremdvölkischen" Kindern – zentral ausgerichtet gingen von seiner Person alle maßgeblichen Erlässe an die betroffenen Dienststellen des Deutschen Reiches. Die grundlegenden Bestimmungen der „Eindeutschung" nichtdeutscher Kinder wurden von Mitarbeitern des „Rassenpolitischen Amtes" in Worte gefasst und zu Papier gebracht. Im Auftrag des „Rassenpolitischen Amtes" der NSDAP[74] hatten im November 1939 Dr. Erhard Wetzel[75] und Dr. Gerhard Hecht eine 40-maschinenschriftseitige Denkschrift über „Die Frage der Behandlung der Bevölkerung der ehemaligen polnischen Gebiete nach rassenpolitischen Gesichtspunkten"[76] verfasst. Wetzel und Hecht stützten sich hierbei auf Hitlers Bestimmungen über die Behandlung der polnischen Bevölkerung, die am 17. Oktober 1939 mit dem Chef des Oberkommandos der Wehrmacht, Wilhelm Keitel, besprochen worden waren.[77] In ihrer Gesamtheit stellte diese Studie den Versuch dar, die grundsätzlichen Richtlinien der nationalsozialistischen Polenpolitik schriftlich festzuhalten und die entsprechenden Maßnahmen zu analysieren.[78] Demnach war die Schaffung einer einheitlichen deutschen Bevölkerung in „rassischer" und „völkisch-politischer" Hinsicht

---

73 Vgl. „Verordnung über die Deutsche Volksliste und die deutsche Staatsangehörigkeit in den eingegliederten Ostgebieten" vom 4.3.1941. RGBl. I (1941), S. 118–120.

74 Das „Rassenpolitische Amt der NSDAP" war im Jahre 1934 von Rudolf Heß als Amt der Reichsleitung gegründet worden. Das „Rassenpolitische Amt" war aus dem Aufklärungsamt für Bevölkerungspolitik und Rassenpflege unter der Leitung von Walter Groß hervorgegangen und hatte die Verbreitung der Rassenideologie in entsprechenden Publikations- und Propagandatätigkeiten zur Aufgabe.

75 Wetzel war auch an der Verwirklichung des „Generalplans Ost" beteiligt: Er erstellte eine kritische Expertise des im Reichssicherheitshauptamtes bearbeiteten Plans. Vgl. Madajczyk, Vom Generalplan Ost zum Generalsiedlungsplan. In: Mechtild Rössler, Sabine Schleiermacher (Hg.), Der „Generalplan Ost". Hauptlinien der nationalsozialistischen Planungs- und Vernichtungspolitik (Berlin, 1993), S. 13.

76 Vgl. Denkschrift des „Rassenpolitischen Amtes" über „Die Frage der Behandlung der Bevölkerung der ehemaligen polnischen Gebiete nach rassenpolitischen Gesichtspunkten" vom 25.11.1939. BA Berlin, NS 2/56, Bd. 4/1, Bl. 528–568 (S. 1–40).

77 Besprechung des „Führers" mit dem Chef des OKW über die künftige Gestaltung der polnischen Verhältnisse zu Deutschland vom 17.10.1939, Niederschrift vom 20.10.1939. Internationaler Militärgerichtshof Nürnberg, Prozess, Bd. 26, PS-864, S. 378 sowie Röhr, Europa, Dok. Nr. 25, S. 133 f.

78 Vgl. Broszat, Polenpolitik.

das oberste Ziel. Dazu war es erforderlich, das Polentum zu beseitigen: „Was von den Polen nicht eingedeutscht werden kann, muss in das polnische Restgebiet abgeschoben werden",[79] so die Fachreferenten des „Rassenpolitischen Amtes". Hierbei war jedoch zu beachten, dass eine dauerhafte „echte Eindeutschung"[80] nur „bei gleicher rassischer Anlage"[81] möglich sei. „Rassisch" nichtdeutsche Polen könnten zwar sprachlich und politisch assimiliert werden, doch handelte es sich um eine „unechte Eindeutschung", so die Denkschrift.[82] Derartige „Eindeutschungsversuche" stellten jedoch eine Gefahr für das „deutsche Volkstum" dar, da die Polen „doch immer ihre rassisch bedingte slawische Seele behalten und niemals seelisch germanisch bestimmte Deutsche werden können".[83]

Andererseits würden gerade die „rassisch wertvollsten Schichten"[84] des polnischen Volkes sich aus „völkisch"-politischen Gründen einer „Wiedereindeutschung" widersetzen.[85] Gelang es nicht, diese „wertvollen Blutsträger" für das Deutschtum zu gewinnen, mussten diese aus völkischen Gründen „nicht eindeutschbaren Schichten"[86] abgeschoben werden.[87] „Rassisch wertvolle" polnische Kinder unterlagen jedoch einer „Sonderbehandlung"[88] und waren von derartigen Umsiedlungen ausgenommen. Die Fachreferenten des „Rassenpolitischen Amtes" gedachten, die Jungen und Mädchen in geeignete Erziehungsanstalten in das „Altreich" zu überführen oder sie in „deutscher Familienpflege" zu erziehen. Um eine endgültige „Eindeutschung" für diese Kinder zu gewährleisten, mussten folgende Richtlinien befolgt werden: Die betroffenen Kinder durften das zehnte Lebensjahr noch nicht überschritten haben, jeglicher Kontakt mit den polnischen Angehörigen war zu unterbinden, die Verleihung eines deutschen Namens, der dem Wortstamm nach eindeutig germanisch sein musste, sowie die sofortige Überweisung aller „rassisch wertvollen" Waisenkinder in deutsche Waisenhäuser mussten gewährleistet werden.[89]

---

79 Denkschrift des „Rassenpolitischen Amtes". BA Berlin, NS 2/56, Bl. 548, S. 20.
80 Die Fachreferenten des „Rassenpolitischen Amtes" setzten den Begriff „Eindeutschung" mit dem Wort „Umsetzung" gleich. Unter einer „echten" Umsetzung wurde das „endgültige, geistig und seelisch mittragende Eintreten in das Volkstum eines anderen Volkes" verstanden, sprachliche und kulturelle Assimilation waren Voraussetzungen. Eine echte bzw. vollständige „Eindeutschung" konnte nach Meinung der Verfasser erst nach einer bis zwei Generationen erfolgen.
81 Denkschrift des „Rassenpolitischen Amtes". BA Berlin, NS 2/56, Bl. 544, S. 16.
82 Vgl. ebda.
83 Ebda.
84 Ebda., Bl. 545, S. 17.
85 Vgl. ebda., Bl. 545 f., S. 17 f.
86 Ebda., Bl. 546, S. 18.
87 Vgl. ebda.
88 Ebda.
89 Vgl. ebda., Bl. 546 f., S. 18 f.

Die oben zitierten Maßnahmen spiegeln die grundlegenden Bestimmungen einer „erfolgreichen" „Eindeutschung" von Kindern wider. Der Leiter des „Rassenpolitischen Amtes", Dr. Walter Groß, sandte die Studie im Dezember 1939 an Heinrich Himmler.[90] In der „Eindeutschung" von nichtdeutschen, jedoch „rassisch wertvollen" Kindern sah Himmler ein effizientes „Vollzugsmittel", um das „deutsche Volk" im Sinne einer „rassischen Einheit" zu festigen und seine „Sammlungspolitik" auch an Kindern zu erproben und anzuwenden – schrittweise begann er mit der Umsetzung.

Die Rolle Heinrich Himmlers

Mit dem „Erlass des Führers und Reichskanzlers zur Festigung deutschen Volkstums" vom 7. Oktober 1939 war Heinrich Himmler von Hitler persönlich mit der gesamten „Volkstums"-, „Germanisierungs"- und „Umsiedlungspolitik" des Deutschen Reiches betraut worden. Hitler beauftragte Himmler mit der Zurückführung von Reichs- und „Volksdeutschen" im Ausland, mit der Gestaltung neuer deutscher Siedlungsgebiete durch Umsiedlung sowie mit der Ausschaltung des „schädigenden Einflusses" von jenen „volksfremden" Bevölkerungsteilen, die eine Gefahr für das Reich und die „deutsche Volksgemeinschaft" darstellten.[91] Bereits in seiner ersten Anordnung in seiner neuen Funktion verlieh sich der Reichsführer-SS den Titel „Reichskommissar für die Festigung deutschen Volkstums (RKFDV)" – im Erlass Adolf Hitlers kam die Bezeichnung selbst nicht vor.[92]

In seiner Eigenschaft als „Reichskommissar für die Festigung deutschen Volkstums" war es Himmler nun gelungen, die „Volkstumspolitik" gänzlich in seinen Machtbereich zu lenken. Die nationalsozialistische „Volkstumspolitik" hatte mit Ausbruch des Krieges neue Aufgaben zugewiesen bekommen, die sich offenkundig auch mit Himmlers Zielen deckten. In der NS-Zeitschrift „Volk und Rasse" wurden die Aufgaben der „Volkstumspolitik" des Deutschen Reiches folgendermaßen zusammengefasst und definiert: „Verhinderung eines Verströmens deutschen Blutes in fremde Volkstümer, Rückgewinnung des deutsch-germanischen Blutes, soweit es nicht durch Vermischung zersetzt worden ist,

90 Vgl. Robert L. Koehl, RKFDV. German Settlement and Population Policy. A History of the Reich Commission for the Strenghtening of Germandom (Cambridge, 1957), S. 65.

91 Vgl. „Erlass des Führers und Reichskanzlers zur Festigung deutschen Volkstums" am 7.10.1939. IfZG, NO-3075. Der Erlass wurde bereits in mehreren Büchern veröffentlicht, u. a. in englischer Übersetzung bei Koehl, RKFDV, S. 247–249, Röhr, Europa, S. 126 f. sowie Martin Moll, „Führer-Erlässe" 1939–1945 (Stuttgart, 1997), S. 100–102.

92 Vgl. Erste Anordnungen des Reichskommissars. IfZG, NO-3078.

die Unterbindung der Verschlechterung des deutschen Blutwertes durch Unterwande-
rung von außen."[93]

In seiner Rolle als „Reichskommissar für die Festigung deutschen Volkstums" konnte
der Reichsführer-SS seine Kompetenzen innerhalb von Partei und Staat enorm erwei-
tern.[94] Zur Realisierung seiner Aufgaben bildete Himmler einen Führungsstab, der die
Befehlszentrale des Reichskommissars darstellte. Die Leitung des Führungsstabes hatte
SS-Obergruppenführer Ulrich Greifelt inne, der in erster Linie als Fachmann für Wirt-
schaftsfragen galt und seit 1937 Chef der „Dienststelle Vierjahresplan" im Persönlichen
Stab des RFSS gewesen war.[95] Im Juni 1941 wurde die Dienststelle des „Reichskommissars
für die Festigung deutschen Volkstums" zum Hauptamt der SS erhoben und trug infolgedessen die neue Bezeichnung „Reichskommissar für die Festigung deutschen Volkstums – Stabshauptamt".[96]

Das Stabshauptamt war dazu berechtigt, alle Dienststellen des Staates und der Partei
für die Zwecke des „Reichskommissars für die Festigung deutschen Volkstums" einzusetzen. Da parallel zu den erfolgreichen Expansionsbestrebungen das Aufgabengebiet immer
größer wurde, wurden neue Dienststellen gegründet, die ausschließlich unter der Befehlsgewalt des Reichskommissars standen.[97] Die „Volksdeutsche Mittelstelle", das „Rasse- und
Siedlungshauptamt" sowie das „Reichssicherheitshauptamt" gehörten zum sogenannten

---

93   H. H. Schubert, Grundsätze nationalsozialistischer Volkstumspolitik. In: Volk und Rasse, H. 5 (1942), S.
       83.
94   Einzige ausführliche Monographie zur Rolle Heinrich Himmlers als „Reichskommissar für die Festigung
       deutschen Volkstums" ist die fast 50 Jahre alte Publikation Robert L. Koehls: Koehl, RKFDV.
95   Vgl. Hans Buchheim, Rechtsstellung und Organisation des Reichskommissars für die Festigung deut-
       schen Volkstums. In: Gutachten des Instituts für Zeitgeschichte, Bd. 1 (München, 1958), S. 239–279,
       hier S. 275. Buchheims Ausführungen über die Dienststelle des RKFDV wurden gekürzt wiedergegeben
       in: Hans Buchheim, Die SS – das Herrschaftsinstrument (=Anatomie des SS-Staates, München, 1994),
       S. 182–200.
96   Vgl. Buchheim, Rechtsstellung, S. 247.
97   Vgl. Buchheim, Rechtsstellung, S. 244. Zur „engeren Befehlsgewalt" des RKFDV gehörten der Füh-
       rungsstab, das Zentralbodenamt, der Oberste Prüfungshof für Volkszugehörigkeitsfragen sowie die Be-
       auftragten des RKFDV. Zunächst wurden die HSSPF zu Beauftragten ernannt, im Laufe des Krieges
       wurde die Regelung geändert, sodass der Reichsstatthalter, der Oberpräsident oder die Chefs der Zivil-
       verwaltung die Beauftragten des RKFDV wurden und die HSSPF ihre ständigen Vertreter darstellten
       (Ausnahmen dieser Regelung stellten der Reichsgau Danzig-Westpreußen und das „Generalgouverne-
       ment" dar). Zum „engeren Befehlsbereich" gehörten zusätzlich die „angeschlossenen Dienststellen", wie
       die Amtliche Deutsche Ein- und Rückwandererstelle, die Deutsche Umsiedlungs-Treuhand G.m.b.H.,
       die deutsche Ansiedlungsgesellschaft, Auffanggesellschaften für Kriegsteilnehmer sowie die „Schulen für
       Volksdeutsche" in Achern, Rufach und Schweiklberg b. Vilshofen, in welchen auch „eindeutschungsfä-
       hige" Kinder untergebracht wurden.

weiteren Befehlsbereich[98] des RKFDV und sind als elementare Stützen der Politik Himmlers anzusehen.[99] Als „Reichskommissar für die Festigung deutschen Volkstums" konnte Himmler nun maßgebliche Schritte setzen, um im Sinne einer „Sammlungspolitik" die „rassisch wertvollen" „Blutsträger" im Osten für das deutsche „Volkstum" zu gewinnen. In seiner Denkschrift „Einige Gedanken über die Behandlung der Fremdvölkischen im Osten" vom Mai 1940 erläuterte er seine Pläne der „rassischen Selektion" mit dem Ziel der biologischen Stärkung des „deutschen Volkes". So war eine Einigung der einzelnen Völkerschaften im Osten nicht im Interesse Heinrich Himmlers, ganz im Gegenteil:

> „…denn nur dadurch, dass wir diesen ganzen Völkerbrei des Generalgouvernements von 15 Millionen und die 8 Millionen der Ostprovinzen auflösen, wird es uns möglich sein, die rassische Siebung durchzuführen, die das Fundament in unseren Erwägungen sein muss, die rassisch Wertvollen aus diesem Brei herauszufischen, nach Deutschland zu tun, um sie dort zu assimilieren."[100]

Himmler hatte den Großteil seiner Denkschrift aus der Studie des „Rassenpolitischen Amtes" übernommen. Himmlers Vorstellung von der Behandlung „Fremdvölkischer" basierte auf Erhard Wetzels und Gerhard Hechts Arbeit. Auch Himmler befasste sich in seiner Niederschrift mit der Behandlung von Kindern, die „rassisch tadellos"[101] waren und „unseren Bedingungen"[102] entsprachen. Seiner Meinung nach hatte für die nichtdeutsche Bevölkerung im Osten die Schulbildung mit der vierten Klasse Volksschule zu enden.[103] „Kinder guten Blutes"[104] mussten daher im „Altreich" erzogen werden. Die Eltern derartiger Jungen und Mädchen wurden vor die Wahl gestellt:

---

98 Himmler hatte als Reichsführer-SS und als „Reichskommissar für die Festigung deutschen Volkstums" Weisungsbefugnis und strikte Befehlsgewalt gegenüber allen Hauptämtern und sonstigen Dienststellen der SS sowie gegenüber der gesamten deutschen Polizei. Auch wenn viele dieser Dienststellen kaum mit der Arbeit des RKFDV in Berührung kamen, gehörten sie zum sogenannten „weiteren Befehlsbereich". Vgl. Buchheim, Rechtsstellung, S. 258.

99 Vgl. ebda., S. 258.

100 Heinrich Himmler, Denkschrift „Einige Gedanken über die Behandlung der Fremdvölkischen im Osten". IfZG, NO-1880, S. 2. Abgedruckt in Helmut Krausnik, Denkschrift Himmlers über die Behandlung der Fremdvölkischen im Osten (Mai 1940). In: Vierteljahrshefte für Zeitgeschichte, H. 2 (1957), S. 194–198.

101 Denkschrift Himmlers, IfZG, NO-1880, S. 3.

102 Ebda.

103 Vgl. Denkschrift Himmlers, IfZG, NO-1880, S. 3. Das Unterrichtsziel für polnische Schüler lautete nach Vorstellung Himmlers: „Einfaches Lernen bis höchstens 500, Schreiben des Namens, eine Lehre, dass es ein göttliches Gebot ist, den Deutschen gehorsam zu sein und ehrlich, fleißig und brav zu sein. Lesen halte ich nicht für erforderlich." Denkschrift Himmlers, IfZG, NO-1880, S. 3.

104 Denkschrift Himmlers, IfZG, NO-1880, S. 4.

„… entweder das Kind herzugeben – sie werden dann wahrscheinlich keine weiteren Kinder mehr erzeugen, so dass die Gefahr, dass dieses Untermenschenvolk des Ostens durch solche Menschen guten Blutes eine für uns gefährliche, da ebenbürtige Führerschicht erhält, erlischt –, oder die Eltern verpflichten sich, nach Deutschland zu gehen und dort loyale Staatsbürger zu werden."[105]

Weiters beabsichtigte Himmler, sämtliche Kinder zwischen sechs und zehn Jahren aus dem Generalgouvernement jährlich einer „Siebung" nach „blutlich Wertvollen und Nichtwertvollen"[106] zu unterziehen. In der Denkschrift vom Mai 1940 wird die Auslese von „rassisch wertvollen" Kindern, die „Sichtung und Siebung der Jugend",[107] wie Himmler es nannte, und deren Überführung ins „Altreich" zu „Eindeutschungszwecken" bereits propagiert – weiterführende Richtlinien, wie sie bereits in der Studie des „Rassenpolitischen Amtes" aufgelistet worden waren, fehlen jedoch.

Himmlers Denkschrift wurde auf Anweisung Adolf Hitlers nicht vervielfältigt. Laut Himmler fand Hitler Himmlers Überlegungen zwar „sehr gut"[108] und „richtig",[109] doch sollte die Niederschrift geheim behandelt werden.[110] Nur eine Auswahl von Führungspersönlichkeiten erhielt ein Exemplar des sechsseitigen Schriftstückes.[111] Die Inhalte, die in der Denkschrift transportiert wurden, sollten als Richtlinie gelten und durften weder auszugsweise noch „gedächtnisweise" in einem Befehl der Hauptämter aufscheinen.[112]

Die systematische Durchführung einer „rassischen" Selektion der „fremdvölkischen" Bevölkerung im Osten gehörte, wenn man die Gesamtheit der Quellen berücksichtigt, zu Himmlers „volkstums- und rassenpolitischen" Zielen. Himmler bezeichnete die „Säuberung" „fremdrassiger" Personen in den eingegliederten Ostgebieten als „kardinale volkspolitische Aufgabe",[113] demgemäß musste auch die „Wiedereindeutschung" von

---

105 Ebda., S. 4.
106 Ebda.
107 Ebda., S. 3.
108 Schreiben des Reichsführers-SS vom 28.5.1940. IfZG, NO-1881, S. 1.
109 Ebda.
110 Vgl. ebda.
111 Neben dem „Führer und Reichskanzler" erhielten der Chef der Reichskanzlei Hans Heinrich Lammers, die Gauleiter in den Ostgauen, Erich Koch, Albert Forster, Arthur Greiser, Hans Frank, Reichsminister Richard W. Darré, Reichsleiter Martin Bormann, der Leiter der Dienststelle des RKFDV Ulrich Greifelt, sämtliche Hauptamtchefs, die HSSPF im annektierten Polen sowie der Chef der Sicherheitspolizei Reinhard Heydrich ein Exemplar der Niederschrift. Vgl. Schreiben des RFSS vom 28.5.1940. IfZG, NO-1881, S. 1–3.
112 Vgl. ebda., S. 2.
113 Anordnung Himmlers, „Einsatz von eindeutschungsfähigen Polen" aus dem Jahre 1940. Aus: Der Reichsführer SS. Reichskommissar für die Festigung deutschen Volkstums. Der Menscheneinsatz.

vorhandenem „deutschen Blut" rigoros verfolgt werden. Die Suche und die „Rückgewinnung deutschen Blutes" machten auch nicht vor Menschen nichtdeutscher Nationalität halt, die in ihrer nationalen Zugehörigkeit und auch in ihrer Sprache bereits „polonisiert" waren. Der Reichskommissar sah es als „absolutes volkspolitisches Erfordernis, die angegliederten Ostgebiete und später auch das Generalgouvernement nach solchen germanischen Blutsträgern durchzukämmen, um dieses verlorengegangene deutsche Blut wieder dem eigenen deutschen Volk zuzuführen".[114]

Himmler richtete sein Augenmerk zuerst auf die „Auslese" von „rassisch wertvollsten, nordisch bestimmten Familien".[115] Diese polnischen Familien waren bereits zur Aussiedlung aus dem Warthegau bestimmt worden.[116] Himmler gedachte nun, diese zur Aussiedlung genötigten Familien für seine „Sammlungs- bzw. Eindeutschungszwecke" zu missbrauchen.

In der Umwandererzentralstelle[117] in Litzmannstadt wurden die in Frage kommenden Personen „rassisch" und ärztlich überprüft, „denn nur die besten Sippen können im Altreich angesetzt und assimiliert werden",[118] so der „Reichskommissar für die Festigung deutschen Volkstums". Nach dieser „Vorauslese" wurden die „voraussichtlich geeigneten" Polen zur weiteren „Feinauslese" in die Außenstellen des „Rasse- und Siedlungshauptamtes" überstellt.[119] Die bei der „Feinauslese" zur „Eindeutschung" für untauglich befundenen Familien wurden der Umwandererzentralstelle zum Abtransport in das „Generalgouvernement" zurück überstellt,[120] die „geeigneten" Familien wurden in

---

      Grundsätze, Anordnungen und Richtlinien. Hg. v. Hauptabteilung I des RKFDV, Dezember 1940.
      Internationaler Militärgerichtshof Nürnberg, Prozess, Bd. 31, PS-2916, S. 283.

114   Anordnung Himmlers, „Einsatz von eindeutschungsfähigen Polen". Internationaler Militärgerichtshof
      Nürnberg, Prozess, Bd. 31, PS-2916, S. 284.

115   Anordnung 17/II von Heinrich Himmler vom 9.5.1940. BA Berlin, NS 2/160, Bl. 16.

116   Vgl. Anordnung Himmlers, „Einsatz von eindeutschungsfähigen Polen". Internationaler Militärgerichtshof Nürnberg, Prozess, Bd. 31, PS-2916, S. 284.

117   Die Umwandererzentralstelle (UWZ) war im November 1939 als „Sonderstab für die Aussiedlung der
      Polen und Juden" beim HSSPF „Warthe" in Posen gegründet worden. Später arbeitete die Dienststelle
      unter den Namen „Amt für Umsiedlung von Polen und Juden" sowie „Umwanderungsstelle", ab April
      1940 als „UWZ" namentlich geläufig. Die UWZ war dem Reichssicherheitshauptamt in dessen Eigenschaft als Dienststelle des RKFDV unterstellt. SS-Standartenführer Ernst Damzog leitete die Dienststelle
      in Posen, die Zweigstelle in Litzmannstadt war unter der Leitung von SS-Obersturmbannführer Hermann Krumey.

118   Entwurf Himmlers zu einer Anweisung an die HSSPF betreffend „Eindeutschung von Polenfamilien
      guten Blutes". BA Berlin, NS 2/160, Bl. 10.

119   Vgl. Anordnung Himmlers vom 9.11.1940 betreffend „Auslese der einzudeutschenden Polensippen". BA
      Berlin, NS 2/56, Bd. 4/1, Bl. 99.

120   Vgl. ebda.

Betriebe des „Altreichs" gebracht, um eine baldige „Eindeutschung" zu erreichen.[121] Es war Aufgabe der Betriebsführer, „ihren erzieherischen Einfluss dahingehend geltend zu machen, dass diese Polen im Deutschtum aufgehen".[122] Die betroffenen polnischen Familien mussten zuvorkommend behandelt werden, jede Diffamierung im Betrieb sowie im Alltagsleben wurde strengstens untersagt, da es sich „um Menschen unseres Blutes handelt".[123]

Die Auswahl der Betriebe und die Betreuung der „eindeutschungsfähigen" „Polensippen" oblagen den „Höheren SS- und Polizeiführern" (HSSPF) in ihrer Eigenschaft als Beauftragte des „Reichskommissars für die Festigung deutschen Volkstums".[124] Himmler erwartete, wöchentlich über die Anzahl der „eindeutschungsfähigen" Familien informiert zu werden.[125]

Die „Eindeutschung" bezog sich demnach nur auf polnische Familien, die bereits für eine Aussiedlung in das „Generalgouvernement" vorgesehen waren.[126] Kinder wurden nur innerhalb des Familienverbandes überführt. Doch bereits ein paar Monate später weitete Himmler die „Aktion" durch die Schaffung der Deutschen Volksliste weiter aus.

In Himmlers Erlass in seiner Eigenschaft als RKFDV über die „Überprüfung und Aussonderung der Bevölkerung in den eingegliederten Ostgebieten" vom September 1940 wurde die Durchführung Richtung „Eindeutschung" anhand der DVL legitimiert: während die Angehörigen der Gruppen I und II für den „Aufbau im Osten eingesetzt werden" sollten, gedachte Himmler, jene Personen, die in den Gruppen III und IV eingetragen wurden, durch eine intensive „Erziehung" im „Altreich" zu „vollwertigen Deutschen" zu erziehen und so „einzudeutschen".[127] Der „Reichskommissar für die Festigung deutschen Volkstums" schätzte, dass rund eine Million „Fremdvölkische" „eindeutschbar" war: Diese auserwählte Gruppe von Menschen war „blutsmäßig" verwandt und

---

121   Vgl. Anordnung 17/II von Heinrich Himmler vom 9.5.1940. BA Berlin, NS 2/160, Bl. 16.

122   Entwurf Himmlers zu einer Anweisung an die HSSPF betreffend „Eindeutschung von Polenfamilien guten Blutes". BA Berlin, NS 2/160, Bl. 10.

123   Anordnung des RKFDV an die HSSPF vom 3.7.1940. Internationaler Militärgerichtshof Nürnberg, Prozess, Bd. 31, PS-2916, S. 288.

124   Vgl. Entwurf Himmlers zu einer Anweisung an die HSSPF betreffend „Eindeutschung von Polenfamilien guten Blutes". BA NS 2/160, Bl. 10–13 sowie Anordnung des RKFDV an die HSSPF vom 3.7.1940. Internationaler Militärgerichtshof Nürnberg, Prozess, Bd. 31, PS-2916, S. 287–290.

125   Vgl. Anordnung des RKFDV an die HSSPF vom 3.7.1940. Internationaler Militärgerichtshof Nürnberg, Prozess, Bd. 31, PS-2916, S. 287, 289.

126   In dem Entwurf zur Anweisung an die HSSPF betonte Himmler, dass die Familien sich freiwillig zur Ansiedlung ins „Altreich" entschließen müssten. Von „Freiwilligkeit" war in den späteren Anordnungen Himmlers jedoch keine Rede mehr.

127   Vgl. Erlass Himmlers vom 12.9.1940. Internationaler Militärgerichtshof Nürnberg, Prozess, Bd. 31, PS-2916, S. 293.

stellte so einen „rassisch wertvollen" Bevölkerungszuwachs für das „deutsche Volk" dar. Die Feststellung von „eindeutschbaren" „Fremdvölkischen" konnte demnach nur durch ihre „rassische" Aussonderung erfolgen.[128] Kinder, deren Eltern eine „Wiedereindeutschung" ablehnten, durften jedoch für das deutsche Volk nicht „verloren gehen" und sollten für die Haltung der Eltern nicht verantwortlich gemacht werden – das Deutsche Reich kümmerte sich um ihre Erziehung:[129]

> „Entscheidend ist, dass zumindest deren Kinder nicht mehr dem Polentum anheim fallen, sondern inmitten einer deutschen Umgebung erzogen werden. Eine Wiedereindeutschung kann jedoch keinesfalls in der bisherigen polnischen Umgebung, sondern nur im Altreich bzw. in der Ostmark erfolgen."[130]

Die permanente Suche nach „rassisch wertvollen" „Blutsträgern" und deren „Eindeutschung" machte nun auch nicht mehr vor Kindern halt. Himmler sah in der „Eindeutschung" von „fremdvölkischen" Jungen und Mädchen großes Potential für die biologische Stärkung des „deutschen Volkes". Während seiner Inspektionsreise durch den Warthegau im Frühjahr 1941 stellte er fest, dass viele polnische Kinder auffallend zahlreiche „gutrassige" Merkmale aufwiesen. Aus diesem Grund bestärkte er Reichsstatthalter Greiser zuerst mündlich, dann wiederholt schriftlich, besonders „gutrassige" polnische Kinder aus ihren Familien zu nehmen, sie gesondert in Kinderheimen zu erziehen und sie später „einzudeutschen".[131] „Das Wegholen der Kinder müsste mit gesundheitlicher Gefährdung begründet werden",[132] erklärte der Reichsführer-SS. In den ausgewählten Kinderheimen sollten die betroffenen Kinder nur von den „besten und rassisch klarsehenden Kräfte[n]"[133] erzogen werden, betonte Himmler. Nach einem einjährigem Aufenthalt war vorgesehen, die Jungen und Mädchen als „Erziehungskinder in kinderlose gutrassige Familien"[134] zu vermitteln. Kinder, die in den Heimen negativ

---

128 Vgl. ebda., S. 291.

129 Vgl. ebda., S. 293.

130 Anordnung des RKFDV an die HSSPF vom 3.7.1940. Internationaler Militärgerichtshof Nürnberg, Prozess, Bd. 31, PS-2916, S. 284.

131 Vgl. Schreiben des RFSS an Reichsstatthalter Greiser vom 18.6.1941. BA, Berlin NS 19/2621, Bl. 4 sowie Schreiben des Stabshauptamtes des RKFDV, Creutz, an den Reichsstatthalter Wartheland, Beauftragten des RKFDV, vom 12.8.1941. BA Berlin, NS 2/57, Bd. 4/2, Bl. 140. Auch als Nürnberger Dokument im IfZG, NO-3074 vorhanden.

132 Schreiben des RFSS an Reichsstatthalter Greiser vom 18.6.1941. BA Berlin, NS 19/2621, Bl. 4.

133 Ebda.

134 Ebda.

auffielen, konnten den leiblichen Eltern wieder zurückgegeben werden.[135] Rudolf Creutz, als Stellvertreter Greifelts im Stabshauptamt des RKFDV in führender Position tätig, nahm zu Himmlers oben genannten Forderungen Stellung und wies auf die etwaigen Schwierigkeiten mit den leiblichen Eltern der betroffenen „gutrassigen" Kinder hin. Creutz nahm daher auch an, dass sich die Anordnung allein auf „gutrassige" polnische Waisenkinder stützte.[136] In der Stadt Litzmannstadt begann man indessen mit den letzten Vorkehrungen für eine planmäßige „Eindeutschung" von Kindern und untersuchte polnische Jungen und Mädchen auf ihre Eignung zur „Eindeutschung".[137] „Geeignete" Kinder mussten Elternhaus oder Kinderheim verlassen und wurden in ein spezifisches Heim gebracht. Den leiblichen Eltern wurde es jedoch erlaubt, die Jungen und Mädchen in diesem Heim in der Friedrich Gosslerstraße (ulica[138] Kopernika) zu besuchen.[139]

Am 1. Dezember 1941 wurde schließlich eine vertrauliche Mitteilung des Gaujugendamtes an verschiedene Oberbürgermeister und Landräte des Warthegaus geschickt, in der die „Maßnahmen zur ‚Eindeutschung' polnischer Waisenkinder" verlautbart wurden:[140]

„Auf Veranlassung des Reichsführers SS sind alle Waisen- und Pflegekinder polnischer Volkszugehörigkeit in Anstalten und Pflegefamilien alsbald auf ihre Eindeutschungsfähigkeit zu prüfen. Zu diesem Zweck erfolgt die erscheinungsbildliche Prüfung durch das Rasse- und Siedlungshauptamt SS und die charakterliche Begutachtung durch Rassenpsychologen in einer eigens dafür einzurichtenden Anstalt (…). Bis zum 1.2.1942 bitte ich ferner um Übersendung einer namentlichen Liste an die Gauselbstverwaltung über die Familienpflegestellen und alle Pflegekinder polnischer Volkszugehörigkeit."[141]

Die Verfügung erfolgte ohne Zustimmung des Reichsministeriums des Innern, und das Dokument trug den Vermerk „vertraulich". Himmler war sich jedoch dessen bewusst, dass die offizielle reichseinheitliche Regelung durch das Reichsministerium des Innern

135 Vgl. ebda.
136 Vgl. Schreiben des Stabshauptamtes des RKFDV, Creutz, an den Reichsstatthalter Wartheland, Beauftragten des RKFDV, vom 12.8.1941. BA Berlin, NS 2/57, Bd. 4/2, Bl. 140.
137 Vgl. Lagebericht von 1.9.–30.11.1941. IPN, OKBZN w Łódzi, 177/29, Bl. 14.
138 „ulica" deutsch: „Straße", wird in Folge als „ul." abgekürzt.
139 Vgl. Eidesstattliche Erklärung von Feliksa Dzieginska. ZfA, Fall VIII, ADB 7, NO-5256, S. 1.
140 Vgl. Schreiben der Gauselbstverwaltung, Abteilung Gaujugendamt, an die Stadtverwaltung Litzmannstadt vom 1.12.1941. AP Łódź, L-15069, Bl. 55 sowie Schreiben der Gauselbstverwaltung an den Landrat in Schroda vom 9.9.1943 – Bezug zur Verfügung vom 1.12.1943. IPN, Fotokopie II, 437/5.
141 Schreiben der Gauselbstverwaltung, Abteilung Gaujugendamt, an die Stadtverwaltung Litzmannstadt vom 1.12.1941. AP Łódź, L-15069, Bl. 55.

und das Stabshauptamt des RKFDV lediglich eine Frage der Zeit war. Besprechungen mit den verantwortlichen Dienststellen waren bereits im Gange.[142]

Einheitliche Regelung der „Eindeutschungsaktion"

Im Auftrag Heinrich Himmlers erließ Ulrich Greifelt, Chef des Stabshauptamtes des „Reichskommissars für die Festigung deutschen Volkstums", am 19. Februar 1942 die Anordnung 67/I,[143] welche die Verfahrensweise der „Eindeutschung" von polnischen Kindern reichseinheitlich regelte.[144] Die Anordnung war das Resultat einer Besprechung, die am 12. Dezember 1941 vom Stabshauptamt einberufen worden war und an der Vertreter des Reichsinnenministeriums, des RuSHA, der NSV, der Gauselbstverwaltung und der Inspektion der Heimschulen teilnahmen. Der Vertreter des SS-Vereins „Lebensborn" hatte seinen Zug versäumt und war bei der Sitzung daher nicht anwesend.[145]

Die Anordnung 67/I bezog sich in erster Linie auf Waisenkinder, sollte jedoch, nachdem alle Waisenkinder auf ihre „Eindeutschungsfähigkeit" überprüft worden waren, auf Kinder, die bei polnischen Pflegeeltern lebten, ausgeweitet werden.[146] Greifelt vermied, in seiner Verfügung die wahren Ausmaße der „Aktion" bekannt zu geben, obwohl man sich bereits auf den Umfang des Verfahrens geeinigt hatte. In einem Schreiben des Reichsministeriums des Innern vom 18. November 1941 war die Reihenfolge der zu erfassenden Kinder bereits festgelegt worden: Die „Eindeutschungsaktion" sollte sich zuerst auf Heimkinder aus den beiden Großstädten Posen und Litzmannstadt sowie auf Findelkinder in polnischen Pflegestellen beschränken. Danach sollten jene Jungen und Mädchen geprüft werden, die „eindeutschungsfähige" Eltern oder Elternteile hatten, im dritten Verfahren sollten die „rassisch guten Kinder nichteindeutschungsfähiger Familien herangezogen werden".[147]

---

142 Vgl. Schreiben der Stadtverwaltung Litzmannstadt an die Gauselbstverwaltung vom 11.12.1941. AP Łódź, L-15069, Bl. 70.

143 Vgl. Anordnung 67/I von Ulrich Greifelt vom 19.2.1942 betreffend „Eindeutschung von Kindern aus polnischen Familien und aus ehemals polnischen Waisenhäusern". BA Berlin, NS 2/58, Bl. 102–106 f.

144 Am 11. März 1942 erfolgt der Runderlass des Reichsministers des Innern, in dem er das in der Anordnung 67/I festgelegte Verfahren bestätigte und somit auch von ministerieller Seite her anordnete. Vgl. Schnellbrief des Reichsministers des Innern an den Reichsstatthalter im Wartheland in Posen am 11.3.1942. AP Łódź, L-15069, Bl. 103 f.

145 Vgl. Schreiben des Chefs des RuSHA, Hofmann, an SS-Gruppenführer Brandt, Persönlicher Stab RFSS, vom 17.4.1942. BA Berlin, NS 2/58, Bl. 95 f.

146 Vgl. Anordnung 67/I. BA Berlin, NS 2/58, Bl. 104 f.

147 Schreiben des Ministeriums des Innern vom 18.11.1941. Staatsarchiv Poznań, Bestand Reichsstatthalterei, 1137. Zit. nach Röhr, Europa, S. 216.

Die „rassisch wertvollen" Jungen und Mädchen wurden aus Fürsorgeheimen, von ihren Vormündern und von ihren Pflegestellen fortgenommen, aus ihrem leiblichen Elternhaus sowie aus Familien, die die Eintragung in die DVL verweigerten oder ins Konzentrationslager gebracht worden waren, regelrecht verschleppt. Die Angehörigen mussten sich ihrem Schicksal beugen und waren den Okkupanten ausgeliefert. Mütter erlitten Nervenzusammenbrüche, Eltern, die versuchten, Kontakt mit dem geraubten Kind aufzunehmen, wurden in einigen Fällen in Konzentrationslager eingewiesen.[148]

Aussagen von KZ-Überlebenden belegen, dass das „Eindeutschungsverfahren" auch nicht vor den Toren der Konzentrationslager Halt machte: Ab Mai 1943 wurden Hunderte blonde und blauäugige Kinder aus Auschwitz weggebracht, um sie im Sinne des NS-Ideologie zu erziehen und an deutsche Familien weiterzuvermitteln.[149] Bevor man die Kinder in das „Altreich" brachte, wurden die ausgewählten Jungen und Mädchen unter Quarantäne gestellt. Laut den Forschungsergebnissen des International Auschwitz Committees hatten Häftlingsärzte versucht die Kinder vor der zwangsweisen Überführung zu retten. Die Ärzte diagnostizierten den Kindern einen krächzenden Husten oder einen Ausschlag, der über ein spezielles Pflaster herbeigeführt wurde. Der Chefarzt des Lagers, Dr. Josef Mengele, war nicht leicht zu täuschen – er hatte allerdings panische Angst vor Ausschlägen. Dies machten sich die Häftlingsärzte zu Nutze.[150]

In der Anordnung 67/I des Stabshauptamtes wurden die erforderlichen Maßnahmen für eine erfolgreiche Durchführung der „Eindeutschung" von polnischen Jungen und Mädchen Punkt für Punkt aufgelistet:

„1. Die Jugendämter des Reichsgaues Wartheland erfassen die ehedem polnischen Waisenkinder und bei polnischen Pflegeeltern lebenden Kinder und melden diese dem Reichsstatthalter des Reichsgaues Wartheland (Gauselbstverwaltung).

2. Der Reichsstatthalter des Reichsgaues Wartheland (Gauselbstverwaltung) meldet dem Rasse- und Siedlungshauptamt-SS, Außenstelle Litzmannstadt, die erfassten Kinder.

---

148 Vgl. Eidesstattliche Erklärung von Leokadia Szymanska. ZfA, Fall VIII, ADB 7, NO-5254, S. 2

149 Vgl. Langbein Hermann, Menschen in Auschwitz (Wien, 1972), S. 268; Fania Fénelon, Das Mädchenorchester in Auschwitz (Frankfurt/Main, 1980), S. 230 f. sowie Krystyna Zywulska, Wo vorher Birken waren. Überlebensbericht einer jungen Frau aus Auschwitz-Birkenau (München, 1979), S. 78 f.

150 Vgl. International Auschwitz Committee. Nazi Medicine: Doctors, Victims and Medicine in Auschwitz (New York, 1986), S. 223 f. Zit. nach Richard C. Lukas, Did the children cry? Hitler's War against Jewish and Polish Children, 1939–1945 (New York, 1994), S. 115. Die Kinder wurden durch das Eintreten der Lagerärzte vor der „Eindeutschung" gerettet und kehrten in ihre Baracken zurück – viele dieser „geretteten" Jungen und Mädchen starben allerdings an den menschenunwürdigen Lagerbedingungen im KZ Auschwitz.

3. Zur Feststellung der Eindeutschungsfähigkeit werden die Kinder von der Außenstelle des Rasse- und Siedlungshauptamtes-SS, Litzmannstadt, rassisch überprüft.

4. Die vom Rasse- und Siedlungshauptamt-SS rassisch überprüften und als eindeutschungsfähig bezeichneten Kinder sind von den staatlichen Gesundheitsämtern genau auf ihren Gesundheitszustand zu untersuchen (…).

5. Die Überprüfungsergebnisse der auf Grund der bisherigen Ausleseverfahren als eindeutschungsfähig erkannten Kinder sind dem Reichsstatthalter des Reichsgaues Wartheland (Gauselbstverwaltung) zu übermitteln.

6. Der Reichsstatthalter (Gauselbstverwaltung) in Posen überführt die ihm benannten Kinder in das Gaukinderheim in Brockau (Kreis Gostingen).

7. In dem Gaukinderheim in Brockau werden die Kinder (…) psychologisch überprüft. Weiter wird hier über jedes Kind von dem Leiter des Gaukinderheimes (unter Hinzuziehung des Pflegepersonals) eine charakterologische Beurteilung abgegeben. Die Kinder verbleiben etwa 6 Wochen in Brockau.

8. Nach Abschluss der Überprüfung in Brockau übergibt der Reichsstatthalter des Reichsgaues Wartheland (Gauselbstverwaltung) meinem Beauftragten in Posen die Untersuchungsergebnisse der in dem Gaukinderheim befindlichen Kinder.

9. Auf Grund aller vorliegenden Überprüfungsunterlagen entscheidet der Reichsstatthalter des Reichsgaues Wartheland, Beauftragter des Reichskommissars für die Festigung deutschen Volkstums, welches Kind dem Eindeutschungsverfahren unterzogen werden soll. In irgendwelchen Zweifelsfällen bitte ich meinen Beauftragten in Posen, sich mit den beiden Abnahmestellen der Kinder (Lebensborn e.V. und dem Inspektor der Deutschen Heimschulen) in Verbindung zu setzen."[151]

Die als „eindeutschungsfähig" erklärten Kinder im Alter von zwei bis sechs Jahren wurden dem SS-Verein „Lebensborn"[152] übergeben, der die Jungen und Mädchen zuerst in seine Anstalten aufnahm und danach an kinderlose Familien mit dem Ziel einer späteren

---

151 Anordnung 67/I vom 19.2.1942. BA Berlin, NS 2/58, Bl. 103–104.

152 Angesichts des stetigen Geburtenschwundes in Deutschland suchte Heinrich Himmler nach einer Maßnahme, die Frauen dazu bewegte, die ungewollte, großteils ledige Schwangerschaft nicht zu unterbrechen. In der Gründung des SS-Vereines „Lebensborn e.V." fand er die perfekte Lösung: Ledige Frauen konnten in den Anstalten des im Jahr 1935 gegründeten Vereines geschützt ihr Kind zur Welt bringen. Die Satzung des Vereines machte allerdings unmissverständlich deutlich, dass der „Lebensborn" keinen uneigennützigen karitativen Verein darstellte, der für alle ledigen Frauen zuständig war. Der SS-Verein kümmerte sich ausschließlich um jene Frauen und deren Nachkommen, die als „rassisch wertvoll" galten. 1942 wurde der Aufgabenbereich des SS-Vereins mit der Aufnahme von „eindeutschungsfähigen" Kindern in seinen eigenen Heimen erweitert. Vgl. Jahresbericht 1935–1939. BA Berlin, NS 48/29 sowie Georg Lilienthals Standardwerk über den SS-Verein: Lilienthal, Lebensborn (2003).

Adoption vermitteln sollte. Alle älteren Kinder bis zum 12. Lebensjahr wurden der Inspektion der Deutschen Heimschulen zugewiesen. Es war vorgesehen, die Jungen und
Mädchen nach dem Heimschulaufenthalt in ländliche Pflegestellen des „Altreichs" zu
geben. Die beiden „Abnahmestellen" wurden weiters angewiesen, dem Stabshauptamt
halbjährlich einen Führungsbericht über die von ihnen betreuten Kinder zu übermitteln.[153]

Die erste Übergabe von „eindeutschungsfähigen" polnischen Jungen und Mädchen
an „Lebensborn" und an Deutsche Heimschulen war für 1. April 1942 geplant,[154] es kam
allerdings zu Verzögerungen: Der erste Transport mit 27 „rassisch wertvollen" Jungen
und Mädchen traf nachweislich am 14. März 1942 im Gaukinderheim ein,[155] die ersten
Überführungen in die Anstalten des „Lebensborn" und der Inspektion der Deutschen
Heimschulen konnten folglich erst im Frühsommer 1942 stattfinden.[156]

Das bevorzugte Alter der Kinder zum Zeitpunkt der „Eindeutschung" war offiziell
zwischen zwei und zwölf Jahren festgelegt worden.[157] Die dafür sprechenden Faktoren sind im Sinne der nationalsozialistischen Ideologie leicht nachvollziehbar: „Rassisches" Erscheinungsbild sowie „charakterologische" Eignung waren bei Säuglingen und
Kleinkindern bis zum zweiten Lebensjahr für die Gutachter kaum zu bestimmen. Dem
gegenüber waren ältere Kinder um vieles schwieriger zu indoktrinieren und konnten
womöglich Widerstand gegen die „Eindeutschung" leisten. In der Praxis wurde diese
Altersgrenze jedoch nicht eingehalten.

Ein Mitarbeiter des Volkspflegeamtes in Litzmannstadt machte bereits vor der reichseinheitlichen Direktive des Verfahrens auf diese Problematik aufmerksam. Eine einmalige Untersuchung genügte dem Stadtamtmann nicht, um die „Eindeutschungsfähigkeit" eines Kindes zu bestimmen. Weiters betonte er, war es bedeutend schwieriger, ältere
Kinder „davon zu überzeugen, dass sie nicht dem polnischen, sondern dem deutschen
Volkstum zugehören und sie nun die deutsche Sprache erlernen müssen und nicht mehr

153   Vgl. Anordnung 67/I. BA Berlin, NS 2/58, Bl. 104 ff.
154   Vgl. ebda., Bl. 105.
155   Vgl. Schreiben des Reichsstatthalters, Gauselbstverwaltung, an das Volkspflegeamt, Abteilung Jugend-
      amt vom 23.3.1942. AP Łódź, L-15069, Bl. 85 f.
156   Im Juli 1942 hielten sich bereits rund ein Dutzend „eindeutschungsfähige" Kinder im „Lebensborn"-
      Heim in Bad Polzin auf; in einem Krankenbuch der Heimschule Niederaltaich wird die medizinische
      Untersuchung polnischer Jungen mit 15. Juni 1942 datiert. Vgl. Eidesstattliche Erklärung von Jakob
      Pfaffenberger. ZfA, Fall VIII, ADB 8 B, NO-4974, S. 2 sowie Auszug des Krankenbuches betreffend
      medizinische Untersuchungen in der Heimschule Niederaltaich. Kopie des Dokuments zur Verfügung
      gestellt von Henryk Wojciechowski. Sammlung Ines Hopfer.
157   Vgl. Anordnung 67/I. BA Berlin, NS 2/58, Bl. 102.

polnisch sprechen dürfen".[158] Der Mitarbeiter des Volkspflegeamtes kam zu dem Schluss, dass nur Kleinkinder und Säuglinge in deutsche Familienpflege gegeben werden dürften – unter der Bedingung, diese Kleinkinder zuerst für einen längeren Zeitraum in Heimpflege zu übergeben. Denn im Heim konnte die jeweilige Entwicklung („Feststellung der Abstammungsmerkmale sowie Charaktereigenschaften") des Kindes „kontrolliert" bzw. beobachtet werden.[159] Seine Anregung wurde jedoch nicht berücksichtigt, wie die Anordnung 67/I dokumentiert.

Greifelt rechtfertigte die „Eindeutschung" und die damit zusammenhängende Überführung der Kinder ins „Altreich" damit, dass „die Polen ehedem systematisch alle Waisenkinder, die von „volksdeutschen" Eltern stammen, als ‚Findelkinder' in polnische Waisenhäuser oder in polnische Pflegeelternstellen gebracht haben".[160] Demzufolge betraf die „Eindeutschung" ausnahmslos deutsche Waisenkinder und Kinder deutscher Abstammung und nicht polnische Kinder.[161] Auch ein „volksdeutscher" Politiker teilte diese Meinung: Die polnischen Behörden hätten mit allen Mitteln versucht, „deutschstämmige" Kinder durch die Unterbringung in polnische Waisenhäuser dem Polentum endgültig „einzuverleiben".[162] Insbesondere die Standesämter hätten „volksdeutsche" Kinder „polonisiert", indem sie für die deutschen Vornamen entsprechend polnische einsetzten und den deutschen Nachnamen dem polnischen anglichen.[163] Auch zwei ehemalige Mitarbeiterinnen der Gauselbstverwaltung Posen betonten, dass es vor der nationalsozialistischen Okkupation üblich war, deutsche Namen zu „polonisieren". Aus diesem Grunde war es durchaus möglich, dass „deutschstämmige" Kinder polnische Namen trugen.[164]

---

158 Schreiben des Stadtamtmannes des Jugendamtes Litzmannstadt vom 29.1.1942. AP Łódź, Adoptionswesen, L-15074, Bl. 23.

159 Vgl. Schreiben des Stadtamtmannes des Jugendamtes Litzmannstadt vom 29.1.1942. AP Łódź, Adoptionswesen, L-15074, Bl. 23.

160 Vgl. Anordnung 67/I. BA Berlin, NS 2/58, Bl. 102.

161 Dieses Argument wurde auch im achten Nürnberger Nachfolgeprozess vonseiten der Verteidigung verwendet. So hatte es sich bei der „Eindeutschung" von Kindern nicht um einen Kindesraub gehandelt, sondern um eine „Rektifizierung", d. h. eine Wiederherstellung der Rechte, der vormals unterdrückten volksdeutschen Bevölkerung: Kinder von Deutschen seien vor 1939 in polnische Waisenhäuser oder in polnische Pflegestellen gebracht und dadurch absichtlich oder unabsichtlich „polonisiert" worden. Vgl. Eröffnungsrede von Dr. Paul Ratz. ZfA, Fall VIII, DB Sollmann, P1, S. 4 ff.

162 Eidesstattliche Erklärung von Kurt Graebe. ZfA, Fall VIII, DB Sollmann II, Nr. 10, Bl. 1. Graebe war von 1922 bis 1936 Abgeordneter der deutschen Volksgruppe im polnischen Parlament und Führer der „Volksdeutschen" in Polen. Er war davon überzeugt, dass sich die deutsche Volksgruppe durch das äußere Erscheinungsbild von anderen Volksgruppen deutlich abhob. Kinder konnten demnach aufgrund ihres „arischen" Aussehens als „volksdeutsch" deklariert werden.

163 Vgl. ebda., Bl. 1 f.

164 Vgl. Eidesstattliche Erklärung von Marie Molsen. ZfA, Fall VIII, DB Sollmann II (Nr. ohne Angabe), Bl. 14 sowie Eidesstattliche Erklärung von Else Burghardt. ZfA, Fall VIII, DB Sollmann II, Nr. 18, Bl. 30.

Die vereinzelte „Umwandlung" deutscher Namen ins Polnische muss als Faktum angesehen werden – demzufolge war ein polnischer Name kein wirklich eindeutiges Kriterium, um die wahre Herkunft der betroffenen Kinder zu bestätigten. Allerdings ist die Behauptung, dass das „Eindeutschungsverfahren" ausschließlich auf Kinder deutscher Herkunft beschränkt war, schlicht und einfach falsch. Der Leiter des Stabshauptamtes war sich dessen bewusst, da in anderen zeitgenössischen Dokumenten unmissverständlich von „polnischen Kindern" die Rede ist.[165] Selbst in einem früheren Schreiben Heinrich Himmlers an Gauleiter Greiser, in dem die ersten Ansätze der systematischen „Eindeutschung" in der Theorie diskutiert wurden, sprach Heinrich Himmler von „gutrassige(n) kleine(n) Kindern(n) polnischer Familien".[166] Die zwangsweise „Polonisierung" der Namen vonseiten der polnischen Regierung war jedoch ein brauchbares Argument – das „arische Äußere" genügte vollkommen, um Himmlers „Sammlungspolitik" zu legitimieren und den Raub von Kindern als „Heimholung" darzustellen.

INVOLVIERTE DIENSTSTELLEN UND IHR ZUSTÄNDIGKEITSBEREICH

An der „Eindeutschung" und Wegnahme von polnischen Kindern waren mehrere Institutionen des NS-Regimes beteiligt. Parteiamtliche Behörden sowie staatliche Verwaltungsorgane unterstützten die zwangsweise „Eindeutschung" von polnischen Kindern im Zuge ihres speziellen Zuständigkeitsbereiches und machten so die systematische Verschleppung der Jungen und Mädchen erst möglich. An der Spitze stand Heinrich Himmler in seiner Eigenschaft als Reichsführer-SS und „Reichskommissar für die Festigung deutschen Volkstums". In seinen Verantwortungsbereich fiel die Leitung und Organisation des „Eindeutschungsverfahrens". Himmler versorgte die ihm unterstehenden Dienststellen mit Anweisungen, um seine Vision vom „Großgermanischen Reich" zu realisieren.

---

165 Vgl. Brief von Creutz, Stellvertreter Greifelts, an den Reichsstatthalter des Reichsgaues Wartheland vom 2.8.1941. IfZG, NO-3074. Weiters Schreiben des Reichsinnenministeriums vom 18.11.1941. Staatsarchiv Poznań, Bestand Reichsstatthalterei, 1137. Zit. nach Röhr, Europa, S. 216.

166 Vgl. Schreiben des RFSS an den Reichsstatthalter Greiser am 18.6.1941. BA Berlin, NS 2/57, Bd. 4/2 (1941), Bl. 140.

Das Stabshauptamt des RKFDV

Das Stabshauptamt des RKFDV galt als „Zentrale" des „Eindeutschungsprogramms", in der die gesamte Machtbefugnis des Verfahrens gebündelt war.[167] Die Behörde, unter der Leitung von Ulrich Greifelt, war treibende Kraft und ordnete diverse Maßnahmen im Auftrag Heinrich Himmlers an. SS-Hauptämter wie das „Rasse- und Siedlungshauptamt" und die „Volksdeutsche Mittelstelle",[168] der SS-Verein „Lebensborn", die „Inspektion der Deutschen Heimschulen" sowie staatliche Institutionen wie Jugend-, Gesundheitsämter und Amtsgerichte nahmen an der Durchführung verschiedener Teile des Programms teil. Das Stabshauptamt sah es als seine Aufgabe, die verantwortlichen Organisationen zusammenzufassen und zu koordinieren.

Die Bindungen zwischen Stabshauptamt und den anderen Dienststellen waren nicht nur organisatorischer, sondern auch personeller Natur. So waren „Rasseexperten" des „Rasse- und Siedlungshauptamtes" auch Vertreter des Stabshauptamtes des RKFDV,[169] gleichzeitig vertrat ein „Lebensborn"-Beauftragter in Posen die Interessen des RKFDV.[170] Der Inspekteur der Deutschen Heimschulen, August Heißmeyer, unterstand dem Reichsministerium für Erziehung, parallel dazu war er aufgrund seiner Berufung als Verantwortlicher für die Schulen für „Volksdeutsche" dem RKFDV weisungsgebunden und dem Stabshauptamt unmittelbar unterstellt.[171]

Das Volkspflegeamt

Nach dem Einmarsch der deutschen Truppen in Polen war das gesamte polnische Wohlfahrts- und Fürsorgewesen in die deutsche Verwaltung übergegangen. Polnische Kinder-

---

167 Vgl. Erlass des „Führers und Reichskanzlers" zur Festigung deutschen Volkstums am 7.10.1939. IfZG, NO-3075 sowie Rede von Konrad Meyer-Hertling, führender Mitarbeiter des Stabshauptamtes, vom 23.10.1941, in der er betonte, dass „sämtliche obersten Reichsbehörden (…) nach dem Führererlass vom 7.10.1939 an die Weisungen des Reichskommissars gebunden" sind. IfZG, NO-3348.

168 Die „Volksdeutsche Mittelstelle" war in erster Linie für den Transport von „eindeutschungsfähigen" rumänischen und slowenischen Kindern verantwortlich. Das SS-Hauptamt tritt ein einziges Mal bei der Vermittlung polnischer Kinder auf: „Einzudeutschende" polnische Kinder wurden von den Deutschen Heimschulen in das Umsiedlerlager „Parsch" nach Salzburg transportiert, das von der VoMi errichtet worden war.

169 Beispielsweise Heinrich Obersteiner, der in Salzburg als RuS-Führer und als Leiter der Dienststelle des RKFDV tätig war.

170 Dr. Fritz Bartels, Gauverwaltungsdirektor und Leiter des Gaujugendamtes.

171 Zusätzlich leitete Heißmeyer das SS-Hauptamt „Dienststelle SS-Obergruppenführer Heißmeyer".

und Waisenhäuser waren durch eine staatliche Verfügung aufgelöst worden.[172] Waisenkinder, Halbwaisen, ledige Kinder sowie Kinder, deren Eltern verhaftet worden waren,
unterstanden der Aufsicht der staatlichen Jugendämter. Auch sämtliche städtische Erziehungsheime, in denen polnische Kinder untergebracht waren, unterlagen der Verwaltung des Volkspflegeamtes.[173] Das Volkspflegeamt in Litzmannstadt nahm für sich daher
auch in Anspruch „an den Bestrebungen zur Festigung des Deutschtums im Osten und
zur Förderung des deutschen Lebens (deutsche Art, deutsches Wesen, deutsche Sitte) im
Rahmen des ihm zugewiesenen Aufgabenkreises tatkräftig mitzuwirken".[174]

Zum Aufgabenbereich der deutschen Fürsorgerinnen gehörten unter anderem die
Stippvisiten bei den Pflegefamilien sowie das Abfassen von Berichten über die Behandlung der Kinder bei den Familien.[175] Galt der Vormund als politisch unbedenklich, blieb
das Pflegekind in seiner Obsorge, fand die Fürsorgerin jedoch „Unstimmigkeiten" in
„rassischer" bzw. politischer Hinsicht, konnte das Mündel der Pflegestelle entzogen
werden. Möglich machten dies familienrechtliche Novellierungen, nach denen „nicht-
arische" Vormünder „arischer" Pflegekinder aus „rassischen" Gründen aus dem Pfleg-
schaftsverhältnis entlassen werden konnten.[176]

Die Jugendämter arbeiteten selbstständig als ausführende Organe des staatlichen Für-
sorgewesens. Aufgrund ihrer Tätigkeit verfügten sie über alle notwendigen Informationen und Daten über die Pflegekinder und wussten aus diesem Grund mit Sicherheit
über die „Bindungslosigkeit" und wahre „Volkstumszugehörigkeit" der Jungen und
Mädchen Bescheid.

Im Auftrag des Gaujugendamtes erfasste das jeweilige lokale Volkspflegeamt, hier insbesondere die Abteilung Jugendamt, namentlich alle polnischen Kinder, die in Waisenhäusern, bei Pflegefamilien, bei Angehörigen oder bei ihren ledigen Müttern lebten.[177]
Derartige Anordnungen wurden mit dem Vermerk „vertraulich" versehen, offiziell be-

---

172 Vgl. Eidesstattliche Erklärung von Irma Bruessew, von 1942 bis 1945 bei der Gauselbstverwaltung in Po-
     sen angestellt. ZfA, Fall VIII, DB Sollmann II, Nr. ohne Angabe, Bl. 12 sowie Eidesstattliche Erklärung
     von Marie Molsen. Ebda., Bl. 14.

173 Vgl. Heim- und Anstaltsverzeichnis, Stand vom 5.11.1940. AP Łódź, Verzeichnis der Heime und Anstal-
     ten, Alle Vorgänge, 1940-1941. Sign. 31669, o. P.

174 Dienstanweisung für die in der öffentlichen Fürsorge der Stadt Litzmannstadt tätigen Fürsorgekräfte
     des Außendienstes vom 5.10. 1943. AP Łódź, Dienstanweisung für Ermittler und Fürsorge, Sign. 31627,
     Bl. 252.

175 Vgl. Dienstanweisung für die im Fürsorge- und Jugendamt tätigen Fürsorgerinnen. AP Łódź, Sign.
     31627, Bl. 167 sowie Dienstanweisungen für Fürsorgerinnen des Volkspflegeamtes. AP Łódź, Sign. 31627,
     Bl. 192.

176 Majer, „Fremdvölkische", S. 699 f.

177 Vgl. Schreiben der Gauselbstverwaltung an den Landrat in Schroda vom 9.9.1943. IPN, Fotokopie II,
     437/5.

traf die „Eindeutschungsaktion" nur bindungslose Kinder deutscher Abstammung. Der Name, das Geburtsdatum sowie der gegenwärtige Aufenthaltsort des Kindes wurden dem Gaujugendamt, dem „Rasse- und Siedlungshauptamt" sowie dem Städtischen Gesundheitsamt mitgeteilt.[178]

In einigen Fällen war es auch Aufgabe der Fürsorgerinnen, die Pflegekinder von ihren Pflegefamilien zu trennen, um sie zu den „rassischen" und „erbbiologischen" Untersuchungen zu eskortieren. Notfalls wurde dabei auch Gewalt angewandt und die Kinder wurden regelrecht den Armen ihrer Pflegeeltern entrissen.[179] In kleineren Ortschaften wie Rogoźno, Oborniki, Swarzędz und Ryczywół tauchten die deutschen Fürsorgerinnen in Begleitung der Schutzpolizei auf und nahmen den Müttern unter Zwang die Kinder weg.[180]

Die betroffenen Kinder, die vom Jugendamt als „deutschstämmig" und „bindungslos" deklariert worden waren, wurden zu einer „rassischen" Untersuchung genötigt. Die „Rasseexperten" des „Rasse- und Siedlungshauptamtes" waren für derartige Examina verantwortlich und entschieden mit ihren Befunden über das weitere Schicksal von „eindeutschungsfähigen" bzw. nicht „eindeutschungsfähigen" Jungen und Mädchen.

Das „Rasse- und Siedlungshauptamt der SS" (RuSHA)

Das „Rasse- und Siedlungshauptamt der SS" war am 1. Jänner 1932 als „Rassenamt der SS" gegründet worden und hatte zunächst die „rassische Auslese" der SS-Kandidaten sowie deren Ehefrauen zum Auftrag.[181] Am 30. Jänner 1935 wurde das RuSHA zu einem Hauptamt der SS erhoben. Aufgrund seiner Erfahrungen mit dem Umgang von „rassenbiologischen" Klassifikationen von Menschen war das RuSHA prädestiniert, in den eroberten Gebieten des Deutschen Reiches „Rassenselektionen" durchzuführen und die einheimische Bevölkerung nach ihren „rassischen" Kriterien zu erfassen.

Im Jahre 1940 wurde eine selbstständige Außenstelle des „Rasse- und Siedlungshauptamtes" bei der Umwandererzentralstelle in Litzmannstadt errichtet, deren primä-

---

178 Vgl. ebda. sowie Schreiben der Gauselbstverwaltung, Abteilung Gaujugendamt an die Stadtverwaltung Litzmannstadt vom 1.12.1941. AP Łódź, L-15069, Bl. 55 sowie Schreiben des Volkspflegeamts. AP Łódź, L-15069, Bl. 109.

179 Vgl. Eidesstattliche Erklärung von Jan Sulisz. ZfA, Fall VIII, ADB 7, NO-5251, S. 1.

180 Vgl. Hrabar, Tokarz, Wilczur, Kinder, S. 194.

181 Vgl. dazu Isabel Heinemanns umfassende Darstellung über das „Rasse- und Siedlungshauptamt" und seine Schlüsselposition in Planung und Durchsetzung der nationalsozialistischen Rassenpolitik: Heinemann, Rasse.

re Aufgabe die Überprüfung von „wiedereindeutschungsfähigen" Polen war.[182] Neben Litzmannstadt gab es eine weitere Außenstelle in Prag und kurzzeitig die Einsatzstelle „Südost" in Slowenien.[183] Die Leitung der Außenstelle in Litzmannstadt hatte in den Anfangsmonaten Erwin Künzel inne, ihm folgte im Oktober 1940 Fritz Schwalm.[184] Nach einem Jahr Tätigkeit übernahm Walter Dongus[185] die Leitung. Dongus war für die „rassischen" Untersuchungen der „eindeutschungsfähigen" Kinder und die Namensänderungen verantwortlich.[186] Der Leiter der Außenstelle arbeitete daneben auch eng mit dem „Lebensborn" zusammen und klärte mit dem SS-Verein allfällige Fragen betreffend der „eindeutschungsfähigen" Jungen und Mädchen ab.[187]

Die Examina von Kindern wurden von „SS-Führern im Rasse- und Siedlungswesen", den sogenannten „RuS-Führern" oder Mitgliedern ihres Stabes, den „Eignungsprüfern", durchgeführt. Die Untersuchungen fanden in der Außenstelle des RuSHA oder auch direkt in den Kinderheimen statt. Für den Warthegau war der RuS-Führer Herbert Hübner[188] verantwortlich, in Danzig/Westpreußen war es unter anderem die Aufgabe des RuS-Führers Franz Vietz[189] potentielle „eindeutschungsfähige" Kinder „rassisch" zu bewerten.[190] Der Leiter der Außenstelle Walter Dongus überprüfte diese Expertisen.[191] In Litzmannstadt gab es insgesamt fünf „Eignungsprüfer", die zur Ausbildung in Litzmann-

182 Vgl. Eidesstattliche Erklärung von Otto Hofmann, ehemaliger Leiter des Rasse- und Siedlungshauptamtes. ZfA, Fall VIII, ADB 2 C, NO-4699, S. 2 f.

183 Vgl. Heinemann, Rasse, S. 13, 685.

184 Vgl. Heinemann, Rasse, S. 251.

185 SS-Obersturmbannführer Walter Dongus war seit 1934 Mitglied der SS und ehrenamtliches Mitglied des RuSHA, seit Oktober 1940 arbeitete er als Eignungsprüfer in Litzmannstadt. BDC Dongus Walter. Zit. nach Heinemann, Rasse, S. 613 f.

186 Vgl. Aussage Bartels am 4.3.1948 während der Vernehmung gemeinsam mit Viermetz und Überschaar. IfZG, Fa 510/2, Spruchkammerverfahren, S. 112.

187 Vgl. Eidesstattliche Erklärung von Fritz Schwalm. IfZG, NO-4823.

188 Herbert Hübner war seit 1931 Mitglied der NSDAP. 1936 begann er seine Karriere im RuSHA als Referent beim RuS-Führer Südwest, dessen Nachfolger er 1938 wurde. 1941 wurde Hübner Leiter des SS-Ansiedlungsstabes in Posen und übernahm in Personalunion die Leitung der Dienststelle des RKFDV beim HSSPF im Warthegau. Im August 1942 löste er Georg Gloystein als RuS-Führer im Warthegau ab und war bis Kriegsende in dieser Funktion tätig. BDC Hübner Herbert. Zit. nach Heinemann, Rasse, S. 620.

189 Franz Vietz war seit 1932 Mitglied der NSDAP, seit 1936 bei der SS als hauptamtlicher SS-Führer im RuSHA tätig. Von 1938 bis 1939 war Vietz Schulungsleiter im SS Oberabschnitt Nordwest, danach wirkte er bis Sommer 1944 als RuS-Führer im SS Oberabschnitt Weichsel. BDC Vietz Franz. Zit. nach Heinemann, Rasse, S. 640.

190 Vgl. Eidesstattliche Erklärung von Otto Hofmann. ZfA, Fall VIII, ADB 2C, NO-4699, S. 2 f.

191 Vgl. Aussage Bartels am 4. März 1948 während der Vernehmung gemeinsam mit Viermetz und Überschaar. IfZG, Fa 510/2, Spruchkammerverfahren, S. 112.

stadt stationierten Männer nicht mitgerechnet – pro Tag schaffte es ein „Eignungsprüfer", zwischen sechzig und hundert Personen zu bewerten.[192]

In weiße Mäntel gekleidet täuschten die „Rasseexperten" der SS den Kindern eine „gesundheitliche" Untersuchung vor.[193] Das „rassische" Endergebnis, die sogenannte „Rassenformel", setzte sich aus drei Kriterien zusammen: erstens, aus der „körperlichen Beurteilung", zweitens, der „rassischen Beurteilung" sowie drittens, einer „Gesamtbeurteilung der Persönlichkeit". Nach den Richtlinien des RuSHA umfasste die „körperliche Beurteilung" neun Abstufungen: „9: Idealgestalt, 8: vorzüglich gebauter Körper, 7: sehr gut gebauter Körper, 6: guter Körper, 5: genügender Körper, 4: kaum genügender Körper, 3: mangelhafter Körper, 2: ungenügender Körper, 1: Missgestalt." Für die „rassische Beurteilung" hatte das RuSHA sechs Bewertungsgruppen festgelegt: „ ‚a' rein Nordisch, rein Fälisch oder Nordisch-Fälisch, ‚b' überwiegend Nordisch oder überwiegend Fälisch bei sehr geringem Einschlag einer anderen europäischen Rasse, ‚c' Ausgeglichener Mischtyp der Nordisch-Fälischen oder Dinarischen Rasse mit Anteilen der übrigen europäischen Rasse, ‚c/d' kaum ausgeglichener Mischtyp der Nordisch-Fälischen oder Dinarischen Rasse mit feststellbaren Einschlägen der Westischen, Ostischen oder Ostbaltischen Rasse, ‚d' rein Westisch, rein Ostisch, rein Ostbaltisch, ferner unausgeglichene Mischtypen zwischen diesen Rassen, außerdem unausgeglichene Mischlinge dieser Rassen mit geringem Nordischen, Fälischen und Dinarischen Anteil sowie ‚e' rein Fremdblütige und Mischlinge mit außereuropäischem Bluteinschlag".[194]

Die „Rassenuntersuchung" wurde schriftlich in einem „Rassengutachten", der sogenannten „R-Karte", zusammengefasst. Die „R-Karte" war ein vorgedrucktes Dokument, in dem alle Messbestimmungen eingetragen wurden und aus dem der „Rassewert" des Kindes, von RuS-Gruppe I („rassisch wertvoll") bis RuS-Gruppe IV („rassisch unerwünscht") exakt dokumentiert wurde. Die „R-Karte" begleitete die betroffenen Jungen und Mädchen ohne ihr Wissen auf ihrem gesamten „Eindeutschungsweg" – selbst während der „rassischen Examina" wurden die „Rasseexperten" dazu angehalten, die Karteikarten vor den zu Untersuchenden bedeckt zu halten.[195]

Hauptaugenmerk der Untersuchung war die Bestimmung der anthropologischen Merkmale. Das RuSHA gab spezifische Schulungsblätter heraus, in denen die Richtlini-

---

192 Vgl. Zeugenaussage von Otto Hofmann. IfZG, NO-5806, S. 15.

193 Vgl. Schreiben des Stabshauptamtes des RKFDV an sämtliche HSSPF sowie an den Oberpräsidenten der Provinz Ostpreußen, Beauftragter des RKFDV, vom 24.5.1943. IfZG, NO-2875.

194 Vgl. „Richtlinien zur Rassenbestimmung". BA Berlin, NS 2/161, Bl. 1 f.

195 Vgl. Schreiben des Chefs des Sippenamtes im RuSHA, gez. i.V. Hofmann, vom 14.10.1939. BA Berlin, NS 2/88, Bl. 89–91. Zit. nach Heinemann, Rasse, S. 237.

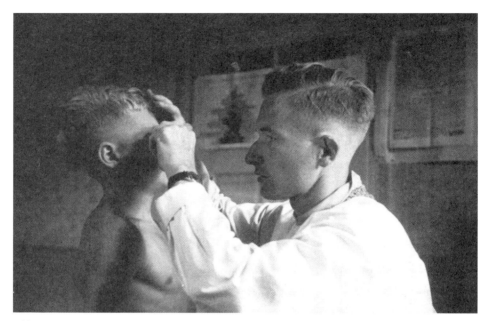

Abb. 1: Untersuchung eines polnischen Jungen.

en zur Ausfüllung der „R-Karte" nachzulesen waren.[196] Insgesamt mussten 21 körperliche Merkmale überprüft und in die „R-Karte" eingetragen werden: Körperhöhe (Sitzhöhe), Wuchsform, Relative Beinlänge, Kopfform, Hinterhaupt, Gesichtsform, Nasenrücken, Nasenhöhe, Nasenbreite, Backenknochen, Augenlage, Lidspalte, Augenfaltenbildung, Dicke der Lippen, Kinnprofil, Haarform, Körperbehaarung, Haarfarbe, Augenfarbe sowie Hautfarbe.[197] Daneben wurden noch weitere „Rassenmerkmale", die jedoch nicht auf der „R-Karte" verzeichnet worden waren, von den „Rasseexperten" bewertet: die Kopfhöhe (Ohrscheitelhöhe), die Stirnform, die Nasenwurzel, der Augenabstand, der Unterkieferwinkel, die Stellung der Lidspalten, die Armlänge sowie der sogenannte „Mongolenfleck".[198]

Neben den „rassischen" Bewertungen war das RuSHA auch für die „Eindeutschung" der Namen der betroffenen Jungen und Mädchen verantwortlich. Die „SS-Führer im Rasse- und Siedlungswesen" bzw. die Leiter der Außenstellen des RuSHA wurden mit

---

196　Vgl. „Richtlinien zur Ausfüllung der R-Kartei". BA Berlin, NS 2/161, Bl. 5–16.

197　Vgl. „Richtlinien zur Ausfüllung der R-Kartei". BA Berlin, NS 2/161, Bl. 6–19.

198　Im Sinne der NS-Rassenlehre ergab sich der „Mongolenfleck" durch Farbstoffeinlagerungen in der tiefsten Hautschicht und war hauptsächlich am Rücken von Angehörigen des „Gelben Rassenstammes" zu finden. „Richtlinien zur Ausfüllung der R-Kartei". BA Berlin, NS 2/161, Bl. 19.

der Durchführung der „Verdeutschung", wie die Namensänderung in der Amtssprache genannt wurde, betraut. Die Namensänderung musste so vorgenommen werden, dass „die neuen Namen sich möglichst dem Stamm und Klang der bisherigen Namen anpassen".[199] War eine „Verdeutschung" des ursprünglichen Namens nicht möglich, wählten die „Rasseexperten" des RuSHA einen neuen Namen für das Kind aus. Der neue Name musste ein allgemein gebräuchlicher deutscher Name sein, von der Verwendung betont „nordischer Name" riet der Chef des „Rassenamtes" des RuSHA jedoch ab.[200] Mit ihren neuen deutsch klingenden Namen sollten die Jungen und Mädchen nach Auffassung des RuSHA in die Heime des „Lebensborn" und der Inspektion der Deutschen Heimschulen überstellt werden.[201] Im Zuge der ersten Überführungen in das „Altreich" wurden die Kinder allerdings noch mit ihrem polnischen Namen in die Deutschen Heimschulen und in die Anstalten des „Lebensborn" transportiert. Hier handelt es sich zum Großteil um jene Kinder, die schlussendlich an Pflegestellen in die „Ostmark" vermittelt wurden. Die Namensänderung erfolgte daher erst im Umsiedlerlager „Parsch" bei Salzburg.

Das Gesundheitsamt

Nach der „rassischen" „erscheinungsbildlichen" Musterung wurden die Kinder in der „Abteilung für Erb- und Rassenpflege" des städtischen Gesundheitsamtes auf „erbgesundheitliche und gesundheitliche Bedenken"[202] fachärztlich untersucht.[203] Dr. Herbert Grohmann, der bereits große Erfahrung im Sammeln „rassisch-biologischer" Examina von Kindern hatte, leitete in Litzmannstadt die Überprüfungen im Gesundheitsamt. Nach der ersten medizinischen Untersuchung, in der die Kinder abgewogen und abgehört, der Bewegungsapparat, das Seh- und Hörvermögen sowie das Gleichgewicht getestet wurden,[204] wurden die Kinder auf mögliche „erbgesundheitliche" Krankheiten untersucht. Den Jungen und Mädchen wurden Urin- und Blutproben entnommen, um

199 Anordnung des RuSHA, Chef des Rassenamtes, vom 17.9.1942 an die HSSPF, SS-Führer im Rasse- und Siedlungswesen sowie an die Leiter der Außenstellen. BA Berlin, NS 2/152, Bl. 93.

200 Vgl. ebda.

201 Vgl. ebda.

202 Schnellbrief des Reichsministers des Innern an den Reichsstatthalter im Wartheland in Posen am 11. März 1942. AP Łódź, L-15069, Bl. 103.

203 Die Gesundheitsämter hatten innerhalb der Reichsverwaltung den Status einer Sonderverwaltung inne. Vgl. dazu Arnold Köttgen, Deutsche Verwaltung (Berlin, 1944), S. 61–74.

204 Vgl. Fragebogen, Henryk Wojciechowski, S. 2.

etwaige „erbliche" Belastungen zu erforschen. Im Auftrag des Gesundheitsamtes wurde in der städtischen Hautklinik eine Untersuchung auf Lues-Verdacht vorgenommen und das Chediak-Syndrom, eine sehr seltene Stoffwechselerkrankung, überprüft.[205] Die Kinder wurden einer Diphtherieimpfung unterzogen und bei Verdacht auf Läuse wurde eine Entlausung durchgeführt.[206] Ferner wurden auch Röntgenaufnahmen angefertigt. Hierbei wurde speziell die Lunge untersucht[207] und die Jungen und Mädchen wurden auf Krankheiten wie Tuberkulose und Syphilis geprüft.[208] Die Lungenfilme wurden zur Lungenfürsorgestelle nach Posen geschickt. Der dort amtierende Facharzt Dr. Letzmann untersuchte die Röntgenbilder der Kinder nach Mangelerscheinungen und sandte die Ergebnisse wieder an die regionalen Ämter zurück.[209]

Die Befunde des Gesundheitsamtes wurden an das Jugendamt und an die Gauselbstverwaltung geschickt. Kinder, die nun auch vom Gesundheitsamt als „geeignet" bewertet worden waren, wurden in „Übergangsheime" nach Litzmannstadt überführt.[210] In diesen Heimen warteten die Jungen und Mädchen auf ihre Überführung in die Anstalten der Gauselbstverwaltung.

Die Gauselbstverwaltung

Die Gauselbstverwaltung des Warthelandes war an dem Verfahren der „Eindeutschung" federführend beteiligt. Auf Veranlassung Heinrich Himmlers gab die Gauselbstverwaltung, hier insbesondere die Abteilung III, das Gaujugendamt, die maßgeblichen Anordnungen an die lokalen Stadtverwaltungen, die Oberbürgermeister und Landräte weiter.[211]

---

205 Vgl. Schreiben der Stadtverwaltung Litzmannstadt, Abteilung Jugendamt, an die Gauselbstverwaltung Posen am 20.3.1942. AP Łódź, L-15069, Bl. 299 sowie Auflistung der städtischen Hautklinik vom 11.3.1942. Ebda., Bl. 79.

206 Vgl. Schnellbrief des Reichsministers des Innern an den Reichsstatthalter im Wartheland in Posen am 11. März 1942. AP Łódź, L-15069, Bl. 103.

207 Vgl. ebda sowie Röntgendurchleuchtung und Moro-Ergebnisse vom 12.3.1942. AP Łódź, L-15069, Bl. 76 f.

208 Schreiben des Jugendamtes an das Gesundheitsamt am 16.6.1942. AP Łódź, L-15069, Bl. 206 sowie Schreiben des Jugendamtes an die Gauselbstverwaltung vom 14.7.1942. Ebda., Bl. 229.

209 Vgl. Schreiben des Jugendamtes an das Gaujugendamt vom 20.5.1942. AP Łódź, L-15069, Bl. 117 sowie Schreiben des Jugendamtes an die Gauselbstverwaltung vom 14.7.1942. Ebda., Bl. 229.

210 Vgl. Bericht des Volkspflegeamtes vom 22.9.1943. AP Łódź, Volkspflegeamt, Friedrich Gosslerheim, Alle Vorgänge, Sign. 31700, Bl. 147 f. sowie Bl. 156 f.

211 Vgl. Schreiben der Gauselbstverwaltung, Abteilung Gaujugendamt, an die Stadtverwaltung Litzmannstadt vom 1.12.1941. AP Łódź, L-15069, Bl. 55; Schreiben der Gauselbstverwaltung an den Landrat in Schroda am 9.9.1943. IPN, Fotokopie II, 437/5 sowie Antwortschreiben des Landrates an Bürgermeister

Die Gauselbstverwaltung war formell durch die staatliche Behörde der Reichsstatthalterei dem Reichsstatthalter Arthur Greiser unterstellt. In ihrer Obhut lagen jene Belange, die ausschließlich im Gau entschieden wurden. Zum umfangreichen Aufgabenbereich der Gauselbstverwaltung zählte unter anderem die Führung und Leitung jener Gaukinderheime, in welche „eindeutschungsfähige" Jungen und Mädchen zur psychologischen Begutachtung gebracht wurden, sowie die Überführung dieser Kinder ins „Altreich".[212] Daneben trug die reichsstaatliche Behörde die allfälligen Kosten der Unterbringung der Jungen und Mädchen in den Gaukinderheimen sowie die gesamten Transportkosten.[213]

Für das gesamte Verfahren war Dr. Fritz Bartels von der Gauselbstverwaltung verantwortlich. In der Person Bartels waren die Interessen verschiedener Dienststellen vertreten: Neben seiner beruflichen Tätigkeit als Gauverwaltungsdirektor und Leiter des Gaujugendamtes war Bartels Vertreter des „Lebensborn" in Posen sowie Beauftragter des Stabshauptamtes des „Reichskommissars für die Festigung deutschen Volkstums".[214] Bartels informierte die „Abnahmestellen" über mögliche „eindeutschungsfähige" Kinder. In seinem Auftrag wurden die Kinder in die verschiedenen Heime in das „Altreich" und in die „Ostmark" deportiert.[215] Vor der Überführung in das „Altreich" schickte auch die Gauselbstverwaltung, neben RuSHA, „Lebensborn" und Deutschen Heimschulen, einen Vertreter in die Gaukinderheime, um sich von der Eignung der zur „Eindeutschung" ausgewählten Jungen und Mädchen zu überzeugen.[216]

Die sogenannten „Abnahmestellen", die Inspektion der Deutschen Heimschulen sowie der SS-Verein „Lebensborn" waren für die weitere Versorgung und Pflege der Jungen

---

und Amtskommissare des Kreises Schroda vom 14.9.1943. BA Berlin, NS 48/30, Bl. 125. Die Anordnungen gingen über das Gaujugendamt an die Landräte, die wiederum die diversen Maßnahmen an Bürgermeister und Amtskommissare weiterleiteten.

212   Vgl. Eidesstattliche Erklärung von Robert Schulz, Leiter der Gauselbstverwaltung des Warthegaus. ZfA, Fall VIII, DB Sollmann II, Nr. 11, Bl. 4.

213   Vgl. Schnellbrief des Reichsministers des Innern an den Reichsstatthalter im Wartheland in Posen am 11.3.1942. AP Łódź, L-15069, Bl. 104.

214   Vgl. Eidesstattliche Erklärung von Viermetz. ZfA, Fall VIII, ADB 2 C, NO-4703, S. 2. Bartels bestritt jedoch Jahre später vehement, organisatorische Beziehungen zum RKFDV, dem RuSHA und dem „Lebensborn" gehabt zu haben. Sein Aufgabenbereich hätte ausschließlich die Obsorge von deutschen unehelichen Kindern und ihren Müttern beinhaltet; mit Angelegenheiten wie dem Erlass 67/I oder „fremdvölkischen" Kindern hatte er, so Bartels, nie etwas zu tun. Vgl. Eidesstattliche Erklärung von Bartel vom 11.2.1950. IfZG, Fa 510, Bd. 1. Auszüge aus Spruchkammerakten, Spruchkammerverfahren Max Sollmann u. a., S. 119 ff.

215   Vgl. Eidesstattliche Erklärung von Maximilian Sollmann. ZfA, Fall VIII, ADB 8 B, NO-4706, S. 2 f.

216   Vgl. Deutsche Übersetzung, Lebensborn-Report. An outline of the structure and practises of Lebensborn for the guidance in Child Search by Dieter E. Thomas, April 1948, S. 8. Internationaler Suchdienst (ITS), Kindersuchdienst Ordner Lebensborn 2, S. 89 (Stand 2004).

und Mädchen verantwortlich. Zwischen den Verantwortlichen der Gauselbstverwaltung und den „Abnahmestellen" herrschte reger Kontakt, neben dem herkömmlichen Schriftverkehr kam es zu gegenseitigen Besuchen.[217]

Die Inspektion der Deutschen Heimschulen

Die Deutschen Heimschulen, eine eher unbekannte Form des nationalsozialistischen Internatsschulwesens, waren am 24. August 1941 vom Reichserziehungsministerium gegründet worden.[218] Nach Hitlers persönlichem Wunsch sollten in allen Gauen des „Dritten Reiches" derartige Schulen mit integrierten Heimen geschaffen werden. Im Gegensatz zu den Nationalpolitischen Erziehungsanstalten, in denen die „Führungselite" des Deutschen Reiches herangezogen werden sollte,[219] sollten die Deutschen Heimschulen einem anderen Bestimmungszweck dienen. Aufgabe dieser Schulen war es, Kinder Gefallener aufzunehmen sowie Kinder von Eltern, die im Ausland wohnten oder außerhalb des Reiches ihrem Beruf nachgehen mussten, die als Politische Leiter, Offiziere, Beamte und Kaufleute ihren Dienstort häufig wechselten oder aus beruflichen Gründen sich nicht in ausreichendem Maße der Erziehung ihres Kindes widmen konnten.[220] Hitler richtete hierbei sein Augenmerk verstärkt auf elternlose Kinder und erteilte die strikte Weisung, alle Waisenkinder im schulpflichtigen Alter dem Inspekteur der Deutschen Heimschulen zu übergeben.[221]

Die Deutschen Heimschulen boten offenkundig eine günstige Plattform für die ideologische Indoktrination von Kindern und Jugendlichen. Nach dem Gründungserlass

---

217 Vgl. Eidesstattliche Erklärung von Sollmann. ZfA, Fall VIII, ADB 8 B, NO-4706, S. 1, 3.

218 Vgl. Anke Klare, Die Deutschen Heimschulen 1941–1945. Zur Gleichschaltung und Verstaatlichung kirchlicher, privater und stiftischer Internatsschulen im Nationalsozialismus. In: Jahrbuch für Historische Bildungsforschung Bd. 9. Hg. v. Sektion Historische Bildungsforschung der Deutschen Gesellschaft für Erziehungswissenschaft (Bad Heilbrunn, 2003), S. 37.

219 Der Inspekteur der Nationalpolitischen Erziehungsanstalten August Heißmeyer definierte in einer Rede das primäre Erziehungsziel der NAPOLA: „Unsere Jungen sollen so erzogen werden, dass sie niemals wankend werden im Glauben an Deutschland. Sie sollen sich auch von niemand übertreffen lassen in der Treue zum Führer. (..) Sie sollen einmal Männer werden, die nicht sich selbst sehen, sondern Deutschland, die für dieses Deutschland kämpfen mit aller Kraft des Geistes, des Körpers und des Herzens, ihr ganzes Leben lang (…)."Zit. aus August Heißmeyer, Die nationalpolitischen Erziehungsanstalten. Nachschrift eines Vortrages im Oberkommando der Wehrmacht im Dezember 1938 (o. O., o. J.).

220 Vgl. Rundschreiben 88/42 von der NSDAP Gau Naussau vom 18.6.1942. IfZG, MA 136/1, S. 1595–1596.

221 Vgl. Schreiben des Reichsministers und Chef der Reichskanzlei an den Reichsinnenminister, den Reichserziehungsminister, den RFSS und Chef der Deutschen Polizei sowie den Reichskriegerführer vom 5.1.1943. BA Berlin, NS 19/3606, Bl. 8.

vom August 1941 waren die Heimschulen Schulen, die „im Wege der Gemeinschaftser-
ziehung durch einheitliche Führung und Steigerung der weltanschaulichen Ertüchtigung
und unterrichtlichen Leistung"[222] einen Beitrag zur politischen Beeinflussung der Heiminsassen leisten sollten.[223]

Wie bereits erwähnt, standen die Deutschen Heimschulen unter der Leitung von
August Heißmeyer,[224] der als sogenannter „Inspekteur der Deutschen Heimschulen"
agierte. In dieser Funktion unterstand Heißmeyer dem Reichsminister für Wissenschaft,
Erziehung und Volksbildung, Bernhard Rust. Gleichzeitig war Heißmeyer Chef des SS-
Hauptamtes „Dienststelle SS-Obergruppenführer Heißmeyer", das als Kontrollorgan
der Nationalpolitischen Erziehungsanstalten (NAPOLA) wirkte. Heißmeyer verkörper-
te in dieser Personalunion folglich die Interessen des staatlichen Schulsystems sowie der
SS. Auch bei der Suche nach „wertvollen deutschen Blutsträgern" konnte Heißmeyer
Heinrich Himmler unterstützen, indem er Aufnahmeplätze für die ausgewählten Kinder
zur Verfügung stellte. Heißmeyer unterstand Himmler nicht nur aufgrund seiner SS-
Tätigkeit, sondern war ihm auch in dessen Funktion als RKFDV weisungsgebunden:
Zum engeren Befehlsbereich des RKFDV gehörten die „Schulen für Volksdeutsche", die
unter der Inspektion der Heimschulen standen und in welchen „eindeutschungsfähige"
Kinder untergebracht wurden.[225]

Im Jahr 1943 wurden 35 unterschiedliche Schularten im gesamten deutschen Reichsgebiet als Deutsche Heimschulen geführt.[226] Nicht alle Internatsschulen wurden ohne
Weiteres zu Deutschen Heimschulen ernannt – die Schulen mussten spezifische Voraussetzungen erfüllen:

„1. Sie müssen staatlich sein, da nach einer Willensäußerung des Führers die Gemein-
schaftserziehung in die Hand des Staates gehört und nicht in die Hand Privater.

2. Der Schulleiter, die Erzieher und Angestellten müssen nach Gesinnung und Lebens-
führung Nationalsozialisten sein.

---

222 Erlass des Reichsministeriums für Wissenschaft, Erziehung und Volksbildung, 24.8.1941. In: Amtsblatt
des Reichsministeriums für Wissenschaft, Erziehung und Volksbildung 1941/42, S. 330. Zit. nach Klare,
Heimschulen, S. 37.

223 Vgl. Klare, Heimschulen, S. 37.

224 SS-Obergruppenführer und General der Waffen SS August Heißmeyer war seit 1925 Mitglied der
NSDAP und der SA. Seit 1930 bei der SS, von 1935 bis 1939 Chef des SS-Hauptamtes, von 1939 bis 1945
HSSPF Berlin. 1940 übernahm er die Leitung des SS-Hauptamtes „Dienststelle SS-Obergruppenführer
Heißmeyer", dem die Nationalpolitischen Erziehungsanstalten unterstanden.

225 Vgl. Buchheim, Rechtsstellung, S. 256.

226 Vgl. Liste der Schulen, die der Inspektion der Deutschen Heimschulen unterstanden (Stand vom
15.1.1943). BA Berlin, R 59/103, Bl. 10 f.

3. Die Schule muss in einer guten und gesunden Lage liegen.

4. Die Unterkünfte, Unterrichtsräume, hygienischen Anlagen, Küchen, Sportplätze und Wohnungen der Gefolgschaftsmitglieder sollen den Anforderungen, die an eine nationalsozialistische Erziehungsstätte gestellt werden müssen, entsprechen. Auch muss eine gute Betreuung durch Arzt und Hausmutter gewährleistet sein.

5. Der Erziehungsweg soll nach nationalsozialistischen Grundsätzen ausgerichtet sein.“[227]

Erfüllte eine Anstalt die oben genannten Kriterien, wurde der Schule in einem feierlichen Rahmen von Vertretern der Inspektion der Deutschen Heimschulen der Titel „Deutsche Heimschule“ verliehen.[228] Neben diversen Oberschulen, Gymnasien, Aufbauschulen und Hauptschulen gehörten auch die achtklassige Volksschule in Niederalteich sowie die „Schule für Volksdeutsche“ in Achern der Inspektion der Deutschen Heimschulen an.[229] Diese beiden Schulen, im Gau Bayreuth und im Gau Baden gelegen, nahmen im Sommer 1942 polnische Kinder auf, die zum Zweck der „Eindeutschung“ ausgewählt worden waren. Die Jungen und Mädchen kamen aus dem Gaukinderheim Bruckau und waren mit dem Zug in die Heimschulen transportiert worden.[230] Die erste Überführung der Kinder aus dem Warthegau fand Mitte Juni 1942 statt: Die Jungen wurden nach Niederalteich deportiert,[231] die Mädchen nach Achern.[232]

Die Leiter von Niederalteich und Achern waren bei einer Anstaltsleitertagung in Weimar über das Eintreffen der polnischen Kinder in ihren Schulen informiert worden.[233] Warum gerade diese beiden Schulen für die Jungen und Mädchen ausgewählt worden waren, kann nicht eindeutig geklärt werden. Fest steht, dass die Inspektion der Deutschen Heimschulen sowie das Stabshauptamt des RKFDV vor den ersten Überführungen „rassisch wertvoller“ Kinder geplant hatten, eine eigene Heimschule für „einzudeutschende“ Jungen und Mädchen aus den Ostgebieten zu errichten. Diese Heimschule sollte rund 40 Jungen aufnehmen, „die nach einem Probejahr, in dem sie vor allen Dingen die deutsche Sprache erlernen und sich charakterlich bewähren sollen, einer norma-

227 Heißmeyer an alle Gauleiter am 20.2.1942. Geheimes Staatsarchiv Preußischer Kulturbesitz, Berlin, I. HA Rep. 151 IC, Nr. 7306, Bl. 2 f. Zit. nach Klare, Heimschulen, S. 46.

228 Vgl. Klare, Heimschulen, S. 46.

229 Vgl. Liste der Schulen, die der Inspektion der Deutschen Heimschulen unterstanden (Stand vom 15.1.1943). BA Berlin, R 59/103, Bl. 10 f.

230 Vgl. Interview, Wiesława B., S. 1.

231 Vgl. Auszug aus dem Krankenbuch betreffend medizinische Untersuchungen in der Heimschule Niederalteich. Sammlung Ines Hopfer.

232 Vgl. Stadtarchiv Achern, Alte Meldekartei, „Zuzugsdaten“.

233 Vgl. Eidesstattliche Erklärung von Klara Keit. ZfA, Fall VIII, ADB 8 B, NO-4950, S. 1 f.

len Deutschen Heimschule überwiesen werden"[234] sollten. Dieses Vorhaben, das Ende 1941 geplant worden war, wurde allerdings nicht verwirklicht. Es scheint, dass sich die verantwortlichen Stellen über das zahlenmäßige Ausmaß der „Eindeutschungsaktion" nicht im Klaren waren: Im Sommer 1942 waren mehr als einhundert schulpflichtige Jungen und Mädchen als „eindeutschungsfähig" erklärt worden, die von der Inspektion der Heimschulen aufgenommen werden mussten. Die verantwortlichen Dienststellen hatten jedoch ein Heim mit einer Aufnahmekapazität von vierzig Plätzen geplant.[235]

Ein weiterer Punkt spricht gegen ein eigenes Heim für „einzudeutschende" Kinder: Eine Assimilierung der polnischen Jungen und Mädchen konnte im direkten Zusammenleben mit deutschen Kindern leichter und schneller erreicht werden – auch wenn sie unter Zwang erfolgte. Die polnischen Kinder wurden zwar separat untergebracht, bei den Mahlzeiten und bei den Ausmärschen kam es allerdings zu einem ständigen Aufeinandertreffen von „fremdvölkischen" Kindern und Heiminsassen deutscher Herkunft. Im Gegensatz zur Heimschule in Achern wurden in Niederalteich die polnischen Jungen auch gemeinsam mit den deutschen Jungen erzogen. Ein zusätzlicher Faktor für die Überführung der polnischen Kinder nach Niederalteich und Achern ist, dass beide Anstalten ursprünglich als „Schulen für Volksdeutsche" konzipiert worden waren.[236] Diese Schulen unterstanden dem Stabshauptamt und gehörten daher zum engeren Befehlsbereich des „Reichskommissars für die Festigung deutschen Volkstums".[237] Himmler verlor somit nie die direkte Kontrolle über die „eindeutschungsfähigen" Jungen und Mädchen – egal, ob sie in den Anstalten des „Lebensborn" versorgt oder in den Deutschen Heimschulen untergebracht wurden.

Aufgabe der Heimschulen war es, die polnischen Kinder aufzunehmen, sie zu unterrichten und sie, wenn möglich, in Pflegestellen zu geben.[238] In Niederalteich wurden die älteren Jungen auch als Arbeitskräfte weitervermittelt: Rund fünfzehn Jugendliche kamen zu Bauern nach Brandenburg und Mecklenburg, drei Burschen wurden als Lehrlinge für Siemens-Schuckert nach Berlin überführt. Die Weitervermittlung dieser Jungen war vom Stabshauptamt des „Reichskommissars für die Festigung deutschen Volkstums" angeordnet worden.[239]

Das Stabshauptamt bezahlte alle Unkosten, die die Deutschen Heimschulen hinsicht-

234 Schreiben des Reichsministers für Erziehung, Volksbildung und Wissenschaft an den Persönlichen Stab des RFSS vom 5.1.1942. BA Berlin, NS 19/1020, Bl. 9.
235 Vgl. ebda.
236 Vgl. Eidesstattliche Erklärung von Heinrich Hauser. ZfA, Fall VIII, ADB 8 B, NO-5229, S. 1 f.
237 Vgl. Buchheim, Rechtsstellung, S. 256.
238 Vgl. Eidesstattliche Erklärung von Hauser. ZfA, Fall VIII, ADB 8 B, NO-5229, S. 2 f. sowie Eidesstattliche Erklärung von Klara Keit. ZfA, Fall VIII, DB Viermetz Nr. 17, Bl. 55 f.
239 Vgl. Eidesstattliche Erklärung von Hauser. ZfA, Fall VIII, ADB 8 B, NO-5229, S. 5, 7 f.

lich der polnischen Kinder zu tragen hatten,[240] bei etwaigen Unklarheiten mussten sich die Leiter allerdings an den „Lebensborn" wenden.[241] Der SS-Verein hatte die Vormundschaft über die Kinder inne.[242] Himmlers Verein sorgte auch für ausreichende Bekleidung der Jungen und Mädchen und sandte Mäntel, Unterwäsche und Stoffe an die Anstalten.[243]

Die polnischen Jungen und Mädchen hielten sich rund ein Jahr in den Deutschen Heimschulen auf: Aufgrund einer Anordnung des Stabshauptamtes mussten jene Kinder, für die keine Pflegestellen gefunden worden waren, die Schulen verlassen. Sie wurden in das Umsiedlerlager „Parsch" nach Salzburg transportiert.[244] In diesem Lager in der „Ostmark" entschied sich das weitere Schicksal der Kinder: Die Jungen und Mädchen wurden vor Ort an österreichische Pflegeeltern vermittelt und auf verschiedene Ortschaften im Raum Salzburg „verteilt".

Der „Lebensborn e. V."

Als wichtiges Ausführungsorgan des RKFDV ist der „Lebensborn e. V." zu nennen. Im Gegensatz zum RuSHA, den Deutschen Heimschulen und den staatlichen Behörden, die den „Eindeutschungsweg" der betroffenen Kinder nur kurzzeitig innerhalb ihres Zuständigkeitsbereiches begleiteten, war der SS-Verein als offizieller Vormund der Kinder bis Kriegsende für die „eindeutschungsfähigen" Jungen und Mädchen verantwortlich. Maximilian Sollmann,[245] Günther Tesch[246] sowie Inge Viermetz[247] galten als zentrale

---

240 Vgl. ebda., S. 9, sowie Schreiben des Reichsministers für Wissenschaft, Erziehung und Volksbildung, Inspektion der Deutschen Heimschulen, an den Leiter der Deutschen Heimschule in Niederalteich vom 9.4.1943 sowie weiteres Schreiben derselben Stelle vom 26.5.1943. Archiv der Benediktinerabtei Niederaltaich.

241 Vgl. Eidesstattliche Erklärung von Hauser. ZfA, Fall VIII, ADB 8 B, NO-5229, S. 10 f.

242 Vgl. Eidesstattliche Erklärung von Inge Viermetz. ZfA, Fall VIII, ADB 8 B, NO-4704, S. 2.

243 Vgl. Eidesstattliche Erklärung von Klara Keit. ZfA, Fall VIII, ADB 8 B, NO-4950, S. 2, sowie Eidesstattliche Erklärung von Hauser. ZfA, Fall VIII, ADB 8 B, NO-5229, S. 11.

244 Vgl. Eidesstattliche Erklärung von Hauser. ZfA, Fall VIII, ADB 8 B, NO-5229, S. 7 f.

245 SS-Standartenführer Maximilan Sollmann war gelernter Kaufmann und aktiver Teilnehmer des Hitlerputsches im Jahre 1923. Im Mai 1940 übernahm er die Geschäfte des „Lebensborn" und galt neben Heinrich Himmler als oberster Entscheidungsträger des Vereines. Sollmann gestaltete die Vereinsführung um, baute die Hauptzentrale in München aus und sicherte mithilfe seines kaufmännisch-wirtschaftlichen Geschickes auch die Finanzierung des SS-Vereines. Vgl. Lilienthal, Lebensborn (2003), S. 116–130.

246 SS-Sturmbannführer Günther Tesch war auf Veranlassung Sollmanns seit Jänner 1941 als juristischer Berater beim „Lebensborn" tätig. Tesch übernahm mit der Eröffnung der Hauptabteilung Rechtswesen deren Leitung und war daneben auch Stellvertreter des Vorstandes des „Lebensborn". Vgl. Eidesstattliche Erklärung von Maximilian Sollmann. IfZG, NO-4209.

247 Inge Viermetz war stellvertretende Leiterin der Hauptabteilung A des „Lebensborn" und organisierte

Kontaktpersonen, mit denen das Stabshauptamt in der Angelegenheit „eindeutschungs-fähiger" Kinder direkt verhandelte.[248]

Für gewöhnlich unterstanden „bindungslose" Kinder der Obsorge der staatlichen Jugendämter oder der NSV. Dem „Lebensborn" war es 1942 durch eine großzügige Auslegung des § 29, Absatz 3 des Reichsjugendwohlfahrtgesetzes gelungen, sämtliche Kinder, für die der Verein verantwortlich war, dem Zuständigkeitsbereich anderer Dienststellen zu entziehen.[249] Himmler selbst hatte beim Reichsministerium des Innern vehement interveniert, dem „Lebensborn" die Funktionen der Jugendämter übertragen zu lassen.[250] Am 15. Juli 1942 veröffentlichte das Reichsministerium des Innern einen Runderlass, welcher die alleinige Verantwortung des „Lebensborn" gegenüber in seine Obhut gegebenen Jungen und Mädchen bestätigte.[251] Jede Einflussnahme vonseiten der NSV oder der Jugendämter war somit ausgeschaltet.[252]

Aufgabe des SS-Vereines war es, „rassisch wertvolle" Jungen und Mädchen aus Polen bis zum sechsten Lebensjahr in seinen Anstalten zu betreuen, ältere Kinder wurden den Deutschen Heimschulen zugewiesen. Im Verlauf des Krieges wurde diese „Einteilung" jedoch geändert und polnische Kinder jeder Altersgruppe wurden zur weiteren Beherbergung dem „Lebensborn" übergeben.[253]

---

die Hereinbringung der ausländischen Kinder. Viermetz reiste nach Polen, verhandelte dort mit der Gauselbstverwaltung, besuchte die Heime und begutachtete auch die betroffenen Kinder. Nachdem es zu Unregelmäßigkeiten im Heim Ardennen gekommen war, in dem Viermetz als Leiterin wirkte, wurde sie von ihrem Dienst im „Lebensborn" entlassen. Vgl. Eidesstattliche Erklärung von Sollmann ZfA, Fall VIII, ADB 8 B, NO-4706. S. 3 f. sowie Eidesstattliche Erklärung von Viermetz. ZfA, Fall VIII, ADB 8 B, NO-4704, S. 1 f. sowie Vernehmung Sollmanns. IfZG, ZS-1524: Maximilian Sollmann, S. 12. Zur Person Inge Viermetz und ihrem Wirkungsbereich im SS-Verein vgl. weiters Andrea Böltken, Inge Viermetz, eine weibliche Karriere im Dritten Reich. In: Barbara Danckwortt, Thorsten Querg, Claudia Schöningh, Historische Rassismusforschung. Ideologen, Täter, Opfer (Berlin, 1995), S. 179–207.

248 Vgl. Eidesstattliche Erklärung von Sollmann. ZfA, Fall VIII, ADB 2 C, NO-4707, S. 2 sowie Eidesstattliche Erklärung von Else Mayer. ZfA, Fall VIII, ADB 2 C, NO-5043.

249 Vgl. Lilienthal, Lebensborn (2003), S. 88.

250 Vgl. Schreiben Himmlers an Reichsminister des Innern, z. H. des Staatssekretärs Stuckart vom 16.5.1942. BA Berlin, NS 19/353, Bl. 5.

251 Vgl. Runderlass des Reichsministeriums des Innern vom 15.7.1942. BA Berlin, NS 19/353, Bl. 17.

252 Zwischen NSV und dem „Lebensborn" kam es betreffend ihrer Zuständigkeitsbereiche vermehrt zu Auseinandersetzungen, im Warthegau konnte sich der „Lebensborn" durchsetzen. Vgl. dazu Georg Lilienthals ausführliche Darlegung zum Konflikt in Lebensborn (2003), S. 196–207.

253 Neben der Unterbringung polnischer Kinder war der „Lebensborn" auch für die Versorgung „eindeutschungsfähiger" tschechischer und slowenischer Kinder verantwortlich. Inge Viermetz verhandelte im Falle der slowenischen Kinder mit RuS-Führer Heinrich Obersteiner, der neben seiner Tätigkeit im RuSHA auch Leiter der Dienststelle des RKFDV beim HSSPF „Alpenland" war. Vgl. Eidesstattliche Erklärung von Sollmann. ZfA, Fall VIII, ADB 2 C, NO-4707, S. 1.

Parallel zur Anordnung 67/I gab es unter der Federführung von Inge Viermetz und Fritz Bartels ernsthafte Bestrebungen, deutsche Waisenkinder und bindungslose Pflegekinder aus dem „Altreich" in die Ostgebiete auszusiedeln. Durch diese Maßnahme sollte die „Verdeutschung" dieser Gebiete wesentlich verstärkt werden.[254]

Der erste Transport „eindeutschungsfähiger" Kinder in das „Altreich" hingegen wurde im Sommer 1942 durchgeführt. Zwölf Jungen und Mädchen wurden in das „Lebensborn"-Heim „Pommern" nach Bad Polzin (Połczyn-Zdrój) überführt.[255] Das Heim „Pommern" war im Mai 1938 als Entbindungsheim eröffnet worden und bot rund sechzig werdenden Müttern und 75 Kindern Platz. Das Anwesen, das ehemalige Kurhaus Luisenbad, war Hitler geschenkt worden, der es wiederum Himmler für „Lebensborn"-Zwecke weitervermittelte.[256] Im Juli 1942 hielten sich bereits rund zwanzig „eindeutschungsfähige" Kinder im Alter zwischen drei und sieben Jahren in dieser „Lebensborn"-Anstalt auf.[257] Die Jungen und Mädchen sprachen ausschließlich polnisch, waren durchwegs blond und konnten, wie es der ehemalige Leiter des Heimes „Pommern" formulierte, „dem Aussehen nach, jederzeit als deutsche Kinder angesehen werden".[258]

Der Großteil der „eindeutschungsfähigen" Kinder wurde aus den Gaukinderheimen in das Heim „Pommern" gebracht.[259] Daneben gingen auch vereinzelt Transporte polnischer Jungen und Mädchen nach Steinhöring in das Heim „Hochland",[260] nach

---

254 Vgl. Schreiben von Viermetz an Brandt, Stabsführer des Persönlichen Stabes RFSS vom 8.2.1942. BA Berlin, NS 19/3435, Bl. 5–7; Bericht Bartels mit dem Titel „Überführung von reichsdeutschen Pflegekindern in den Reichsgau Wartheland". Ebda., Bl. 8–13. Entwurf Viermetz' von Mai 1942 betreffend Umsiedlung deutscher Waisenkinder und bindungsloser Pflegekinder. Ebda., Bl. 14–16 sowie Übersicht über den Tätigkeitsbereich der Abteilung C 2 (Wiedereindeutschung), Stand: 25. September 1942. IfZG, NO-1600, Punkt 14, S. 11.

255 Vgl. Lilienthal, Lebensborn (2003), S. 57.

256 Vgl. Deutsche Übersetzung des Lebensborn-Berichts, April 1948, S. 15. Internationaler Suchdienst (ITS), Kindersuchdienst Ordner, Lebensborn 2, S. 98 (Stand 2004).

257 Vgl. Eidesstattliche Erklärung von Pfaffenberger. ZfA, Fall VIII, ADB 8 B, NO-4974, S. 2. Der ehemalige Arzt des Kinderheimes Robert Wilhelm Dueker schätzte das Alter der Kinder zwischen drei und neun Jahren. Vgl. Eidesstattliche Erklärung von Robert W. Dueker. ZfA, Fall VIII, ADB 8 D, NO-5180, S. 1.

258 Eidesstattliche Erklärung von Robert W. Dueker. ZfA, Fall VIII, ADB 8 D, NO-5180, S. 1. Dueker war von April 1938 bis November 1943 als leitender Arzt im Entbindungsheim in Bad Polzin tätig.

259 Vgl. Eidesstattliche Erklärung von Sollmann. ZfA, Fall VIII, ADB 8 B, NO-4706, S. 3; Eidesstattliche Erklärung von Johanna Zander. ZfA, Fall VIII, DB Sollmann II, Nr. 17, Bl. 28. Zander war zuerst Leiterin des Gaukinderheimes in Bruckau, nach einem halben Jahr wurde sie zur Leiterin des Gaukinderheimes in Kalisch bestellt.

260 Vgl. Schreiben der Adoptionsvermittlungsstelle an Ebner vom 16.7.1943. BA Berlin, NS 48/30, Bl. 59 f. sowie Lilienthal, Lebensborn (2003), S. 211.

Kohren-Sahlis in das Heim „Sonnenwiese"[261] sowie nach Bofferding bei Luxemburg
in das Heim „Moselland".[262] In den Heimen des SS-Vereines herrschte jedoch perma-
nenter Platzmangel, infolgedessen musste auf Anordnung Sollmanns ein eigenes Heim
für „eindeutschungsfähige" Kinder in Oberweis geschaffen werden.[263] Schulpflichtige
polnische Kinder wurden ab September 1943 in dieses Kinderheim im Reichsgau Oberdonau transportiert, jüngere Kinder überführte die Gauselbstverwaltung wie bisher
großteils nach Bad Polzin, vereinzelt wurden jedoch auch Kleinkinder nach Oberweis
verbracht.[264]

Die Anstalten des SS-Vereines stellten Übergangsstationen dar – in erster Linie sollten
die „rassisch wertvollen" Kinder vom „Lebensborn" in geeignete Pflegefamilien vermittelt werden. Für die Vermittlung der polnischen Kinder war die Abteilung Adoptions-
und Pflegestellenvermittlung (Referat IV der Hauptabteilung Rechtswesen) verantwortlich.[265] Die Mitarbeiter der Abteilung R IV fuhren in die Aufnahmeheime und wickelten
dort persönlich die notwendigen Formalitäten ab.[266]

Himmlers Verein versuchte nachweislich die wahre Identität der Kinder zu verschleiern. Bei der Überführung in das „Altreich" hatte der Großteil der polnischen Kinder bereits von den „Rasseexperten" des RuSHA einen deutschen Namen zugeteilt bekommen.
Die „Lebensborn"-Heime erhielten jedoch Namenslisten, auf denen die ursprünglichen
früheren polnischen Namen neben den deutschen Namen eingetragen waren. Kein einziges „eindeutschungsfähiges" Kind traf nur mit seinem „eingedeutschten" Namen in einer „Lebensborn"-Anstalt ein.[267] Daneben führte der SS-Verein eigenmächtig „Verdeut-

---

261 Vgl. Deutsche Übersetzung des Lebensborn-Berichts, April 1948, S. 14. ITS, Kindersuchdienst Ordner
    Lebensborn 7, S. 96 (Stand 2004); sowie Susanne Hahn, Georg Lilienthal, Totentanz und Lebensborn.
    Zur Geschichte des Alters- und Pflegeheimes in Kohren-Sahlis bei Leipzig (1939–1945). In: Medizinhi-
    storisches Journal. Internationale Vierteljahresschrift für Wissenschaftsgeschichte, Bd. 27, H. 3/4 (1992),
    S. 340–358.
262 Nach der Räumung des „Lebensborn"-Heimes „Pommern" im Februar 1945 wurden die restlichen pol-
    nischen Heimkinder in das „Lebensborn"-Heim „Taunus" bei Wiesbaden überführt. Vgl. Eidesstattliche
    Erklärung von Norbert Schwab, ZfA, Fall VIII, ADB 8 B, NO-5238, S. 3 f.
263 Vgl. Eidesstattliche Erklärung von Sollmann. ZfA, Fall VIII, ADB 8 B, NO-4706, S. 1.
264 Die Leiterin des Heimes in Oberweis schätzte das Alter der jüngsten Heiminsassen auf vier Jahre, ein
    ehemaliger Heiminsasse betonte, dass auch Säuglinge in „Alpenland" betreut wurden. Vgl. Bericht von
    Maria Merkel, verfasst am 26. Juni 1945, S. 1. Archiv des Gemeindeamtes Laakirchen, sowie Interview,
    Zygmunt Rzążewski, S. 5.
265 Vgl. Eidesstattliche Erklärung von Sollmann. ZfA, Fall VIII, ADB 8 B, NO-4706, S. 2 f.
266 Vgl. Eidesstattliche Erklärung von Schwab. ZfA, Fall VIII, ADB 8 B, NO-5238, S. 3.
267 Vgl. Eidesstattliche Erklärung von Schwab. ZfA, Fall VIII, ADB 8 B, NO-5238, S. 2 f. sowie Deutsche
    Übersetzung des Lebensborn-Berichts, April 1948, S. 9. ITS, Kindersuchdienst Ordner Lebensborn 2, S.
    90 (Stand 2004).

schungen" der Namen durch: Im Jahre 1943 wurden rund sechzig polnische Namen in deutsch klingende Namen umgeändert. Die damalige Sachbearbeiterin nahm die Änderungen vor, bevor die Kinder in Pflegestellen gegeben wurden.[268] Konnte ein polnisches Kind erfolgreich an Pflegefamilien vermittelt werden, änderte der Verein auf Wunsch der Pflegestelle auch den bereits „eingedeutschten" Vor- und Nachnamen des Kindes.[269] Im Zuge der Namensänderungen stellte der Verein auch neue Geburtsurkunden aus. Sollmann rechtfertigte die durchgeführte Namensänderung mit den Worten „dem Kind [dadurch] das Einleben in die neue Umgebung in jeder Weise zu erleichtern".[270] In Wirklichkeit konnte so die wahre Herkunft des Kindes verschleiert bzw. nach dem Kriege kaum identifiziert werden.

Die Änderung des Namens sowie die Erstellung neuer Geburtsurkunden waren dem „Lebensborn" durch die Aneignung diverser Sonderrechte durch das Innenministerium ermöglicht worden. Im April 1943 hatte der SS-Verein sein eigenes Standesamt „L" in München gegründet.[271] Die Leitung des Sonderstandesamtes oblag Dr. Erich Schulz.[272] Der Reichsminister des Innern übte die Dienstaufsicht über das neu gebildete Standesamt selbst aus, ein Zusammenhang mit den anderen Standesämtern in München bestand nicht. Dem Standesamt „L" wurden überörtliche Befugnisse übertragen, wie die Beurkundung der Personenstandsfälle in „Lebensborn"-Heimen außerhalb des Reichsgebietes oder die Einleitung der Vormundschaften für uneheliche Kinder. Insofern nahm das Sonderstandesamt des SS-Vereines also auch die Aufgaben des zuständigen Jugendamtes wahr.[273] Durch die Anwendung des § 41 des Personenstandsgesetzes war es dem Standesamt „L" erlaubt, nachträgliche Beurkundungen bei den ausländischen Kindern vorzunehmen.[274] Demzufolge wurden rund zwanzig Geburtsurkunden für „ras-

268 Vgl. Eidesstattliche Erklärung von Hans Hilmar Staudte. ZfA, Fall VIII, ADB 8 A, NO-5260, S. 1.

269 Vgl. Eidesstattliche Erklärung von Sänger. ZfA, Fall VIII, ADB 8 B, NO-5228, S. 3.

270 Vgl. Eidesstattliche Erklärung von Sollmann. ZfA, Fall VIII, ADB 8 B, NO-4706, S. 2.

271 Vgl. Eidesstattliche Erklärung von Sänger. ZfA, Fall VIII, ADB 8 B, NO-5228, S. 2. Mit der Errichtung der Hauptabteilung Rechtswesen wurde das Standesamt L dieser Hauptabteilung als „R II, Standesamt L in München" unterstellt.

272 Erich Schulz war seit 1938 beim SS-Verein als Jurist tätig, von 1941–1943 sogar in der Eigenschaft als Stellvertreter des Vorstandes. Schulz war bei der Errichtung der Meldestellen im Gaukinderheim in Kalisch sowie im „Lebensborn"-Heim in Oberweis maßgeblich beteiligt. Vgl. Eidesstattliche Erklärung von Erich Schulz. ZfA, Fall VIII, ADB 8 D, NO-5235.

273 Vgl. N. N., Geburten in Heimen des Lebensborn. In: Das Standesamt, Zeitschrift für Standesamtswesen, Ehe- und Kindschaftsrecht, Staatsangehörigkeitsrecht, 18. Jg. (1965), S. 164.

274 Für sogenannte „Standesfälle im Ausland" war nach § 41 des Personenstandsgesetzes ursprünglich allein das Standesamt I in Berlin zuständig. Nach einem Telefongespräch mit Günther Tesch, Leiter der Hauptabteilung Rechtswesen des „Lebenborn", entschlossen sich die verantwortlichen Stellen im Innenministerium dazu, auch dem Standesamt „L" die Funktionen des Standesamtes I in Berlin zuzusprechen.

sisch wertvolle" Jungen und Mädchen ausgestellt.[275] Weiters stimmte das Reichsministerium des Innern zu, die polnischen Kinder juristisch zu „Findelkindern" zu erklären.[276] Aufgrund dieser Umformulierung konnte § 25 des Personenstandsgesetzes ohne etwaige juridische Hindernisse angewandt werden. Dieser Paragraph schrieb vor, dass bei „Findelkindern" für die standesamtliche Eintragung der Vor- und Nachname sowie Geburtsort und Geburtstag festgelegt werden konnten.[277] Auch dieses Sonderrecht wurde dem „Lebensborn" vonseiten des Reichsinnenministeriums gestattet.[278] Als neuer Geburtsort wurde einfach der „Ergreifungsort" der Kinder (meist „Posen" oder „Litzmannstadt") bestimmt.[279]

Dr. Gregor Ebner,[280] Leiter der Hauptabteilung Gesundheit, bestimmte bei „Zweifelsfällen" auch das Alter der Kinder neu. Nicht bei allen Kindern war das Geburtsdatum bekannt, und in einigen Fällen gab es erhebliche Bedenken gegen die aktenmäßigen Altersangaben.[281] Pflegeeltern zweifelten das Alter der Kinder erneut an und wandten sich wieder an den „Lebensborn", der von Gregor Ebner ein ärztliches Gutachten anforderte.[282] Ebner benötigte für seine Expertise Angaben über Größe und Gewicht des Kindes sowie eine Röntgenaufnahme des Handgelenks. Die Röntgenaufnahmen des Handwurzelknochens wurden an Ebners Bekannten Dr. Josef Becker, Universitätsprofessor für

Sollmann wurde vom Reichsinnenministerium dazu ermächtigt, die nach § 41 des Personenstandsgesetzes erforderliche Anordnung des Reichsministers des Innern in dessen Auftrage zu erteilen. Vgl. Aktenvermerk Günther Teschs für Sollmann vom 4.6.1943 mit dem Titel „Fremdvölkische Waisenkinder, nachträgliche Beurkundung der Geburt und Änderung der Vor- und Familiennamen". ZfA, Fall VIII, ADB 8 A, NO-1403, S. 1.

275 Vgl. Eidesstattliche Erklärung von Sänger. ZfA, Fall VIII, ADB 8 B, NO-5228, S. 2.

276 Vgl. Eidesstattliche Erklärung von Sänger. ZfA, Fall VIII, ADB 8 B, NO-5228, S. 2, 5.

277 Vgl. Personenstandgesetz vom 3. November 1937. RGBl. I (1937), S. 1146. Vgl. weiters Lilienthal, Lebensborn (2003), S. 214.

278 Vgl. Aktenvermerk Günther Teschs für Sollmann vom 4.6.1943 mit dem Titel „Fremdvölkische Waisenkinder, nachträgliche Beurkundung der Geburt und Änderung der Vor- und Familiennamen". ZfA, Fall VIII, ADB 8 A, NO-1403, S. 1 f.

279 Vgl. Eidesstattliche Erklärung von Erich Schulz. ZfA, Fall VIII, ADB 8 D, NO-5236, S. 3 sowie Vernehmung Ingrid Sänger. IfZG, ZS-1404: Ingrid Sänger, S. 22.

280 SS-Oberführer Dr. Gregor Ebner war seit 1930 Mitglied der NSDAP, seit 1931 bei der SS, Familienarzt Himmlers, seit 1937 hauptamtlich beim „Lebensborn" tätig. Ebner war ärztlicher Leiter aller „Lebensborn"-Heime, Leiter des Gesundheitswesens sowie Leiter der Hauptabteilung Gesundheit. Er führte während seiner Tätigkeit den höchsten SS-Rang innerhalb des „Lebensborn". Vgl. Eidesstattliche Erklärung von Gregor Ebner. IfZG, NO-4207, S. 1 f.

281 Vgl. Eidesstattliche Erklärung von Schulz. ZfA, Fall VIII, ADB 8 D NO-5236, S. 2.

282 Vgl. Schreiben der Adoptionsvermittlungsstelle an Ebner vom 16.7.1943. BA Berlin, NS 48/30, Bl. 59 sowie Schreiben vom 20.7.1943. Ebda., Bl. 67.

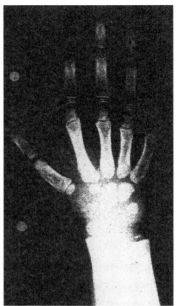

Abb. 2: Röntgenaufnahmen des Mittelhandknochens sowie der rechten Hand. Anhand der Aufnahmen wurde das Alter des polnischen Pflegekindes auf zwei vollendete Jahre festgelegt.

Kinderheilkunde in Marburg,[283] weitergesandt, der aufgrund der Differenzierung der Knochenkerne das Alter bestimmte.[284]

Auffällig ist, dass den Pflegeeltern das angegebene Alter der Kinder jeweils als zu hoch erschien – dem Aussehen und dem Verhalten der Pflegekinder nach zu urteilen, waren die Jungen und Mädchen bedeutend jünger, so die einhellige Meinung der Pflegestellen.[285] Eine Pflegemutter wandte sich zusätzlich mit einer sehr ausgefallenen Bitte an den „Lebensborn": Falls das Geburtsjahr des Kindes geändert werden müsste, so die Frau, könnte man doch gleich auch den Geburtsmonat ändern – die Pflegemutter wünschte

---

283 Nach dem Krieg beteuerte der Facharzt, von der Herkunft der betroffenen Kinder nichts gewusst zu haben. Vgl. Eidesstattliche Erklärung von Becker. IfZG, NO-5042, S. 2.

284 Vgl. Gutachten Beckers vom 16.8.1943. BA Berlin, NS 48/30, Bl. 62 f. Schreiben Ebners an Becker vom 19.8.1943. Ebda., Bl. 72. Schreiben Ebners an Becker vom 23.8.1943. Ebda., Bl. 78. Altersbestimmung Beckers vom 9.12.1943. Ebda., Bl. 81 sowie Altersbestimmung Beckers vom 9.12.1943. Ebda., Bl. 88 f.

285 Vgl. Schreiben der Adoptionsvermittlungsstelle vom 16.7.1943. BA Berlin, NS 48/30, Bl. 59 f. Schreiben Ebners an Steidel vom 23.7.1943. Ebda., Bl. 61. Schreiben der Adoptionsvermittlungsstelle an Ebner vom 20.7.1943. Ebda., Bl. 67. Schreiben Ebners an von Mann vom 16.8.1943. Ebda., Bl. 71. Schreiben der Hauptabteilung Rechtswesen an Ebner vom 2.8.1943. Ebda., Bl. 74. Aktenvermerk zur Adoptionsakte Lüdeking vom 11.8.1943. Ebda., Bl. 83 sowie ärztliches Gutachten vom 23. 7. 1943. Ebda., Bl. 98.

sich den Monat Oktober.[286] Doch anhand Beckers fachärztlicher Gutachten wurde das angezweifelte Alter der Kinder großteils bestätigt. Ebner, der die Altersbestimmungen weiterleitete, „klärte" die Pflegeeltern „auf", dass „Ostkinder", wie die polnischen Kinder genannt wurden, nur selten die Durchschnittsmaße gewöhnlicher Kinder erreichten.[287] Der Leiter der Hauptabteilung Gesundheit versicherte jedoch, dass „die aus dem Osten kommenden Kinder in der großen Mehrzahl in ihrer Entwicklung erheblich zurück sind und im Laufe der Zeit aber alles gut aufholen".[288]

Dr. Gregor Ebner war für den Gesundheitszustand aller „Lebensborn"-Kinder, einschließlich der Kinder aus dem Ausland, verantwortlich.[289] Aus diesem Grund besuchte er auch die Anstalten und begutachtete die Heiminsassen. Nach den Statuten des Vereins sah sich der „Lebensborn" offenkundig als „förderndes" Instrument der nationalsozialistischen „Rassenpolitik". Demzufolge überprüfte Ebner bei seinen Visiten mit Sicherheit nicht nur den Gesundheitszustand der „Ostkinder", sondern auch deren „rassische Wertigkeit". Bei „Zweifelsfällen" trat er rigoros auf und sorgte dafür, dass die betroffenen Kinder, selbst wenn sie bereits an deutsche Pflegestellen vermittelt worden waren, in ihre Heimat zurückgeschickt wurden.[290] Erste Erfahrungen mit „rassenpolitischen" Selektionen ausländischer Kinder hatte Ebner bereits im Sommer 1941 gesammelt. Im Auftrag von Himmler überprüfte er in „Schloss Langenzell", einem Lager der „Volksdeutschen Mittelstelle", 25 rumänische Kinder, die im Rahmen eines Sammeltransports ohne Angehörige in das Umsiedlerlager transportiert worden waren.[291] Die Eignungsprüfung von Ebner ergab allerdings, dass nur wenige Kinder für Adoptionen als „geeignet" befunden wurden.[292]

Neben den Altersbestimmungen war Ebner für die Feststellung der „Adoptionsfähigkeit" von ausländischen Kindern verantwortlich.[293] Die betroffenen Kinder wurden von Ebner ärztlich untersucht, der Ernährungs- und Kräftezustand sowie die geistige Ent-

---

286 Vgl. Aktenvermerk Ebners vom 16.8.1943. BA Berlin, NS 48/30, Bl. 70. Schreiben Ebners an Becker vom 19.8. 1943. Ebda., Bl. 72 sowie ärztliches Gutachten vom 14.12.1943. Ebda., Bl. 73. Dem Wunsch der Pflegemutter wurde allerdings nicht stattgegeben.

287 Vgl. ärztliches Gutachten vom 14.12.1943. BA Berlin, NS 48/30, Bl. 82 sowie Aktenvermerk zur Adoptionsakte Lüdeking vom 11.8.1943. Ebda., Bl. 83.

288 Schreiben Ebners an Maria Lüdeking vom 11.8.1943. BA Berlin, NS 48/30, Bl. 84.

289 Vgl. Eidesstattliche Erklärung von Ebner. IfZG, NO-4207, S. 2.

290 Vgl. Schreiben der Hauptabteilung Rechtswesen an Ebner vom 5.11.1943. BA Berlin, NS 48/30, Bl. 90 sowie Antwortscheiben Ebners an Hauptabteilung Rechtswesen vom 16.11.1943. BA Berlin, NS 48/30, Bl. 91.

291 Vgl. Eidesstattliche Erklärung von Ebner. IfZG, NO-4207, S. 2 sowie Eidesstattliche Erklärung von Georg Kuester. ZfA, Fall VIII, ADB 8 C, NO-4820, S. 1.

292 Vgl. Bericht Ebners an Sollmann vom 25.8.1941. ZfA, Fall VIII, ADB 8 C, NO-1387, o. P.

293 Vgl. Eidesstattliche Erklärung von Ebner. IfZG, NO-4207, S. 2.

wicklung wurden überprüft.[294] Es darf angenommen werden, dass auch das „rassische"
Erscheinungsbild des Kindes für die Bestimmung der Adoptionsfähigkeit ausschlagge-
bend war.

Ingrid Sänger, bis August 1944 als Stellvertreterin des Standesbeamten Erich Schulz,
danach bis Kriegsende als Sekretärin bei Günther Tesch, Hauptabteilung Rechtswesen,
tätig, betonte nach Kriegsende, dass dem „Lebensborn" nur wenige Dokumente über
die polnischen Kinder vorlagen. Namensänderungen, die Festsetzung neuer Geburtsdaten sowie neuer Geburtsorte waren nach Angaben von Sänger aus diesem Grund eine
Notwendigkeit. Die spärlichen Informationen wurden über die Gauselbstverwaltung
und die Außenstelle des RuSHA in Litzmannstadt vermittelt.[295] Polnische Schriftstücke, die bereits vor der deutschen Besatzung ausgestellt worden waren, waren überhaupt
nicht vorhanden. Des Weiteren, führte Sänger an, hatte der „Lebensborn" keine eindeu-
tigen Unterlagen, welche die Staatsangehörigkeit der Kinder dokumentierten. In den
Geburtenbüchern des SS-Vereins wurde die Staatsangehörigkeit der polnischen Jungen
und Mädchen daher als „staatenlos" bezeichnet.[296] Standesbeamter Erich Schulz nahm
nach Genehmigung von Tesch oder Sollmann die Namensänderungen vor. Schulz stellte
die Geburtsurkunden aus und war für die Adoptionen der Kinder verantwortlich. Die
Nachnamen der Kinder wurden zum Großteil auf die Namen der deutschen Pflegeeltern
umgeändert, auch die Vornamen konnten auf deutsche Namen geändert werden.[297]

Schulz gab in seiner Vernehmung im Rahmen des Nürnberger Nachfolgeprozesses
1947 an, dass er nach erstmaliger Akteneinsicht Anfang 1943 feststellen musste, dass die
Adoptionen nach juristischem Standpunkt nicht möglich waren: die Herkunft der Kinder war nicht einwandfrei geklärt. Schulz machte Tesch daher aufmerksam, dass bereits
die Überführung der Jungen und Mädchen in das „Altreich" gesetzmäßig als Menschen-
raub ausgelegt werden konnte.[298] Auch bei einer Besprechung mit Sollmann erklärte
Schulz, dass er aufgrund der Unzulänglichkeit der Akten jede rechtliche Verantwortung
für ihn und seine Mitarbeiter ablehne. Sollmann beruhigte daraufhin den Standesbeamten und versicherte, dass er allein die Verantwortung für derartige „Aktionen" übernehmen würde. Dennoch machte Schulz Sollmann wiederholt aufmerksam, dass jede
rechtmäßige Grundlage für die Vermittlung polnischer Kinder mit Aussicht auf eine
Adoption fehlte. Sollmann lenkte, nach Aussagen von Schulz, nicht ein: Trotz der War-

---

294 Vgl. Schreiben Ebners an Hauptabteilung Rechtswesen vom 9.12.1943. BA Berlin, NS 48/30, Bl. 97.
295 Vgl. Eidesstattliche Erklärung von Sänger. ZfA, Fall VIII, ADB 8 B, NO-5228, S. 2 f. sowie Vernehmung
      Sänger. IfZG, ZS-1404: Ingrid Sänger, S. 20–22.
296 Vgl. ebda.
297 Vgl. Eidesstattliche Erklärung von Schulz. ZfA, Fall VIII, ADB 8 D, NO-5236, S. 3.
298 Vgl. ebda., S. 1.

nungen wurden ununterbrochen Jungen und Mädchen aus dem Warthegau in deutsche Familien vermittelt.[299]

Nach dem Krieg versuchte Sollmann die Verantwortung von sich zu weisen: Er hatte als Chef des „Lebensborn" darauf bestanden, die Herkunft der Kinder zu klären, doch war es Aufgabe der Juristen, dies zu überprüfen. Sollmann erinnerte sich zwar an die Bedenken von Schulz, doch habe es sich hierbei nur um eine „akademische Unterhaltung zwischen Dr. Schulz und Dr. Tesch gehandelt".[300]

Der Großteil der Kinder konnte erfolgreich an Pflegestellen vermittelt werden, allerdings wurden nur zwei Kinder während des Krieges „rechtmäßig" von ihren deutschen Pflegeeltern adoptiert.[301] Für ältere Jungen war es bedeutend schwieriger eine Pflegefamilie zu finden, sie blieben bis zum Ende des Krieges bzw. bis zur Evakuierung der Heime in den „Lebensborn"-Anstalten.

Das Justizwesen, lokale Amtsgerichte

Am 6. Juni 1940 wurde in Polen die deutsche Gerichtsbarkeit eingeführt.[302] Rund einneinhalb Jahre später trat das „Sonderstrafrecht für Polen" in Kraft, das nun auch de jure die Rechtsungleichheit zwischen Polen und Deutschen legitimierte und Polen als Menschen zweiter Klasse deklarierte.[303] Der polnischen Bevölkerung wurden die Bürgerrechte genommen, das Sprechen der eigenen Muttersprache als Amtssprache wurde ihr verboten,

---

299 Vgl. ebda., S. 2.

300 Zeugenaussage von Maximilian Sollmann am 26.1.1948 vor dem Militärgerichtshof. ZfA, Fall VIII, Protokollbuch vom 26.1.1948, S. 4162. Weiters versuchte Sollmann das Tribunal davon zu überzeugen, dass er weder die Anordnung 67/I gekannt hatte, noch dass es Verbindungen zwischen „Lebensborn" und RuSHA gegeben hatte. Sollmanns Aussage ist in großem Maße anzuzweifeln: Als Chef des SS-Vereins, der, wie Heimleiterinnen bestätigten, über alles informiert werden wollte, wusste er angeblich nichts über das Schicksal dieser Kinder – weder über ihre Herkunft noch über die diversen Auswahlverfahren, welche die Jungen und Mädchen über sich ergehen lassen mussten, wollte er Bescheid gewusst haben. Vgl. Zeugenaussage von Sollmann am 23.1.1948. ZfA, Fall VIII, Protokollbuch vom 23.1.1948, S. 4098–4100 sowie Zeugenaussage am 26.1.1948, Protokollbuch vom 26.1.1948, S. 4163 f.

301 Vgl. Eidesstattliche Erklärung von Wilhelm Robert Schneider, juristischer Sachbearbeiter beim „Lebensborn". ZfA, ADB 8 E, NO-5459, S. 3.

302 Vgl. „Verordnung über die Einführung des deutschen Strafrechts in den eingegliederten Ostgebieten" vom 6. Juni 1940. RGBl. I (1940), S. 844 ff.

303 Vgl. „Verordnung über die Strafrechtspflege gegen Polen und Juden in den eingegliederten Ostgebieten" vom 4. Dezember 1941. RGBl. I (1941), S. 759 ff. Die Verordnung trat am 30. Dezember in Kraft. Auf Juden wurde die neue Gesetzesordnung praktisch nicht mehr angewandt, da sie zu diesem Zeitpunkt ausnahmslos in Ghettos oder Arbeitslagern gefangen waren.

auf Nichtbefolgen der neuen deutschen Verordnungen stand die Todesstrafe.[304] Die lokalen Amtsgerichte hatten zwar keiner direkten Verordnung Heinrich Himmlers oder
seines Stabshauptamtes Folge zu leisten, dennoch waren sie in die „Eindeutschung" und
Verschleppung von „rassisch wertvollen" Kindern involviert. Die Amtsgerichte arbeiteten eng mit den Jugendämtern zusammen und schalteten sich dann ein, wenn polnischen Erziehungsberechtigten das Sorgerecht aberkannt werden oder die Vormundschaft
an deutsche staatliche Behörden übertragen werden sollte. Auch bei Sorgerechtsstrei-
tigkeiten bei Kindern aus „Mischehen" griff die deutsche Justiz ein und sprach für gewöhnlich den deutschen Ehepartnern das Kind zu.[305] Uneheliche Kinder standen unter
Amtsvormundschaft des Jugendamtes.[306] War ein derartiges Kind von den „Rassenprü-
fern" als „rassisch wertvoll" bezeichnet worden, setzten die Jugendämter mit Hilfe der
lokalen Gerichte alles daran, der leiblichen Mutter das Kind zu entziehen. Beispielhaft
für derartige Entscheidungen ist der Beschluss des Amtsgerichtes Litzmannstadt vom 8.
Dezember 1941. Der uneheliche Sohn der Polin Janina Rutkieweicz und des deutschen
Hilfspolizisten Arthur Mattner war auf seine „Eindeutschungsfähigkeit" überprüft und
als „geeignet" befunden worden. Als „Mischling" konnte der zehn Monate alte Junge zu
einem Deutschen oder auch als Pole heranwachsen – seine Zukunft hing offenkundig
von der „richtigen" Erziehung ab. Die zwangsweise „Eindeutschung" des Kindes wurde
vonseiten der staatlichen Behörden als ein Segen für das Kind angesehen, der „nur dem
Wohle des Kindes entspricht",[307] so der Gerichtsbescheid. Janina Rutkieweicz widersetzte sich jedoch mit aller Entschiedenheit gegen diese Maßnahme, woraufhin das Gericht
verkündete:

> „Sie versperrt hiermit ihrem Kinde die spätere Schul- und Berufsbildung und ent-
> zieht wertvolles deutsches Blut der Gemeinschaft des Volkstums. Durch diese ihre
> Einstellung gegenüber [einer] lediglich im Wohle des Kindes liegenden Maßnahme
> vernachlässigt sie sein geistiges Wohl insofern beträchtlich, als sie diesem Wohle
> des Kindes ihr eigenes rassisches Mutterempfinden voranstellt."[308]

---

304   Vgl. ebda.
305   Vgl. Hrabar, Tokarz, Wilczur, Kinder, S. 328.
306   Nach § 35 des Reichsjugendwohlfahrtsgesetzes erlangte mit der Geburt des unehelichen Kindes das Ju-
      gendamt des Geburtsortes die gesetzliche Amtsvormundschaft. Vgl. Bessau, Hallamit, Lobe u. a. (Hg.),
      Das Bürgerliche Gesetzbuch mit besonderer Berücksichtigung der Rechtsprechung des Reichsgerichts,
      Bd. IV, Familienrecht (Berlin, Leipzig, 1935), § 1707, S. 427.
307   Beschluss des Amtsgerichtes Litzmannstadt vom 8.12.1941. AP Łódź, Stadtverwaltung Litzmannstadt,
      Wichtige Gerichtsentscheidungen, L-15070, Bl. 3.
308   Beschluss des Amtsgerichtes Litzmannstadt vom 8.12.1941. AP Łódź, L-15070, Bl. 3.

Der unehelichen Mutter wurde auf Antrag des Jugendamtes das ihr nach § 1707 BGB. zustehende Personensorgerecht unter entsprechender Anwendung des § 1666 BGB. entzogen.[309] Rutkieweicz missbrauchte durch ihr ablehnendes Verhalten ihr Recht der Sorge und gefährdete somit das Wohl ihres Sohnes, so das Gericht. Das Amtsvormundschaftsgericht war nach § 1666 BGB. demnach befugt, Henryk Rutkieweicz zur Erziehung in einer geeigneten Familie, in einer Erziehungsanstalt oder in einer Besserungsanstalt unterzubringen.[310] Über das weitere Schicksal des Jungen ist nichts bekannt, mit hoher Wahrscheinlichkeit wurde er zu „Eindeutschungszwecken" ins „Altreich" gebracht. Ob er seine leibliche Mutter je wiedersah, ist nicht überliefert.

Ledige Mütter oder polnische Pflegestellen hatten keine Möglichkeit, sich gegen die „Eindeutschung" zu wehren, da das Jugendamt die Amtsvormundschaft innehatte. Mithilfe des deutschen Justizwesens gelang es, bei „Zweifelsfällen" oder bei strikter Weigerung gegen die Überführung des Kindes, den Raub zu legalisieren bzw. zu legitimieren. Die Gerichtsentscheidungen wurden unter scheinbarer Anwendung gültiger Rechtsnormen beschlossen – in Wahrheit bediente man sich diverser Gesetzesauslegungen, um die nationalsozialistische Ideologie Realität werden zu lassen. Rechtsungleichheit und Rechtsunsicherheit bestimmten das Leben der polnischen Bevölkerung.

WEITERE „EINDEUTSCHUNGSVERFAHREN" IM BESETZTEN POLEN

Die Anordnung 67/I diente als Vorbild für weitere „Aktionen" dieser Art in Polen. Doch in keinem anderen polnischen Gebiet wurde die „Eindeutschung" von Kindern so systematisch betrieben wie im Reichsgau Wartheland. Auch in Oberschlesien (Śląsk) und im Gau Danzig-Westpreußen begann man mit Vorkehrungen zur „Eindeutschung" von Jungen und Mädchen,[311] jedoch mit dem beträchtlichen Unterschied, dass als Koordinationsstelle die „Nationalsozialistische Volkswohlfahrt" (NSV) fungierte. Die NSV hatte nach der deutschen Machtergreifung Fürsorgeanstalten übernommen, zahlreiche Heime, Kindergärten und Beratungsstellen errichtet und sich dadurch eine enorme Vormachtstellung in der Wohlfahrtspflege geschaffen.[312] Die NSV-Institutionen im Gau

---

309 Vgl. ebda.
310 Vgl. § 1666 des BGB. In: Bessau, Bürgerliche Gesetzbuch, S. 398.
311 Vgl. Übersicht über den Tätigkeitsbereich der Abteilung C 2 (Wiedereindeutschung), Stand: 25.9.1942. ZfA, Fall VIII, ADB 4 C, NO-1600, S. 10.
312 Vgl. dazu Hans Buchheim, Die Dienststellen und Organisationen des Dritten Reiches. Die Übernahme

Danzig-Westpreußen wurden in einem zeitgenössischen Artikel auch als „wertvolle Ein-deutschungsinstrumente im Rahmen der Volkstumspolitik"[313] bezeichnet, der SS-Verein „Lebensborn" spielte in diesem Reichsgau eine eher untergeordnete Rolle.[314]

Die Waisen- und Pflegekinder wurden in Oberschlesien zumeist geschlossen „einge-deutscht", indem sie unter die Obhut der NSV und ihrer Heime kamen. Nach der „ras-sischen" Musterung vonseiten des RuS-Führers wurden „eindeutschungsfähige" Jungen und Mädchen gemeinsam mit reichs- und „volksdeutschen" Kindern in den Anstalten der NSV untergebracht.[315] Die Kinder wurden dort im Sinne der nationalsozialistischen Ideologie erzogen, die Verwendung der polnischen Sprache war verboten. Nach dem Aufenthalt in den NSV-Heimen waren die „eindeutschungsfähigen" Kinder „sprachlich und kulturell vollkommen im Deutschtum aufgegangen"[316] und konnten in „Pflichtlehr-stellen" im „Altreich" vermittelt werden.[317]

Daneben befand sich in Grodków eine „Landes-Erziehungsanstalt", in der durch-schnittlich rund sechshundert Jungen im Alter von acht bis neunzehn Jahren unter-gebracht waren. Die Eltern der Insassen waren großteils verhaftet oder in Konzent-rationslager deportiert worden oder hatten es abgelehnt, die Deutsche Volksliste zu unterzeichnen. Die Verwendung der deutschen Sprache war in der Erziehungsanstalt verpflichtend, bei Missachtung drohten schwere körperliche Misshandlungen. Neben dem täglichen drei- bis vierstündigen Unterricht wurden die Zöglinge zu diversen anfal-lenden Arbeiten eingeteilt. Die primäre Aufgabe der Anstalt in Grodków war es, die pol-nischen Jungen erfolgreich „einzudeutschen" und sie mit achtzehn Jahren der deutschen Wehrmacht einzugliedern.[318]

---

staatlicher Fürsorgeaufgaben durch die NSV. In: Gutachten des Instituts für Zeitgeschichte, Bd. 2 (Stuttgart, 1966), S. 126–132.

313   Helmut Schaeffer, Tatsachen geben uns recht. NSV-Einrichtungen – wertvolle Eindeutschungsinstru-mente im Rahmen der Volkstumspolitik des Gaues Danzig Westpreußen. In: NS-Volksdienst, H. 10 (1943), S. 29–32.

314   Der Verein war angeblich in die ersten „Eindeutschungsversuche" in Danzig-Westpreussen involviert – in Bydgoszcz (Bromberg) soll bereits 1939 mit der „Eindeutschung" von Kindern begonnen worden sein. Die dortige „Lebensborn"-Abteilung vermittelte polnische Kinder in das „Lebensborn"-Heim „Pom-mern" in Bad Polzin. Vgl. Eidesstattliche Erklärung von Inge Viermetz. ZfA, Fall VIII, ADB 2 C, NO-4703, S. 1.

315   Vgl. Lilienthal, Lebensborn (2003), S. 198.

316   Schreiben von SS-Obersturmbannführer Dr. Arlt an den RuS-Führer im SS-Oberabschnitt Süd-Ost, SS Standartenführer Scholz, vom 28.4.1943. ZfA, Fall VIII, ADB 8 B, NO-2677.

317   Vgl. ebda.

318   Vgl. Hrabar, Tokarz, Wilczur, Kinder, S. 168 f.

Auch im „Generalgouvernement" wurden zum Zweck der „Eindeutschung" „rassische" Examina an polnischen Waisenkindern durchgeführt.[319] In dem besetzten zentralpolnischen Gebiet war es Aufgabe der NSV die „in ihrem Volkstum gefährdeten Kinder"[320] in ihren eigenen Anstalten unterzubringen. Insbesondere plante man, Jungen und Mädchen aus „Mischehen", die einen „50 % Bluteinschlag"[321] aufwiesen, „rassisch" und gesundheitlich zu untersuchen und bei Eignung in NSV-Heimen „im deutschen Sinne"[322] zu erziehen.[323]

Die umfangreichste „Eindeutschungsaktion" im „Generalgouvernement" wurde jedoch im Zuge der planmäßigen Aussiedlungen im Raum Zamosc (Zamość) ausgeführt – die NSV spielte hierbei keine federführende Rolle. Am 12. November 1942 erteilte Himmler den Befehl, das Gebiet um Zamosc im Distrikt Lublin in ein rein „deutsches Siedlungsgebiet" umzuwandeln und somit das erste deutsche Kolonisationsgebiet im „Generalgouvernement" zu schaffen.[324] Bis Sommer 1943 sollten die Stadt sowie der Umkreis von Zamosc deutsch besiedelt sein.[325]

Die groß angelegte „Aktion" begann in der Nacht vom 27. auf 28. November 1942. Ordnungspolizei, Schutzstaffel sowie Luftwaffen- und Wehrmachtstruppen aus dem Umkreis Zamosc und Biłgoraj umstellten die Dörfer und siedelten unter der Leitung

---

319 Vgl. Beglaubigte offizielle Niederschrift des Verhörs von Dr. Josef Rembacz. ZfA, Fall VIII, ADB 7, NO-5266, S. 2a.

320 Erlass der Regierung des Generalgouvernements an Distriktchefs sowie Kreis- und Stadthauptleute vom 25. August 1941. BA Berlin, NS 37/1005.

321 Schreiben Heinrich Teitges, Leiter der Hauptabteilung Gesundheitswesen in der Regierung des Generalgouvernements, an Helmut Poppendick, leitender Arzt im RuSHA, vom 29.4.1943. BA Berlin, NS 19/149, Bl. 13. Schriftverkehr auch als Nürnberger Dokument, IfZG, NO-3269 vorhanden.

322 Ebda.

323 Vgl. ebda.

324 Die „Aktion" wird von deutschen Historikern wie Werner Röhr und Bruno Wasser als erste und praktisch einzige Maßnahme der Nationalsozialisten zur Verwirklichung des „Generalplans Ost (GPO)" angesehen. Vgl. Röhr, Europa, S. 64 sowie Bruno Wasser, Die „Germanisierung" im Distrikt Lublin als Generalprobe und erste Realisierungsphase des „Generalplan Ost". In: Mechtild Rössler, Sabine Schleiermacher (Hg.), Der „Generalplan Ost". Hauptlinien der nationalsozialistischen Planungs- und Vernichtungspolitik (Berlin, 1993), S. 273. Der GPO sollte in fünf Fünfjahresabschnitten realisiert werden, Voraussetzung für eine erfolgreiche Durchführung waren das neue „Bodenrecht" der SS im Osten sowie die „Belehnung" deutscher Siedler mit neuen Gebieten im Osten. Die „Eindeutschung" sollte durch einen radikalen Bevölkerungstransfer realisiert werden: 31 Millionen „Fremdvölkische" sollten vertrieben werden, die verbleibende autochthone Bevölkerung sollte von den „neuen" germanischen Siedlern beherrscht werden.

325 Vgl. Allgemeine Anordnung Nr. 17 des RFSS vom 12.11.1942. Zit. nach Wasser, „Germanisierung", S. 272. Vgl. weiters zum GPO: Helmut Heiber, Der Generalplan Ost. In: Vierteljahreshefte für Zeitgeschichte, H. 6 (1958), S. 281–324.

der UWZ Litzmannstadt die Bewohner aus.[326] Primäres Ziel war es, die gesamten Dörfer „restlos"[327] zu räumen:

> „Es wurde an Fenstern und Türen getrommelt. Deutsches Stimmengewirr zeigte, dass wir umzingelt waren und dass es keine Rettung für uns gab. Obwohl ich ein Kind war, kam mir in diesem Augenblick das Ausmaß der Gefahr und des Unglücks zum Bewusstsein. (…) Sie drängten uns gleich aus der Wohnung, ohne auf das Weinen der Kinder und die Bitten der Eltern Rücksicht zu nehmen."[328]

Die erste Phase der Aussiedlungsaktion umfasste sechzig Dörfer mit 9.771 Einwohnern und dauerte drei Wochen an. Ein Großteil der autochthonen Bevölkerung war bereits vor der zwangsweisen Vertreibung geflüchtet, daher konnten nur etwa 29 Prozent der einheimischen Bevölkerung erfasst werden.[329] Die Bewohner wurden in der Nacht aus ihren Häusern in ein Sammellager verschleppt, nach ihrem „rassischen Potential" bewertet und aufgrund der Untersuchungsergebnisse an unterschiedliche Bestimmungsorte geschickt.[330] Personen der RuS-Wertungsgruppen I und II wurden in das „Altreich" transportiert, Angehörige der RuS-Kategorie IV wurden nach Auschwitz-Birkenau überstellt. Arbeitseinsatzunfähige aus der Gruppe III, sämtliche Kinder bis zum vierzehnten Lebensjahr aus den RuS-Kategorien III und IV sowie Personen über sechzig Jahre wurden mit Sondertransporten in sogenannte „Rentendörfer"[331] gebracht.[332]

---

326 Vgl. Röhr, Europa, S. 64.

327 Jahresabschlussbericht der UWZ Litzmannstadt vom 31.12.1942 über die erste Phase der Massenaussiedlungen. Zit. nach Röhr, Europa, S. 238.

328 Stanisława Teresa Syksa; zum Zeitpunkt der Aussiedlung aus seinem Heimatort war das Mädchen zehn Jahre alt. Zit. nach Hrabar, Tokarz, Wilczur, Kinder, S. 89 f.

329 Vgl. Jahresabschlussbericht der UWZ Litzmannstadt vom 31.12.1942. Zit. nach Röhr, Europa, S. 238.

330 Vgl. dazu Einsatzbefehl Nr. 16 von Hermann Krumey über die Aussiedlung der Bewohner von Krzywy Stock, Komarow Wies, Komarow-Gorny-Dolny, Wolica-Brzozwa. Zit. nach Röhr, Europa, S. 236 f.

331 Die „Rentendörfer" waren Durchgangsstationen zu den Vernichtungslagern. Bei den Dörfern handelte es sich um verlassene Wohngebiete, die vor ihrer Verschleppung von Juden bewohnt worden waren. „Rentendörfer" wurden in den Distrikten Warschau und Radom errichtet, das Verlassen sowie das Betreten derartiger Dörfer wurde rigoros bestraft. Bis Jahresende 1942, die Aussiedlungsaktion um Zamosc war erst rund 4 Wochen im Gange, waren bereits mehr als 2.200 Menschen in „Rentendörfer" überführt worden. Vgl. Jahresabschlussbericht der UWZ Litzmannstadt vom 31.12.942. Zit. nach Röhr, Europa, S. 239.

332 Vgl. Arbeitsanweisung von Hermann Krumey, Leiter der Umwandererzentralstelle, vom 21.11.1942. Zit. nach Czesław Madajczyk, Vom Generalplan Ost zum Generalsiedlungsplan. Dokumente (München, London, Paris, 1994), S. 493.

Anfang 1943 waren bereits 297 Dörfer von 691 Dörfern im Kreis Zamosc für deutsche Siedler geräumt worden.[333] Im Frühjahr 1943 wurde die Aussiedlungsaktion angesichts der Massenflucht und des zunehmenden Widerstandes der Bevölkerung unterbrochen. Von Juni bis August 1943 wurde die zweite Phase der „Aktion" durchgeführt, Hauptziel war die Vernichtung operierender Partisanentruppen. Im Zuge dessen wurden zahlreiche Dörfer niedergebrannt und die einheimische Bevölkerung ins Konzentrationslager Majdanek überführt. Kriegsbedingte Schwierigkeiten wie die sowjetische Sommeroffensive, Partisanenbewegungen sowie der akute Mangel an Polizeitruppen zwangen zum endgültigen Abbruch der Aussiedlungen im Raum Zamosc. In Summe wurden rund 100.000 Polen im Rahmen dieser „Aktion" ausgesiedelt.[334]

Die Kinder von Zamosc wurden unter Gewaltanwendung von ihren Eltern getrennt. Eine Ausnahme bestand bei Müttern mit Kindern bis zu sechs Monaten – Mutter und Kleinkind wurden gemeinsam in die „Rentendörfer" transportiert.[335] Kinder, die älter als ein halbes Jahr waren, jedoch noch nicht alt genug, um mit den Großeltern in die „Rentendörfer" deportiert zu werden, wurden in Kinderheime unter SS-Verwaltung eingewiesen, die sich vorwiegend im „Altreich" befanden.[336] Nach Czesław Madajczyk wurden mindestens 4.500 Kinder im Alter von zwei bis vierzehn Jahren als „eindeutschungsfähig" erklärt und in das Reich deportiert. In der „neuen Heimat" wurden die polnischen Jungen und Mädchen deutschen Eltern zur Adoption vermittelt.[337]

---

333 Vgl. Harten, De-Kulturation, S. 117.
334 Vgl. Madajczyk, Okkupationspolitik, S. 422–426.
335 Vgl. Arbeitsanweisung Krumey vom 21.11.1942. Zit. nach Madajczyk, Generalplan Ost, S. 494.
336 Vgl. Erich Kuby, Als Polen deutsch war. 1939–1945 (Ismaning bei München, 1986), S. 148.
337 Vgl. Madajczyk, Okkupationspolitik, S. 423 f. sowie Hrabar, Tokraz, Wilczur, Kinder, S. 224.

PILOTPROJEKT „EINDEUTSCHUNG" IM RAUM LITZMANNSTADT

> *„Bei der rassischen Beurteilung von fremdvölkischen Pflegekindern stelle ich mir stets die grundsätzliche Frage: Bedeutet das jeweilige Kind nach seinem rassischen Erscheinungsbild einen wertvollen Zuwachs für die deutsche Volksgemeinschaft oder nicht."*[338]

Posen und Litzmannstadt gelten als zentrale „Schaltstellen" der „Eindeutschungsaktion" im Warthegau. In den beiden Großstädten wurden Kinder in den Waisenhäusern für das „Eindeutschungsverfahren" systematisch überprüft. In Litzmannstadt, der zweitgrößten Stadt Polens, wurden bereits vor den einheitlichen Durchführungsbestimmungen diverse „Vorbereitungsarbeiten" für die gezielte „Eindeutschung" von polnischen Kindern durchgeführt.

Die Stadt war am 8. September 1939 von der deutschen Wehrmacht besetzt worden. Zu dieser Zeit lebten rund 660.000 Menschen in Litzmannstadt – rund 55 Prozent davon waren Polen, 35 Prozent deklarierten sich als Juden oder Ausländer, zehn Prozent waren „volksdeutscher Abstammung". Litzmannstadt wies nach einer zeitgenössischen Quelle somit den höchsten Anteil deutscher Einwohner in ganz Mittelpolen auf.[339] Die Stadt galt als Zentrum deutscher Kultur und beheimatete zahlreiche deutsche Vereine, die bereits vor Hitlers Einmarsch nationalsozialistisch eingestellt gewesen waren.[340] Unmittelbar nach dem Einmarsch wurde der polnische Name „Lódž" in „Lodsch" eingedeutscht. Der neuen Stadtverwaltung klang die Bezeichnung „Lodsch" jedoch immer noch zu slawisch. Eine Volksbefragung wurde abgehalten und man einigte sich auf den neuen Namen „Litzmannstadt" – zu Ehren des deutschen Generals Litzmann, der bereits im Ersten Weltkrieg entscheidende Siege gegen Polen errungen hatte und Vorkämpfer der nationalsozialistischen Idee gewesen war. Am 12. April 1940 wurde die Stadt daher in „Litzmannstadt" umbenannt.[341]

---

338 Herbert Grohmann, Leiter der Abteilung für Erb- und Rassenpflege im Gesundheitsamt Litzmannstadt, in einem Schreiben vom 3.7.1941. AP Łódź, Bestand Stadtverwaltung Litzmannstadt, Gesundheitsamt, Untersuchungen an Kindern zum Zwecke der „Eindeutschung" (Badania dzieci dla celow germanizacy), Mikrofilm L-15061, Sign. 31867 und Sign. 31868, Bl. 82.

339 Vgl. „Bericht der Sicherheitspolizei SD-Führer Lodsch, B. Nr. 150/39, He/J. vom 16.11.39, an Befehlshaber der Sicherheitspolizei SS-Standartenführer Damzog, Stand vom 1.9.39." IPN, Warschau. Zit. nach Gerda Zorn, Nach Ostland geht unser Ritt. Deutsche Eroberungspolitik zwischen Germanisierung und Völkermord (Bonn, Berlin, 1980), S. 53.

340 Vgl. Zorn, Ostland, S. 53.

341 Vgl. ebda., S. 55 sowie Fußnote Nr. 7 auf S. 175.

Die zentrale Lage von Litzmannstadt stellte einen idealen Verkehrsknotenpunkt dar – die Stadt in Mittelpolen galt als Schaltstelle der planmäßigen Vertreibung von jüdischen Menschen. Mit der Schaffung von Zweigstellen der Umwandererzentralstelle, der Einwandererzentralstelle (EWZ) und des RuSHA entwickelte sich Litzmannstadt zum Zentrum der An- und Umsiedlungsarbeit des „Großdeutschen Reiches". Auch die wirtschaftlichen und industriellen Ressourcen des führenden Textilzentrums Polens wurden dem Deutschen Reich „einverleibt", jüdische Besitzer aus ihren Betrieben vertrieben und die polnische Bevölkerung zur Zwangsarbeit in den regionalen Fabriken genötigt.[342]

Auch die gesamte polnische Wohlfahrtspflege war in den deutschen Verwaltungsapparat übergegangen, polnische Dienststellen waren beseitigt worden, polnische Beamte mussten ihren Dienst quittieren.[343] Aufgabe der deutschen Fürsorgeverwaltung war es, sich in erster Linie um die deutschen Kinder in den ehemals polnischen Heimen zu kümmern. Die deutsche Fürsorge hatte bei ihrem Amtsantritt in den fünfzehn Litzmannstädter Heimen 1.131 Kinder vorgefunden, davon waren allerdings nur 105 Kinder deutscher Abstammung. Die neuen Amtsträger waren über dieses Resultat bitter enttäuscht, man hatte mit einer weitaus höheren Anzahl von deutschen Kindern gerechnet.[344] Primäres Ziel war es nun, die deutschen Jungen und Mädchen von den polnischen Kindern zu separieren und ihnen eine einheitliche Erziehung in einem eigenen Heim zu gewähren. Aus diesem Grund wurden zwei Anstalten, das Heim in der Mark-Meißenstraße 66 (ul. Przędzalniana) sowie das Heim in der Zobtenstraße 12 (ul. Lokatorska) beschlagnahmt und dementsprechend für deutsche Kinder eingerichtet. Polnische Kinder wurden in die Anstalten in der Erhard Patzer Straße 75 (ul. Radwanska 75, ul. Brzeznej 3) sowie in der Albrecht-Thaerstraße 51 (ul. Karolewska 51) überführt.[345] Von einer möglichen „Eindeutschung" von polnischen Kindern war zu jenem Zeitpunkt noch nicht die Rede, wesentliches Ziel war die Trennung der polnischen und deutschen Kinder.

Bereits im Herbst 1940 hatte man in Litzmannstadt gezielt mit den „rassenbiologischen" Überprüfungen von polnischen Pflegekindern begonnen. Dr. Herbert Grohmann,[346] Leiter der Abteilung „Erb- und Rassenpflege" des hiesigen Gesundheits-

---

342 Vgl. ebda., S. 56–64.

343 Vgl. Eidesstattliche Erklärung von Leokadia Szymanska. ZfA, Fall VIII, ADB 7, NO-5254, S. 1.

344 Vgl. Schreiben des Volkspflegeamtes, Stadtverwaltung Litzmannstadt, vom 22.9.1943. AP Łódź, Sign. 31700, Bl. 147 sowie Bl. 156.

345 Vgl. ebda., Bl. 147 f. Im Staatsarchiv in Łódź liegen zahlreiche Bestände zu den einzelnen Heimen auf, deren Inhalt großteils Bestandsaufnahmen des jeweiligen Heimes darstellen. Daneben finden sich Schriftverkehre zwischen den einzelnen Anstalten, Wirtschaftsberichte und Kostenabrechnungen. Vgl. AP Łódź, Sign. 31674, Sign. 31675, Sign. 31696 bis Sign. 31702 sowie Sign. 31711 bis Sign. 31714, Sign. 31717 und Sign. 31719.

346 Dr. Herbert Grohmann, SS-Sturmbannführer, geboren am 13. September 1908 in Breslau, war seit 1931

amtes, hatte zum damaligen Zeitpunkt eigenmächtig begonnen, sämtliche Kinder in Waisenhäusern und Pflegestellen im Sinne einer „Grobauslese" „rassisch" zu überprüfen.[347] Die Stadtverwaltung Litzmannstadt unterstützte Grohmann in all seinen Aktivitäten. Die ersten „rassenbiologischen" Examina an Pflegekindern hatte der Mediziner bereits im Frühjahr 1940 durchgeführt, die Kinder konnten jedoch wieder in ihre gewohnte Umgebung zurückkehren.[348]

Grohmann vertrat den Standpunkt, dass „rassisch wertvolle" Kinder ausnahmslos in deutsche Familienpflege gehören sollten.[349] Infolgedessen war es nun Aufgabe des Arztes, die Litzmannstädter Pflegekinder „rassisch" auszuwerten. Die betroffenen Kinder wurden zu einer „ärztlichen Untersuchung" vorgeladen, das eigentliche Motiv wurde weder den Kindern noch den Pflegestellen bekannt gegeben. Die Examina fanden im Gesundheitsamt oder in den Kinderheimen statt. Im Herbst 1940 mussten sich beispielsweise rund 500 Jungen und Mädchen innerhalb dreier Tage einer „rassischen" Überprüfung unterziehen.[350] „Rassisch wertvoll" deklarierte Kinder wurden daraufhin in die Erziehungsanstalt in der Friedrich Gosslerstraße 36 (ul. Kopernika 36) gebracht, von wo sie nach einigen Tagen Aufenthalt in ein deutsches Kinderheim auswärts von Litzmannstadt gebracht wurden. In dieser Anstalt wurden die Kinder in der deutschen Sprache unterrichtet, Lesen und Rechnen stand auf dem „Erziehungsplan" – daneben mussten sich die

---

Mitglied der NSDAP, und wurde 1936 zum Leiter der Abteilung „Erbkartei" im SS-Amt für Bevölkerungsstatistik erklärt. 1937 Wechsel ins „Rasse- und Siedlunghauptamt", 1938/39 Assistent am Kaiser Wilhelm Institut für Anthropologie sowie ehrenamtliche Bearbeitung von Heiratsanträgen beim RuSHA. Seit September 1939 Medizinalrat, Abteilungsleiter für „Erb- und Rassenpflege" am Gesundheitsamt Litzmannstadt und Mitarbeiter in Himmlers Sicherheitsdienst (SD). Ab 1941 Obermedizinalrat. Laut polnischen Berichten war Grohmann auch an der Selektion von Patienten der Anstalt Kochanowka (Litzmannstadt) beteiligt. Vgl. Ernst Klee, Das Personenlexikon zum Dritten Reich. Wer war was vor und nach 1945 (Frankfurt am Main, 2003), S. 72. Im Oktober 1941 legte Grohmann dem Reichsstatthalter des Warthegaus seine Denkschrift „Zur Schwächung der biologischen Kraft des polnischen Volkes im Wartheland" vor, in der er den Bevölkerungszuwachs der Polen durch spezifische Maßnahmen wie die Festlegung von Heiratsaltersgrenzen regulieren wollte. Weiters müsste die Nachkommenschaft der „Primitivschichten", wie Grohmann es formulierte, durch „Ausmerzemaßnahmen" verhindert werden. Vgl. Czesław Łuczak, Położenie ludności Polskiej w tzw. Kraju Warty w okresie Hitlerowskiej Okupacij (=Documenta occupationis XIII, Poznan, 1990) S. 29.

347 Vgl. Verwaltungsbericht der Abteilung Erb- und Rassenpflege von September 1939 bis 30. September 1941. BA Berlin, NS 48/29, Bl. 163 f.

348 Vgl. Fragebogen, Bolesław Olczak, S. 1 f. sowie Eidesstattliche Erklärung von Jan Sulisz. ZfA, Fall VIII, ADB 7, NO-5251, S. 1.

349 Vgl. Schreiben Grohmanns an das Jugendamt am 13.1.1941. AP Łódź, L-15069, Bl. 47.

350 Vgl. Verzeichnis der zur ärztlichen Untersuchung am 24.10.1940, 25.10.1940 und 28.10.1940 vorgeladenen Pflegekinder. AP Łódź, Städtisches Jugendamt Litzmannstadt (1940), Sign. 31667.

Kinder weiteren Untersuchungen unterziehen.[351] „Geeignete" Kinder wurden daraufhin in deutsche Pflegestellen vermittelt.[352]

Die Posener Dienststellen der Reichsstatthalterei waren allerdings über dieses eigenmächtige Vorgehen bestürzt. Regierungsrat Dr. Karl-Albert Coulon, „Volkstumsreferent" im Amt des Reichsstatthalters in Posen, wandte sich vehement gegen die eigenwilligen Maßnahmen der Litzmannstädter Stadtverwaltung. Coulon bestand darauf, die Überführungen dieser Kinder einzustellen und die Entscheidung des Reichsführers-SS abzuwarten. Man einigte sich auf einen Kompromiss: Die bereits zur „Eindeutschung" vorbereiteten Kinder blieben vorerst in dem deutschen Kinderheim – eine Vermittlung an deutsche Pflegefamilien fand allerdings nicht mehr statt.[353]

Die Einwände der Posener Behörden berührten Dr. Grohmann jedoch nicht wirklich. Der Leiter der Abteilung „Erb- und Rassenpflege" ließ sich von seinen „rassenbiologischen" Untersuchungen an Pflegekindern nicht abhalten. Aufgrund der Ergebnisse der „rassischen Musterungen" wurden die Kinder von Grohmann in vier Kategorien geteilt und namentlich in vier Listen verzeichnet: Liste „a" beinhaltete jene Kinder, die als „rassisch wertvoll" anzusehen und in deutschen Familien unterzubringen waren, in Liste „b" waren Jungen und Mädchen zusammengefasst, die nach dem Musterungsergebnis als „rassisch brauchbar" bezeichnet wurden und deren Einweisung in deutsche Familienpflege an zweiter Stelle in Betracht kam. In Liste „c" gab es eine Aufstellung der Kinder, die aufgrund ihres Erscheinungsbildes als „judenverdächtig" anzusehen waren.[354] Derartige Kinder wurden umgehend in das jüdische Ghetto eingewiesen.[355] Liste „d" verzeichnete Jungen und Mädchen, die „rassisch" oder „erbbiologisch" für die deutsche Familienpflege als „nicht geeignet" befunden wurden.[356] Befanden sich dessen ungeachtet derartige Kinder bei deutschen Pflegestellen, mussten die Pflegekinder „ausgetauscht" werden – die Kinder wurden einer polnischen

351 Vgl. Eidesstattliche Erklärung von Wanda Dobiecka. ZfA, Fall VIII, ADB 7, NO-5255, S. 1 sowie Eidesstattliche Erklärung von Jan Sulisz. ZfA, Fall VIII, ADB 7, NO-5251, S. 1.

352 Vgl. Niederschrift über die Besprechung über vorläufige Handhabung der öffentlichen Jugendwohlfahrt im Reichsgau Wartheland am 6.9.1940. In: Łuczak, Położenie, S. 172 sowie Schreiben des Oberbürgermeisters Litzmannstadt an Coulon, Leiter des Gauvolkstumsamtes beim Reichsstatthalter Posen vom 11.6.1941. In: Łuczak, Położenie, S. 174.

353 Vgl. Niederschrift über die Besprechung über vorläufige Handhabung der öffentlichen Jugendwohlfahrt im Reichsgau Wartheland am 6.9.1940. In: Łuczak, Położenie, S. 172 f.

354 Vgl. Namentliches Verzeichnis einer „rassischen" Musterung von 448 untersuchten Kindern vom 13.1.1941. AP Łódź, L-15069, Bl. 46–53.

355 Vgl. Lagebericht vom 1.9.–30.11.1941. IPN, OKBZN w Łódźi, 177/29, Bl. 14.

356 Vgl. Namentliches Verzeichnis einer „rassischen" Musterung von 448 untersuchten Kindern vom 13.1.1941. AP Łódź, L-15069, Bl. 46 und Bl. 54.

Pflegestelle übergeben.[357] Das Resultat der „rassenbiologischen" Untersuchungen war aus nationalsozialistischer Sicht erschreckend: Anhand der Examina wurde vonseiten des Gesundheitsamtes festgestellt, dass „das Kindermaterial, das von den polnischen Behörden in polnische Familienpflege gegeben wurde, in rassischer Hinsicht bedeutend besser war als das in deutscher Familienpflege befindliche".[358] Auf dieses Ergebnis musste sofort reagiert werden: Pflegekinder durften nur mehr nach Beurteilung ihrer „rassischen" Werte an deutsche oder an „fremdvölkische" Pflegestellen vermittelt werden.[359] „Ich bin der Ansicht, dass man in den Fällen, in denen volksdeutsche Pflegeeltern ausgesprochen rassisch minderwertige Kinder haben, diese gegen rassisch wertvolle austauschen soll",[360] betonte Obermedizinalrat Grohmann gegenüber dem Jugendamt. Die Litzmannstädter Stadtverwaltung unterstützte dieses Vorhaben.[361] Auch das lokale Volkspflegeamt erklärte, die hohe Anzahl von polnischen Pflegekindern mit allen möglichen Mitteln „herunterzudrücken".[362]

Polnische Pflegekinder jeden Alters mussten daher von der Abteilung Grohmanns auf ihre „rassische Eignung" untersucht werden. Im Gesundheitsamt wurde eine Zentralkartei angelegt und Grohmann entschied anhand der „rassenbiologischen" Wertigkeit, ob das Kind für eine deutsche oder polnische Pflegestelle „geeignet" war. Die Gutachten wurden an das Jugendamt weitergeleitet, das offenkundig Grohmanns Untersuchungsergebnissen vertraute und nach seinen Gutachten allfällige Entscheidungen fällte.[363] Diese ersten „Vorbereitungsarbeiten" wurde in Litzmannstadt noch immer ohne Zustimmung der Reichsstatthalterei in Posen durchgeführt. Herbert Grohmann galt als energischer Verfechter der „Eindeutschung" von polnischen Jungen und Mädchen. Der Obermedizinalrat dachte dabei auch an weiterführende Maßnahmen – die zwangsweise „Eindeutschung" sollte nicht ausschließlich Kleinkinder umfassen, auch für ältere Kinder sollte eine „Lösung" gefunden werden:

---

357 Vgl. ebda., Bl. 46 f. sowie Brief Grohmanns an das städtische Jugendamt vom 22.2.1941. AP Łódź, L-15069, Bl. 18.

358 Verwaltungsbericht der Abteilung Erb- und Rassenpflege von September 1939 bis September 1941. BA Berlin, NS 48/29, Bl. 163.

359 Vgl. ebda.

360 Brief Grohmanns an das städtische Jugendamt vom 22.2.1941. AP Łódź, L-15069, Bl. 18.

361 Vgl. Schreiben des Oberbürgermeisters Litzmannstadt an Coulon vom 11.6.1941. In: Łuczak, Położenie, S. 174 f.

362 Vgl. Schreiben des Volkspflegeamtes, Stadtverwaltung Litzmannstadt, vom 22.9.1943. AP Łódź, Sign. 31700, Bl. 147 sowie Bl. 156.

363 Vgl. dazu zahlreiche „rassenbiologische" Stellungnahmen von Grohmann im Bestand L-15061. AP Łódź, Stadtverwaltung Litzmannstadt, Gesundheitsamt 1940–1941, L-15061.

„Bezüglich der Unterbringung solcher rassischer wertvollen Kinder, die sich aufgrund ihres Alters nicht mehr für eine Einweisung in Familienpflege eignen, bitte
ich die notwendigen Schritte zu unternehmen, damit diese in einem Sonderheim
untergebracht werden können. Es wäre (…) unzweckmäßig, wenn diese Kinder in
der Zwischenzeit weiter als Polen behandelt werden und durch die Gemeinschaft
mit anderen rassisch minderwertigen Pflegekindern in ihrer Haltung geschädigt
würden.“[364]

Die weitere Zukunft „rassisch wertvoller“ Kinder lag für Grohmann daher nicht
im Warthegau, sondern im „Altreich“. Der Leiter der Abteilung „Erb- und Rassenpflege“ war bereits darüber informiert, dass eine „höhere Stelle“,[365] wie Grohmann es
formulierte, es beabsichtigte, „diese Kinder später in geeigneter Weise im Altreich
unterzubringen“.[366] Die offizielle Regelung der „Aktion“ fehlte zwar noch, doch Himmlers „Sammlungspolitik“ war in den verantwortlichen Dienststellen augenscheinlich
kein Geheimnis. Angesichts der erfolgreich durchgeführten „Bewährungsprobe“ im
Raum Litzmannstadt, die klar und deutlich zeigte, dass ein großes Potential an „eindeutschungsfähigen“ Kindern vorhanden war, stellte die reichseinheitliche Regelung der
„Aktion“ nur mehr eine Frage der Zeit dar.

Die ersten „Eindeutschungsversuche“ in Litzmannstadt deckten jedoch nicht nur
„rassenbiologische“ und „volkstumspolitische“ Interessen ab. Ein zweiter wesentlicher
Faktor für die zwangsweise „Eindeutschung“ hatte sich aus dem permanenten Mangel
an Pflege- bzw. Adoptivkindern heraus entwickelt. Mit der Überführung von polnischen Jungen und Mädchen konnte der ständige Mangel an potentiell geeigneten Adoptivkindern im „Altreich“ „behoben“ werden. Zahlreiche Ehepaare aus dem „Altreich“
kontaktierten verschiedenste Stellen des Warthegaues, um sich um ein Adoptivkind
aus dem Warthegau zu bewerben.[367] In einzelnen Zentralstellen, wie Landesjugendamt
oder Reichsadoptionsstelle, waren Hunderte von Bewerbern vorgemerkt, die jahrelang
– meist ergebnislos – auf die Zuweisung eines Adoptivkindes gewartet hatten.[368] Bereits
im Jahr 1937 gab es die ersten Überlegungen, „gutrassige“ Waisenkinder nach einer „erb-

---

364 Brief Grohmanns an das städtische Jugendamt vom 22.2.1941. AP Łódź, L-15061, Bl. 18.

365 Ebda.

366 Ebda.

367 Vgl. Schreiben des Gaujugendamtes an das Stadtjugendamt Litzmannstadt vom 7.1.1941. AP Łódź,
     L-15074, Bl. 7.

368 Vgl. Schreiben des Stadtamtmannes des Jugendamtes Litzmannstadt vom 29.1.1942. AP Łódź, L-15074,
     Bl. 22.

biologischen" Überprüfung in kinderlosen SS-Familien unterzubringen.[369] Für dieses Programm hatten sich bereits 27 Familien gemeldet,[370] auch Himmler zeigte großes Interesse an der Durchführung[371] – diese Maßnahme wurde allerdings nicht in die Realität umgesetzt.[372]

Um die Jahreswende 1940/1941 häuften sich die Anfragen von Familien aus dem „Altreich". Das Gaujugendamt wehrte jedoch diese Anträge mit den Worten „jeden im Warthegau beheimateten wertvollen deutschen Menschen hier zu halten"[373] kategorisch ab. „Erbgesunde", „wertvolle" deutsche Kinder sollten in erster Linie an geeignete Adoptiveltern aus dem Warthegau vermittelt werden, so der erklärte Standpunkt des Gaujugendamtes.[374] Doch der Mangel an potentiellen Pflegekindern war enorm – aus diesem Grund bat das Gaujugendamt im Frühjahr 1941 das Stadtjugendamt Litzmannstadt um die Bekanntgabe von „adoptionsfähigen" Jungen und Mädchen, die an „volksdeutsche" Pflegestellen vermittelt werden konnten. Großes Interesse bekundete das Gaujugendamt an Kindern von ermordeten „Volksdeutschen", auf weiterführende Informationen über erforderliche Abstammungsverhältnisse der sogenannten „adoptionsfähigen" Kinder wurde allerdings nicht eingegangen.[375] Im Jugendamt Litzmannstadt herrschte aufgrund dieser vagen Beschreibung von „adoptionsfähigen" Jungen und Mädchen Unklarheit. Angesichts der bereits laufenden „rassischen" Musterungen Grohmanns war das Litzmannstädter Jugendamt über die Existenz „rassisch einwandfreier" polnischer Pflegekinder informiert und wollte auch diese Kinder für die Adoptionsvermittlungen „verwerten".[376] Doch in diesem Punkt hielten sich die Posener Dienststellen vorerst be-

---

369 Vgl. Schreiben des RFSS, Persönlicher Stab an das Rasse- und Siedlungshauptamt am 22.5.1937. BA Berlin, NS 2/65, Bl. 104 sowie Schreiben des RuSHA, Sippenamt, an Stabsführung des RuSHA am 26.5.1937. Ebda., Bl. 107.

370 Vgl. Schreiben des Stabsführers des RuSHA an den RFSS, Persönlicher Stab, vom 28.5.1937. BA Berlin, NS 2/65, Bl. 105.

371 Vgl. Schreiben des RFSS, Persönlicher Stab, an das Rasse- und Siedlungshauptamt am 22.5.1937. BA Berlin, NS 2/65, Bl. 104.

372 Vgl. Schreiben des Stabsführers des RuSHA an den RFSS, Persönlicher Stab, vom 28.5.1937. BA Berlin, NS 2/65, Bl 105.

373 Schreiben des Gaujugendamtes an das Stadtjugendamt Litzmannstadt vom 7.1.1941. AP Łódź, L-15074, Bl. 7.

374 Vgl. ebda.

375 Vgl. Schreiben des Gaujugendamtes an das Stadtjugendamt vom 5.3.1941. AP Łódź, L-15069, Bl. 1.

376 Vgl. Schreiben des Stadtjugendamtes an das Gaujugendamt am 28.3.1941. AP Łódź, L-15069, Bl. 3. Währenddessen hatte sich das Jugendamt bereits mit der Oberfürsorgerin in Verbindung gesetzt und sie beauftragt, „sämtliche Kinder aus deutschen Erziehungsheimen, die sich zur Adoption eignen, namhaft zu machen". Vgl. Schreiben des Jugendamtes an Oberfürsorgerin Biebl am 28.3.1941. AP Łódź, L-15069, Bl. 5.

deckt und lehnten es ab, voreilige Entscheidungen zu treffen. Die sogenannte „Rück-
deutschung" von Kindern polnischer Abstammung wurde zum damaligen Zeitpunkt
(Mai 1941) vom Gaujugendamt – noch – nicht unterstützt: Die Angelegenheit musste
zuerst in einer Besprechung detailliert diskutiert werden, so die Posener Dienststelle der
Reichsstatthalterei.[377] Das Gaujugendamt wartete auf eine einheitliche Weisung vonseiten des Reichsführers-SS, welche die „Eindeutschung" von polnischen Kindern als zentrale Maßnahme des Gaues legitimieren sollte. Himmlers Reaktion ließ jedoch nicht
lange auf sich warten: Der Reichsführer-SS überzeugte sich während einer Inspektionsreise von dem vorhandenen Potential an „gutrassigen" Kindern im Warthegau. Er setzte
sich im Juni 1941 mit Reichsstatthalter und Gauleiter Arthur Greiser in Verbindung und
schlug ihm vor, „gutrassige" Kinder aus ihren Familien zu nehmen, ihnen eine deutsche Erziehung zu gewähren und sie an deutsche kinderlose Familien zu vermitteln. Bei
Himmlers Schreiben handelte es sich jedoch nicht um eine einheitliche Weisung, wie es
das Gaujugendamt forderte, das Schriftstück war als eine „Anregung" zu betrachten.[378]
Schon im August 1941 war die Reichsstatthalterei bzw. die Gauselbstverwaltung in das
Verfahren involviert und kümmerte sich um rund dreihundert Jungen und Mädchen,
die bereits als „eindeutschungsfähig" deklariert worden waren.[379] Diese Kinder stammten
mit großer Wahrscheinlichkeit aus Litzmannstädter Waisenhäusern – das anfängliche
„Pilotprojekt" hatte sich bewährt und konnte nun seinen Beitrag zur „Aktion" leisten.

Bis zur „offiziellen" reichseinheitlichen Regelung des „Eindeutschungsverfahrens" dauerte es noch weitere sechs Monate. Als im Dezember 1941 die erste vertrauliche Mitteilung über „Maßnahmen zur Eindeutschung polnischer Waisenkinder"
erschien, reagierte die Stadtverwaltung Litzmannstadt postwendend – die Anzahl der
Kinder mit Namen und Wohnort der Betroffenen wurde der Gauselbstverwaltung
unmittelbar zugesandt.[380] Hierbei handelte es sich um eine namentliche Auflistung
von über tausend Jungen und Mädchen; sie alle waren potentielle Kandidaten für das
„Eindeutschungsverfahren".[381]

---

377 Vgl. Antwortschreiben der Gauselbstverwaltung vom 13.5.1941. AP Łódź, L-15069, Bl. 12.
378 Vgl. Schreiben des RFSS an Reichsstatthalter Greiser vom 18.6.1941. BA Berlin, NS 19/2621, Bl. 4.
      Himmler eröffnete die Mitteilung mit folgendem Satz: „Ich darf die Anregung, die ich kürzlich münd-
      lich gegeben habe, schriftlich wiederholen."
379 Vgl. Schreiben des Stabshauptamtes des RKFDV, Creutz, an den Reichsstatthalter Wartheland, Beauf-
      tragten des RKFDV, vom 12.8.1941. BA Berlin, NS 2/57, Bd. 4/2, Bl. 140.
380 Vgl. Auflistung der in Kinderheimen oder Waisenhäusern erzogenen Jungen und Mädchen vom
      13.12.1941 sowie Liste des Volkspflegeamtes vom 10.1.1942 über die in Familienpflege befindlichen pol-
      nischen Kinder. AP Łódź, L-15069, Bl. 56 sowie Bl. 58–66.
381 Vgl. ebda.

In der Stadt Litzmannstadt war der Grundstein für die „Aktion" gelegt worden, nach der entsprechenden Bewährung führten die Litzmannstädter Maßnahmen zur systematischen „Eindeutschung" und zum gewaltsamen Raub polnischer Jungen und Mädchen.

II. Stationen der „Eindeutschung" aus der Sicht der Kinder

„Niemand hat mir oder meiner Mutter erklärt, was vor sich ging. Man sagte,
dass die Kinder bleiben müssen und sie die Eltern nach dem Krieg zurückbe-
kommen würden."[1]

Die kindliche Gefühlswahrnehmung nimmt Störungen in ihrer gesellschaftlichen Atmo-
sphäre sofort auf. Die polnischen Kinder beobachteten die veränderte Lebensweise und
Angespanntheit ihrer Eltern und Bekannten und mussten alsbald erkennen, dass sie den
deutschen Okkupanten und ihrer Ideologie schutzlos ausgeliefert waren.

Die „Eindeutschung" implizierte ein rigoroses Auswahlverfahren. Die polnischen
Jungen und Mädchen mussten mehrere Stufen durchlaufen, bis sie endgültig für den
„Einsatz"[2] ausgewählt wurden. Die Kinder mussten zahlreiche Untersuchungen über sich
ergehen lassen, wurden gewaltsam von den Angehörigen getrennt und letztendlich in Anstalten deportiert, in denen sie unter Zwang mit diversen „Eindeutschungsmaßnahmen"
konfrontiert wurden. Die Vermittlung an Pflegestellen stellte den „krönenden Abschluss"
der „Aktion" dar. Mit Angst und Unsicherheit wurden die Betroffenen gefügig gemacht:

> „Später habe ich gesehen, es hat keinen Zweck um etwas zu kämpfen, ich habe
> überhaupt kein Recht, um was zu bitten, um was zu fragen. (…) Wenn du einmal
> das Gefühl erfahren hast, du kannst die ganze Nacht nicht schlafen und niemand
> wird dich fragen, ob du Hunger hast oder ob dir was weh tut… dann versteht das
> Kind, dass da alles umsonst ist."[3]

Eine einheitliche Geschichte von „eindeutschungsfähigen" polnischen Jungen und Mädchen gibt es nicht: Zwar mussten alle Kinder denselben strengen und menschenunwürdigen Musterungsprozess durchlaufen und fanden sich in denselben Heimen wieder, um
dort mit denselben Erziehungsmethoden degradiert zu werden. Dennoch hat jedes Kind
je nach Alter und je nach persönlichem bisherigen Erfahrungsschatz die einzelnen Sta-

---

1   Alicja Raczyńska auf die Frage, ob sie über den Zweck der „rassischen" Untersuchung oder über das
     darauf folgende Verfahren informiert worden war. Vgl. Fragebogen, Alicja Raczyńska, S. 2.
2   Im Sprachjargon der „Rasseexperten" sprach man von „geeigneten" bzw. „nicht geeigneten" Kindern für
     den sogenannten „Einsatz". Vgl. Schlussberichte von „nicht geeigneten" Jungen und Mädchen aus dem
     Kinderheim Bruckau. AP Łódź, Mikrofilm L-15069, in gedruckter Form Sign. 31794, Bl. 90–99.
3   Interview, Wiesława B., S. 3.

tionen der „Eindeutschung" auf unterschiedliche Art und Weise erlebt. Gemeinsam ist diesen Kindern jedoch der Verlust des vertrauten Umfeldes und das Gefühl der Bedrohung als ständiger Begleiter.

EINMARSCH DEUTSCHER TRUPPEN

„Es war schrecklich für uns, dass sie unser Land angegriffen haben. Wir hatten Angst um unsere Zukunft."[4]

Im September 1939 marschierten deutsche Truppen in Polen ein. In den verschiedenen Ortschaften Polens wurden Hakenkreuzfahnen an Häusern und Fenstern gehisst, als neue Amtssprache wurde deutsch eingeführt und deutsche Soldaten bevölkerten die Straßen. Nicht nur das Stadtbild spiegelte die Fremdherrschaft wider, auch der Alltag der polnischen Bevölkerung wurde durch die neuen Machthaber und ihre neuen Direktiven immanent beeinflusst.

Der Einmarsch der deutschen Wehrmacht wurde von polnischen Kindern auf verschiedene Weise erlebt: Der damals siebenjährige Leon Twardecki erinnerte sich an die Panik, die sich in seinem Heimatort Rogoznó breitmachte, Nachbarn, die verstört aus ihren Häusern flohen und alles zurückließen, um nicht auf deutsche Soldaten zu treffen.[5] In Janusz Bukorzyckis Nachbarschaft hingegen lebten „Volksdeutsche", die die deutsche Okkupation freudig begrüßten. Der Junge, zum damaligen Zeitpunkt erst sechs Jahre alt, spürte, dass mit dem Einzug deutscher Soldaten Gefahr drohte: „Wir als Kinder waren dagegen",[6] betont Bukorzycki heute. Er und seine Freunde waren über den Einmarsch „überrascht".[7] Die Kinder versuchten auf ihre Weise Widerstand zu leisten: „Die Reaktion war die, dass wir den Deutschen mit Steinen die Scheiben eingeschlagen haben",[8] so der Zeitzeuge. Für Bolesław Olczaks waren die ersten Septembertage des Jahre 1939 mit einer beängstigenden Stille erfüllt, es waren kaum Menschen auf den Straßen:[9] „Nie vergesse ich die Ruhe, die kurz vor dem Einmarsch herrschte",[10] so

---

4 Fragebogen, Bolesław Olczak, S. 1.
5 Vgl. Fragebogen, Leon Twardecki, S. 1.
6 Fragebogen, Janusz Bukorzycki, S. 1.
7 Ebda.
8 Ebda.
9 Vgl. Fragebogen, Bolesław Olczak, S. 1.
10 Olczak Bolesław, Wspomnienia z dziecięcych lat. In: Z kart historii, polskich janczarów XX wieku. Hg. v. Zrzeszenie Dzieci Polskich Germanizowanych przez reżim hitlerowski (Łódź, 2000), S. 59.

Olczak, der als Neunjähriger die deutsche Okkupation miterlebte. Für Henryk Wojciechowski wurde der Einmarsch der deutschen Wehrmacht von einem unvergesslichen Lärm begleitet: Das Heulen der Sirenen und die schnelle Evakuierung der Panzer-Artillerie aus Pleszew beunruhigten den damals siebenjährigen Jungen enorm: „Ein Gefühl der Bedrohung, das allgemein spürbar war",[11] resümiert Wojciechowski. Krystyna Lesiecka erinnert sich vor allem an die Bombardierungen ihrer Heimatstadt Łódź und die lautstarken „Sieg-Heil"-Parolen der deutschen Truppen während des Einzuges.[12] Die gesamte Familie war über die neue politische Situation bestürzt,[13] sogar das jüngste Familienmitglied, die vierjährige Schwester Janina, spürte die Angespanntheit der Familie: „Aber mir war noch nicht klar, dass das jetzt Krieg bedeutete",[14] so die Frau heute. Wiesław Kuligowskis erster Kontakt mit einem deutschen Soldaten grub sich tief in sein Gedächtnis ein. Die Worte, die der ausländische Soldat an den Jungen richtete, prognostizierten bereits das zukünftige Schicksal des jungen Polen: „Ich war fünf Jahre und drei Monate alt. Nie werde ich vergessen, wie ein deutscher Soldat auf mich zugekommen ist und zu mir auf Deutsch gesagt hat: ‚Du wirst ein guter deutscher Soldat werden!'"[15] Die formlose Bemerkung des Soldaten bewahrheitete sich Jahre später: Wiesław wurde als „eindeutschungsfähig" erklärt und an eine Familie nach Salzburg vermittelt, die ihn zu einem „wahren deutschen" Jungen erziehen wollte.[16]

Die weitreichenden Folgen der deutschen Besatzung waren mit hoher Wahrscheinlichkeit nicht nur für Kinder, wie Janina oder Wiesław, unabsehbar. Für die polnische Bevölkerung war die Fremdherrschaft ein Zustand, der von Angst und Terror begleitet wurde – inwieweit die Okkupation in das persönliche Leben eingreifen würde, konnte zum damaligen Zeitpunkt mit Sicherheit niemand wirklich erahnen. Auch das „Eindeutschungsverfahren", das im Raum Litzmannstadt erstmals realisiert wurde, spielte mit der Unwissenheit der betroffenen Personen. Die Opfer wurden weder in Ablauf noch Umfang der „Aktion" eingeweiht, weder Kinder noch Angehörige wussten über den Zweck der „rassischen" Selektionen Bescheid. Die gesetzliche Verordnungsgrundlage des Verfahrens basierte auf Weisungen und Anordnungen, die in keinem Gesetzblatt publik gemacht wurden, vereinzelt waren Schreiben mit dem ausdrücklichen Hinweis, sie ge-

---

11 Fragebogen, Henryk Wojciechowski, S. 1.

12 Vgl. Fragebogen, Krystyna Lesiecka, S. 1.

13 Vgl. Fragebogen, Krystyna Lesiecka, S. K. (anonym), Janina Madejczyk, alle S. 1.

14 Vgl. Fragebogen, Janina Madejczyk, S. 1.

15 Fragebogen, Wiesław Kuligowski, S. 1.

16 Vgl. Fragebogen, Wiesław Kuligowski sowie Bericht desselben, Wspomnienia z lat germanizacji 1942–45. In: Z kart historii, polskich janczarów XX wieku. Hg. v. Zrzeszenie Dzieci Polskich Germanizowanych przez reżim hitlerowski (Łódź, 2000), S. 43–53.

heim zu behandeln, vermerkt. Erster wesentlicher Schritt in Richtung „Eindeutschung"
war die „rassische" Untersuchung der Jungen und Mädchen – die Examina wurden entsprechend der nationalsozialistischen Linie als „Gesundheitsuntersuchungen" getarnt,[17]
die Betroffenen sollten keinen Verdacht schöpfen und unter keinen Umständen über den
wahren Zweck der Untersuchung informiert werden.

„RASSISCHE" EXAMINA UND GESUNDHEITLICHE ÜBERPRÜFUNG

> *„Wir mussten in einer Reihe stehen und Dr. Grohmann ging zu jedem ein-
> zelnen und untersuchte ihn genau. Er fragte mich nach meinem Namen und
> ob ich Eltern hätte. Als ich sagte, dass ich keine hätte, lächelte er befriedigt."*[18]

Die „rassenanthropologischen" Selektionen fanden nicht nur in den Außenstellen des
„Rasse- und Siedlungshauptamtes" statt, sondern wurden auch in Kinderheimen, im
städtischen Gesundheitsamt, im Militärspital und in Schulen durchgeführt.[19] In Litzmannstadt beispielsweise wurde der Großteil der Musterungen in den Amtsräumen des
städtischen Gesundheitsamtes abgewickelt, Grohmann selbst unterzeichnete die Vorladung.[20] In anderen Ortschaften wiederum wurde eine zentral gelegene Einrichtung für
die Untersuchungen adaptiert und dementsprechend eingerichtet.[21]

Jungen und Mädchen, die bereits in Kinderheimen lebten, wurden von ihren Erzieherinnen zu den „rassischen" Examina eskortiert.[22] Pflegestellen oder leibliche Eltern
wurden durch eine schriftliche Vorladung oder durch eine Fürsorgebeamtin über die
bevorstehende Untersuchung informiert – infolgedessen begleitete die Mutter, die Pflegemutter oder eine nahe Verwandte das Kind.[23] Die Jungen und Mädchen wurden von

---

17   Vgl. Fragebogen, Jerzy M., S. 1 f.

18   Eidesstattliche Erklärung von Jan Sulisz. ZfA, Fall VIII, ADB 7, NO-5251, S. 1.

19   Vgl. Fragebogen, Bogumiła Hetich, Karol Boczek, S. 1 f.; Anna Kociuba, Bez tożsamości. In: Z kart
     historii, polskich janczarów XX wieku. Hg. v. Zrzeszenie Dzieci Polskich Germanizowanych przez reżim
     hitlerowski (Łódź, 2000) S. 29 sowie Interview, Zygmunt Rzążewski, S. 1 f.

20   Vgl. Zeugenaussage von Barbara Mikołajczyk vor dem Militärgerichtshof am 6.11.1947. IfZG, MB 30/17,
     S. 1069, 1077 f.

21   Vgl. Fragebogen, Leon Twardecki sowie Wiesław Kuligowski, S. 1.

22   Vgl. Fragebogen, Bogumiła Hetich, Jerzy M., Zyta Sus (Pseudonym), allesamt S. 1.

23   Vgl. Fragebogen, Janusz Bukorzycki, Alicja Raczyńska sowie Wiesław Kuligowski, allesamt S. 1; Verneh-
     mung von Barbara Mikołajczyk durch das Bezirksgericht. IPN, OKBZN w Łodzi, 177/30, Bl. 27 sowie
     Verhörprotokoll von Janusz Bukorzycki. AP Łódź, Miejska Rada Narodowa i Zarząd Miejski w Łodzi
     1945–1950, Wydział Opieki Społecznej, wykaz nr. 3, sygn. B/501.

Personen in weißen Mänteln erwartet, darunter Ärzte, Krankenschwestern, RuS-Führer und „Eignungsprüfer" des RuSHA – zum Teil waren die „Rasseexperten" uniformiert. „Ich erinnere mich an Säle, Tische, an denen Leute saßen, einige in weißen Schürzen",[24] so Janina Madejczyk über ihren ersten Eindruck. Die Männer und Frauen sprachen die Jungen und Mädchen auf Deutsch an, zuweilen waren Dolmetscher anwesend, die übersetzten.[25] Die Unsicherheit bei den Kindern stieg, die Jungen und Mädchen verstanden die Aufforderungen nur zum Teil, es wurde ihnen jedoch verboten, sich untereinander in Polnisch zu unterhalten. Bei Nichtbeachtung dieser Regel setzte es Schläge.[26] Nachdem die persönlichen Daten der Kinder aufgenommen worden und die Familienverhältnisse jedes Kindes geklärt worden waren,[27] wurden die Kinder angewiesen, sich nackt auszuziehen und zu warten, bis ihr Name ausgerufen wurde. Auf Schamgefühle der Kinder wurde keine Rücksicht genommen, Jungen und Mädchen unterschiedlichen Alters mussten sich vor vollkommen Unbekannten vollständig entkleiden und ihre Blöße darlegen. „Es wurde viel geweint, weil wir uns geschämt haben. Wir waren nackt [und] Geschwister wurden getrennt",[28] erinnert sich Bogumiła Hetich an jene Situation zurück. Janina Madejczyks ältere Schwester war zum Zeitpunkt der Untersuchung bereits dreizehn Jahre alt, sie selbst war erst sieben: „Ich ging nackt von einer Person zur nächsten", erinnert sich Janina Madejczyk zurück, „wobei ich genau gemustert wurde, manchmal auch auf den Zentimeter genau gemessen wurde".[29]

Jedes Kind wurde einzeln untersucht, „von der Sohle bis zum Kopf",[30] wie es Jerzy M. formuliert. Erzieherinnen eskortierten die Kinder zu den einzelnen „Untersuchungsstationen": jeder Körperteil wurde exakt vermessen, das Gewicht abgewogen, die Zähne untersucht, psychologische Tests wurden durchgeführt und anhand diverser Farbtafeln Haar- und Augenfarbe bestimmt:

„Man hat die Haarfarbe und Augenfarbe beachtet, die Nasenform, Mund und Ohren sowie den Körper allgemein. In den späteren Untersuchungen führte man andere Beobachtungen durch, es gab verschiedene komplizierte Übungen."[31]

---

24 Fragebogen, Janina Madejczyk, S. 1.
25 Vgl. Interview, Janusz Bukorzycki, S. 1.
26 Vgl. Fragebogen, Bogumiła Hetich, S. 2.
27 Vgl. Fragebogen, Karol Boczek, S. 2.
28 Fragebogen, Bogumiła Hetich, S. 2.
29 Vgl. Fragebogen, Janina Madejczyk, S. 1.
30 Fragebogen, Jerzy M., S. 2.
31 Fragebogen, Bolesław Olczak, S. 2.

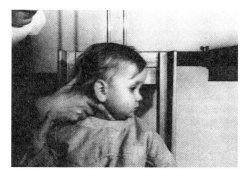

Abb. 3: Kinder werden auf ihre „rassische Wertigkeit" überprüft.

Die Jungen und Mädchen wurden von allen Seiten fotografiert, um die „rassischen" Kriterien bildlich festzuhalten. Die Abbildungen wurden der „R-Karte" beigelegt, in der die einzelnen Untersuchungsergebnisse eingetragen wurden. Kleinkinder wurden während der Examina von den Erzieherinnen und anwesenden Krankenschwestern tatkräftig „unterstützt": die Frauen entkleideten die Kinder und brachten sie während der Untersuchungen in die richtigen Positionen, damit Ärzte und andere „Rasseexperten" die diversen „Rassenmerkmale" ohne nennenswerte Schwierigkeiten überprüfen konnten.[32]

Karol Boczek war zehn Jahre alt, als er zu den Untersuchungen vorgeladen wurde. Trotz seines Alters erkannte der Junge, dass es sich hierbei um keine gewöhnliche „Gesundheitsuntersuchung" handelte: „Das waren keine ärztlichen Untersuchungen, sondern Untersuchungen, wo geprüft wurde, ob man der nordischen Rasse entsprach, das heißt, ob man blonde Haare und himmelblaue Augen hatte",[33] musste der Zehnjährige erschreckt feststellen. Dennoch konnte sich der Junge den eigentlichen Zweck der Untersuchungen nicht erklären: „Niemand von uns hat das damals gewusst",[34] betont Boczek. Die betroffenen Personen wurden über Motiv und weitere Folgen der Examina in Unwissenheit gelassen: „Uns wurde nichts erklärt",[35] beteuert Bogumiła Hetich, „niemand hat uns etwas gesagt",[36] bekräftigt auch Leon Twardecki. Alicja Raczyńskas Mutter wurde befohlen, die Tochter zurückzulassen, die Eltern würden das Kind jedoch nach dem Kriege wiedersehen, so „beruhigten" die Mitarbeiter des städtischen Gesundheits-

---

32   Vgl. Fragebogen, Janina Madejczyk, S. 2 sowie Fragebogen, A. W., S. 2.
33   Fragebogen, Karol Boczek, S. 1.
34   Ebda., S. 2.
35   Fragebogen, Bogumiła Hetich, S. 2.
36   Fragebogen, Leon Twardecki, S. 2.

amtes die Frau – weitere Informationen wurden den Angehörigen verweigert.[37] Nach den „rassischen" Examina wurde der Gesundheitszustand der als „gutrassig" befundenen Jungen und Mädchen überprüft. Hierbei wurden diverse Tests durchgeführt und Blut entnommen,[38] um „erbgesundheitliche" Mängel ausschließen zu können. Mithilfe der sogenannten Wassermann-Reaktion[39] (Wa oder WaR) wurden die Kinder auf Syphilis getestet, anhand der Moro-Probe[40] wurden mögliche Hinweise auf Tuberkulose überprüft.[41] Daneben wurden die Jungen und Mädchen auf etwaige Stoffwechselerkrankungen untersucht,[42] Röntgenbilder wurden angefertigt und Lungenaufnahmen gemacht.[43] Fielen die Lungenfilme negativ aus, wurde als Diagnose „o. B" angegeben, dies bedeutete „ohne krankhaften Befund".[44] Weiters wurden die Kinder geimpft: Halina Olejniczak erinnert sich an die vielen verschiedenen Spritzen während der Untersuchung, „aber ich weiß nicht mehr welche",[45] bedauert sie heute. Fest steht, dass die Kinder gegen Diphtherie geimpft wurden.[46] Eine Zeitzeugin beteuert, dass sie eine Spritze für Gedächtnisschwund bekommen hätte,[47] dies darf jedoch angezweifelt werden.

---

37   Vgl. Fragebogen, Alicja Raczyńska, S. 2.

38   Vgl. Fragebogen, Zyta Sus, S. 1.

39   Serologische Untersuchung auf Lues-Infektion – der „Antikörper-Nachweis" gegen Syphiliserreger erfolgt durch einen Bluttest.

40   Tuberculinreaktion beim Kleinkind durch Einreiben von Tuberculinsalbe in ein pfennigstückgroßes, mit Äther entfettetes Hautareal. Als positive Reaktion (nach ca. 48 Stunden) treten beim Infizierten rote, stecknadelkopfgroße Papeln oder bläschenförmige Effloreszenzen auf; das bedeutet, der Betroffene hat bereits eine Infektion mit Tuberkulosebakterien durchgemacht.

41   In der ersten Phase des „Eindeutschungsverfahrens" wurden diese Tests noch nicht vorgenommen, woraufhin sich die Gauselbstverwaltung weigerte, die ausgewählten Kinder abzunehmen und weiterhin als Kostenträger der „Aktion" zu fungieren. Die Tests wurden daraufhin in das Programm aufgenommen und die Kinder nachuntersucht. Vgl. dazu den Schriftverkehr zwischen Gauselbstverwaltung und dem städtischen Jugendamt: Schreiben der Gauselbstverwaltung, Gaujugendamt, an das Jugendamt Litzmannstadt am 18.2.1942. AP Łódź, L-15069, Bl. 72. Schreiben des Gaujugendamtes an das Jugendamt vom 3.3.1942. Ebda., Bl. 74. Schreiben des Jugendamtes an das Gauerziehungsheim Bruckau vom 12.3.1942. Ebda., Bl. 81 sowie Schreiben der Gauselbstverwaltung an das Jugendamt vom 17.3.1942. Ebda., Bl. 83.

42   Vgl. Aufstellung der städtischen Hautklinik Litzmannstadt vom 11.3.1942. AP Łódź, L-15069, Bl. 79.

43   Vgl. Röntgendurchleuchtung und Moro-Ergebnis des Kinderheimes Mark-Meißenstraße vom 12.3.1942. AP Łódź, L-15069, Bl. 76. Schreiben des Jugendamtes Litzmannstadt an das Gaujugendamt vom 20.5.1942. Ebda., Bl. 117. Schreiben des Jugendamtes an die Gauselbstverwaltung vom 14.7.1942. Ebda., Bl. 229 f.

44   Diese Diagnose wurde auch bei der Überprüfung der Abstammungs- bzw. Familienverhältnisse, der sogenannten „Sippe", verwendet.

45   Fragebogen, Halina Olejniczak, S. 2.

46   Vgl. Schnellbrief des Reichsministers des Innern an den Reichsstatthalter im Wartheland in Posen am 11.3.1942. AP Łódź, L-15069, Bl. 104.

47   Vgl. Fragebogen, Zyta Sus, S. 1.

Name, Vorname	Geburts-daten	rassisch	Intelli-genz, Charakt.	Sippe	gesundheit. RÜ. NÖO WAß
Kolodzieczyk Ewa	15.5.31	+	*ℓ*	V. Sußid, geistes-gestört	
Kosmecki Jan ✓	17.4.32	+	*ℓ*	o.B.	+ neg. neg.
Kurek Edward	36	+	—	V. Berufs-Verbrecher	
Łucsynski Barbara	35	+	—	V. Gefängn. M. Prostit.	+ neg. ß

Abb. 4: Auszug aus dem Verzeichnis des Jugendamtes mit dem Titel „Kinder f. Bruckau. ✓ = zur Soforteinweisung geeignet" (Juni 1942).

Nach Ende der „rassischen" und gesundheitlichen Überprüfung stellte das jeweilige regionale Jugendamt ein Verzeichnis auf, aus dem die gesamten Untersuchungsergebnisse klar hervorgingen. Die Namen jener Kinder, die als „geeignet" befunden worden waren, wurden mit einem Haken versehen, daneben wurden die Testergebnisse dargelegt.[48]

Zu Beginn reagierten die Angehörigen nicht skeptisch auf die Vorladung zur Untersuchung und brachten die Kinder ohne Einwände zum befohlenen Treffpunkt. Mit der Zeit wurden jedoch Gerüchte laut, die Jungen und Mädchen würden nach der „Gesundheitsuntersuchung" aus ihrem vertrauten Umfeld gerissen und in deutsche Anstalten gebracht.[49] Pflegestellen begannen infolgedessen, die Vorladung zu ignorieren. Eine Weigerung, so wurde den Vormündern jedoch mitgeteilt, konnte schwerwiegende Folgen mit sich bringen, man drohte mit einem Besuch vonseiten der Geheimpolizei[50] oder mit Arrest.[51] Aus diesem Grund suchten die Angehörigen nach anderen Methoden, um Kinder vor etwaigen Folgen der Untersuchung zu schützen. Wiesław Kuligowskis Tante begleitete den Jungen zu der Untersuchung und versuchte die anwesenden Ärzte davon zu überzeugen, dass der Junge krank wäre und mehrere Leiden hätte. Die Frau sprach perfekt deutsch. „Doch nichts hat geholfen",[52] so Kuligowski heute – der junge Pole

---

48   Vgl. Schreiben des Jugendamtes Litzmannstadt vom 16.6.1942. AP Łódź, L-15069, Bl. 206 sowie „Verzeichnis ‚Kinder f. Bruckau. ✓ = zur Soforteinweisung geeignet'". Ebda., Bl. 209–212.

49   Vgl. Zeugeneinvernahme von Wladyslawa Krata. ZfA, Fall VIII, ADB 7, NO-5272, S. 1.

50   Vgl. Spis dzieci zabranych przez Niemcow z rodzin polskich w celu germanizacji, Karta spisowa: Stefan Slazak. AP Łódź, Miejska Rada Narodowa i Zarząd Miejski w Łodzi 1945–1950, Wydział Opieki Społecznej, wykaz nr. 3, sygn. S/319 sowie auch im IPN, Kolekcja (Sammlung) „Z", Sign. 982, Bl. 54.

51   Vgl. Zeugeneinvernahme von Wladyslawa Krata. ZfA, Fall VIII, ADB 7, NO-5272, S. 1.

52   Fragebogen, Wiesław Kuligowski, S. 2.

wurde als „rassisch wertvoll" klassifiziert und nach Kalisch transportiert.[53] Auch Barbara Mikolajczks Tante belog die Ärzte und behauptete, dass die leiblichen Eltern des Mädchens schwer lungenkrank gewesen wären, aus diesem Grund hatte sie das Kind erst gar nicht zur Untersuchung gebracht. Die Frau wurde unter Androhung von Inhaftierung aus dem Amt geworfen und ihr wurde befohlen, die Nichte unverzüglich zur Dienststelle zu bringen.[54] Irena Nowak aus Rogoźno hingegen hielt dem Druck der deutschen Behörden stand und weigerte sich, ihre zwei Söhne Konrad und Wacław den Deutschen zu übergeben. Die Jungen waren bereits einen Monat vorher untersucht worden, konnten jedoch nachhause zurückkehren. Als die Polizei die beiden Söhne abholen wollte, erklärte Nowak, die Kinder seien nicht mehr da und lehnte jede weitere Auskunft ab. Die Frau wurde daraufhin zum Revier geschleppt und ihr wurde mit Gefängnis und Prügel gedroht. Nach einiger Zeit wurde ihr erlaubt, nachhause zurückzukehren. Nowak schickte den älteren Sohn daraufhin nach Posen, der Jüngere wurde im Wäscheschrank versteckt.[55] Der Mut der zweifachen Mutter wurde belohnt: Die deutsche Polizei suchte die Frau zwar noch des Öfteren auf, die Kinder wurden jedoch nicht entdeckt und auch Nowak selbst wurde nicht inhaftiert: „Ich war die einzige Mutter aus Rogoźno, der es gelang, die Kinder vor dem Abtransport zu bewahren. Die anderen Kinder wurden fortgeschafft. Das Schicksal einiger von ihnen ist bis heute ungewiss."[56]

Irena Nowaks Beispiel ist jedoch ein Einzelfall, die Frau hatte großes Glück, dass ihr Handeln keine schwerwiegenden Folgen mit sich brachte. Auch Anna Kociubas Eltern versuchten das Wegnehmen ihres einzigen Kindes mit allen Mitteln zu verhindern, die Familie verfügte jedoch weder über Geld noch über Beziehungen zur deutschen Seite. Die Eltern waren verzweifelt, hatten das Kind zu Beginn der Fremdherrschaft sogar auf dem Land versteckt, doch nichts half, die Eltern mussten sich dem Willen der Behörden beugen.[57]

Nicht alle Angehörigen wurden mit einer schriftlichen Vorladung über die Untersuchungen vorinformiert. Vereinzelt wurden polnische Jungen und Mädchen regelrecht aus ihrem vertrauten Umfeld entführt und weder Pflegestelle noch die leiblichen Eltern hatten eine Möglichkeit ihr Kind vor den „rassischen" Selektionen zu schützen.

---

53 Vgl. Fragebogen, Wiesław Kuligowski, S. 2.
54 Vgl. Zeugeneinvernahme von Wladyslawa Krata. ZfA, Fall VIII, ADB 7, NO-5272, S. 1.
55 Vgl. Hrabar, Tokarz, Wilczur, Kinder, S. 195.
56 Irena Nowak. Zit. nach Hrabar, Tokarz Wilczur, Kinder, S. 195.
57 Vgl. Kociuba, Bez tożsamości, S. 29.

GEWALTSAME TRENNUNG VON DEN ANGEHÖRIGEN

> *„Verfügung: Durch das hiesige Gesundheitsamt (…) sind aus den Reihen der schutzangehörigen Pflegekinder diejenigen ausgesondert worden, welche für die Rückdeutschung geeignet erscheinen. Diese Kinder wurden durch das Jugendamt den polnischen Pflegeeltern abgenommen und in das Kinderheim in der Mark-Meißenstraße untergebracht."*[58]

Den deutschen Besatzern war offenkundig jedes Mittel recht, um an polnische Kinder zu gelangen, die dem „nordischen" Ideal entsprachen. Überfallsartig wurden die Jungen und Mädchen aus ihrem vertrauten Umfeld gerissen und den deutschen Dienststellen übergeben. Der achtjährige Henryk Strzelczyk beispielsweise spielte mit anderen Kindern auf der Straße, als plötzlich ein Auto vor dem Jungen stoppte, die Insassen ausstiegen, den Jungen packten und ins Auto zerrten. Henryk wurde ohne Wissen der Pflegeeltern in ein Kinderheim in Litzmannstadt gebracht, in dem ihn verschiedene Examina erwarteten: Messung des Gewichts, der Größe und des Kopfes, Untersuchung der Wirbelsäule, der Wangenknochen sowie Impfungen und Blutentnahme.[59]

Zygmunt Rzążewski wurde ohne Ankündigung und ohne Benachrichtigung der Eltern direkt aus dem Unterricht verschleppt: „Die SS ist gekommen und hat gesagt, ‚Du und du und du, ihr tretet hinaus ins Vorhaus. Und die Schulsachen gleich mitnehmen!'"[60] Aus jeder Klasse wurden sechs bis acht Kinder ausgewählt, alle blond- und blauäugig, dem „arischen Idealbild" entsprechend.[61] Die Jungen und Mädchen wurden zum Bahnhof in Posen eskortiert und in einen Zug mit unbekanntem Ziel gesetzt. Die Verantwortlichen empfanden es nicht für notwendig, die Angehörigen der ausgewählten Kinder über den Abtransport zu benachrichtigen:

---

58 Verfügung vom 3.2.1942, Stadtverwaltung Litzmannstadt an Reichsstatthalter im Warthegau. AP Łódź, L-15069, Bl. 67.

59 Vgl. Henryk Strzelczyk, Moja droga germanizacyjna. In: Z kart historii, polskich janczarów XX wieku. Hg. v. Zrzeszenie Dzieci Polskich Germanizowanych przez reżim hitlerowski (Łódź, 2000), S. 84.

60 Interview, Zygmunt Rzążewski, S. 1.

61 Vgl. Interview, Zygmunt Rzążewski, S. 4. Auch Hrabar, Tokarz und Wilczur berichten in ihrer Publikation über die Verschleppung von Kindern aus den Schulen. Die angeführten Beispiele beziehen sich auf Kinder, die in der letzten Kriegsphase aus Schulen entführt wurden. Die Kinder wurden in Lager gebracht und nationalsozialistisch geschult, es fanden jedoch weder Vermittlungen an deutsche Familien statt, noch war der SS-Verein „Lebensborn" in diese Fälle involviert. Vgl. Hrabar, Tokarz, Wilczur, Kinder, S. 225–227.

„Wir sind zu Mittag weggefahren. Und die Mutter hat zuhause gesagt, ‚Jetzt hat er wieder die Straßenbahn versäumt, kommt er erst auf'd Nacht.' (…). Und um halb sechs geht die letzte Straßenbahn. Kommt er auch nicht. Jetzt sind sie alle nervös geworden und sind nachschauen gegangen. Auf einmal erfährt sie, was passiert ist. (…) Was kannst denn machen? Gar nichts. Was sollte sie denn machen gegen den Hitler? Gar nichts. (…) Oder? Angst hast gehabt, Angst haben wir gehabt, bist du auf einmal weg und weißt nicht wohin!"[62]

Auch Halinka Borkowska wurde ohne Vorwarnung aus ihrem Zuhause deportiert: „In der Früh wurden wir aus dem Elternhaus verschleppt",[63] so Borkowska, „weg von der kranken Mutter."[64] Das zehnjährige Mädchen wurde mit seinem Bruder gemeinsam in das „Übergangsheim" in der Friedrich Gosslerstraße 36 transportiert, wo beide nach „rassischen" Kriterien untersucht wurden. Während der Examina verstarb die Mutter – der Vater war bereits vor dem Einmarsch der deutschen Truppen verstorben.[65] Halinka wurde als „gutrassig" bewertet und als „eindeutschungsfähig" erklärt, ihr Bruder Piotr hingegen galt als „nicht geeignet". Die Erzieher beabsichtigten, die Geschwister voneinander zu trennen:

„Und da habe ich einen Schock bekommen und bin zu dem deutschen Soldaten gelaufen und habe ihn gebissen. Ich wollte unbedingt mit dem Bruder gemeinsam sein. Da hat der Deutsche gesagt: ‚Was ist denn los mit dem Kind, mit dem Mädchen?' Und da hat einer gesagt, sie möchte mit dem Bruder zusammenbleiben. Und jemand anderer hat gesagt, dass auch die Mutter gerade gestorben ist, sie hätten das gerade erfahren und sie wollten daher zusammen bleiben. Das muss ein guter Mensch gewesen sein, weil er daraufhin befohlen hat, dass wir beide immer zusammenbleiben werden, das heißt als Geschwister nicht getrennt werden dürfen."[66]

Auch Wiesławas Welt veränderte sich innerhalb weniger Sekunden: Die älteren Geschwister des Mädchens waren bereits auf ihre „Wertigkeit" untersucht und in ein Heim gebracht worden. Die Mutter hatte die Erlaubnis bekommen, ihren älteren Kindern einen Besuch abzustatten, die jüngste Tochter Wiesława begleitete die Mutter in

---

62   Interview, Zygmunt Rzążewski, S. 8.
63   Fragebogen, Halinka Borkowska, S. 1.
64   Ebda.
65   Vgl. Interview, Halinka Borkowska, S. 1.
66   Ebda.

Abb. 5: Irene Majeski mit ihrer polnischen Pflegemutter.

die Anstalt: „In dem Moment, wo wir die Erlaubnis bekommen haben meine Geschwister zu sehen, haben mich die Deutschen in ein anderes Zimmer gebracht und mir nicht mehr erlaubt, zurück zu meiner Mutter zu gehen."[67] Diese Trennung war für die Achtjährige kaum zu verkraften, das Mädchen konnte es sich nicht erklären, fragte nach den Gründen, niemand antwortete ihm. Die Separierung von der Mutter war eine Zäsur im Leben des Kindes, auf seinem gesamten weiteren „Eindeutschungsweg" wartete das Mädchen sehnsuchtsvoll auf das Wiedersehen mit seiner Mutter:

„Wenn die Kinder diese Blätter von den Gänseblumen nehmen, liebt er mich, liebt er mich nicht, oder ob ich das bekomme oder nicht bekomme, da habe ich immer diese Blätter genommen und gedacht, ob ich meine Mutter noch sehe oder nicht. Wenn es dann so gekommen ist, dass ich sie wieder sehen werde, war ich wieder für einige Zeit ruhiger oder fröhlicher."[68]

Die gewaltsame Trennung von Mutter und Kind hatte sich in einigen Sekunden abgespielt, Wiesława musste im Heim bleiben und sich den „rassischen" Untersuchungen unterziehen. Für die Achtjährige begann fortan ein neues Leben: „Ich war kein fröhliches Kind",[69] so Wiesława B. heute, „ein Kind, das sehr schnell vergisst oder wie Kinder, die sich schnell an andere Situationen anpassen. Ich habe das sehr schwer psychisch erlebt".[70]
Irene Majeski kann sich weder an eine Vorladung noch an die „rassischen" Untersu-

---

67   Interview, Wiesława B., S. 1.
68   Interview, Wiesława B., S. 2.
69   Ebda.
70   Ebda.

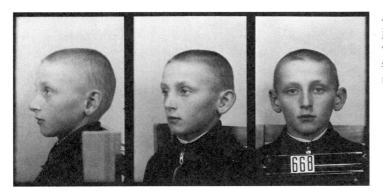

Abb. 6: Der elf-
jährige Slawomir
während der Unter-
suchung in Litz-
mannstadt.

chungen selbst erinnern. Im Gedächtnis geblieben ist der damals Achtjährigen nur das Gefühl des plötzlichen „Verlassen-werdens", die Trennung von der Pflegemutter: „Ich kann mich daran erinnern, dass die Frau (…) mich in ein Gebäude brachte und mich dann einfach dort ließ. Ich sah sie nie wieder."[71]

Auch für die Angehörigen kam die gewaltsame Trennung vollkommen überstürzt und überfallsartig. Den Begleitpersonen wurde unmittelbar nach der Ankunft befohlen, wieder nachhause zurückzukehren, das Kind musste unter allen Umständen zurückgelassen werden, wie Slawomir Grodomski bestätigt: „Als wir ankamen, wurde meiner Mutti befohlen, nach Hause zu gehen und ich wurde dort behalten (…)."[72]

Eine Weigerung war vollkommen zwecklos, wie Feliska Dzieginska am eigenen Leibe verspürte. Die Mutter wehrte sich, ihr Kind allein zu lassen, „daraufhin rief der Beamte sofort eine deutsche Frau, die, meine Schreie unbeachtet lassend, mir das Kind aus den Armen riss und hinausging".[73]

„Rassisch wertvoll" klassifizierte Kinder, die aus Großstädten wie Litzmannstadt oder Posen stammten, wurden zum Großteil unmittelbar nach den „rassischen" Examina in ein spezielles „Übergangsheim" transportiert, das als „Sammelbecken" für „eindeutschungsfähige" Jungen und Mädchen fungierte. In kleinen Ortschaften Polens wie Rogoźno oder Topola Wielka hingegen mussten sich Kinder zwar auch den „rassischen" Untersuchungen unterziehen, sie konnten jedoch wieder in ihr vertrautes Umfeld zurückkehren.[74] Erst nach einigen Wochen oder auch Monaten wurden die „gutrassigen"

71 Fragebogen, Irene Majeski, S. 1.

72 Vgl. Eidesstattliche Erklärung von Slawomir Grodomski-Paczesny. ZfA, Fall VIII, DB Sollmann X, Nr. 114, Bl. 46.

73 Eidesstattliche Erklärung von Feliksa Dzieginska, ZfA, Fall VIII, ADB 7, NO-5256, S. 1.

74 Vgl. Fragebogen, Leon Twardecki sowie Wiesław Kuligowski, S. 1, weiters Hrabar, Tokarz, Wilczur, Kinder, S. 194 f. sowie Kuligowski, Wspomnienia z lat germanizacji 1942–45, S. 43 f.

Jungen und Mädchen von Polizeiangehörigen oder Fürsorgebeamtinnen abgeholt und in die „Übergangsheime" eskortiert.[75] In einigen Fällen mussten sich Kinder mehreren Untersuchungen unterziehen, bis sie als „eindeutschungsfähig" deklariert und in ein deutsches Kinderheim transportiert wurden.[76]

Bittgesuche vonseiten der Angehörigen an Jugendamt und Bürgermeister um Rückgabe des Kindes verfehlten ihre Wirkung.[77] Helena Fornalczyk versuchte ihre Nichte aus dem Kinderheim zu befreien, doch ihre Bemühungen waren vergeblich:

> „Das Volkspflegeamt erlaubte mir nicht, meine Nichte abzuholen. Es wurde mir erklärt, das Kind sei ‚arisch' und es sei zu schade, es auf dem Lande verkümmern zu lassen und vieles mehr. Meine Bemühungen dauerten mehrere Tage lang. Am Ende wurde mir gesagt, dass meine Nichte weggefahren sei und man lehnte es ab, mir ihre Adresse zu geben."[78]

Auch Stanisława Marczuk versuchte die deutschen Behörden davon zu überzeugen, ihr die Tochter wieder zurückzugeben, doch ohne Erfolg: „Man wollte überhaupt nicht mit mir sprechen, obwohl ich ihnen sagte, dass es sich um mein leibliches Kind handelt."[79] Man „beruhigte" die Frau, indem man ihr versicherte, dass sie ihre Tochter nach dem Krieg wieder zurückbekommen würde.[80]

Nach der ersten erfolgreichen Realisierungsphase der „Eindeutschungsaktion" wurde das Verfahren auch auf jene Kinder ausgeweitet, deren Eltern sich weigerten, die Deutsche Volksliste zu unterzeichnen. Auch in diesen Fällen wurden die Kinder gewaltsam von ihren Eltern getrennt: Fürsorgerinnen oder Polizei drangen in die Häuser ein[81] und entrissen, unterstützt von ortsansässigen „Volksdeutschen", den Angehörigen die Kinder:

> „Unser Sohn Zbigniew wurde meiner Frau mit Gewalt und List, indem man das Kind mit Süßigkeiten lockte, fortgenommen, und als meine Frau versuchte, das

---

75   Vgl. Hrabar, Tokarz, Wilczur, Kinder, S. 194 sowie Fragebogen, Wiesław Kuligowski, S. 2.

76   Vgl. Fragebogen, Bolesław Olczak, S. 1 f.

77   Vgl. hierbei als Fallbeispiel Schriftverkehr zwischen einer Großmutter eines betroffenen Kindes und der Stadtverwaltung Litzmannstadt, Jänner 1943 bis Jänner 1944. IfZG, NO-4899, NO-4900, NO-4903.

78   Helena Fornalczyk, Vernehmung vom 29.5.1946 durch das Bezirksgericht. IPN, OKBZN w Łódźi, 177/30, Bl. 91.

79   Stanisława Marczuk, Vernehmung vom 5.6.1946 durch das Bezirksgericht. IPN, OKBZN w Łódźi, 177/30, Bl. 95.

80   Vgl. ebda.

81   Vgl. Bericht von Fürsorgerin E. Foerster, Volkspflegeamt, vom 18.9.1944. ZfA, Fall VIII, ADB 8 B, NO-4946, S. 1 f. sowie Eidesstattliche Erklärung von Jozef Schwakopf. ZfA, Fall VIII, ADB 7, NO-5252, S. 1.

Kind zu schützen, bedrohte man sie; dies tat insbesondere der Deutsche Jakob Hessler aus demselben Ort."[82]

Die Kinder wurden zur deutschen Erziehung in Heime eingewiesen[83] oder an deutsche Familien vermittelt.[84] Die Eltern der betroffenen Kinder wurden in den schwerwiegendsten Fällen in Konzentrationslager deportiert.[85]

Nach und nach wussten die Angehörigen über das eigentliche Motiv der Untersuchungen Bescheid. Auch Anna Kociubas Eltern vermuteten, dass ihre Tochter als „eindeutschungsfähig" deklariert worden war und infolgedessen von ihnen getrennt werden würde.[86] Die Eltern hatten eine Aufforderung bekommen, das Kind zu diesem Zweck zum Bahnhof zu bringen.[87] „Ich war keine sieben Jahre alt, konnte das alles nicht richtig verstehen, wusste nicht, was los war und warum alle weinten",[88] erinnert sich Kociuba an jene schrecklichen Tage zurück. Den Eltern war es bewusst, dass ihre Tochter aufgrund des jungen Alters ihre Herkunft in der Fremde leicht vergessen konnte. Die Mutter ließ daher das Mädchen fotografieren und nähte in das Mantelfutter ein kleines Stoffstück mit ein, in dem alle Personaldaten des Kindes eingetragen waren: „Sie bat mich, den Mantel immer zu behalten, damit ich dann weiß, wer ich bin. Ich konnte weder lesen noch schreiben und meine Eltern hatten Angst, dass ich vergesse, dass ich Polin bin."[89]

Die „rassischen" und gesundheitlichen Untersuchungen galten als wichtige Vorstufen des Verfahrens: Die ersten Selektionen wurden vorgenommen, „gutrassiges" Erscheinungsbild und hervorragender Gesundheitszustand waren primäre Voraussetzungen für eine Eignung. Daneben mussten sich die Jungen und Mädchen den ersten psychologi-

---

82   Eidesstattliche Erklärung von Jozef Schwakopf. ZfA, Fall VIII, ADB 7, NO-5252, S. 1.
83   Vgl. Bericht von Fürsorgerin Foerster, Volkspflegeamt, vom 18.9.1944. ZfA, Fall VIII, ADB 8 B, NO-4946, S. 1 f.
84   Vgl. Eidesstattliche Erklärung von Jozef Schwakopf. ZfA, Fall VIII, ADB 7, NO-5252, S. 1 sowie Eidesstattliche Erklärung von Julian Hammer. ZfA, Fall VIII, ADB 7, NO-5253, S. 1.
85   Vgl. Schreiben des Kommandeurs der Sicherheitspolizei in Litzmannstadt an das Jugendamt vom 23.12.1944 betreffend Familie Zajdel (Seidel). ZfA, Fall VIII, ADB 8 B; weder NO-Nummer noch Blattanzahl sind auf dem Dokument erkennbar. Der Vater und der vierzehnjährige Sohn wurden in das KZ Groß-Rosen, die Mutter nach Ravensbrück deportiert. Die jüngeren Kinder der Familie wurden in Kinderheime überführt. Vgl. dazu weiters Schreiben des Jugendheimes Zobtenweg 12 an das Jugendamt Litzmannstadt vom 16.8.1944. IPN, Fotokopie II 437/4.
86   Vgl. Anna Kociuba, Bez tożsamości, S. 29.
87   Vgl. Spis dzieci zabranych przez Niemców z rodzin polskich w celu germanizacji, Karta spisowa: Anna Zachert. AP Łódź, Miejska Rada Narodowa i Zarząd Miejski w Łodzi 1945–1950, Wydział Opieki Społecznej, wykaz nr. 3, sygn. Z/18.
88   Anna Kociuba, Bez tożsamości, S. 30.
89   Ebda.

schen Tests unterziehen und die Familienverhältnisse wurden detailliert hinterfragt. Jene Kinder, die hierbei als „geeignet" befunden wurden, kamen in nahe gelegene „Übergangsheime" und warteten dort gesammelt auf ihre Überstellung in die „Assimilierungsheime" der Gauselbstverwaltung. Die restlichen Jungen und Mädchen, die als „ungeeignet" bewertet wurden, sollten in die polnischen Kinderheime zurückverlegt bzw. an ihre Pflegestellen zurückgegeben werden.[90] Eine Zeitzeugin betont jedoch, dass ein Großteil dieser Kinder in das „Polen-Jugendverwahrlager Litzmannstadt" abgeschoben wurde. Dieses Lager hatte den Charakter eines Konzentrationslagers, mit dem Unterschied, dass nur Kinder und Jugendliche bis zu ihrem 16. Lebensjahr dorthin eingewiesen wurden.[91]

„ÜBERGANGSHEIME"

„Von den am 29.7. rassisch gemusterten Kindern bitte ich, recht bald 35 für die Eindeutschung geeignete auszumustern und sie mir für die sofortige Einweisung in das Kinderheim Friedrich Gossler Str. [sic] namhaft zu machen."[92]

Die sogenannten „Übergangsheime" fungierten als eine Art „Sammelstelle": Die als „geeignet" deklarierten Kinder wurden hier geschlossen zusammengefasst, daneben konnten an Ort und Stelle noch weitere Musterungen stattfinden.[93] Die endgültig als „eindeutschungsfähig" deklarierten Kinder wurden daraufhin in die Gaukinderheime weitertransportiert.

---

90   Vgl. Schreiben des Jugendamtes an das Volkspflegeamt, geschlossene Fürsorge, vom 27.6.1942. IPN, OKBZN w Łódźi 177/29, Kuvert Nr. 41.

91   Zeitzeugenberichte besagen, dass auch aus diesem Lager „geeignete" Kinder zur „Eindeutschung" nach Bruckau und Kalisch überführt wurden – die Jungen und Mädchen wurden von Mitarbeitern der Außenstelle des RuSHA auf ihre „Eindeutschungsfähigkeit" überprüft. Von Dezember 1942 bis zur Befreiung des Lagers im Jänner 1945 gingen rund 12.000 Kinder durch das Lager, mehr als die Hälfte überlebte den Aufenthalt im Lager nicht. Vgl. Tatiana Kozłowicz, Das Arbeitsstraflager für polnische Kinder und Jugendliche in Łódź. In: Verbrechen an polnischen Kindern, 1939–1945. Eine Dokumentation. Hg. v. Hauptkommission zur Untersuchung der Naziverbrechen in Polen (München, Salzburg, 1973), S. 37–75. Im Jahr 1971 wurde auf dem ehemaligen Gelände des Lagers zum Andenken an das erlittene Leid der Kinder das „Denkmal des Gebrochenen Herzens" enthüllt. Es zeigt eine nackte Jungengestalt vor einem gebrochenen Herzen.

92   Schreiben des Jugendamtes an das Gesundheitsamt Litzmannstadt vom 7.8.1942. AP Łódź, L-15069, Bl. 247.

93   Vgl. Schreiben des Volkspflegeamtes, Stadtverwaltung Litzmannstadt, vom 22.9.1943. AP Łódź , Sign. 31700, Bl. 47 sowie Schreiben des Jugendamtes an das Gesundheitsamt Litzmannstadt vom 7.8.1942. AP Łódź, L-15069, Bl. 247.

In Litzmannstadt beispielsweise war das Kinderheim in der Friedrich Gosslerstraße 36 als derartiges Heim konzipiert worden. Die Anstalt hatte bereits vor der einheitlichen Regelung des „Eindeutschungsverfahrens" einen besonderen Status innerhalb der städtischen Erziehungsheime erlangt: Grohmann war ständiger Gast der Anstalt, mit der Entfernung des polnischen Heimpersonals im Jahre 1941 fanden permanent „rassische" Prüfungen von Heiminsassen statt. Die Jungen und Mädchen wurden entweder vor Ort untersucht oder Grohmann wählte im Heim Kinder aus, die er ins Gesundheitsamt beorderte.[94]

Das Heim bot rund sechzig Kindern Platz.[95] Die Erziehung im Heim war streng, die Kinder wurden von deutschem Personal betreut und erzogen.[96] Die Heiminsassen wurden vollkommen von ihrer Umwelt separiert, Kontaktaufnahme mit Angehörigen war verboten: „Eltern, Pflegeeltern, die sich meldeten, wurden nicht zu den Kindern vorgelassen und konnten sie nur durch Gitter der Einzäunung sehen",[97] erinnert sich eine ehemalige Angestellte des Heimes.

Waren die offiziellen „Übergangsheime" belegt, wurden „eindeutschungsfähige" Kinder auch in anderen Erziehungsheimen untergebracht. Voraussetzung war hierbei die vollständige Separierung von den übrigen Heiminsassen.[98] Henryk Strzelczyk beispielsweise wurde in einem Erziehungsheim für deutsche Kinder beherbergt. Zu Beginn seines Heimaufenthaltes war es ihm erlaubt, seine Angehörigen am Wochenende zu besuchen. Es dauerte nicht lange, bis auch diese Kurzbesuche untersagt wurden: „Wir durften nur durch die Fenster rausschauen, um unsere Familien zu sehen",[99] erinnert sich Strzelczyk zurück. Auch Feliksa Dzieginska wurde es anfangs gestattet, ihre Tochter im Kinderheim zu sehen. Durch eine List gelang es ihr, die Tochter für einen Tag nach Hause mitnehmen zu dürfen. Mutter und Tochter gingen daraufhin für sechs Monate in den Untergrund. Die beiden wurden jedoch von einer deutschen Bekannten denunziert – abermals

94	Vgl. Zeugeneinvernahme von Zofia Wawelska. ZfA, Fall VIII, ADB 7, NO-5268, S. 1.
95	Vgl. Heim- und Anstaltsverzeichnis (Stand 5.11.1940). AP Łódź, Verzeichnis der Heime und Anstalten, alle Vorgänge, 1940–1941, Sign. 31669, o. P. Übergangsheim Friedrich Gosslerstraße 36, Zeitraum April 1941–März 1942. AP Łódź, Fürsorgeamt Litzmannstadt, Signatur 31719 sowie Statistischer Bericht über die Insassen des Kinderheimes, Jänner 1942–Juli 1944. IPN, OKBZN w Łódźi, 177/29, Bl. 37 ff.
96	Vgl. Verfügung vom 3.2.1942, Stadtverwaltung Litzmannstadt an Reichsstatthalter im Warthegau. AP Łódź, L-15069, Bl. 67 sowie Zeugeneinvernahme von Zofia Wawelska. ZfA, Fall VIII, ADB 7, NO-5268, S. 1.
97	Zeugeneinvernahme von Zofia Wawelska, ZfA, Fall VIII, ADB 7, NO-5268, S. 1. In der ersten Realisierungsphase der „Aktion" waren allerdings noch Besuche gestattet, wie die unten angeführten Aussagen dokumentieren.
98	Vgl. Eidesstattliche Erklärung von Jan Sulisz. ZfA, Fall VIII, ADB 7, NO-5251, S. 1.
99	Strzelczyk, Moja droga germanizacyjna, S. 84.

wurde das Kind der Mutter mit Gewalt entrissen und in ein deutsches Erziehungsheim überführt.[100]

Janusz Bukorzycki wurde aufgrund seiner „Wertigkeit" in das polnische Kinderheim in der Erhard Patzerstraße 75 (ul. Brzeźna) transportiert. Die Kinder waren in einer riesigen Halle mit Stahlbetten und Strohsäcken untergebracht, es herrschte Zucht und Ordnung, die Fenster in der Halle waren mit Holzbrettern zugenagelt:

> „Die Kinder suchten kleine Spalte zwischen den Brettern, um auf die Straße hinaussehen zu können. Sie hofften, jemanden aus der Familie zu entdecken. Ich erinnere mich an hungrige, dreckige und weinende Kinder. (…) Es wurde darauf geachtet, dass wir miteinander nicht sprachen, vor allem nicht auf Polnisch. Für jedes polnische Wort wurden wir ins Gesicht geschlagen, (…) wenn ein Kind hinfiel, wurde es mit den Füßen getreten."[101]

Der Aufenthalt in den „Übergangsheimen" war unterschiedlich lang: Janusz Bukorzycki verweilte zwei Wochen in der Anstalt, bis er in das Gaukinderheim nach Kalisch überstellt wurde,[102] Slawomir Grodomski hingegen wurde erst nach drei Monaten Aufenthalt im „Übergangsheim" in der Friedrich Gosslerstraße 36 nach Kalisch transportiert.[103] Die Schwestern Mikołajczyk wiederum wurden bereits nach vier Tagen aus dem „Übergangsheim" nach Bruckau gebracht.[104] Zofia Wawelska, eine ehemalige Angestellte des „Übergangsheims" in der Friedrich Gosslerstraße 36 schätzte nach Kriegsende, dass allein durch diese Anstalt mehr als tausend „eindeutschungsfähige" Jungen und Mädchen gegangen waren.[105]

---

100 Vgl. Eidesstattliche Erklärung von Feliksa Dzieginska.NO-5256. ZfA, Fall VIII, ADB 7, S. 1 f.

101 Janusz Bukorzycki, Moje lata dzięcięce. In: Z kart historii, polskich janczarów XX wieku. Hg. v. Zrzeszenie Dzieci Polskich Germanizowanych przez reżim hitlerowski (Łódź, 2000), S. 9 f.

102 Vgl. Fragebogen, Janusz Bukorzycki, S. 2.

103 Vgl. Eidesstattliche Erklärung von Slawomir Grodomski-Paczesny. ZfA, Fall VIII, DB Sollmann X, Nr. 114, Bl. 46.

104 Vgl. Zeugeneinvernahme von Wladyslawa Krata. ZfA, Fall VIII, ADB 7, NO-5272, S. 1 sowie Vernehmung von Barbara Mikołajczyk durch das Bezirksgericht. IPN, OKBZN w Łódźi, 177/30, Bl. 27.

105 Vgl. Zeugeneinvernahme von Zofia Wawelska. ZfA, Fall VIII, ABB 7, NO-5268, S. 2.

„ASSIMILIERUNGSHEIME"

> *„Im Zuge der Eindeutschungsaktion wird im Gaukinderheim Bruckau, Post Borken, Krs. Gostingen, die letzte Auslese der Kinder gehalten. Es wird sich ergeben, dass mehrere Kinder aus gesundheitlichen, charakterlichen und sonstigen Gründen für die Eindeutschung nicht infrage kommen (…)."*[106]

Der erste Transport von „rassisch wertvollen" Jungen und Mädchen in das Gaukinderheim nach Bruckau fand am 14. März 1942 statt. Vierzehn Mädchen und dreizehn Jungen im Alter von fünf bis zwölf Jahren wurden in diese Anstalt der Gauselbstverwaltung transportiert.[107] Wilhelm Sense, Verwaltungsrat und zeitweiliger Leiter sowie Referent des Gaujugendamtes des Warthegaus,[108] bezeichnete diese Institution treffend als „Assimilierungsheim".[109] In dieser Anstalt wurden die polnischen Kinder mit der wohl wichtigsten „Eindeutschungsmaßnahme", dem Erlernen der deutschen Sprache, konfrontiert und die letzte „Auslese" wurde durchgeführt. Hier entschied sich, welche Kinder aus „rassischen", gesundheitlichen und charakterlichen Gründen „endgültig für das Deutschtum zurückgewonnen werden"[110] konnten bzw. welche Jungen und Mädchen für den „Einsatz" als „ungeeignet" befunden wurden.

Städtische Fürsorgerinnen begleiteten die Kinder auf ihrer Zugfahrt zu den Anstalten. Die Kinder wurden in ihrem letzten Aufenthaltsort polizeilich abgemeldet und dem Begleitpersonal wurden sämtliche Personalpapiere, Lebensmittelabmeldungen sowie Kleider- und Spinnstoffkarten für die „Assimilierungsheime" mitgegeben.[111] Die Abnahmeheime erhielten vom RuSHA weiters eine Liste mit den bereits „verdeutschten" Namen der Jungen und Mädchen, in den „Assimilierungsheimen" wurden die Kinder allerdings mit ihrem polnischen Namen angesprochen.[112]

---

106 Schreiben Wilhelm Senses, Leiter und Referent des Gaujugendamtes, an den Oberbürgermeister in Litzmannstadt vom 31.3.1942. AP Łódź, L-15069, Bl. 87.

107 Vgl. Schreiben des Jugendamtes Litzmannstadt an die Gauselbstverwaltung Posen vom 20.3.1942. AP Łódź, L-15069, Bl. 299.

108 Vgl. Eidesstattliche Erklärung von Fritz Bartels. ZfA, Fall VIII, ADB Rebuttal A/II. Teil, NO-5813, Bl. 345 sowie IPN, Kolekcja „Z"/III, Sign. 209, Bl. 15. Sense unterstand in all seinen Tätigkeiten Dr. Fritz Bartels.

109 Vgl. Schreiben Wilhelm Senses, Gaujugendamt, an Jugendamt Litzmannstadt vom 18.2.1942. AP Łódź, L-15069, Bl. 72.

110 Schreiben Wilhelm Senses, Leiter und Referent des Gaujugendamtes, an den Oberbürgermeister in Litzmannstadt vom 31.3.1942. AP Łódź, L-15069, Bl. 87.

111 Vgl. Schreiben des Jugendamtes an städtische Kinderheime sowie an das Kinderheim in Bruckau vom 26.5.1941. AP Łódź, L-15069, Bl. 145.

112 Vgl. Eidesstattliche Erklärung von Irmgard Eisler, Kindergärtnerin im Gaukinderheim Kalisch. ZfA, Fall VIII, DB Sollmann II, Nr. 19, Bl. 36.

Bereits die Ankunft des ersten Transportes „eindeutschungsfähiger" Kinder in Bruckau erfolgte nicht ohne Probleme. Scharfe Kritik vonseiten der Heimleitung sowie von der Gauselbstverwaltung wurde gegenüber dem Litzmannstädter Jugendamt laut: Der körperliche Zustand der Kinder wurde stark beanstandet. Von den 27 Kindern waren neun Mädchen mit Läusen befallen, daneben waren die Kinder unzureichend bekleidet. Die fehlenden Kleidungsstücke mussten umgehend nachgeschickt werden.[113] Auch bei späteren Transporten wurde das Befinden der Kinder stark kritisiert, die Jungen und Mädchen trafen weiterhin schmutzig und verlaust ein,[114] den Mädchen mussten daraufhin die Köpfe geschoren werden.[115] Die Kinder waren in einem vollkommen „verwahrlosten Zustand",[116] betonte Heimleiterin Zander. Sie selbst, so die Heimleiterin, legte auf Sauberkeit großen Wert und versuchte die Kinder so gut wie möglich zu verpflegen.[117] Ob dies der Realität entsprach, muss dahingestellt bleiben. In den „Abnahmestellen" des Gaukinderheimes, wie in der Deutschen Heimschule in Achern, waren Mitschüler und Erzieherinnen über den psychischen und physischen Zustand der eingetroffenen Kinder zutiefst schockiert und betroffen.[118]

Das Gaukinderheim in Bruckau war das erste „Assimilierungsheim" im Warthegau, das Heim war jedoch nicht lange in Betrieb. Die Anstalt wurde immer baufälliger und für die Unterbringung von Kindern immer unzureichender. Die Gauselbstverwaltung entschied, in einem ehemaligen Klosterkomplex in Kalisch ein weiteres Heim zu eröffnen.[119] Die Heiminsassen aus Bruckau wurden nach Kalisch überstellt. Die Heimleitung und die Organisation des neuen Heimes übernahm die ehemalige Anstaltsleiterin in Bruckau, Johanna Zander.[120]

In Kalisch lief im Frühjahr 1943 bereits der fünfte „Kurs" von „eindeutschungsfähigen" Kindern mit 19 Jungen und Mädchen. Bis zu diesem Zeitpunkt waren insgesamt 172 Kinder nach Bruckau und Kalisch überstellt worden. Davon waren 124 Jungen und Mädchen als „eindeutschungsfähig" deklariert worden, 29 Kinder waren abgelehnt worden. Bei 19 weiteren Heiminsassen war die Entscheidung noch nicht definitiv gefallen.

---

113   Vgl. Schreiben des Gaujugendamtes an das Jugendamt Litzmannstadt vom 23.3.1942. AP Łódź, L-15069, Bl. 85 f.

114   Vgl. Eidesstattliche Erklärung von Edgar Freier, Personalsachbearbeiter der Gauselbstverwaltung. ZfA, Fall VIII, DB Sollmann II, Nr. 16, Bl. 24.

115   Vgl. Eidesstattliche Erklärung von Johanna Zander. ZfA, Fall VIII, DB Sollmann II, Nr. 17, Bl. 26.

116   Ebda.

117   Vgl. ebda.

118   Detaillierte Ausführungen zu dieser Thematik sind im Unterkapitel „Überstellung in Deutsche Heimschulen" zu finden.

119   Vgl. Eidesstattliche Erklärung von Johanna Zander. ZfA, Fall VIII, DB Sollmann II, Nr. 17, Bl. 25.

120   Ebda.

Der Großteil der „einzudeutschenden" Kinder, 106 Jungen und Mädchen, war in die Deutschen Heimschulen transportiert worden, nur 18 Kinder hatte der „Lebensborn" übernommen.[121] Das Gaukinderheim in Kalisch galt zwei Jahre lang als zentrale Drehscheibe des „Eindeutschungsverfahrens". Der erste Transport von polnischen Jungen und Mädchen traf am 9. November 1942 in Kalisch ein,[122] der letzte Transport „eindeutschungsfähiger" Kinder fuhr Anfang Dezember 1944 von Kalisch ab – die Reise ging in das „Lebensborn"-Heim nach Oberweis.[123]

Das Heim in den ehemaligen Klostermauern war der Sammelpunkt „eindeutschungsfähiger" Kinder aus dem gesamten Warthegau, regelmäßig trafen hier Vertreter der Gauselbstverwaltung, des „Lebensborn", des RuSHA und der Deutschen Heimschulen ein, begutachteten die polnischen Heiminsassen und besprachen den Abtransport der ausgewählten Kinder.[124] Die Gauselbstverwaltung schickte für diese Zwecke Frau Dr. Sander; Hans Hilmar Staudte, Inge Viermetz oder Kurt Heinze vertraten den SS-Verein „Lebensborn", SS-Hauptsturmführer Scharnweber war Vertreter der Inspektion der Deutschen Heimschulen. Walter Dongus war in den meisten Fällen für das RuSHA anwesend.[125] Dongus hatte für die „rassische" Beurteilung der Heimkinder sogar ein eigenes System entwickelt: Die Heiminsassen wurden mit „sehr gut", „gut", „weniger gut" und „schlecht" bewertet.[126]

In Kalisch konnten bis zu sechzig Kinder aufgenommen werden. Zweck des Aufenthaltes war es, „die Kinder in Bezug auf ihre Erziehungs- und Bildungsfähigkeit zu überprüfen",[127] wie Heimleiterin Zander es galant nach Kriegsende formulierte. Das Gaukinderheim in Kalisch blieb jedoch nicht das einzige „Assimilierungsheim" des Warthegaus, andere Anstalten folgten: beispielsweise das Gaukinderheim in Puschkau (Puszczykowo) oder die Jugendlager für polnische Kinder in Kobylin und Ludwikowo.

---

121 Vgl. Bericht des Beauftragten des RKFDV vom 10.3.1943. Institut Zachodni w Poznaniu, Serie I, Dok. I-232. Zit. nach Harten, De-Kulturation, S. 302. Vgl. weiters die Auflistung „Bewegung der Kinder in der Eindeutschungsanstalt Bruczków-Kalisz". IPN, OKBZN w Łódźi, 177/29, Bl. 33. Dieser Aufstellung zufolge waren bis März 1943 182 Kinder in die Anstalten der Gauselbstverwaltung überführt worden, davon hatten 165 Kinder die Anstalten wieder verlassen. Aus dieser Statistik geht jedoch nicht hervor, wohin die Kinder gebracht wurden.

122 Vgl. Schreiben des Gaujugendamtes an das Jugendamt am 3.11.1942. AP Łódź, L-15069, Bl. 281. Der nächste Transport nach Kalisch erfolgte bereits fünf Tage später.

123 Vgl. Eidesstattliche Erklärung von Irmgard Eisler. ZfA, Fall VIII, DB Sollmann II, Nr. 19, Bl. 37.

124 Vgl. Eidesstattliche Erklärung von Johanna Zander. ZfA, Fall VIII, DB Sollmann II, Nr. 17, Bl. 27 f.

125 Vgl. Deutsche Übersetzung des Lebensborn-Berichts, April 1948, S. 8. ITS, Kindersuchdienst Ordner Lebensborn 2, S. 89 (Stand 2004); sowie Vernehmung von Maria-Martha Heinze-Wisswede. IfZG, ZS-1071: Maria-Martha Heinze-Wisswede, S. 25.

126 Vgl. Eidesstattliche Erklärung von Johanna Zander. ZfA, Fall VIII, DB Sollmann II, Nr. 17, Bl. 28.

127 Vgl. ebda., Bl. 26.

Nach Aussage von Fritz Bartels gab es mehr als zwanzig derartige Heime im Reichsgau Wartheland.[128]

Der Alltag in den „Assimilierungsheimen" war hart: Die Heiminsassen wurden gezwungen, die deutsche Sprache zu erlernen, im Sinne der NS-Ideologie geschult und eingeschüchtert.[129] „Ich erinnere mich daran, wie wir abends in Ruhe und Andacht beteten, um unser Schicksal zu ändern",[130] so Wiesław Kuligowski, der in das Gaukinderheim nach Kalisch überstellt wurde. Das Pflegepersonal sprach ausnahmslos deutsch mit den Kindern,[131] verwendeten die Kinder ihre Muttersprache, setzte es Schläge.[132] Auch bei Verständnisschwierigkeiten im Unterricht wurden die Jungen und Mädchen sofort bestraft und körperlich gezüchtigt. „Immer waren wir im Stress. Es war kein leichtes Leben für ein sechseinhalb Jahre altes Kind",[133] blickt Halina Kurek auf jene Zeit im Gaukinderheim zurück. „Alle waren erschöpft und verängstigt",[134] betont auch Wiesław Kuligowski. Die Bestrafung der Kinder nahm sadistische Züge an, die sogar vor den jüngsten Kindern nicht Halt machte:

„Weil ich zu klein war und die Türklinke nicht erreichen konnte, um sie leise zuzumachen, knallte die Tür zu. Ein Offizier kam und ich musste mich ausziehen. Nur in Hemdchen und Höschen stand ich da, da goss er mir eine Schüssel kaltes Wasser über den Kopf. Es war Winter und ich zitterte vor Kälte und stand so zwei bis drei Stunden. Auch meine Nase wurde durch einen Fußtritt gebrochen."[135]

Ein Junge namens Zygmunt Światłowski soll von Heimleiterin Zander derart malträtiert worden sein, dass er im Gaukinderheim verstarb. Zygmunt hatte sich geweigert, die deutsche Sprache zu erlernen und seine Herkunft bewusst zur Schau getragen – Zander

---

128   Vgl. Auszug aus der Vernehmung Fritz Bartels vom 30.1.1947. Trials of War Criminals before the Nuremberg Military Tribunals under Control Council Law No. 10, Nuremberg, October 1946 – April 1949 (Green Series), Vol. IV (Washington, 1950), S. 1047. In Folge als TWC abgekürzt. Die TWC-Bände Vol. IV und Vol. V sind in der virtuellen „Mazal Library" unter http://www.mazal/org/ abrufbar (Stand vom 15. Juni 2004).

129   Vgl. Zeugenaussage von Barbara Mikołajczyk am 6.11.1947. IfZG, MB 30/17, S. 1071 f., Vernehmung von Jan Sulisz durch das Bezirksgericht in Łódź am 13.5.1946. IPN, OKBZN w Łódźi, 177/30, Bl. 36.

130   Kuligowski, Wspomnienia z lat germanizacji 1942–45, S. 44.

131   Vgl. Eidesstattliche Erklärung von Edgar Freier. ZfA, Fall VIII, DB Sollmann II, Nr. 16, Bl. 24.

132   Vgl. Zeugenaussage von Barbara Mikołajczyk am 6.11.1947. IfZG, MB 30/17, S. 1072.

133   Halina Kurek. Zit. aus einem Brief von Halina Kurek an die Autorin (Juni 2004). Rechtschreibfehler und Satzstellungen wurden korrigiert. Sammlung Ines Hopfer.

134   Kuligowski, Wspomnienia z lat germanizacji 1942–45, S. 44.

135   Halina Kurek. Zit. aus einem Brief an die Autorin (Juni 2004). Sammlung Ines Hopfer.

soll ihn daraufhin gegen eine nicht gesicherte elektrische Anlage gestoßen haben, was zum Tode des Jungen führte.[136]

Henryk Strzelczyk war in das Jugendlager nach Ludwikowo transportiert worden. Auch in dieser Anstalt mussten sich die Heiminsassen dubiosen Erziehungsmethoden unterziehen, die nur die Erniedrigung und die Einschüchterung der Kinder zum Ziele hatten:

> „Jeder Ungehorsam wurde bestraft und das vor allem während der ‚Liegekur‘. Während der Liegekur, die wir nach jedem Mittagessen machen mussten und die zwei Stunden dauerte, durften wir uns kaum bewegen. Die Liegestühle standen in einer Reihe und wir wurden von bewaffneten SS-Männern bewacht.“[137]

Besuche von Angehörigen waren zu Beginn der „Eindeutschungsaktion“ in Bruckau noch erlaubt. Die Angehörigen hatten sich an das zuständige Volkspflegeamt gewandt, das die Besuche genehmigte oder ablehnte. Heimleiterin Zander sowie die Gauselbstverwaltung waren jedoch vehement gegen jeden weiteren Kontakt, woraufhin alle weiteren Besuche verboten wurden.[138] Auch der Schriftverkehr mit den Angehörigen wurde strengstens untersagt.[139] Die Heiminsassen schmuggelten heimlich Briefe an die Angehörigen nach außen und informierten sie so über ihren Aufenthaltsort: „Ich änderte die Absenderdaten und schickte mit der Hilfe polnischer Arbeiter, die als Müllmänner arbeiteten, einen Brief an meine Tante“,[140] so Wiesław Kuligowski. Die Tante wandte sich an verschiedene Behörden, um Wiesław wieder zu sehen. Doch man riet ihr, damit aufzuhören, sie solle den Neffen vergessen: „Man sagte ihr deutlich, wenn nicht, dann fährt sie nach Auschwitz“.[141] Auch Slawomir Grodomskis Pflegemutter war nach Kalisch gefahren, um den Jungen zu besuchen – auch sie wurde nicht zu ihrem Pflegesohn durchgelassen.[142] Die „Eindeutschung“ des Jungen wäre wohl durch das Aufeinandertreffen mit der Pflegemutter gefährdet gewesen.

---

136 Vgl. Martyn Tadeusz, Das Gaukinderheim in Kalisz. In: Verbrechen an polnischen Kindern, 1939–1945. Eine Dokumentation. Hg. v. Hauptkommission zur Untersuchung der Naziverbrechen in Polen (München, Salzburg, 1973). Zygmunt Światłowski wurde am nahe gelegenen Friedhof beigesetzt. Bis heute erinnert sein Grabstein an das Martyrium, das die Kinder im Kalischer Heim erlebten. Światłowski wurde vierzehn Jahre alt.

137 Strzelczyk, Moja droga germanizacyjna, S. 84 f.

138 Vgl. Schreiben Zanders, Gaukinderheim Bruckau, an Volkspflegeamt Litzmannstadt vom 30.4.1042. AP Łódź, L-15069, Bl. 231 sowie Antwortschreiben des Volkspflegeamtes vom 4.6.1942. Ebda., Bl. 232 f.

139 Vgl. Zeugenaussage von Barbara Mikołajczyk am 6.11.1947. IfZG, MB 30/17, S. 1017.

140 Kuligowski, Wspomnienia z lat germanizacji 1942–45. S. 44.

141 Ebda.

142 Vgl. Zeugenaussage von Slawomir Grodomski-Paczesny vor dem Militärgerichtshof vom 6.11.1947. IfZG, MB 30/17, S. 1099.

Um jede weitere Verbindung mit der Außenwelt endgültig zu unterbinden, wurde im Dezember 1942 eine eigene polizeiliche Meldestelle im Gaukinderheim errichtet.[143] Das Reichsinnenministerium hatte diese vertrauliche Weisung erlassen,[144] der „Lebensborn" wurde mit der Errichtung der Meldestelle im Heim beauftragt.[145] Die Heiminsassen schienen somit in keiner örtlichen polizeilichen Meldestellenbehörde mehr auf: Die Spuren der Jungen und Mädchen wurden erfolgreich verwischt und waren für die Angehörigen nicht mehr nachvollziehbar.

Dennoch betonte Heimleiterin Zander nach dem Krieg explizit und mehrfach, dass fast alle nach Kalisch transportierten Kinder ohne Angehörige waren.[146] In diesem Versuch, das Heim als „Waisenheim" zu tarnen, vergisst die ehemalige Leiterin ihre eigenen schriftlichen Anweisungen gegen weitere Besuche sowie das Gesuch zur Errichtung der Meldestelle im Gaukinderheim. Wie auch andere Personen, die während der Krieges bewusst ihren Beitrag zur erfolgreichen „Eindeutschung" von Kindern leisteten, versuchte die ehemalige Heimleiterin nach Kriegsende jede Schuld von sich zu weisen und mit fadenscheinigen Argumenten ihr damaliges Handeln zu rechtfertigen.

Neben der nationalsozialistischen Schulung mussten sich die Kinder in den „Assimilierungsheimen" weiteren Tests unterziehen: Ein weiteres Mal wurde das „rassische" Erscheinungsbild der Kinder überprüft und der Gesundheitszustand getestet. Hauptaugenmerk der Examina waren jedoch das psychologische Verhalten sowie eine „charakterologische Beurteilung".[147]

„In einem großen Zimmer waren sehr viele Personen und ich bin von dem einen zum anderen. Die haben wahrscheinlich irgendwelche Fragen gestellt, also das weiß ich nicht mehr so genau, aber jeder hat mich beobachtet. Ich habe keine Ahnung gehabt, für was das ist und warum das ist, ob das für mich wichtig ist, dass ich denen gefallen werde, oder nicht."[148]

Die Insassen wurden im Heim permanent beobachtet. „Unsere Erzieher waren wachsam. Sogar unter Kollegen und Kolleginnen fragten sie nach unseren Gedanken und

---

143   Vgl. Anweisung des Reichsministers des Innern vom 10.12.1942. ZfA, Fall VIII, ADB 8 B, NO-2793 sowie vertraulicher Schnellbrief des Reichsstatthalters im Warthegau an den Regierungspräsidenten in Litzmannstadt. ZfA, Fall VIII, ADB 8 B, NO-2798.

144   Vgl. Anweisung des Reichsministers des Innern vom 10.12.1942. ZfA, Fall VIII, ADB 8 B, NO-2793.

145   Vgl. Eidesstattliche Erklärung von Schulz. ZfA, Fall VIII, 8 D, NO-5235, S. 1.

146   Vgl. Eidesstattliche Erklärung von Johanna Zander. ZfA, Fall VIII, DB Sollmann II, Nr.17, Bl. 26.

147   Vgl. Anordnung 67/I. BA Berlin, NS 2/58, Bl. 104.

148   Interview, Wiesława B., S. 1.

Vorhaben",[149] bemerkt Wiesław Kuligowski. Als Aufenthaltsdauer war offiziell ein Zeitraum von vier bis sechs Wochen vorgesehen, der Großteil der Jungen und Mädchen verbrachte jedoch zwei bis drei Monate in der Anstalt.[150] Bei schwer erziehbaren Kindern musste der sogenannte „Beobachtungszeitraum"[151] noch weiter ausgedehnt werden.[152]

Für jedes einzelne Kind wurde ein Schlussbericht angefertigt, der über die „Eignung" des „Einsatzes" entschied.[153] Bereits unter dem ersten Transport vom 14. März 1942 waren zehn Kinder, die für die „Eindeutschung" als „nicht geeignet" befunden wurden.[154] Zwar waren die „rassischen" und gesundheitlichen Untersuchungen positiv verlaufen, doch der Erziehungsbericht und der psychologische Befund brachten äußerst negative Ergebnisse an den Tag. Die Erziehungsberichte wurden von der Heimleiterin Johanna Zander angefertigt, Hildegard Hetzer,[155] bereits zu jener Zeit eine namhafte Kinder- und Jugendpsychologin, war für die psychologischen Befunde verantwortlich.

Die unten abgebildete Zyta Sus beispielsweise war laut Erziehungsbericht „schmutzig, undiszipliniert",[156] das Mädchen „tut hemmungslos was ihr gerade einfällt, unbeliebt bei den Kameraden, die sie hinterrücks stösst, zwickt, erzieherisch kaum beeindruckbar".[157] Das psychologische Gutachten bescheinigte der Achtjährigen einen erheblichen Ent-

---

149 Kuligowski, Wspomnienia z lat germanizacji 1942–45, S. 44.

150 Vgl. Eidesstattliche Erklärung von Else Burghardt, Kindergärtnerin in Kalisch. ZfA, Fall VIII, DB Sollmann II, Nr. 19, Bl. 31.

151 Eidesstattliche Erklärung von Johanna Zander. ZfA, Fall VIII, DB Sollmann II, Nr. 17, Bl. 26.

152 Vgl. ebda.

153 Vgl. Abschlussberichte nicht geeigneter Kinder. AP Łódź, L-15069, Bl. 90–99.

154 Vgl. Schreiben der Heimleiterin Zander an das Jugendamt Litzmannstadt am 2.4.1942. AP Łódź, L-15069, Bl. 89.

155 Hildegard Hetzer wurde 1931 Professorin für Psychologie an der Pädagogischen Akademie Elbing, 1934 Entlassung, ab 1939 NSV in Berlin, im Sommer 1940 Wechsel zur NSV-Jugendhilfe nach Posen. Im März 1942 als psychologische „Gutachterin" im Gaukinderheim Bruckau tätig. Aufgrund von Unstimmigkeiten wurde Hetzer von der Gauselbstverwaltung entlassen, man schenkte ihren Methoden kein Vertrauen, so ein Mitarbeiter der Gauselbstverwaltung. Hetzer wurde daraufhin mit dem Aufbau von Erziehungsberatungsstellen in Posen beauftragt. Nach dem Krieg machte Hetzer eine beispiellose Universitätskarriere: Leiterin des Pädagogischen Instituts Weilburg 1948, 1961–1967 Lehrstuhl an der Universität Gießen, 1964 Vorsitzende des Wiss. Beirats der Bundesvereinigung Lebenshilfe. 1972 wurde Hetzer für ihr Wirken mit dem Bundesverdienstkreuz ausgezeichnet. Vgl. zum Lebenslauf Hildegard Hetzers: Interview mit Hildegard Hetzer am 8. Juni 1990 von Christian Fleck. Archiv für die Geschichte der Soziologie in Österreich, T-12. Transkription vom 2. Februar 2001. Siehe auch Manfred Berger, Wer war Hildegard Hetzer. In: sozialmagazin, 24. Jg., H. 10 (1999), S. 8–10. Siehe ebenso Ulfried Geuter, Die Professionalisierung der deutschen Psychologie im Nationalsozialismus (Frankfurt/Main, 1988), S. 410 ff. und S. 571 sowie Deutsche Übersetzung des Lebensborn-Berichts, April 1948, S. 8. ITS, Kindersuchdienst Ordner Lebensborn 2, S. 89 (Stand 2004).

156 Schlussbericht über Zyta Sus vom 26.3.1942. AP Łódź, L-15069, Bl. 97.

157 Ebda.

```
                           A b s c h r i f t .                         97
Gaukinderheim
  Bruckau    Schlußbericht über  Z y t a   S u s , geb. 6.6.34 in Litzmannstadt

             Vorgeschichte: Vom Gesundheitsamt Litzmannstadt eingewiesen,
             war in polnischer Pflegestelle untergebracht.

             Ärztlicher Befund:        Moro:        -
                                       Wa:          -
                                       Lunge:    o. B.

             Erziehungsbericht:  Schmutzig, undiszipliniert, tut hemmungslos
             was ihr gerade einfällt, unbeliebt bei den Kameraden, die sie
             hinterrücks stösst, zwickt, erzieherisch kaum beeindruckbar.

             Psychologischer Befund:  Erheblicher Entwicklungsrückstand,der
             weniger auf mangelnde intellektuelle Begabung als vielmehr auf
             eine hemmungslose Triebhaftigkeit zurückzuführen ist.

             Bruckau, den 26.3.42.               gez. Dr. H e t z e r

             Für den Einsatz nicht geeignet
                gez.: M a s s u r y ,
                SS-Hptstf.


             Bruckau, den 1. 4. 1942
```

Abb. 7: Schlussbericht über Zyta Sus aus dem Kinderheim in Bruckau.

Abb. 8: Zyta Sus, im Zuge der Examina in Litzmannstadt. Das Mädchen musste zahlreiche „Eindeutschungsstationen" durchlaufen: Ab dem sechsten Lebensjahr wurde die Tochter einer ledigen Polin in verschiedenen Kinderheimen untergebracht, schließlich in Litzmannstadt von Mitarbeitern des RuSHA als „rassisch wertvoll" beurteilt. Im März 1942 wurde das Mädchen in das „Assimilierungsheim" nach Bruckau deportiert. Im Juli 1942 traf Zyta Sus in der Deutschen Heimschule in Achern ein und im Oktober 1943 wurde sie als Pflegekind an eine Familie in Salzburg vermittelt.

wicklungsrückstand, „der weniger auf mangelnde intellektuelle Begabung als vielmehr auf eine hemmungslose Triebhaftigkeit zurückzuführen"[158] sei. Den elfjährigen Jan S. bewertete Hetzer wiederum als „intellektuell durchschnittlich begabt",[159] jedoch „charakterlich regelwidrig veranlagt".[160] Auch Heimleiterin Zander beurteilte den Jungen als

---

158   Ebda.
159   Schlussbericht über Jan S. vom 26.3.1942. AP Łódź, L-15069, Bl. 96.
160   Ebda.

„disziplinlos"[161], er sei „erzieherisch wenig nachhaltig beeinflussbar".[162] Ein weiterer Junge aus Litzmannstadt, Bolesław O., wird im Erziehungsbericht Zanders als „Blender und Duckmäuser"[163] bezeichnet, der Elfjährige „drängt sich dauernd in den Vordergrund, verklatscht die Kameraden, führt sich nur solange er sich beobachtet glaubt, gut, verstösst gegen die Heimordnung, Strafen beeindrucken ihn wenig".[164] Auch die Jugendpsychologin bescheinigte dem Jungen kein gutes Zeugnis: Bolesław sei zwar „intellektuell nicht unbegabt, kann sich aber in keiner Weise den Gegebenheiten unterordnen, (…) passt sich nur äusserlich an, spielt immer eine Rolle, ohne je er selbst zu sein, weil er keine innere Gewalt hat".[165] In Folge wurden Zyta, Jan und Bolesław gemeinsam mit sieben weiteren Kindern von einem Vertreter des RuSHA für den „Einsatz" als „nicht geeignet" befunden und am 3. April 1942 nach Litzmannstadt zurückgeschickt.[166]

Die Rückführung von „ungeeigneten" Kinder warf zwei wesentliche Fragen auf: erstens, was mit den „nicht geeigneten" Kindern zu tun sei und zweitens, wer die finanziellen Belastungen für diese Kinder zu tragen hatte. Die Gauselbstverwaltung war nur Kostenträger für jene Kinder, die auch in den „Assimilierungsheimen" als „eindeutschungsfähig" deklariert und ins „Altreich" überstellt wurden. Die als „nicht geeignet" befundenen Jungen und Mädchen wurden vonseiten der Gauselbstverwaltung somit wieder in den Verantwortungsbereich der regionalen Jugendämter zurücküberstellt.[167] Es war nun die Aufgabe der regionalen Ämter, sich um diese Kinder zu kümmern, die Jungen und Mädchen in polnische Kinderheime zu überweisen oder sie in polnische Pflegestellen zu geben.[168] Es scheint jedoch, dass die regionalen Behörden sich vor dieser Verantwortung drücken wollten: Immer wieder wurden Kinder, die in den „Assimilierungsheimen" als „nicht geeignet" bewertet wurden, von den Kreisjugendämtern in diese Anstalten zurücktransportiert, bis diese Kinder letztendlich als „geeignet" befunden wurden.[169] Auch Zyta, Jan und Bolesław wurden am 27. Mai 1942 vom Jugendamt in

---

161 Ebda.
162 Ebda.
163 Schlussbericht über Bolesław O. vom 27.3.1942. AP Łódź, L-15069, Bl. 92.
164 Ebda.
165 Ebda.
166 Vgl. namentliche Auflistung jener Kinder, die nach Litzmannstadt zurücktransportiert wurden. AP Łódź, L-15069, Bl. 88.
167 Vgl. Schreiben Wilhelm Senses von der Gauselbstverwaltung vom 31.3.1942. AP Łódź, L-15069, Bl. 87.
168 Vgl. ebda sowie Schreiben Zanders an das Jugendamt Litzmannstadt vom 15.7.1942. IPN, OKBZN w Łódźi, 177/29, Kuvert 41 bzw. 43.
169 Vgl. Schreiben des Jugendamtes Litzmannstadt an das Gesundheitsamt Litzmannstadt vom 7.8.1942. AP Łódź, L-15069, Bl. 247.

Litzmannstadt wieder nach Bruckau überstellt.[170] Die Kinder wurden letztendlich für die „Eindeutschung" als „geeignet" befunden und in das „Altreich" deportiert.

Die für den „Einsatz" als „geeignet" erklärten Jungen und Mädchen wurden in Begleitung ihrer Erzieherinnen an die verschiedenen „Abnahmestellen" verschickt:

> „Wir waren ein paar Monate in Bruckau. (…) Von Bruckau sind wir dann lange mit der Bahn gefahren. Und irgendwo unterwegs, ich weiß nicht mehr wo, hat meine Schwester zu mir gesagt: ‚Du wirst unseren Bruder Bogdan nie mehr wieder sehen.' Denn wir sind getrennt worden, die Buben sind irgendwo anders hingefahren."[171]

Kinder bis zum sechsten Lebensjahr wurden in die „Lebensborn"-Anstalt nach Bad Polzin überführt, alle älteren Heiminsassen wurden je nach Geschlecht in die Anstalten der Inspektion der Deutschen Heimschulen nach Achern oder nach Niederalteich transportiert. Allerdings wurde die Überführung in die Deutschen Heimschulen nach kurzer Zeit eingestellt; der SS-Verein übernahm daraufhin alle Kinder.[172] Für die Überstellung der Kinder in das deutsche Reichsgebiet war Dr. Fritz Bartels von der Gauselbstverwaltung verantwortlich: Er organisierte die Hereinbringung der Kinder und war in ständigem Kontakt mit den jeweiligen Vertretern der „Abnahmestellen".[173] Für Himmlers Dienststelle, das Stabshauptamt des RKFDV, ging die Überführung der polnischen Jungen und Mädchen jedoch viel zu langsam vor sich. Auch vom zahlenmäßigen Umfang des Verfahrens war das Stabshauptamt Ende 1942 bitter enttäuscht. Bartels wurde daraufhin mit erheblichen beruflichen Konsequenzen gedroht, falls die Gauselbstverwaltung die Erwartungen des Stabshauptamtes in Zukunft nicht erfüllen sollte.[174]

---

170 Vgl. Schreiben des Jugendamtes an die Gauselbstverwaltung vom 27.5.1942. AP Łódź, L-15069, Bl. 146.

171 Interview, Wiesława B., S. 2.

172 Vgl. Eidesstattliche Erklärung von Fritz Bartels. ZfA, Fall VIII, ADB Rebuttal A/II. Teil, NO-5813, Bl. 345.

173 Vgl. Eidesstattliche Erklärung von Sollmann. ZfA, Fall VIII, ADB 8 B, NO-4706, S. 1–3; Eidesstattliche Erklärung von Staudte. ZfA, Fall VIII, ADB 8 A, NO-5260, S. 2 f.; Eidesstattliche Erklärungen von Viermetz. ZfA, Fall VIII, ADB 2 C, NO-4703, S. 1 f. sowie ZfA, Fall VIII, ADB 8 B, NO-4704, S. 1–3.

174 Vgl. Eidesstattliche Erklärung von Bartels. ZfA, Fall VIII, ADB Rebuttal A/II. Teil, NO-5813, Bl. 345 f.

ÜBERSTELLUNG IN DEUTSCHE HEIMSCHULEN

> *„Dann sind wir nach Achern. Dort waren wir über den Winter. Im Sommer, das weiß ich noch, dass es auf einmal sehr laut wurde, weil viele Menschen gekommen sind. Und die haben die Kinder ausgewählt. Und später, hat mir meine Schwester erzählt, was das eigentlich soll. Das heißt, dass wir zu Familien übergeben werden und dass wir uns trennen müssen."*[175]

Die Deutschen Heimschulen stellen elementare Stationen innerhalb des „Eindeutschungsverfahrens" dar. Separiert von den übrigen Heiminsassen wurde mit rigorosen Erziehungsmethoden versucht, die Identität der polnischen Jungen und Mädchen endgültig „auszulöschen": Die Kinder mussten „zum Deutschtum wieder gewonnen werden",[176] so lautete die oberste Anweisung an die Heimleitungen. Die Vermittlung an Pflegefamilien lief allerdings über die Münchner Zentrale des „Lebensborn", den Heimschulen war es jedoch erlaubt, Pflegestellen vorzuschlagen.[177]

Die Deutsche Heimschule in Achern: Abnahmestelle für polnische Mädchen

Die Deutsche Heimschule in Achern war im Oktober 1940 als „Schule für Volksdeutsche" gegründet worden. Zweck dieser Schule war es, Südtiroler Mädchen, deren Eltern sich für eine Umsiedlung in das Deutsche Reich entschieden hatten,[178] aufzunehmen und

---

175   Interview, Wiesława B., S. 2.

176   Heinrich Hauser, Leiter der Heimschule in Niederalteich. Eidesstattliche Erklärung. ZfA, Fall VIII, ADB 8 B, NO-5229, S. 2.

177   Vgl. Eidesstattliche Erklärung von Klara Keit, Leiterin der Heimschule in Achern. ZfA, Fall VIII, DB Viermetz, Nr. 17, Bl. 56.

178   Mit der Machtergreifung der Faschisten in Italien setzte eine Politik mit dem Ziel der vollständigen Italienisierung der Südtiroler Gebiete ein. Hitler verzichtete jedoch auf eine Unterstützung der dort lebenden „Volksdeutschen". Stattdessen wurde im Einverständnis mit Mussolini der „Optionsvertrag" beschlossen, wonach Südtiroler zwischen der deutschen und der italienischen Staatsangehörigkeit wählen konnten. Wer für die deutsche Staatsangehörigkeit optierte, sollte nach Deutschland umgesiedelt werden. Die völkische Ideologie der Nationalsozialisten machte es nun möglich, dass es in der Heimschule in Achern zu einem „Zusammenleben" zwischen Südtiroler Kindern, deren Eltern sich für eine Abwanderung nach Deutschland entschieden hatten, und polnischen „eingedeutschten" Kindern kam. Das Pendant zur „Reichsschule für Volksdeutsche" in Achern ist in der „Reichsschule für Volksdeutsche" in Rufach zu finden – in diese Erziehungsstätte wurden Südtiroler Jungen transportiert, um ihnen eine „deutsche Erziehung" angedeihen zu lassen. Hinweise, dass „eindeutschungsfähige" Jungen polnischer Abstammung nach Rufach geschickt wurden, konnten nicht gefunden werden. Erhalten geblieben ist

sie im Sinne des Nationalsozialismus zu erziehen: die „Eingliederung" in das Deutsche Reich sollte infolgedessen leichter bewerkstelligt werden. Die Schule wurde im Laufe der Zeit in „Reichsschule für Volksdeutsche" umbenannt, weil zu der ursprünglichen Schülergruppe der „Optantenkinder" auch reichsdeutsche Mädchen sowie „volksdeutsche" Kinder aus den verschiedenen okkupierten Ländern hinzukamen.[179] Daneben wurde die Schule auch in den Stand der Deutschen Heimschulen aufgenommen.[180] Anstaltsleiter der Deutschen Heimschulen war SS-Sturmbannführer Dr. Erich Schmidt, Stabsführer von August Heißmeyer, der der Inspektion der Deutschen Heimschulen unterstand. Die kommissarische Leitung der Schule in Achern übernahm Oberstudienrätin Klara Keit.[181]

Die Schule war auf dem Anwesen der ehemaligen Heil- und Pflegeanstalt „Illenau" untergebracht. Im Zuge der „Euthanasie" genannten Massenmorde an geisteskranken und behinderten Menschen waren die Patienten der Heil- und Pflegeanstalt im Jahre 1940 abtransportiert und in verschiedenen Vernichtungsstätten getötet worden. Der letzte Abtransport von 164 Kranken fand von 1. bis 4. Oktober 1940 statt.[182] Noch im selben Monat reisten die ersten Südtiroler Schülerinnen in Achern an.[183] Innerhalb eines Monats wandelte sich das Anwesen von einem Deportierungsplatz „lebensunwerter" Menschen zu einem Aufnahmeheim für „rassisch wertvolle" „volksdeutsche" Mädchen.

Der erste Transport „eindeutschungsfähiger" polnischer Mädchen kam am 13. Juni 1942 in der Heimschule an, die weiteren Transporte trafen am 17. Juli, am 10. September und am 30. Oktober 1942 in Achern ein.[184] Heimleiterin Keit war bei einer Tagung über die Überführung der polnischen Mädchen informiert worden,[185] die genauen Ankunftsdaten wurden ihr jedoch nicht mitgeteilt.[186] Keit war über die Aufnahme der Kinder

---

einzig der Schriftverkehr zwischen der Inspektion der Deutschen Heimschule und dem Persönlichen Stab des RFSS über einen russischen Jungen, der zu „Eindeutschungszwecken" nach Rufach transportiert worden war. Dieser war gemeinsam mit seinem älteren Bruder im Jahre 1941 von Himmler persönlich während einer Frontreise nach Deutschland gebracht worden. Vgl. BA Berlin, NS 19/1020.

179   Vgl. Priska Wieser, Nationalsozialistische Mädchenerziehung in der Reichsschule für Volksdeutsche in Achern (Dipl. Arb., Innsbruck, 1990), S. 18 f.

180   Vgl. Liste der Schulen, die der Inspektion der Deutschen Heimschulen unterstanden (Stand vom 15.1.1943). BA Berlin, R 59/103, Bl. 10.

181   Klara Keit, geboren 1909 in Wien, war seit 1937 Mitglied der NSDAP, studierte in Graz und Heidelberg, war Studienassessorin in der Oberschule Schwetzingen und wechselte dann als Unterrichtsleiterin und kommissarische Leiterin nach Achern.

182   Vgl. Wieser, Nationalsozialistische Mädchenerziehung, S. 10 f.

183   Vgl. ebda.

184   Vgl. „Alte Meldekartei" des Stadtarchivs Achern. In den Karteikarten wurden die Ankunftsdaten der Kinder eingetragen: 13.6.1942, 17.7.1942, 10.9.1942 sowie 30.10.1942.

185   Vgl. Eidesstattliche Erklärung von Keit. ZfA, Fall VIII, ADB 8 B, NO-4950, S. 1 f.

186   Vgl. Interview, Klara Keit am 3.1.1990. Zit. nach Monika Mayer, Reichsschule für Volksdeutsche in

nicht erfreut, sie musste sich jedoch ihrem Vorgesetzten beugen: „Ich hab meine Südtiroler Schule gehabt, und das war ärgerlich, dass die Berliner mir noch so was dazugegeben haben. Immer, wenn die nicht gewusst haben, wohin mit jemandem, dann haben sie sie mir geschickt."[187]

Die Südtiroler Mädchen waren über das Erscheinungsbild der neuen Heiminsassen entsetzt und schockiert: „Jedenfalls wie die Kinder damals gekommen sind, so weiße Köpfe haben sie alle gehabt, weil sie ja zuerst blond gewesen waren: kahlgeschoren, zitternd und verängstigt",[188] so die ehemalige Acherner Schülerin J. in einem Interview aus dem Jahr 1990. Auch die einheitliche ärmliche Bekleidung der Ankömmlinge, eine blaugraue Einheitskutte mit einem schmalen Gürtel, führte dazu, dass die Südtiroler Mädchen über das Aussehen der Polinnen zutiefst erschrocken waren.[189] Auch bei einigen Lehrerinnen der Heimschule löste der körperliche und psychische Zustand der neuen Schülerinnen aus dem Osten heftige Reaktionen aus. Die Frauen waren über die zitternden und verängstigten Kinder vollkommen erschüttert. Offenkundig erkannten die Erzieherinnen erst beim Anblick dieser eingeschüchterten Mädchen die wahren Ausmaße der NS-Ideologie. Einige unter ihnen zogen für sich daraus die Konsequenzen:

„Die haben sich geärgert, dass so etwas möglich ist, dass man so etwas tun kann, diese Kinder so herrichten. Und die B. auch, erst jetzt hat man erkannt, was das für ein Regime ist! Mit diesem Regime da wollten sie nichts mehr gemein haben, das so etwas tut. Komme was wolle. Welche haben sich versetzen lassen, andere sind mit irgendeiner Ausrede… Alles ist dann auseinander gegangen. Das war der Anlass, die Polenkinder."[190]

Heimleiterin Keit will sich jedoch in einem Interview aus dem Jahr 1990 weder an das ärmliche Erscheinungsbild der Mädchen noch an den verängstigten Zustand der Kinder bei ihrer Ankunft erinnern.[191]

Oberstes Ziel war es, die Mädchen „einzudeutschen" und sie nach erfolgreicher „Führung" in geeignete Pflegestellen zu übergeben. Keit sah darin nichts Abnormales, schließlich handelte es sich, wie die Heimleiterin im Nürnberger Prozess mehrfach beteuerte,

Achern: Nationalsozialistische Internatschule für Südtiroler Mädchen (Diplomarbeit, Innsbruck, 1991), Anhang, S. 32, 35.

187 Klara Keit, Interview. Zit. nach Mayer, Reichsschule, Anhang, S. 35.

188 Interview, Frau J. Zit. nach Mayer, Reichsschule, Anhang, S. 13.

189 Vgl. Interview, Frau G. Zit. nach Wieser, Nationalsozialistische Mädchenerziehung, Anhang, S. 126.

190 Interview, Frau J. Zit. nach Mayer, Reichsschule, Anhang, S. 13.

191 Vgl. Interview, Klara Keit. Zit. nach Mayer, Reichsschule, Anhang, S. 37.

bei diesen Mädchen nicht um polnische, sondern um „bindungslose" Kinder deutscher Abstammung.[192] Daneben bezweifelte die Frau, dass die überstellten Mädchen nach „rassischen" Kriterien „ausgemustert" worden waren. Das Erscheinungsbild der Mädchen entsprach nicht immer dem Ideal der „nordischen Rasse", so Keit.[193] Wie so viele vor ihr, versuchte die Heimleiterin nach Kriegsende jegliche Verbindung mit dem gewaltsamen Raub von polnischen Kindern von sich zu weisen. Erst im Jahr 1990 lässt sich Keit zu der unten zitierten Aussage hinreißen:

> „Also ich habe von diesen Polenkindern nur gewusst, dass es Mischlingskinder sind. Und dass es… sagen wir mal so, wertvolle Menschen sind, geschickte Menschen. Na ja und vermutlich hat man damit das deutsche Blut und das deutsche… na ja, vermutlich überhaupt die Zahl der Deutschen erhöhen wollen."[194]

Der Großteil der polnischen Mädchen trug bei seiner Ankunft in Achern noch seinen polnischen Namen.[195] Mit diesem Namen wurden die Kinder auch im örtlichen Meldeamt registriert.[196] Während des Heimaufenthaltes wurden die Mädchen jedoch dazu gedrängt, einen deutschen Vornamen anzunehmen.[197] Die Kinder durften den Namen allerdings selbst wählen.[198] Nach Angaben der Heimleiterin erfolgte die neue Namensgebung, um die Polinnen leichter und schneller in die neue Umgebung zu gewöhnen.[199] Der Zweck des Aufenthaltes war allerdings bereits schriftlich festgehalten und in die örtliche Meldekartei eingetragen worden: Als Staatsangehörigkeit der Mädchen war „eindeutschungsfähig" angeführt worden.[200] Die „Eindeutschung" dieser Mädchen sollte mit allen Mitteln forciert werden, mit Namensänderungen und weiteren strikten Erziehungsmethoden – dies bestätigte Heimleiterin Keit im Jahr 1990, jedoch in abgeschwächter Form:

---

192 Vgl. Eidesstattliche Erklärung von Keit. ZfA, Fall VIII, DB Viermetz, Nr. 17, Bl. 54 f.
193 Ebda., Bl. 56.
194 Klara Keit, Interview. Zit. nach Mayer, Reichsschule, Anhang, S. 34.
195 Vgl. Eidesstattliche Erklärung von Keit. ZfA, Fall VIII, ADB 8 B, NO-4950, S. 2.
196 Vgl. „Alte Meldekartei", Stadtarchiv Achern.
197 Vgl. Zeugenaussage von Alina Antczak vor dem Militärgerichtshof am 6.11.1947. IfZG, MB 30/17, S. 1091 sowie Interview, Klara Keit. Zit. nach Mayer, Reichsschule, Anhang, S. 12.
198 Vgl. Zeugenaussage von Hilde Mayer-Rödel vor dem Militärgerichtshof am 22.1.1948. IfZG, MB 30/20, S. 4031, Zeugenaussage von Lotte Suchert vor dem Militärgerichtshof am 22.1.1948. Ebda., S. 3991 sowie Zeugenaussage von Alina Antczak am 6.11.1947. IfZG, MB 30/17, S. 1091.
199 Vgl. Interview, Klara Keit. Zit. nach Mayer, Reichsschule, Anhang, S. 12, 32.
200 Vgl. „Alte Meldekartei", Stadtarchiv Achern.

„Wir haben auch nicht gesagt, dass die Mädchen jetzt hundertfünfzigprozentige Nationalsozialisten werden müssen, sondern dass sie eingedeutscht werden sollen. Also dass aus denen, die vierzig- oder fünfzig- oder fünfunddreißigprozentige Deutsche waren, halt hundertprozentige Deutsche werden sollten. Durch das Leben im deutschen Volk und mit der deutschen Kultur, das war wohl klar, aber nicht hundertfünfzigprozentige Nationalsozialisten."[201]

Insgesamt waren rund fünfzig „eindeutschungsfähige" Mädchen in Achern untergebracht.[202] „Ja, ich war gar nicht so glücklich mit denen, aber wir haben sie halt nett und anständig behandeln müssen",[203] so Keit über die Betreuung der polnischen Mädchen in ihrer Anstalt. Die Erzählungen der Betroffenen weichen jedoch deutlich von der Erinnerung der ehemaligen Heimleiterin ab: „Verbote, Befehle, bedingungsloser Gehorsam",[204] so beschreibt Zyta Sus den Tagesablauf in der Heimschule in Achern. Ordnung und Disziplin prägten den Erziehungsalltag. „In Achern war alles sehr streng, sehr militärisch, alles musste nach Plan laufen, alles ganz exakt",[205] erinnert sich Andrea Berger. Die Schlafstätten mussten peinlichst in Ordnung gehalten werden, Spindappelle und Spindkontrollen wurden unangemeldet durchgeführt, die wenigen Habseligkeiten mussten „Kante an Kante" gelegt sein.[206] Drei deutsche Lehrerinnen waren als Erzieherinnen für die Mädchen verantwortlich.[207] Die Frauen waren streng und hatten kein Nachsehen mit den verängstigten Kindern: „Für schlechte Leistung erhielten wir Schläge ins Gesicht",[208] so Alicja Raczyńska. Irene Majeski wurde fast jeden Tag von ihren Lehrerinnen geschlagen, weil sie Kleinigkeiten übersehen oder sich falsch ausgedrückt hatte.[209] Janina Madejczyk beschreibt die Lehrerinnen als „rücksichtslos",[210] ihre Schwester bestätigt dies und beurteilt ihre damaligen Erzieherinnen und deren Methoden als „sehr fordernd, ein richtiges preußisches Regime".[211]

Der Tagesablauf der Kinder war streng geregelt: Der Tag begann mit dem Weckruf um sieben Uhr morgens. Nach dem Frühsport durften sich die Schülerinnen in die

---

201 Klara Keit, Interview. Zit. nach Mayer, Reichsschule, Anhang, S. 39.
202 Vgl. Eidesstattliche Erklärung von Keit. ZfA, Fall VIII, ADB 8 B, NO-4950, S. 1.
203 Klara Keit, Interview. Zit. nach Mayer, Reichsschule, Anhang, S. 32.
204 Fragebogen, Zyta Sus, S. 3.
205 Interview, Andrea Berger (Pseudonym), S. 2.
206 Vgl. Interview mit Karin Berger (Pseudonym), Tochter von Andrea Berger. S. 4.
207 Vgl. Zeugenaussage von Hilde Mayer-Rödel am 22.1.1948. IfZG, MB 30/20, S. 4039.
208 Fragebogen, Alicja Raczyńska, S. 3.
209 Fragebogen, Irene Majeski, S. 3.
210 Fragebogen, Janina Madejczyk, S. 3.
211 Fragebogen, Krystyna Lesiecka, S. 3.

Waschräume begeben. Vor dem Frühstück wurde zum Appell im Hof angetreten, bei dem das Aussehen der Kinder inspiziert und die deutsche Fahne gehisst wurde. Nach dem Frühstück begann der Deutschunterricht, der bis zum Mittagessen dauerte. Am Nachmittag mussten die Schülerinnen verschiedene Arbeiten in der Heimschule verrichten, Abendappell und Abendessen ließen den Tag ausklingen. Zwischen Abendessen und Bettruhe um 21 Uhr wurde den Mädchen etwas Zeit für sich selbst gegönnt.[212]

Hauptaugenmerk war es, die polnischen Schülerinnen erfolgreich „einzudeutschen". Dies implizierte die Namensänderung, das Erlernen der deutschen Sprache, Kenntnis in Rechnen und Schreiben in Deutsch, sportliche Ertüchtigung sowie weltanschauliche Schulung:

> „Sehr oft hatten wir den sogenannten ‚Politischen Heimabend', an dem unbedingt alle teilnehmen mussten. Wir mussten deutsche Nationallieder singen und lernten von Hitlers Taten. Alle Mädchen mussten den deutschen Jugendorganisationen beitreten: ältere zum ‚Bund Deutscher Mädel' und die Jüngeren zum ‚Jung Mädel'."[213]

Im Alltag trugen die Mädchen dunkelblaue Kleider,[214] nur bei Ausmärschen oder zu Festtagen war die BDM- oder JM-Uniform verpflichtet: „Eine weiße Bluse, ein marineblauer Rock und einen Schlips, einen schwarzen Schlips mit einem Knoten, und eine braune Jacke",[215] so erinnert sich Alina Antczak an ihre Uniform zurück. Die Ausmärsche im Gleichschritt, fester Bestandteil im Acherner Erziehungsalltag, waren für die polnischen Kinder auch die einzigen Gelegenheiten, das Anwesen zu verlassen und die nähere Umgebung der Heimschule sowie die Stadt Achern zu erkunden.[216]

Die Herkunft der Kinder musste vollkommen negiert werden. Wie bereits in den „Assimilierungsheimen" im Warthegau wurde jegliche Verbindung mit der „alten" Heimat der Mädchen unterbunden: „Wir wurden geschlagen, wenn wir polnisch sprachen, es gab Strafen, wir lernten vom ersten Tag an Deutsch",[217] betont Zyta Sus. Bei Nichteinhaltung dieser Regel setzte es Schläge und man wurde in den Keller gesperrt.[218] Auch

---

212   Vgl. Fragebogen, Krystyna Lesiecka, S. 3.
213   Verhörprotokoll von Wiesława Kawczyńska. AP Łódź, Miejska Rada Narodowa i Zarząd Miejski w Łodzi 1945–1950, Wydział Opieki Społecznej, wykaz nr. 3, sygn. K/99.
214   Vgl. Krystyna Mikołajczyk, Vernehmung durch das Bezirksgericht in Łódź. IPN, OKBZN w Łódźi, 177/30, Bl. 30.
215   Alina Antczak, Zeugenaussage am 6.11.1947. IfZG, MB 30/17, S. 1084.
216   Vgl. Vernehmung von Krystyna Mikołajczyk. IPN, OKBZN w Łódźi 177/30, Bl. 30 sowie Vernehmung von Janina Mikołajczyk durch das Bezirksgericht in Łódź. Ebda., Bl. 28.
217   Fragebogen, Zyta Sus, S. 3.
218   Barbara Mikołajczyk, Vernehmung durch das Bezirksgericht in Łódź. IPN, OKBZN w Łódźi, 177/30, Bl. 27.

Abb. 9: Polnische Mädchen, in BDM-Uniformen gekleidet, posieren für ein Klassenfoto.

jeglicher briefliche Kontakt mit den Angehörigen war untersagt.[219] Keit hatte vom Verein „Lebensborn" dazu eine schriftliche Anweisung erhalten: „Diese Anordnung des Lebensborn war begründet, dass den Kindern das Einleben in den neuen Lebensbereich zu erleichtern sei."[220] Die Mädchen durften weder Briefe an Verwandte schreiben, noch welche empfangen. Alina Antczak widersetzte sich diesem Verbot und schrieb an ihre Eltern in Litzmannstadt. Die Briefe wurden von einer Erzieherin entdeckt und das Mädchen daraufhin körperlich gezüchtigt.[221] Wiesława Kawczyńska indessen erhielt einen Brief von ihrem Bruder Hieronim, der dasselbe Schicksal wie sie zu ertragen hatte und in die Heimschule nach Niederaltaich deportiert worden war: „Der Brief wurde von unserer Pflegerin, der Deutschen Tatz, zerrissen und sofort verbrannt. Sie sagte auch, keiner braucht mehr an mich Briefe schreiben, weil die sowieso vernichtet werden."[222]

Die polnischen Schülerinnen, vonseiten des Lehrpersonals und der Heiminsassen als „Ostkinder" bezeichnet,[223] wurden in der Deutschen Heimschule auch von den anderen Schülerinnen separiert: Die Mädchen bewohnten einen eigenen Trakt des Anwesens,[224] waren in zwei eigenen Klassen zusammengefasst [225] und wurden daher getrennt unter-

219 Vgl. Zeugenaussage von Barbara Mikołajczyk am 6.11.1947. IfZG, MB 30/17, S. 1073.

220 Eidesstattliche Erklärung von Klara Keit. ZfA, Fall VIII, ADB 8 B, NO-4950, S. 2.

221 Vgl. Zeugenaussage von Alina Antczak am 6.11.1947. IfZG, MB 30/17, S. 1083.

222 Verhörprotokoll von Wiesława Kawczyńska. AP Łódź, Miejska Rada Narodowa i Zarząd Miejski w Łodzi 1945–1950, Wydział Opieki Społecznej, wykaz nr. 3, sygn. K/99.

223 Vgl. ebda., sowie Zeugenaussage von Alina Antczak am 6.11.1947. IfZG, MB 30/17, S. 1084 sowie Zeugenaussage von Lotte Suchert am 22.1.1948. IfZG, MB 30/20, S. 3999.

224 Vgl. Verhörprotokoll von Wiesława Kawczyńska. AP Łódź, Miejska Rada Narodowa i Zarząd Miejski w Łodzi 1945–1950, Wydział Opieki Społecznej, wykaz nr. 3, sygn. K/99.

225 Vgl. Interview, Klara Keit. Zit. nach Mayer, Reichsschule, Anhang, S. 12.

richtet.[226] Nur bei Ausmärschen durften die Mädchen das ihnen zugewiesene Areal verlassen.[227] Die Mahlzeiten wurden gemeinsam mit den anderen Schülerinnen in einem Speisesaal eingenommen, die „Polenmädchen" saßen jedoch an einem eigenen Tisch: „Beim Essen, da hat es eine gescheite Tischordnung gegeben, alles war so exakt. Alles musste sehr ordentlich sein, aber auch für die deutschen Mädchen",[228] betont Andrea Berger.

Kontakt zwischen den Südtiroler und den polnischen Mädchen gab es kaum: „Es war immer so viel zu tun, wir wurden ständig beschäftigt, da hatte man auch keine Zeit",[229] erklärt Berger, die als Elfjährige nach Achern gekommen war. Eine ehemalige Südtiroler Schülerin erinnert sich jedoch, dass zwei polnische Mädchen in ihrem Schlafsaal untergebracht waren,[230] es dürfte sich hierbei jedoch um eine Ausnahme handeln. Lediglich ein paar ältere Südtiroler Mädchen hatten die Erlaubnis, die polnischen Mädchen in ihrer Unterbringung zu besuchen. Die Südtiroler Schülerinnen übten hierbei bestimmte Funktionen aus, sie übernahmen eine Art „Patenschaft" und betreuten die Kinder: „Das waren alles so kleine Kinderlein, recht anhänglich. (…) Sie haben uns nicht verstanden, wir sie nicht. Man hat sich halt so verständigt irgendwie",[231] so eine ehemalige Schülerin über ihre Besuche bei den polnischen Mädchen. Andere Schülerinnen steckten den „Polenkindern" heimlich Süßigkeiten, Brot oder auch Kleidungsstücke zu.[232] Die Südtirolerinnen hatten Mitleid mit den Polinnen, es war ihnen bewusst, dass die Mädchen nicht freiwillig nach Achern gekommen waren.[233]

Gehorsamkeit und Disziplin wurden zwar auch den Südtiroler Schülerinnen abverlangt, die Bestrafungsmethoden gegenüber den polnischen Mädchen unterschieden sich allerdings stark von denen der Südtiroler Schülerinnen. Bei den Südtiroler Kindern wurden Arbeitsdienste im Haus oder Ausgangsverbote als Strafmaßnahmen verhängt, körperliche Züchtigung, wie sie bei den polnischen Schülerinnen angewandt wurde, kamen bei den Südtiroler Heiminsassinnen nie vor.[234] Die polnischen Mädchen wurden häufig mit dem Stock geschlagen, Weinen war während der Züchtigung strengstens verboten.

226 Vgl. Interview, Andrea Berger, S. 1.

227 Vgl. Maximilian-Kolbe-Werk (Hg.), Im Namen der Rasse. Raub und Germanisierung polnischer Kinder. Faltblatt (Freiburg, April 1990), S. 5.

228 Interview, Andrea Berger, S. 1.

229 Ebda.

230 Vgl. Mayer, Reichsschule, S. 141.

231 Interview, Frau A. Zit. nach Wieser, Nationalsozialistische Mädchenerziehung, S. 46.

232 Vgl. Interview, Frau G. und Interview, Frau P. Zit. nach Wieser, Nationalsozialistische Mädchenerziehung, S. 46.

233 Vgl. Mayer, Reichsschule, S. 141.

234 Vgl. Wieser, Nationalsozialistische Mädchenerziehung, Kap. „Strafen", S. 77–81.

Die Erzieherinnen kannten keine Gnade und machten den Mädchen Angst: „Wenn ihr nicht pariert",[235] klärten die Aufseherinnen auf, „kommt ihr alle ins KZ."[236]

Janina Madejczyk gehörte unter den polnischen Mädchen zu den Jüngsten. Sie stand daher unter dem „Schutz" der älteren Schwester. Passierten dem sechsjährigen Mädchen leichte Verfehlungen, wurde dafür die Schwester bestraft: „Die Schwester wurde zum Appell zitiert, geschlagen und ich wurde ohnmächtig. Ich hatte mein ganzes Leben ein schlechtes Gewissen."[237]

Der minutiös verplante Tagesablauf, der absolute Gehorsam gegenüber den Erzieherinnen, der Deutschunterricht, die rigorosen Verbote sowie die permanent wirksame weltanschauliche Schulung, begleitet von Ausmärschen und sportlicher Ertüchtigung, dies alles verlangte den Mädchen jegliche Kräfte ab. Weigerung und Auflehnung gegen die gestellten Anforderungen waren zwecklos, das Gefühl des Ausgeliefertseins wurde zum immanenten Begleiter: „Ich konnte kaum ein Auge mehr zu tun",[238] so Alicja Raczyńska. Resignation machte sich unter den Kindern breit: „Ich habe mir gedacht, weil es eh nichts nützt",[239] erklärt Berger nach dem Krieg nüchtern.

Vier Mädchen wurden von der Heimleitung wieder nach Polen zurückgeschickt, „da sie sich für die Eindeutschung nicht eigneten",[240] wie Heimleiterin Keit es sachlich definierte. Die vier polnischen Schülerinnen hatten die an sie gestellten Erwartungen nicht erfüllt: „Es hat halt ein paar gegeben, die man nicht vermitteln konnte, aus irgend einem Grund. Das hat man dann melden müssen, nicht wahr. Genau weiß ich es von einer, die sich partout nicht hat eindeutschen lassen."[241] Das erste Mädchen war zwar ein „charakterlich wertvolles Kind",[242] betonte jedoch, wie Keit bedauernd feststellen musste, „bewusst ihr polnisches Volkstum."[243] Mit anderen Worten, das Mädchen weigerte sich gegen den gewaltsamen Versuch der „Eindeutschung" und musste daraus die Konsequenzen ziehen. Die anderen drei Mädchen machten nicht die erwünschten Fortschritte im Deutschunterricht und waren infolgedessen auch nicht „eindeutschungs-" bzw. „vermittlungsfähig".[244] „Ich konnte ja mit einem Kind nichts anfangen, das nicht in einer

235 Geschichte von Ilona-Helena. Zit. nach Maximilian-Kolbe-Werk (Hg.), Im Namen der Rasse, S. 5.
236 Ebda.
237 Fragebogen, Janina Madejczyk, S. 3.
238 Fragebogen, Alicja Raczyńska, S. 3.
239 Interview, Andrea Berger, S. 1.
240 Eidesstattliche Erklärung von Klara Keit. ZfA, Fall VIII, ADB 8 B, NO-4950, S. 4.
241 Klara Keit, Interview. Zit. nach Mayer, Reichsschule, Anhang, S. 41.
242 Eidesstattliche Erklärung von Klara Keit. ZfA, Fall VIII, ADB 8 B, NO-4950, S. 4.
243 Ebda.
244 Vgl. ebda.

deutschen Familie leben wollte",[245] rechtfertigte Keit ihren damaligen Entschluss, die vier Mädchen nach Polen zurückzuschicken. Die Heimleiterin meldete dem SS-Verein, dass sich „Schwierigkeiten mit den ausländischen Kindern einstellten".[246] Der „Lebensborn" schickte daraufhin einen Vertreter, der die Kinder begutachtete.[247] Schlussendlich wurden die vier Mädchen auf Anordnung des SS-Vereins in das „Polen-Jugendverwahrlager Litzmannstadt" deportiert.[248] Das weitere Schicksal dieser vier Mädchen ist unbekannt. Fest steht, dass die Mädchen in das Lager nach Litzmannstadt deportiert wurden, danach verliert sich die Spur der Kinder.[249]

Der „Lebensborn" unterstützte die Heimschulen mit der Zusendung von Kleidungsstücken, Handarbeitsmaterialien und Weihnachtsgeschenken.[250] Der erste persönliche Besuch vonseiten des „Lebensborn" erfolgte im Dezember 1942: Inge Viermetz stattete gemeinsam mit Walter Dongus und den zwei verantwortlichen Herren der Gauselbstverwaltung Posen, Fritz Bartels und Wilhelm Sense, der Heimschule einen Besuch ab. Die Gäste wollten sich selbst ein Bild über die Betreuung der Kinder machen.[251]

Bei der Vermittlung der Kinder an Pflegestellen hatte der SS-Verein entscheidenden Einfluss: Zwar war es den Heimschulen überlassen, Pflegeplätze für die Kinder zu finden, der „Lebensborn" aber überprüfte und bewertete die potentiellen Kandidaten nach ihrer gesundheitlichen, finanziellen und sozialen Eignung.[252] Die Pflegestellen fuhren nach Achern, begutachteten die Mädchen und wählten daraufhin ihr Pflegekind aus. Nach der Zustimmung vonseiten des SS-Vereins wurden die ausgewählten Kinder mit ihrem polnischen Namen im Polizeiamt in Achern abgemeldet. Als „Wegzugsort" wurde jedoch nicht der Wohnort der neuen Pflegestelle, sondern „Steinhöring" oder „Parsch" angegeben. In Steinhöring befand sich ein „Lebensborn"-Heim, in Parsch ein Umsiedlerlager, in das auch „eingedeutschte" Kinder transportiert wurden.[253]

Das gesamte Vermittlungsverfahren wurde über die Abteilung R IV des „Lebensborn"

245   Klara Keit, Interview. Zit. nach Mayer, Reichsschule, Anhang, S. 40.

246   Eidesstattliche Erklärung von Kurt Heinze. ZfA, Fall VIII, ADB 8 A, NO-4821, S. 4.

247   Vgl. ebda.

248   Vgl. Eidesstattliche Erklärung von Klara Keit. ZfA, Fall VIII, ADB 8 B, NO-4950, S. 4.

249   Auch der Internationale Suchdienst in Arolsen stellte Nachforschungen über diese vier Mädchen an. 1987 wurde der Fall jedoch ohne nennenswerte Informationen abgeschlossen. Vgl. N. N., Späte Vergangenheitsbewältigung. Viele Stimmen melden sich zu Wort. In: Achern-Reuch-Zeitung (ARZ) vom 17.11.1992.

250   Vgl. Eidesstattliche Erklärung von Klara Keit. ZfA, Fall VIII, DB Viermetz, Nr. 17, Bl. 56.

251   Vgl. Eidesstattliche Erklärung von Klara Keit. ZfA, Fall VIII, ADB 8 B, NO-4950, S. 3 sowie Eidesstattliche Erklärung von Inge Viermetz. ZfA, Fall VIII, ADB 8 B, NO-4704, S. 2.

252   Vgl. Eidesstattliche Erklärung von Klara Keit. ZfA, Fall VIII, DB Viermetz, Nr. 17, Bl. 56.

253   Vgl. „Alte Meldekartei", Stadtarchiv Achern sowie Eidesstattliche Erklärung von Keit. ZfA, Fall VIII, ADB 8 B, NO-4950, S. 3. Nur beim ersten Mädchen, das erfolgreich in eine Pflegestelle gegeben wurde, scheint der tatsächliche Wohnort der Familie als Wegzugsort auf.

geregelt,[254] das Referat galt als zentrale Anlaufstelle bei etwaigen Schwierigkeiten mit den Kindern.[255] Die Pflegestellen wurden jedoch nicht vom Verein, sondern von Vertretern des regionalen Fürsorgeamtes besucht und kontrolliert,[256] das Pflegegeld wurde vom „Lebensborn" ausbezahlt.[257] Die erste Vermittlung eines polnischen Kindes fand im April 1943 statt: Nach einem sechsmonatigen Aufenthalt war die elfjährige Wanda Dobiecka der deutschen Sprache fehler- und akzentfrei mächtig. Demzufolge konnte das Mädchen nun an eine deutsche Familie abgegeben werden. Wanda wurde an eine Pflegestelle in Kreuznach übergeben, der Name des Kindes in Anne-Marie Doberer umgeändert.[258]

Ein Großteil der potentiellen Pflegestellen wurde von der Heimschule Achern ermittelt, vereinzelt wandten sich Familien selbst an die Heimleitung und baten um ein Pflegekind.[259] Heimleiterin Keit war bemüht, Pflegestellen für die Mädchen zu finden und wurde in ihrem Herkunftsort Oftersheim fündig: Fünf Mädchen, Stefania Klos, Jadwiga Grzesik, Helena Fornalczyk sowie die Schwestern Alina und Wiesława Antczak brachte Keit in dieser Ortschaft unter.[260] Für die jüngere Schwester Wiesława war die Vermittlung an eine Familie mit Leid und Schmerz verbunden. Eine Vermittlung bedeutete Trennung – Trennung von der älteren Schwester, die stets an ihrer Seite war und ihr geholfen hatte, den Alltag in den Heimen zu überstehen:

„Und auf einmal war der Schock wieder da. Das habe ich nicht vergessen. Ich habe mich nicht berühren lassen, ich wollte doch mit meiner Schwester zusammen sein. Aber sie hat gesagt, das geht nicht. Und wieder ein Stoß, ein Schlag. Und wir sind zu meiner Familie gekommen, zu fremden Menschen. Ich kenne niemanden, meine Schwester muss wieder mit dem Pflegevater Mehnert zurück, das war sehr schwer für mich (…) Und da bin ich weggelaufen, alleine durch die Straßen. Damals war ich schon neun. Und ich habe so geeilt zu meiner Schwester zu kommen. Ich habe gedacht, wenn ich es schaffe, zu meiner Schwester zu kommen, dann werden sie mich nicht wegnehmen."[261]

---

254 Vgl. Eidesstattliche Erklärung von Keit. ZfA, Fall VIII, ADB 8 B, NO-4950, S. 3.

255 Vgl. Schriftverkehr zwischen Pflegestelle Mehnert und Rechtsabteilung des Lebensborn. IfZG, NO-4982, NO-4984, NO-4985 bis NO-4990.

256 Vgl. Zeugenaussage von Suse Vogt vor dem Militärgerichtshof am 22.1.1948. IfZG, MB 30/20, S. 4014 f.

257 Vgl. ebda., S. 4008.

258 Vgl. Eidesstattliche Versicherung von Wanda Dobiecka. ZfA, Fall VIII, ADB 7, NO-5255, S. 1 sowie Karteikarte von Wanda Dobiecka. Stadtarchiv Achern, „Alte Meldekartei".

259 Vgl. Zeugenaussage von Suse Vogt am 22.1.1948. IfZG, MB 30/20, S. 4007, 4011.

260 Vgl. Eidesstattliche Erklärung von Alina Antczak. ZfA, Fall VIII, ADB 8 B, NO-5131, S. 2 sowie Interview, Wiesława B., S. 4.

261 Interview, Wiesława B., S. 4.

Wiesława wurde jedoch auf der Straße aufgegriffen und zur Pflegefamilie zurückgebracht. „Mein ganzes Leben habe ich Sehnsucht gehabt",[262] so Wiesława B., geborene Antczak, heute, „das Leben ist ja weitergelaufen".[263] Pflegefamilie Staudt bemühte sich redlich um das Kind und brachte viel Geduld für das verängstigte und sensible Mädchen auf. Schwester Alina hatte nicht so viel Glück, das Mädchen wurde zu schwerer Arbeit herangezogen, von seiner Pflegemutter als „polnisches Schwein" beschimpft und geschlagen.[264]

SS-Verein und Heimleitung schreckten auch nicht vor den unwürdigsten Methoden zurück, um Pflegekinder ihrer alten Identität zu entledigen und sie so „gefügiger" zu machen: Die Kinder wurden beispielsweise über den angeblichen Tod der Eltern informiert.[265] Die verantwortlichen Stellen waren sich der Lüge vollends bewusst. „Ich glaube, dass diese Auskunft sie beruhigen kann",[266] ließ Keit in diesem Zusammenhang eine Pflegemutter wissen.

Nach rund einem Jahr Heimaufenthalt war ein Großteil der Kinder der deutschen Sprache mühelos mächtig, nationalsozialistisch indoktriniert und somit „vermittlungsfähig". Doch nicht für alle polnischen Kinder konnte direkt in Achern eine Pflegestelle gefunden werden. Aus diesem Grund veranlasste der „Lebensborn" im Sommer 1943 die Überstellung der restlichen Kinder in das Lager „Parsch" nach Salzburg.[267] Für jedes Kind wurde ein „Führungszeugnis" erstellt, in dem neben dem Aussehen auch der Charakter des Kindes beschrieben wurde: „Ja, ich habe dann über die Kinder irgendetwas schreiben müssen",[268] bestätigte Heimleiterin Keit, „die konnte man ja nicht in einem Rathaus einfach so anmelden, was sie sind und wie sie sind."[269] Die Heimberichte wurden mit einem Passfoto des jeweiligen Mädchens versehen und von Keit und der zuständigen „Zugsführerin" unterzeichnet. Barbara Mikołajczyk wurde in dem Bericht als „lebendig"[270] bezeichnet, das Kind besitzt einen „starken Eigenwillen"[271] und „im Umgang mit ungünstig veranlagten Ostkindern ist sie ungehorsamer geworden".[272] Den-

---

262 Interview, Wiesława B., S. 4.
263 Ebda.
264 Vgl. Zeugenaussage von Alina Antczak am 6.11.1947. IfZG, MB 30/17, S. 1085, 1089.
265 Vgl. Schreiben der Heimschule Achern an Frau Mehnert vom 1.9.1943. IfZG, NO-4982.
266 Handschriftliche Notiz von Keit auf dem Schreiben an Mehnert vom 1.9.1943. IfZG, NO-4982.
267 Vgl. Eidesstattliche Erklärung von Keit. ZfA, Fall VIII, ADB 8 B, NO-4950, S. 4.
268 Klara Keit, Interview. Zit. nach Mayer, Reichsschule, Anhang, S. 41.
269 Ebda.
270 Heimbericht über Barbara Mikołajczyk vom 30.5.1943. IfZG, MB 30/25.
271 Ebda.
272 Ebda.

noch sah man auch für dieses Kind eine Chance: „Bei richtiger Erziehung",[273] so prognostizierte die Heimleitung, „wird Barbara keine Schwierigkeiten machen; neben einer festen Hand, darf bei ihr die mütterliche Liebe nicht fehlen".[274]

Die Deutsche Heimschule in Niederalteich: Exerzierplatz für „einzudeutschende" Jungen

Die Deutsche Heimschule Niederalteich war in den ehemaligen Schul- und Seminarräumen der Benediktinerabtei „Niederaltaich"[275] untergebracht. Die Räume des Schulheimes waren im September 1940 beschlagnahmt worden und dienten als Umsiedlerlager der „Volksdeutschen Mittelstelle". Das Lager bestand rund ein Jahr: Im Dezember 1941 wurde das gesamte Lager geräumt, um in dem beschlagnahmten Gebäudetrakt eine „Reichsschule für Volksdeutsche" einzurichten.[276] Die Lagerinsassen, dreihundert „Volksdeutsche" aus Bessarabien, wurden in den Warthegau umgesiedelt – somit stand das Anwesen wieder frei zur Verfügung.[277]

Im Februar 1942 wurde die Deutsche Heimschule Niederalteich als „Reichsschule für Volksdeutsche" eröffnet. Im Laufe des Jahres 1942 gelang es der Heimleitung dieser Schule, den Status einer Deutschen Heimschule zu erwerben.[278] Die Erziehungsanstalt wurde von reichs- sowie „volksdeutschen" Jungen aus dem gesamten deutschen Reichsgebiet besucht,[279] großteils handelte es sich hierbei um Kinder, deren Eltern dienstverpflichtet waren, Söhne gefallener Soldaten sowie um Waisenkinder.[280] Zeitweise befanden sich bis zu siebzig Schüler in der Heimschule,[281] die von der fünften bis zur achten

---

273 Heimbericht über Barbara Mikołajczyk vom 30.5.1943. IfZG, MB 30/25.

274 Ebda.

275 Vgl. die unterschiedliche Schreibweise: Die Abtei des Benediktinerordens nennt sich „Niederaltaich", die Ortschaft im Landkreis Deggendorf, Bayern, schreibt sich „Niederalteich", auch die Deutsche Heimschule hatte den Namen „Heimschule Niederalteich". Zur Geschichte der Benediktinerabtei „Niederaltaich" siehe Publikation Georg Stadtmüller, Bonifaz Pfister, Geschichte der Abtei Niederaltaich 741–1971 (Augsburg, 1971).

276 Vgl. Stadtmüller, Pfister, Geschichte der Abtei Niederaltaich, S. 335.

277 Vgl. Eidesstattliche Erklärung von Franziska Ranzinger, Krankenschwester im Umsiedlerlager; später auch in der Deutschen Heimschule in Niederalteich tätig. ZfA, Fall VIII, ADB B, NO-4978, S. 1.

278 Vgl. Eidesstattliche Erklärung von Hauser. ZfA, Fall VIII, ADB 8 B, NO-5229, S. 1 sowie Liste der Schulen, die der Inspektion der Deutschen Heimschulen unterstanden (Stand vom 15.1.1943). BA Berlin, R 59/103, Bl. 10.

279 Vgl. Liste über Jungmannen in der Deutschen Heimschule Niederalteich, undatiert. Archiv der Benediktinerabtei Niederaltaich.

280 Vgl. Eidesstattliche Erklärung von Hauser. ZfA, Fall VIII, ADB 8 B, NO-5229, S. 2.

281 Vgl. Eidesstattliche Erklärung von Ranzinger. ZfA, Fall VIII, ADB 8 B, NO-4978, S. 2.

Klasse Volksschule unterrichtet wurden,[282] die „einzudeutschenden" polnischen Jungen nicht mitgerechnet.

Im Gegensatz zur Heimschule in Achern stand in Niederalteich für alle Schüler zusätzlich Wehrertüchtigung auf dem Lehrplan. Der kommissarische Leiter der Schule, Heinrich Hauser,[283] war als Fähnleinführer dienstverpflichtend beim Deutschen Jungvolk tätig und daher prädestiniert für die paramilitärische Ausbildung seiner Schüler. Hauser, seit Mai 1942 Lehrer in Niederalteich, folgte Direktor Lenk im Herbst 1942 als Nachfolger.[284]

Rund sechzig polnische Jungen wurden im Juni 1942 im Rahmen zweier Transporte in die Heimschule nach Niederalteich überführt.[285] Die Transporte wurden von zwei deutschen Erzieherinnen begleitet, die die Heimleitung darüber informierten, dass sämtliche Kinder – die erfolgreiche „Eindeutschung" wurde offenkundig hierbei vorausgesetzt – an deutsche Pflegefamilien vermittelt werden mussten.[286] Die Knaben waren im Alter zwischen sechs und vierzehn Jahren[287] und mussten sich nach der Ankunft einer medizinischen Untersuchung unterziehen.[288] Die Namenseintragungen im Krankenbuch der Schule weisen darauf hin, dass die Burschen noch mit ihrem ursprünglichen polnischen Namen in die Heimschule überführt wurden.[289] Erst im Mai 1943 erhielt die Heimleitung vom Stabshauptamt des RKFDV eine namentliche Auflistung, in der neben dem polnischen auch der „eingedeutschte" Name angeführt war.[290]

Nach ihrer Ankunft wurden die Knaben neu eingekleidet, dunkelblaue Anzüge mit hellblauen Kragen waren von nun an Alltagsbekleidung,[291] bei Ausmärschen und Exerzierübungen musste jedoch die HJ-Uniform getragen werden.[292]

---

282 Vgl. Liste der Schulen, die der Inspektion der Deutschen Heimschulen unterstanden (Stand vom 15.1.1943). BA Berlin, R 59/103, Bl. 10.

283 Unteroffizier Heinrich Hauser, ausgebildeter Volksschullehrer, war seit 1937 Mitglied der NSDAP. Nach zwei Jahren Militärdienst arbeitete er als Volksschullehrer in Niederbayern bis er im Mai 1942 nach Niederalteich wechselte.

284 Vgl. Eidesstattliche Erklärung von Hauser. ZfA, Fall VIII, ADB 8 B, NO-5229, S. 1.

285 Vgl. Eidesstattliche Erklärung von Ranzinger. ZfA, Fall VIII, ADB 8 B, NO-4978, S. 2.

286 Vgl. Eidesstattliche Erklärung von Hauser. ZfA, Fall VIII, ADB 8 B, NO-5229, S. 6.

287 Vgl. Eidesstattliche Erklärung von Ranzinger. ZfA, Fall VIIII, ADB 8 B, NO-4978, S. 2.

288 Vgl. Auszug des Krankenbuches betreffend medizinische Untersuchungen in der Heimschule Niederalteich. Sammlung Ines Hopfer .

289 Vgl. Eidesstattliche Erklärung von Ranzinger. ZfA, Fall VIII, ADB 8 B, NO-4978, S. 3. Eine Ausnahme stellt hier der polnische Junge Jan Sulisz dar – er wurde bereits mit seinem „eingedeutschten" Namen Johann Suess nach Niederalteich überführt.

290 Vgl. Eidesstattliche Erklärung von Hauser. ZfA, Fall VIII, ADB 8 B, NO-5229, S. 5. Die Kinder selbst wurden über die Änderung ihres Namens nicht informiert. Erst im Umsiedlerlager „Parsch" bei Salzburg wurden die Kinder mit ihren „eingedeutschten" Namen konfrontiert.

291 Vgl. Eidesstattliche Erklärung von Ranzinger. ZfA, Fall VIII, ADB 8 B, NO-4978, S. 2.

292 Vgl. Strzelczyk, Moja droga germanizacyjna, S. 85.

Der Direktor der Schule informierte seinen Lehrkörper, dass die neuen Schüler „volksdeutsche Waisenkinder"[293] seien, die „zum Deutschtum wieder gewonnen werden"[294] mussten. Dies implizierte die Mitgliedschaft beim Deutschen Jungvolk. Die paramilitärische
Ausbildung hatte in Niederalteich höchste Priorität, wie Hauser betonte: „Die Kinder aus
dem Warthegau mussten ebenfalls, wie die deutschen Kinder, Mitglied des Jungvolks werden, um so eine ihrem Alter entsprechende nationalsozialistische Schulung zu erhalten".[295]
Die Wehrertüchtigung der polnischen Jungen war hart, die paramilitärische Ausbildung
erfolgte jedoch gemeinsam mit den deutschen Schülern.[296] Bei den Ausbildnern handelte es
sich um SS-Soldaten, die im Krieg verwundet worden waren,[297] oder um HJ-Führer.[298] Die
Männer waren „zynisch und grausam",[299] so charakterisiert Bolesław Olczak seine Ausbildner. Exerzierübungen, Marschieren in Reih und Glied, Schießübungen, Leibeserziehung,
Nahkampfunterricht sowie Feld- und Luftschutzübungen standen auf dem Stundenplan.
Der Alltag war „wie beim Militär",[300] es herrschte „deutsche Ordnung".[301] Aus den Minder-
jährigen sollte ein starker und wehrfähiger Nachwuchs herangebildet werden, mit dessen
Hilfe die imperialistischen Ziele des NS-Regimes verwirklicht werden konnten: „Wir mussten neben dem Deutschunterricht sehr intensiv trainieren. Wir mussten sehr viel laufen
und vieles mehr. Wir trugen auch Steine. Die Übungen dienten der Geschicklichkeit und
zur Abhärtung",[302] so ein ehemaliger Niederalteicher Schüler.

Die Heimschulen Achern und Niederalteich ähneln sich im Umgang mit den polnischen Kindern: Deutschkurse, nationalsozialistischer Weltanschauungsunterricht sowie rigorose Erziehungsmethoden prägten den Alltag. „Hier durften wir auf keinen Fall
auf Polnisch reden. Wenn jemand hörte, dass wir auf Polnisch sprachen, wurden wir
bestraft",[303] betont Bogdan Antczak. Die Jungen wurden in kleinen Gruppen zusammengefasst, um die Sprache schneller zu erlernen. Die Heimschule besaß daneben auch
ein eigenes Kino, in dem Propagandafilme und die „Wochenschau" gezeigt wurden.[304]

---

293 Eidesstattliche Erklärung von Hauser. ZfA, Fall VIII, ADB 8 B, NO-5229, S. 2.
294 Ebda.
295 Ebda.
296 Vgl. Fragebogen, Henryk Wojciechowski, S. 2.
297 Vgl. Fragebogen, Bolesław Olczak, S. 3.
298 Vgl. Fragebogen, Henryk Wojciechowski, S. 3.
299 Fragebogen, Bolesław Olczak, S. 3.
300 Vgl. ebda.
301 Strzelczyk, Moja droga germanizacyjna, S. 85.
302 Jan Sulisz, Vernehmung durch das Bezirksgericht in Łódź. IPN, OKBZN w Łódźi, 177/30, Bl. 36.
303 Verhörprotokoll von Bogdan Antczak. AP Łódź, Miejska Rada Narodowa i Zarząd Miejski w Łodzi
     1945–1950, Wydział Opieki Społecznej, wykaz nr. 3, sygn. A/88.
304 Vgl. Fragebogen, Henryk Wojciechowski, S. 2 f.

Bisweilen verwendeten die Burschen unwillkürlich ihre eigene Muttersprache, worauf Strafen folgten. Zu Beginn des Aufenthalts wurden die Kinder noch verbal bestraft, danach wurden kategorisch Bestrafungen eingeführt. Henryk Wojciechowski, der als Zwölfjähriger nach Niederalteich überführt worden war, wurde mehrmals Opfer der Niederalteicher Bestrafungsmethoden: Kniebeugen bis zur vollkommenen Erschöpfung sowie Schläge auf den Hinterkopf, die ihm ein deutscher Mitschüler versetzen musste.[305] Auch Henryk Strzelczyk wurde beim Polnischsprechen ertappt. Der Neunjährige wurde eingesperrt und ihm wurden die Mahlzeiten verweigert.[306] Daneben drohte man den Kindern permanent mit der Einweisung in ein Arbeitslager.[307]

Der Aufenthalt im Heim war für die polnischen Jungen schwer zu ertragen.[308] Die Knaben waren den Bestrafungsmethoden ihrer Erzieher schutzlos ausgeliefert, wie auch bei den polnischen Mädchen in Achern machte sich Resignation unter den Kindern breit:

> „Die Tage waren mit Programm ausgefüllt, Sehnsucht nach den Angehörigen, das Gefühl des Verlustes des Polnisch-Seins und die Entfremdung von den Angehörigen gaben ein Gefühl der relativen Sicherheit. (…) Das Bewusstsein um die Ereignisse und die Erinnerungen war verborgen, jedes Kind hat sich unter scheinbarer Offenheit in sein Privatleben zurückgezogen und sich seinem ungewissen Schicksal ergeben."[309]

Der Tagesablauf war pedantisch geregelt und glich dem der Heimschule im Schwarzwald. Nach dem Weckruf um sieben Uhr folgten die morgendliche Leibesertüchtigung

---

305 Vgl. ebda.

306 Strzelczyk, Moja droga germanizacyjna , S. 85.

307 Vgl. Fragebogen, Bolesław Olczak, S. 3.

308 An dieser Stelle muss der Briefwechsel zwischen der Gemeinde Niederalteich und einem weiteren ehemaligen polnischen Schüler erwähnt werden. Wladyslaw R. wurde 1942 gemeinsam mit anderen polnischen Jungen nach Niederalteich überführt. Im Gegensatz zu anderen Zeitzeugenberichten bezeichnet er die Heimschule in Niederalteich als „Oase der Ruhe", es gab weder körperliche Züchtigungen, noch andere Bestrafungen für das Polnischsprechen. Seine Erinnerungen weichen deutlich von all den der Autorin bekannten Beschreibungen über die Heimschule ab. Dem Mann wird nicht abgesprochen, die Wahrheit zu sagen, es ist durchaus vorstellbar, dass der Junge trotz seiner polnischen Abstammung nicht wie die übrigen „Ostlandjungen" behandelt wurde. Auch in der Deutschen Heimschule in Niederalteich kam es zu unterschiedlichen Erziehungsmaßnahmen zwischen „Ostlandkindern" und den übrigen Heiminsassen. Warum Wladyslaw R. auch diese Erziehung genoss, bleibt ungeklärt. Vgl. Schriftwechsel zwischen Wladyslaw R. und der Gemeinde Niederalteich, November 1998 bis Mai 2001. Archiv der Gemeinde Niederalteich.

309 Fragebogen, Henryk Wojciechowski, S. 3.

und das Frühstück. Um acht Uhr wurde zum Appell gerufen, nach der Flaggenhissung begann der Unterricht, der bis 13 Uhr dauerte. Nach dem Mittagessen wurde den Kindern bis 15 Uhr Freizeit gewährt, danach mussten sich die Schüler der paramilitärischen Ausbildung unterziehen, die auch Filmvorführungen und das Erlernen nationalsozialistischer Lieder beinhaltete. Um 20 Uhr fand der Abendappell statt, danach konnten sich die Jungen in ihre Schlafgemächer im ersten Stock des Gebäudes begeben. Ruhe und Schlaf wurden durch Luftalarmübungen des Öfteren gestört.[310]

Drei polnische Kinder entsprachen trotz des intensiven Unterrichts nicht dem Ideal eines „richtigen" „deutschen" Jungen. Anlass war nicht mangelnder Fortschritt im Deutschkurs oder zur Schau gestellte Unfähigkeit in der Wehrertüchtigung – die betroffenen Burschen erwiesen sich als Bettnässer. Infolgedessen waren diese drei, wie Heimleiter Heinrich Hauser betonte, „für die Eindeutschung nicht geeignet".[311] Die Jungen wurden nach Litzmannstadt zurückgeschickt und dem Jugendamt übergeben.[312] In Anbetracht des heutigen Forschungsstandes kann davon ausgegangen werden, dass die Betroffenen in das „Polen-Jugendverwahrlager Litzmannstadt" deportiert wurden.

Die Jungen durften das Areal der Deutschen Heimschule nur unter Aufsicht verlassen.[313] Kontakt zur einheimischen Bevölkerung war strengstens untersagt: „Man wusste nichts von ihrem Dasein",[314] erklärt Henryk Wojciechowski. „Nie habe ich kommuniziert, nie habe ich jemanden getroffen, der mit uns gesprochen hätte",[315] das bestätigt auch Bolesław Olczak. Dennoch wurden in der Niederalteicher Bevölkerung Gerüchte laut, dass die ortsansässige Heimschule polnische Kinder beherbergte. Um weiterem Gerede Einhalt zu gebieten, befahl der Leiter der Schule, die Kinder von nun an als „Ostlandjungen" zu bezeichnen.[316]

Jeglicher Kontakt zur Außenwelt war den polnischen Jungen untersagt. „Das Verbot der Korrespondenz (…) unter diesen Umständen – das waren persönliche Gefühle, die man von den Altersgenossen verbarg",[317] bemerkt Henryk Wojciechowski. Wie auch in der Acherner Heimschule war eine Verbindung mit den Angehörigen strengstens verboten,[318] die Jungen suchten dennoch den Kontakt mit Verwandten und Bekannten

---

310 Vgl. Fragebogen, Henryk Wojciechowski, S. 3.
311 Eidesstattliche Erklärung von Heinrich Hauser. ZfA, Fall VIII, ADB 8 B, NO-5229, S. 4.
312 Vgl. ebda., S. 11.
313 Vgl. Fragebogen, Jerzy M., S. 3.
314 Fragebogen, Henryk Wojciechowski, S. 4.
315 Fragebogen, Bolesław Olczak, S. 4.
316 Vgl. Eidesstattliche Erklärung von Hauser. ZfA, Fall VIII, ADB 8 B, NO-5229, S. 3.
317 Fragebogen, Henryk Wojciechowski, S. 3.
318 Vgl. Eidesstattliche Erklärung von Hauser. ZfA, Fall VIII, ADB 8 B, NO-5229, S. 3.

in der Heimat. Bolesław Olczak beispielsweise gelang es unbeaufsichtigt, einen Brief an seinen zur Zwangsarbeit verschleppten Bruder zu schreiben:

> „Ich erzählte von meiner Eindeutschung und die damit verbundenen Schikanen und Repressionen. Den Brief beendete ich mit der Feststellung, die Deutschen können mich von meinem Bauchnabel bis zu den Füßen eindeutschen, aber mein Herz und mein Verstand bleiben für immer polnisch."[319]

Das Schreiben wurde jedoch gefunden und beschlagnahmt. Bolesław und sechs andere Jungen wurden nach dem Abendappell zum Büro des Schulleiters zitiert und mit dem Brief konfrontiert. Die Schulleitung erwartete, dass sich der Betroffene selbst meldete, obwohl man den Verfasser des Schreibens bereits kannte. Bolesław weigerte sich jedoch, zu groß war die Angst vor der bevorstehenden Bestrafung. Die sechs anderen Jungen konnten daraufhin das Büro verlassen und Bolesław wurde derart verprügelt, „dass ich es bis heute nicht vergessen habe".[320]

Der Heimleitung war bewusst, dass die Kinder alle Mittel ausschöpften, um ihre Verwandten über ihr Schicksal zu informieren. In diesem Zusammenhang ist wohl die Aufhebung des „Brief-Schreiben-Verbots" zu sehen: Heimleiter Hauser erlaubte den schriftlichen Kontakt mit Angehörigen unter der Voraussetzung, dass die Briefe auf Deutsch geschrieben und von den Erziehern kontrolliert wurden.[321] Hauser zog anscheinend eine erlaubte „zensurierte" Form der Verbindung einem geheimen, unkontrollierten Umgang mit den Angehörigen vor. Nach dem Krieg behauptete der Heimleiter zwar, er hätte die Briefe aufgrund der Rechtschreibfehler der Jungen nur „korrigieren" lassen – Hausers „Korrektur" implizierte jedoch in erster Linie eine Zensur, wie die unten angeführte Aussage von Bogdan Antczak bestätigt:

> „Wenn jemand einen Brief an seine Verwandten schreiben wollte, durfte er es nur auf Deutsch machen. Das Briefschreiben sah so aus: Einmal in der Woche, am Freitag, schrieb unser Erzieher den Briefinhalt auf die Tafel, wir sollten den Inhalt abschreiben und dem Erzieher unsere Briefe zur Kontrolle und Absendung abgeben."[322]

---

319 Olczak, Wspomnienia z dziecięcych lat, S. 59 f.
320 Ebda., S. 60.
321 Vgl. Olczak, Wspomnienia z dziecięcych lat, S. 60 sowie Eidesstattliche Erklärung von Hauser. ZfA, Fall VIII, ADB 8 B, NO-5229, S. 3.
322 Verhörprotokoll von Bogdan Antczak. Staatsachiv Łódź, Miejska Rada Narodowa i Zarząd Miejski w Łodzi 1945–1950, Wydział Opieki Społecznej, wykaz nr. 3, sygn. A/88.

Die Inspektion der Heimschule stellte die Unterbringung der polnischen Kinder zur Verfügung, die anfallenden Kosten wurden vom Stabshauptamt bestritten, für die Bekleidung kam der „Lebensborn" auf.[323] Im März 1943 ordnete das Stabshauptamt an, fünfzehn polnische Jungen aus der Heimschule nach Brandenburg und Mecklenburg zu überführen. Die Burschen mussten als Landarbeiter den dort lebenden Bauern unterstützend zur Hand gehen. Heimleiter Hauser beschwerte sich über den Einsatz der Jungen in der Landwirtschaft, er musste sich jedoch der Anweisung des Stabshauptamtes beugen.[324] Die endgültige Entscheidungsgewalt über das Schicksal der polnischen Kinder oblag dem Stabshauptamt des RKFDV.

Im Frühjahr 1943 begann das Stabshauptamt, sich für eine Gleichstellung der polnischen Kinder gegenüber den restlichen Heimschülern einzusetzen. Im April 1943 beispielsweise wurde den „Ostlandjungen" Taschengeld gewährt.[325] Im Mai 1943 forderte Heinrich Himmler, dass die „Ostlandkinder" die „gleiche Behandlung hinsichtlich Betreuung, sowie Versicherungsschutz gegen Unfall, Krankheit und Haftpflicht genießen sollen wie die übrigen Heimkinder".[326] Das Motiv dieses Umdenkens ist unklar, es kann nur eine Vermutung angestellt werden: Das Stabshauptamt verwehrte sich gegen die schlechte Behandlung, da es sich bei den Kindern trotz ihrer Herkunft um „rassisch wertvolle Blutsträger" handelte und sie daher als „gleichwertig" zu behandeln waren. Ein weiterer Faktor, der für den Sinneswandel des Stabshauptamtes spricht, ist Himmlers ureigene Angst vor „nordischem Blut" auf der „Gegenseite":[327] Aus den polnischen Jungen sollten Kämpfer für das Deutsche Weltreich geschmiedet werden. Unmenschliche Behandlung konnte den Widerstand der polnischen Kinder entfachen und aus einem Soldaten für das Deutsche Reich einen potentiell gefährlichen Gegner formen.

Im Juni 1943 erhielt Heimleiter Hauser von seiner vorgesetzten Behörde die Information, dass sämtliche polnische Kinder, die bisher für keine Arbeitseinsätze ausgewählt

---

323 Vgl. Eidesstattliche Erklärung von Hauser. ZfA, Fall VIII, ADB 8 B, NO-5229, S. 9, 11.

324 Vgl. ebda., S. 5 f.

325 Vgl. Schreiben des Reichsministers für Wissenschaft, Erziehung und Volksbildung, Inspektion der Deutschen Heimschulen, an den Leiter der Deutschen Heimschule in Niederalteich vom 9.4.1943. Archiv der Benediktinerabtei Niederaltaich.

326 Schreiben des Reichsministers für Wissenschaft, Erziehung und Volksbildung, Inspektion der Deutschen Heimschulen, an den Leiter der Deutschen Heimschule in Niederalteich vom 26.5.1943. Archiv der Benediktinerabtei Niederaltaich.

327 Vgl. dazu Rede Himmlers am 29.2.1940. Zit. nach Smith, Peterson, Heinrich Himmler, S. 127 sowie Himmlers Ausführungen aus seiner geheimen Rede anlässlich des „Tages der Freiheit" am 24.10.1943. Zit. nach Ackermann, Himmler als Ideologe, S. 291–298.

worden waren,[328] in deutsche Pflegestellen gegeben werden sollten.[329] Die Jungen mussten daraufhin die Heimschule verlassen und wurden in das Lager „Parsch" nach Salzburg
überführt. In der „Ostmark" sollte sich ihr weiteres Schicksal entscheiden.

---

328 Neben den rund fünfzehn Jungen, die bereits im Frühjahr als Landarbeiter nach Mecklenburg und
     Brandenburg transportiert worden waren, wurden drei Burschen als Lehrlinge für die Siemens-Schuck-
     art-Werke in Berlin ausgewählt. Die Vermittlung dieser drei Burschen erfolgte über einen Ingenieur der
     Siemens-Schuckart-Werke, der für diese Zwecke eigens nach Niederaltich gereist war. Vgl. Eidesstatt-
     liche Erklärung von Hauser. ZfA, Fall VIII, ADB 8 B, NO-5229, S. 8 f. sowie Eidesstattliche Erklärung
     von Ranzinger. ZfA, Fall VIII, ADB 8 B, NO-4978, S. 5 f.
329 Vgl. Eidesstattliche Erklärung von Hauser. ZfA, Fall VIII, ADB 8 B, NO-5229, S. 7.

III. „Einzudeutschende" Kinder in der „Ostmark": Vermittlung nach Salzburg

> *„Und auf einmal hat es geheißen, wir müssen wieder woandershin. Da ist nicht viel darüber geredet worden. Von Achern sind wir nach ‚Parsch' gekommen. Es ist uns nichts gesagt worden, wohin wir kommen. Gar nichts. Wir sind immer im Ungewissen gelassen worden."*[1]

Nach rund einem Jahr Heimaufenthalt in den Deutschen Heimschulen waren die polnischen Jungen und Mädchen „vermittlungsfähig" und mussten im Sinne einer erfolgreichen „Eindeutschung" in deutsche Pflegefamilien abgegeben werden. Der „Lebensborn", der normalerweise hierbei die führende Rolle spielte, ließ die Kinder aus diesem Grund mit Einverständnis des Stabshauptamtes in die „Ostmark" überstellen. Doch in den Anstalten des „Lebensborn" herrschte Platzmangel.[2] Der Münchner Verein hatte zwar bereits begonnen, das in seinem Besitz stehende Anwesen „Schloss Oberweis" nahe Gmunden zu einem Kinderheim auszubauen, doch im Sommer 1943 befand sich das Heim noch in der Umbauphase. Man entschied daher, die Kinder in das Lager „Parsch" zu überführen. Dieses Lager bei Salzburg diente als Umsiedlerlager der „Volksdeutschen Mittelstelle" – das SS-Hauptamt hatte das Barackenlager bereits im Juni 1941 für die Umsiedlung „volksdeutscher" Flüchtlinge errichten lassen.[3]

DAS LAGER „PARSCH" IM REICHSGAU SALZBURG

Das Umsiedlerlager „Parsch" nahe der Stadt Salzburg diente als zentrale Schaltstelle, von der aus polnische Jungen und Mädchen an Pflegefamilien im Raum Salzburg vermittelt wurden. „Parsch" ähnelt daher einer „Lebensborn"-Anstalt und ist in seiner Intention und Zielsetzung mit dem Kinderheim „Alpenland" in Oberweis zu vergleichen. Ziel war die Aufnahme von „rassisch wertvollen" Kindern, deren Namensänderung und ihre „Verteilung" an Pflegefamilien. Das Lager „Parsch" und das Kinderheim „Alpenland"

---

1 Interview, Andrea Berger, S. 1.

2 Vgl. Deutsche Übersetzung des Lebensborn-Berichts, April 1948, S. 9. ITS, Kindersuchdienst Ordner Lebensborn 2, S. 90 (Stand 2004).

3 Vgl. Schreiben der Reichsstatthalterei Salzburg an das Reichsbauamt Salzburg am 28.7.1941. Salzburger Landesarchiv (SLA), RSTH IV d/ 0222.

sind als die beiden „Eindeutschungszentren" in der „Ostmark" zu betrachten. Bei der Vermittlung der Kinder an Pflegefamilien waren in den beiden Institutionen allerdings unterschiedliche Organisationen involviert. Diese Tatsache stellt den größten Unterschied zwischen den beiden „Eindeutschungszentren" in der „Ostmark" dar.

Das Kinderheim „Alpenland" in Oberweis stand unter der Verwaltung des Vereins „Lebensborn", alle hausinternen und externen Entscheidungen wurden über bzw. vom Verein getroffen. Das Umsiedlerlager „Parsch" hingegen unterstand der „Volksdeutschen Mittelstelle" (VoMi). Aufgabe der VoMi war die Umsetzung der nationalsozialistischen „Volkstumspolitik": die Absiedlung, der Transport und die Versorgung der Umsiedler in den Lagern wurden von der VoMi verantwortet.[4] In dieser ausführenden Position unterstand die VoMi dem „Reichskommissar für die Festigung deutschen Volkstums". Als Beauftragter des Reichsführers-SS und Vertreter des „Reichskommissars für die Festigung deutschen Volkstums" fielen die Lager der „Volksdeutschen Mittelstelle" allerdings in den Zuständigkeitsbereich der SS-Dienststelle des „Höheren SS- und Polizeiführers" (HSSPF). Heinrich Himmler war bestrebt, die HSSPF als seine regionalen Vertreter einzusetzen, die die Arbeit der ihnen unterstellten Außendienststellen der SS-Hauptämter kontrollierten.[5] Die HSSPF waren als Beauftragte des RKFDV auch für regionale Belange der VoMi zuständig. Lagerführer des VoMi-Lagers „Parsch" war demnach der HSSPF „Alpenland".[6] Erwin Rösener bekleidete seit Ende 1941 dieses Amt.[7] Himmler war es so möglich, die oberste Aufsichts- und Befehlsgewalt nicht zu verlieren: Die „einzudeutschenden" Jungen und Mädchen hatten trotz ihrer Überstellung in ein VoMi-Lager den Einflussbereich Heinrich Himmlers nicht verlassen.

„Parsch" war jedoch nicht nur „Aufnahmelager" für jene Jungen und Mädchen, die aus den Deutschen Heimschulen in die „Ostmark" überstellt wurden; eine weitere Gruppe „eindeutschungsfähiger" Kinder wurde im August 1943 aus dem „Lebensborn"-Heim „Moselland" in Luxemburg nach Salzburg überführt.[8]

---

4   Vgl. zur Geschichte der VoMi, deren Aufgabengebiete und deren Umsetzung Valdis O. Lumans, Himmler's Auxiliaries. The Volksdeutsche Mittelstelle and the German National Minorities of Europe, 1933–1945 (Chapel Hill, London, 1993).

5   Vgl. Funktion und Organisation der HSSPF: Birn, Die Höheren SS- und Polizeiführer sowie Buchheim, Die SS, S. 113–144.

6   Vgl. Zeugenaussage von Waldemar Luser am 22.1.1948. IfZG, MB 30/20, S. 3975. Der Zuständigkeitsbereich des HSSPF „Alpenland": Höherer SS- und Polizeiführer bei den Reichsstatthaltern in Salzburg, in Kärnten, in Steiermark und in Tirol und Vorarlberg (Tirol-Vorarlberg kam 1943 zum HSSPF Italien) im Wehrkreis XVIII, SS-Oberabschnitt „Alpenland" mit Sitz in Salzburg.

7   Röseners Vorgänger waren Alfred Rodenbücher (25.4.1939–30.4.1941) und Gustav-Adolf Scheel (30.4.1941–24.11.1941). Rösener übte seit 16.12.1941 das Amt aus und war bis Kriegsende darin tätig.

8   Die Beherbergung von polnischen Kindern im „Lebensborn"-Heim „Moselland" in Boefferding war

Die polnischen Jungen und Mädchen wurden von den übrigen Lagerinsassen getrennt untergebracht. Im Salzburger Lager lebten „volksdeutsche" Familien mit ihren Kindern, die auf eine Umsiedlung warteten.⁹ Insgesamt waren rund sechzig „einzudeutschende" Kinder im Lager „Parsch" stationiert.¹⁰ Die Kinder wurden von Mitarbeitern der Jugendabteilung des Landes aufgesucht und begutachtet: „Die waren alle lustig beisammen",¹¹ so beschreibt Waldemar Luser den Zustand der Kinder im Zuge dieser Inspektionen im Umsiedlerlager. Er selbst hatte nicht den Eindruck, dass die Kinder zwangsweise in die „Ostmark" verschleppt worden waren. Das Gaujugendamt hatte ihm mitgeteilt, die Kinder seien aus Sicherheitsgründen aus den Deutschen Heimschulen nach Salzburg überführt worden.¹²

Die polnischen Kinder wurden im Umsiedlerlager bewacht,¹³ innerhalb ihres Lagerbereiches durften sich die Mädchen und Jungen jedoch frei bewegen.¹⁴ Briefkontakt mit

---

offenkundig als „Übergangslösung" gedacht. Die Anzahl „eindeutschungsfähiger" Jungen und Mädchen aus Polen nahm stetig zu, die Aufnahme der Kinder in Deutsche Heimschulen und „Lebensborn"-Anstalten konnte jedoch nicht gewährleistet werden. Der erste Transport Richtung Luxemburg verließ Kalisch am 21. Juni 1943 und umfasste zwölf Kinder im Alter zwischen sechs und vierzehn Jahren. Heim „Moselland" unterschied sich allerdings in seiner Aufnahmekapazität von den übrigen Heimen: In der Luxemburger Anstalt konnten vergleichsweise wenig Kinder untergebracht werden. Es scheint, dass nicht mehr als zwei Dutzend „einzudeutschende" Kinder gleichzeitig in „Moselland" beherbergt wurden. Im August 1943 mussten die polnischen Jungen und Mädchen Luxemburg verlassen – die Kinder wurden nach Salzburg überführt. Vgl. Personenbestandsbuch des Gaukinderheimes Kalisch, Eintragung Nr. 117. IPN, OKBZN w Łódźi, 177/29, Bl. 34 sowie Interview, Halinka Borkowska, S. 1 f.

9   Vgl. Vernehmung von Krystyna Mikołajczyk durch das Bezirksgericht in Łódź, IPN, OKBZN w Łódźi, 177/30, Bl. 30.
10 Eine genaue Anzahl ist nicht feststellbar – Waldemar Luser, der Pflegevater von Gisela Brandt, schätzt die Anzahl der Kinder im Lager zwischen 50 und 60 Personen. In dem Bericht des Höheren SS- und Polizeiführers „Alpenland", stellvertretender Beauftragter des Reichsführers-SS, vom 5.10.1943 werden 49 „wiedereindeutschungsfähige" Jungen und Mädchen aufgelistet. Es muss betont werden, dass diese namentliche Auflistung keinesfalls den Anspruch auf Vollständigkeit erhebt. Es konnten Kinder ermittelt werden, die sich zum selben Zeitpunkt im Lager „Parsch" aufhielten und von dort an Pflegestellen vermittelt wurden, jedoch nicht auf dieser Liste angeführt wurden. Vgl. Bericht des Höheren SS- und Polizeiführers „Alpenland", Stellv. Beauftragter RFSS, für RKFDV in den Gauen Kärnten, Salzburg, Steiermark u. Tirol-Vorarlberg am 5.10.1943, BA Berlin, NS 48/30, Bl. 37–39; das Dokument ist auch zu finden: IPN, Einwandererzentralstelle RuS-Führer Litzmannstadt, Rasse- und Siedlungsamt, Sign. 167/19, 1–3. Weiters erfolgten noch im Jahr 1944 Zuweisungen polnischer Kinder an Salzburger Pflegefamilien. Wiesław Kuligowski war ein derartiger Fall, der über das polnische Kinderheim Kalisch im Sommer 1944 nach „Parsch" transportiert und von dort aus zu einer Pflegefamilie nach Taxenbach vermittelt wurde.
11 Waldemar Luser, Zeugenaussage am 22.1.1948. IfZG, MB 30/20, S. 3962.
12 Vgl. ebda., S. 3960, 3963.
13 Vgl. Fragebogen, Irene Majeski, S. 6.
14 Vgl. ebda. sowie Zeugenaussage von Waldemar Luser am 22.1.1948. IfZG, MB 30/20, S. 3963.

den polnischen Angehörigen war strengstens untersagt.[15] Der Deutschunterricht wurde
sehr intensiv weitergeführt, jedem polnischen Wort folgten schwere Bestrafungen:

> „Hier durften wir nur deutsch sprechen, wir lernten auch lesen und schreiben.
> Wenn wir miteinander polnisch sprachen, wurden wir mit Schlägen bestraft oder
> mit anstrengenden körperlichen Übungen, die stundenlang dauerten."[16]

Im Lager „Parsch" mussten sich die Kinder weiteren „rassischen" Examina unterziehen, die
vom hiesigen „SS-Führer im Rasse- und Siedlungswesen" durchgeführt wurden.[17] Nach einigen Tagen Lageraufenthalt kam ein bis dato unbekannter deutscher Offizier in das Umsiedlerlager und klärte die Jungen und Mädchen über ihr zukünftiges Schicksal auf: „Er
sagte zu uns, zu den Kindern, dass Polen verloren habe und uns Polen längst vergessen hätte,
von nun ab sollten wir an Deutschland und an Hitler glauben."[18] Ihre Heimat, erklärte der
Soldat den verängstigten Kindern, würden sie nie mehr wieder sehen.[19] Die Zukunft der polnischen Jungen und Mädchen, so prognostizierte der Mann, läge in der „Ostmark": „Nun
werdet ihr zu verschiedenen Familien in Österreich kommen",[20] gab der Soldat bekannt. Die
Kinder waren in den Heimen nationalsozialistisch indoktriniert worden und waren großteils
der deutschen Sprache fehlerlos mächtig. Nur ein Indiz gab die wahre Herkunft dieser Kinder preis: der Name. Diese letzte Verbindung mit der Heimat musste „ausgelöscht" werden.
Der bereits oben erwähnte Offizier las noch einmal den polnischen Namen laut vor, danach
teilte er den Jungen und Mädchen neue „eingedeutschte" Namen zu:

> „Er gab jedem Kind seinen neuen Namen (…). Die Buben mussten sich in Hab-
> Acht Stellung aufstellen und als sie das Blatt mit dem neuen Namen kriegten,
> mussten sie ‚Heil Hitler' sagen. Ich bekam auch ein Blatt mit meinem Geburtsda-
> tum und dem neuen Namen. Barbara Micker stand darauf."[21]

---

15   Vgl. Zeugenaussage von Slawomir Grodomski-Paczesny am 6.11.1947. IfZG, MB 30/17, S. 1102.

16   Miroslaw Cieślak. Zit. nach Hrabar, Hitlerowski, S. 59.

17   Vgl. Olczak, Wspomnienia z dziecięcych lat, S. 59 sowie Schreiben des Chefs des RuSHA vom 17.9.1942,
      in dem die Durchführung von „rassischen" Auslesen durch den RuS-Führer angeordnet wird. BA Berlin,
      NS 48/30, Bl. 41 sowie BA Berlin, NS 2/152, Bl. 93.

18   Krystyna Mikołajczyk, Vernehmung durch das Bezirksgericht in Łódź. IPN, OKBZN w Łódźi, 177/30,
      Bl. 30.

19   Vgl. Vernehmung von Barbara Mikołajczyk durch das Bezirksgericht in Łódź, IPN, OKBZN w Łódźi,
      177/30, Bl. 27.

20   Interview, Krystyna Lesiecka, S. 1.

21   Barbara Mikołajczyk, Vernehmung durch das Bezirksgericht in Łódź. IPN, OKBZN w Łódźi, 177/30,
      Bl. 27.

Mit der Zuweisung eines deutschen Namens konnte die Abstammung der Kinder verschleiert und die Zugehörigkeit zum „deutschen Volk" nun auch offiziell in den Personalpapieren der Kinder eingetragen werden. Die beim Namenswechsel anzuwendende Verfahrensweise war durch die Anweisung des „Rasse- und Siedlungshauptamtes" detailliert festgehalten und richtete sich an die HSSPF, an die „SS-Führer im Rasse- und Siedlungswesen" sowie an die Leiter der Außenstellen des RuSHA. Die neuen „verdeutschten" Namen sollten dem Stamm und dem Klang der bisherigen Namen angepasst werden,[22] zum Großteil wurden die ersten Buchstaben des bisherigen Namens beibehalten. So wurde zum Beispiel der Name „Barbara Mikołajczyk" auf „Barbara Micker" geändert, aus „Wiesława Kawczyńska" wurde „Wilhelmine Kammann", „Renata Sosnowska" hieß von nun an „Renate Sosemann".[23] Polnische Nachnamen wurden auch dem Klang der deutschen Sprache angepasst, beispielsweise „Piąteck" wurde zu „Piontek", „Jesionek" zu „Jeschonnek". Eine weitere Methode der Namensänderung war die Übersetzung der Namen ins Deutsche: Aus „Ogrodowczyk" wurde „Gärtner", aus „Młynarczyk" wurde „Müller".[24]

Die Aufenthaltsdauer der Kinder im „volksdeutschen Lager" war unterschiedlich lang und hing davon ab, wie schnell eine Pflegestelle für die Jungen und Mädchen gefunden werden konnte. Bogdan Antczak verblieb rund einen Monat im Lager,[25] Wiesława Kawczyńska verließ bereits nach einer Woche das Umsiedlerlager.[26] Halinka Borkowska und ihr Bruder Piotr wurden nach einigen Tagen Aufenthalt zum Salzburger Bahnhof gebracht, dort wurden sie von einer großen Anzahl potentieller Pflegeeltern erwartet. Die Männer und Frauen suchten sich an Ort und Stelle ihr Pflegekind aus und nahmen das betroffene Kind unverzüglich mit. Die Geschwister Adamiak, eingedeutschter Name „Adams" fanden so zu ihrem Pflegevater aus St. Martin am Tennengebirge.[27] Daneben wurde es einzelnen Pflegefamilien erlaubt, im Lager „Parsch" unter all den anwesenden Kindern ihr Pflegekind selbst auszuwählen. Irene Majeski schildert ihre erste Begegnung mit ihrer Pflegefamilie folgendermaßen:

22 Vgl. Schreiben des Chefs des RuSHA vom 17.9.1942. BA Berlin, NS 2/152, Bl. 93.
23 Vgl. Bericht des Höheren SS- und Polizeiführers „Alpenland", Stellv. Beauftragter RFSS, für RKFDV in den Gauen Kärnten, Salzburg, Steiermark u. Tirol-Vorarlberg am 5.10.1943. BA Berlin, NS 48/30, Bl. 37–39.
24 Vgl. Hrabar, Tokarz, Wilczur, Kinder, S. 230.
25 Vgl. Verhörprotokoll von Bogdan Antczak. AP Łódź, Miejska Rada Narodowa i Zarząd Miejski w Łodzi 1945–1950, Wydział Opieki Społecznej, wykaz nr. 3, sygn. A/88.
26 Verhörprotokoll von Wiesława Kawczyńska. AP Łódź, Miejska Rada Narodowa i Zarząd Miejski w Łodzi 1945–1950, Wydział Opieki Społecznej, wykaz nr. 3, sygn. K/99.
27 Vgl. Interview, Halinka Borkowska, S. 2.

> „Ich sah meine Pflegeeltern das erste Mal in Salzburg. Sie waren nach Salzburg
> gekommen, wir Kinder mussten uns der Reihe nach hinstellen. Den Pflegeeltern
> wurde gesagt, sie könnten einfach wählen, wen sie wollten. Drei Wochen später
> kamen sie wieder und nahmen mich nach Bischofshofen mit.“[28]

Das Mädchen war einerseits erleichtert, nicht mehr im Lager leben zu müssen, andererseits war die Neunjährige verängstigt: Irene wusste nicht, was sie bei der Pflegefamilie
erwarten würde und sie fragte sich auch, ob die „neue Familie“ über ihr Schicksal informiert worden war: „Ich glaube die Pflegeeltern wussten, dass ich ein verschlepptes Kind
war. Aber sie haben mir nicht wirklich gesagt, wie sie mich bekommen haben oder was
sie machen mussten, um mich zu bekommen.“[29]

Der Großteil der polnischen Kinder jedoch wurde in Gruppen zusammengefasst und
je nach Bestimmungsort mit dem Zug oder mit dem Bus auf die verschiedenen Orte
verteilt. Auffällig ist, dass es sich hierbei meist um ländliche bzw. um Bergregionen handelte, der Großteil der Pflegestellen hatte einen landwirtschaftlichen Betrieb.

Neben seinem ursprünglichen Zweck diente das Umsiedlerlager „Parsch“ folglich als
„Sammellager“ für „einzudeutschende“ Kinder in der „Ostmark“. Interessanterweise
hielt sich der „Lebensborn“ im Raum Salzburg vollkommen im Hintergrund – der SS-
Verein überließ die Verteilung der Kinder sowie die Suche nach potentiellen Pflegeeltern
den regionalen parteiamtlichen und staatlichen Behörden: dem „Höheren SS- und Polizeiführer Alpenland“ sowie dem Gaujugendamt.

VERMITTLUNG DER KINDER: ZUSTÄNDIGE BEHÖRDEN IM GAU SALZBURG

In Oberweis entschied der Verein „Lebensborn“ als oberste Instanz: Die Verteilung der
Kinder oblag dem SS-Verein. In Salzburg übergab die Dienststelle des „Höheren SS-
und Polizeiführers“ des Oberabschnittes „Alpenland“ die Kinder im Einvernehmen mit
dem Gaujugendamt den Pflegefamilien zur Pflege und Betreuung.[30] Die Verteilung der
„eingedeutschten“ Kinder fiel in die Agenden des RuS-Führers Heinrich Obersteiner.[31]
Der „SS-Führer im Rasse- und Siedlungswesen“ stellte einen eng integrierten Teil der

---

28 Fragebogen, Irene Majeski, S. 6.
29 Ebda., S. 7.
30 Vgl. Schreiben der Fürsorgerin Schnizer an Landesgericht, Staatsanwaltschaft und Amtsgericht am
    23.10.45. Archiv des Stadtjugendamtes Salzburg, Akt Luser Gisela.
31 Vgl. Vernehmung von Maria-Martha Heinze-Wisswede. IfZG, ZS-1071, S. 15.

Dienststelle des HSSPF dar und verfügte über eigene Stäbe und Mitarbeiter.[32] In einem Schreiben vom 14. Juli 1943 wurden die RuS-Führer als „alleinige und unmittelbare
Berater (des HSSPF) in allen Rasse- und Siedlungswesen betreffenden Fragen"[33] charakterisiert. Die RuS-Führer personifizierten die Außenstellen des RuSHA und setzten
die Rechte und Pflichten des SS-Hauptamtes durch. Für den SS-Oberabschnitt „Alpenland" war Heinrich Obersteiner seit 1939 als RuS-Führer tätig. Im April 1942 wurde der
SS-Obersturmbannführer auch zum Leiter der Dienststelle des „Reichskommissars für
die Festigung deutschen Volkstums" ernannt. Obersteiner vertrat infolgedessen in Personalunion die Interessen der lokalen Dienststellen des RKFDV sowie des RuSHA.[34] Als
RuS-Führer war Heinrich Obersteiner der lokale „Rasseexperte" und somit für „rassen-
spezifische" Belange zuständig. Anhand von „Rassenexamina" entschied er beispielsweise
über die „Wiedereindeutschungsfähigkeit" von Zwangsarbeitern oder auch über die Verleihung der deutschen Reichsangehörigkeit.[35]

Obersteiner versuchte mit dem Verein „Lebensborn" zusammenzuarbeiten,[36] doch
aufgrund des Platzmangels weigerte sich der SS-Verein, die Kinder in seinen Anstalten
aufzunehmen und für die Vermittlung zu sorgen.[37] Obersteiner verhandelte folglich mit
dem Gaujugendamt Salzburg. Der „Lebensborn" war dessen ungeachtet weiters der
rechtmäßige Vormund der Kinder,[38] die auch durch den SS-Verein versichert wurden.[39]
Als in einem Fall vonseiten der Pflegeeltern Adoptionsbestrebungen bekundet wurden,
ermahnte die Dienststelle des HSSPF jedoch abzuwarten, die Adoptionsabsichten seien

---

32   Vgl. Heinemann, Rasse, S. 13.
33   Entwurf vom 14.7.1943. BA Berlin, NS 2/108a. Zit. nach Birn, Die Höheren SS- und Polizeiführer, S. 98.
34   Heinrich Obersteiner, geboren am 1.3.1905 in Hall/Tirol. Elektrotechniker, seit 1931 in der NSDAP, seit
     1934 in der SS. Obersteiner flüchtete aufgrund seiner politischen Gesinnung 1935 nach Deutschland,
     kehrte nach dem „Anschluss" in seine Heimat zurück. Seit 1938 war er Führer im RuSHA, 1944 kam er
     zum Höchsten SSPF nach Italien. BDC Obersteiner Heinrich. Zit. nach Heinemann, Rasse, S. 627 f. so-
     wie Gauakt, Obersteiner Heinrich. Österreichisches Staatsarchiv, Archiv der Republik, BM für Inneres,
     Ga. 237.382.
35   Vgl. Schreiben des HSSPF Alpenland, SS-Führer im Rasse und Siedlungswesen, an die Reichsstatthalte-
     rei Salzburg am 12.5.1944. SLA, RSTHA I 9-959.
36   Vgl. Eidesstattliche Erklärung von Anneliese Jansky, Sekretärin im Kinderheim Alpenland. IfZG, NO-
     5485, S. 3; Eidesstattliche Erklärung von Ingrid Sänger. ZfA, Fall VIII, ADB 8 B, NO-5228, S. 4 sowie
     Eidesstattliche Erklärung von Maria-Martha Heinze-Wisswede. ZfA, Fall VIII, ADB 8 A, NO-4822, S.
     8.
37   Vgl. Deutsche Übersetzung des Lebensborn-Berichts, April 1948, S. 9. ITS, Kindersuchdienst Ordner
     Lebensborn 2, S. 90 (Stand 2004).
38   Vgl. Schreiben der Fürsorgerin Schnizer an Landesgericht, Staatsanwaltschaft und Amtsgericht am
     23.10.1945. Archiv des Stadtjugendamtes Salzburg, Akt Luser Gisela.
39   Vgl. Namentliche Aufstellung der Gruppenversicherung „Ostkinder". ZfA, Fall VIII, ADB 8 B, NO-
     4601, NO-4602, NO-4603.

zu verfrüht.[40] Zusätzliche Pflegekosten, wie Arztrechnungen oder Bezugsscheine für Kleidungsstücke wurden jedoch von der Dienststelle des HSSPF übernommen.[41]

Das Gaujugendamt Salzburg übernahm die Aufgabe Heinrich Obersteiners und begann Pflegeplätze für die polnischen Jungen und Mädchen aus dem Lager „Parsch" zu suchen. Auch alle weiteren Agenden, wie die Übergabe und die Kontrolle der Pflegestellen wurden vom Gaujugendamt bzw. von den zuständigen Kreisjugendämtern durchgeführt. Das monatliche Pflegegeld in der Höhe von 35 bis 45 Reichsmark wurde den Pflegestellen vom regionalen Jugendamt ausbezahlt.[42]

Interessanterweise wird die Involvierung des Gaujugendamts Salzburg bei der Vermittlung der polnischen Kinder von keinem einzigen „Lebensborn"-Angestellten in den Aussagen vor dem Nürnberger Gerichtshof nach 1945 erwähnt.[43] Die Aussagen der ehemaligen Pflegestellen und der Opfer des „Eindeutschungsverfahrens" bezeugen jedoch die Beteiligung der staatlichen Behörde. Von den rund sechzig Kindern, die mit Sicherheit im Raum Salzburg vermittelt wurden, ist allerdings nur ein einziger Akt erhalten geblieben, der die Mitwirkung des Jugendamtes Salzburgs bestätigt.[44]

Die Kriterien, nach denen das Gaujugendamt die Pflegestellen auswählte, waren in erster Linie davon geprägt, den Pflegekindern eine gute Erziehung und ausreichende Fürsorge zu garantieren. Das naheliegende Argument, dass Kinder ausschließlich an regimefreundliche Pflegestellen vermittelt wurden, kann in Anbetracht der Quellenlage nicht bekräftigt werden. Es scheint, dass die politische Gesinnung der Familien nicht bestimmend war – ein Pflegevater wurde sogar zweimal von der Gestapo verhaftet und stand bis Kriegsende unter der Aufsicht der Geheimpolizei.[45]

Die Pflegefamilien erhielten vonseiten der staatlichen Behörde die Weisung, die polnischen Jungen und Mädchen wie leibliche Kinder zu behandeln und für eine „anständige" Schulausbildung zu sorgen. Vorschriften, die Kinder im nationalsozialistischen Sinne zu erziehen oder sie zur HJ oder BDM anzumelden, wurden nach Aussagen der

---

40   Vgl. Zeugenaussage von Waldemar Luser am 22.1.1948. IfZG, MB 30/20, S. 6965.

41   Vgl. Eidesstattliche Erklärung von Therese Grassler. ZfA, Fall VIII, DB Sollmann X, Nr. 110, Bl. 39 sowie Zeugenaussage von Waldemar Luser am 22.1.1948. IfZG, MB 30/20, S. 6965.

42   Vgl. Eidesstattliche Erklärung von Hedwig Wuerfel. ZfA, Fall VIII, DB Sollmann Nr. 109, Bl. 36 sowie Eidesstattliche Erklärung von Grassler. ZfA, Fall VIII, DB Sollmann X, Nr. 110, Bl. 38.

43   In folgenden Beständen des Salzburger Landesarchivs konnten keinerlei Hinweise betreffend „einzudeutschende" Kinder gefunden werden: Akten der Reichsstatthalterei Salzburg, Aktenbestände der Jugendwohlfahrt des Landes Salzburgs, in den zuständigen Bezirksgerichten sowie in den zeitgenössischen Unterlagen der Jugendämter der jeweiligen Bezirkshauptmannschaften.

44   Akt Waltraud Schubart. SLA, BH Salzburg-Umgebung, Jugendamt, Ju 1099.

45   Vgl. Zeugenaussage von Waldemar Luser am 22.1.1948. IfZG, MB 30/20, S. 6966 sowie Eidesstattliche Erklärung von Grassler. ZfA, Fall VIII, DB Sollmann X, Nr. 110, Bl. 38.

Pflegefamilien nicht gemacht.[46] Die Oberfürsorgerin Klara Hofmeister[47] bestärkte die Pflegemutter Hedwig Wuerfel sogar zu dem Entschluss, ihr Pflegekind katholisch zu erziehen.[48]

Polnische Kinder wurden bisweilen als „billige" Arbeitskräfte betrachtet und daher von manchen Pflegefamilien aufgenommen. Doch auch Mitgefühl und Erbarmen waren ausschlaggebende Beweggründe, warum sich Pflegestellen für die Aufnahme eines polnischen Kindes entschieden. Hedwig Wuerfel aus der Stadt Salzburg hatte im Sommer 1943 erfahren, dass das Gaujugendamt Salzburg Pflegestellen für „arme Waisenkinder"[49] suchte. „Aus rein menschlichen Motiven",[50] wie Wuerfel Jahre später erklärte, wandte sie sich an die zuständige Behörde. Auch die Pflegeeltern von Henryk Alexandrowic, Barbara Mikołajczyk und Alexandra Grusinski handelten aus Mitleid und nahmen die Kinder auf. [51] Eine andere Zeitzeugin erklärte allerdings, dass die polnischen Kinder von der Gemeinde zugewiesen worden waren.[52]

Nach dem Tod ihres Ehemannes hatte Therese Grassler aus der Stadt Salzburg den Entschluss gefasst, ein Pflegekind aufzunehmen. Die zuständige Fürsorgerin des städtischen Jugendamtes, Frau Rosina Jäger,[53] legte der Pflegemutter nahe, ein Waisenkind in Pflege zu nehmen. Grassler stimmte zu und wurde daraufhin im August 1943 vom Gaujugendamt Salzburg vorgeladen: Der Frau wurden Heimberichte von verschiedenen Kindern vorgelegt, aus denen die potentielle Pflegemutter ein Kind auswählen durfte.[54] Nach Durchsicht der Dokumente entschied sich Grassler für ein achteinhalbjähriges Mädchen namens

---

46 Vgl. Eidesstattliche Erklärung von Wuerfel. ZfA, Fall VIII, DB Sollmann X, Nr. 109, Bl. 34; Zeugenaussage von Waldemar Luser am 22.1.1948. IfZG, MB 30/20, S. 6965 sowie Eidesstattliche Erklärung von Grassler. ZfA, Fall VIII, DB Sollmann X, Nr. 110, Bl. 38.

47 Hofmeister war seit der Errichtung des Landesjugendamtes im Jahre 1922 als Oberfürsorgerin und Amtsleiterin der Bezirksfürsorgestelle für Stadt und Gerichtsbezirk Salzburg tätig. Bereits vor dem „Anschluss" Österreichs an Deutschland sympathisierte sie mit der NSDAP. Nach der Machtergreifung meldete sich Hofmeister als Parteimitglied, ferner trat sie der NSV und der NS-Frauenschaft bei. In einem Schreiben des SD-Führers des SS-Oberabschnittes Donau vom 8.5.1939 wird Hofmeister zwar als überzeugte Katholikin bezeichnet, die Frau „besitzt aber in der Rassenfrage eine einwandfreie Haltung". SLA, Personalakt der Landesregierung Salzburg, Personalabteilung, Hofmeister Klara, P.A. Nr. 1157/P. An dieser Stelle sollte betont werden, dass Personalakten einer Archivsperre unterliegen; das Salzburger Landesarchiv gewährte dankenswerter Weise das Zitieren aus diesem Bestand.

48 Vgl. Eidesstattliche Erklärung von Wuerfel. ZfA, Fall VIII, DB Sollmann X, Nr. 109, Bl. 34.

49 Ebda.

50 Ebda., Bl. 33.

51 Vgl. Fragebogen, Elisabeth Ronacher, Balthasar Langegger und Anna Waser (Pseudonym), jeweils S. 2.

52 Vgl. Fragebogen, Karoline Burger (Pseudonym), S. 1.

53 Rosina Jäger war seit 1.4.1940 als Fürsorgerin beim Städtischen Jugendamt beschäftigt. SLA, Personalakt der Landesregierung Salzburg, Personalabteilung, Jäger Rosine, P.A. Nr. 2717.

54 Vgl. Eidesstattliche Erklärung von Grassler. ZfA, Fall VIII, DB Sollmann X, Nr. 110, Bl. 37.

„Henderike Goschen". Das Mädchen wurde der Pflegemutter von der Oberfürsorgerin des Gaujugendamtes Klara Hofmeister übergeben. Hofmeister teilte der Frau mit, dass es sich bei dem ausgewählten Kind um ein Waisenkind handle. Das Mädchen sei in einem Kinderheim aufgezogen worden, die Anstalt allerdings im Zuge des Krieges aufgelöst und die Heiminsassen infolgedessen ins „Altreich" transportiert worden.[55] Auch der Pflegemutter von Wacława Suwart gab man dieselben Erklärungen.[56] Auf welche Art und Weise bzw. auf welche Intention hin die Kinder aus ihrer Heimat nach Salzburg gebracht worden waren, erwähnte Oberfürsorgerin Hofmeister den Pflegemüttern gegenüber jedoch nicht.

Kontakt zwischen dem Verein „Lebensborn" und den Pflegestellen gab es nur vereinzelt. Für die Pflegefamilien stellte das Gaujugendamt die Anlaufstelle für etwaige Belange dar. Dies verwundert angesichts dessen, dass der SS-Verein weiterhin als offizieller Vormund der Kinder agierte. Der „Lebensborn" war den Salzburger Pflegestellen offenkundig völlig unbekannt. Therese Grassler war äußert irritiert, als sie eines Tages ein Schreiben des Münchner Vereins erhielt. Der „Lebensborn" erkundigte sich darin über das Befinden ihres Pflegekindes. Grassler antwortete nicht, da sie den Verein nicht kannte.[57] Im Gegensatz dazu wussten jene Pflegefamilien, die Kinder aus dem Heim „Alpenland" zur Betreuung übernommen hatten, über den Einflussbereich und die Befugnisse des SS-Vereins Bescheid. Die Münchner Zentrale galt als die Informationsstelle, an die sich die Pflegestellen bei etwaigen Fragen wenden konnten, auch umgekehrt suchte der „Lebensborn" den regelmäßigen brieflichen Kontakt mit den Familien.

TRANSPORT DER PFLEGEKINDER IN DIE
VERSCHIEDENEN ORTSCHAFTEN SALZBURGS

„Von ‚Parsch' sind wir dann nach Dorfgastein gekommen, ich weiß noch genau, ein Gendarm hat mich zum Bauer gebracht, an das kann ich mich noch gut erinnern. Es war dort wieder ungewohnt, auf einmal wieder woanders sein. Aber ich konnte mich gleich einleben."[58]

Nur vereinzelt holten Pflegefamilien ihr Pflegekind persönlich im Umsiedlerlager „Parsch" ab. Der Großteil der Jungen und Mädchen wurde in Gruppen zusammenge-

---

55   Ebda., Bl. 37 f.
56   Vgl. Eidesstattliche Erklärung von Wuerfel. ZfA, Fall VIII, DB Sollmann X, Nr. 109, Bl. 33.
57   Vgl. Eidesstattliche Erklärung von Grassler. ZfA, Fall VIII, DB Sollmann X, Nr. 110, Bl. 39.
58   Interview, Andrea Berger, S. 2.

fasst und mit dem Zug oder mit dem Bus von „Parsch" aus in verschiedene Regionen des Landes Salzburg transportiert. Die Kinder wurden nach Seekirchen, Neumarkt/Pfongau, Neukirchen, Uttendorf, Mittersill, Forstau, Zell am See, St. Martin im Pongau, Bischofshofen, Hüttau, Maierhofen, Dorfgastein, Radstadt, Kaprun, Markt-Pongau,[59] Filzmoos und Hofgastein überführt.[60]

In Neumarkt am Wallersee wurde die Ankunft von polnischen Kindern im Ort damit erklärt, dass es sich um „polnische Waisenkinder" handle – angesichts der Kriegsereignisse ein vollkommen normaler Zustand für die einheimische Bevölkerung.[61] Anton Salchegger, Nachbar der Familie Schörghofer, die den Jungen Ryszard Sztuk zur Pflege nahm, stimmt dem zu: auch für die Filzmoser Bürger war die Ankunft eines zwölfjährigen ausländischen Jungen nicht verwunderlich. „Es wurde weiters nicht besonders wahrgenommen, da zu dieser Zeit mehrere polnische und ukrainische Staatsbürger zur Arbeit hier eingesetzt waren".[62] Folglich fiel ein polnischer Junge ohne Begleitung von Erwachsenen in Filzmoos nicht weiter auf. Eine Zeitzeugin aus Mittersill erklärte, dass plötzlich ein Bus voller Kinder in der Ortschaft eingetroffen war – die Schwiegermutter erfuhr davon und hatte Mitleid mit diesen Kindern. Aus diesem Grund entschied sich die Bäuerin, selbst bereits im betagten Alter, ein polnisches Mädchen aus diesem Transport zu sich auf den Hof zu holen.[63]

Der körperliche Zustand der Kinder bei der Ankunft wurde von Angehörigen der ehemaligen Pflegestellen als normal und ordentlich empfunden.[64] Einen „glücklichen Eindruck" machten die polnischen Kinder jedoch nicht. Balthasar Langegger, dessen Eltern Henryk Alexandrowic Obhut und Pflege gaben, erinnert sich, dass der Junge bei der Ankunft von großem Heimweh geplagt war: „Er brauchte sehr viel Trost und Liebe von meinen Eltern",[65] so Langegger weiter.

In den ländlichen Regionen waren die Kreisjugendämter für die Zuweisung der Pflegestellen und deren Kontrolle verantwortlich. Eine Betroffene beteuert jedoch, dass sie

---

59   St. Johann im Pongau wurde während der NS-Herrschaft in Markt-Pongau umbenannt.

60   Vgl. Bericht des Höheren SS- und Polizeiführers „Alpenland", Stellv. Beauftragter RFSS, für RKFDV in den Gauen Kärnten, Salzburg, Steiermark u. Tirol-Vorarlberg am 5.10.1943, BA Berlin, NS 48/30, Bl. 37–39.

61   Vgl. Fragebogen, Anna Waser, S. 1.

62   Fragebogen, Anton Salchegger, S. 1. Bei den ausländischen Arbeitskräften, „polnische und ukrainische Staatsbürger", handelte es sich mit hoher Wahrscheinlichkeit um sogenannte „Ostarbeiter", die zur Zwangsarbeit aus ihrer Heimat in die „Ostmark" verschleppt worden waren.

63   Vgl. Fragebogen, Elisabeth Ronacher, S. 1.

64   Vgl. Fragebogen, Kajetan Stuhler sowie Anton Salchegger, S. 2.

65   Fragebogen, Balthasar Langegger, S. 3.

vom Dorfgendarm zur Familie begleitet wurde.[66] Im Regelfall war dies jedoch die Aufgabe der Fürsorgerinnen. Für jene Kinder, die nach Neumarkt an Pflegefamilien vermittelt wurden, war beispielsweise die Fürsorgerin Paula Deinhammer zuständig. Deinhammer leitete seit 1. Juli 1939 die Außendienststelle Neumarkt des Jugendamtes Salzburg.[67] Während des Transports zu den Pflegestellen befahl die Fürsorgerin den Kindern, die neuen Pflegeeltern mit „Mutter" und „Vater" anzusprechen.[68] Vielen Kindern fiel das offenkundig sehr schwer. Wiesław Kuligowski weigerte sich, seine Pflegemutter so zu nennen, aus diesem Grunde wurde der Junge von seiner Pflegemutter körperlich gezüchtigt. Doch der Zehnjährige lehnte es trotz der Schläge weiter ab, die Frau mit „Mutter" anzusprechen: „Ich wusste doch, dass meine Mama starb, als ich sechs Jahre alt war. Sie starb vor meinen Augen, ich lag auf den Knien und hatte eine Weihkerze in der Hand. Meine Tanten waren in Polen. Das alles vergaß ich doch nicht."[69] Auch Halinka Borkowska und Jan Suliz sträubten sich gegen diese Anrede.[70] Für Irene Majeski und Wiesława Kawczyńska war es wiederum selbstverständlich ihre Pflegeeltern mit „Mutter" und „Vater" anzureden.[71]

Entsprechend der Mitteilung des Gaujugendamtes meldete die Pflegemutter Therese Grassler ihr Pflegekind auf den deutschen Namen „Henderike Goschen" polizeilich an. Außer dem Namen und dem Geburtsdatum waren Grassler alle anderen Daten wie Geburtsort oder Staatsangehörigkeit des Kindes unbekannt. Sie erklärte dies dem zuständigen Polizisten auf dem Revier, der daraufhin die nötigen Eintragungen selbst übernahm. Die Pflegemutter wurde erst später von ihrer Pflegetochter über ihren ursprünglichen polnischen Namen „Henryka Gozdowiak" informiert.[72] Auch andere Pflegestellen kannten den polnischen Namen ihres Pflegekindes nicht.[73] Diese Tatsache war mit Sicherheit kein Zufall: Das Gaujugendamt Salzburg bzw. die zuständi-

66   Eine Anfrage an den zuständigen Gendarmerieposten Bad Gastein ergab keine weiterführenden Ergebnisse.
67   Paula Deinhammer war vom 1.7.1939 bis 31.7.1945 als Fürsorgerin für den Gerichtsbezirk Neumarkt bei Salzburg tätig. Nach dem Krieg wurde Deinhammer aus politischen Gründen mit sofortiger Wirkung entlassen, die Frau bemühte sich jahrelang um eine Wiedereinstellung. SLA, Personalakt der Landesregierung Salzburg, Personalabteilung, Deinhammer Paula, P.A. Nr. 2648.
68   Vgl. Zeugenaussage von Barbara Mikołajczyk am 6.11.1947. IfZG, MB 30/17, S. 1075.
69   Kuligowski, Wspomnienia z lat germanizacji 1942–45, S. 50 f.
70   Vgl. Vernehmung von Jan Sulisz durch das Bezirksgericht in Łódź. IPN, OKBZN w Łódźi, 177/30, Bl. 36, Interview, Halinka Borkowska, S. 2.
71   Vgl. Fragebogen, Irene Majiski, S. 8; Verhörprotokoll von Wiesława Kawczyńska. AP Łódź, Miejska Rada Narodowa i Zarząd Miejski w Łodzi 1945–1950, Wydział Opieki Społecznej, wykaz nr. 3, sygn. K 99.
72   Vgl. Eidesstattliche Erklärung von Grassler. ZfA, Fall VIII, DB Sollmann X, Nr. 110, Bl. 38 f.
73   Vgl. Eidesstattliche Erklärung von Wuerfel. ZfA, Fall VIII, DB Sollmann X, Nr. 109, Bl. 34.

gen Kreisjugendämter gaben den Pflegestellen nur die „eingedeutschten" Namen der polnischen Kinder weiter. Unter der Rubrik „Name" wurde ausnahmslos der deutsche Name eingetragen.[74] Nur auf zwei der noch vorhandenen Meldekarteien konnten Hinweise auf den polnischen Namen gefunden werden: auf dem Meldeschein des zehnjährigen „Klaus Zallinger" wurde auf dem oberen Seitenrand auch der polnische Name „Czeslaus Czeslowski" angeführt, auf der Meldekartei „Irene Schermingers", die nach Bischofshofen vermittelt wurde, ist der Nachsatz „umgeschriebene Czerinska" zu finden.[75]

Eintragungen zur „Staatsangehörigkeit" der Kinder wurden auf unterschiedliche Weise gehandhabt. Das Gaujugendamt Salzburg hatte Hedwig Wuerfel davon in Kenntnis gesetzt, dass ihr Pflegekind „Waltraud Schubart" deutscher Abstammung sei, daraufhin gab sie im polizeilichen Meldebogen „Waltrauds" Staatsangehörigkeit als „deutsch" an.[76] Auch Irene Michalski, Eleonora Jasrinska und Jan Sulisz waren laut Personenkarte „deutsche Staatsangehörige".[77] Die Staatsangehörigkeit Jerzy Czanogorskis, der als Pflegekind zu Johann Mitteregger nach Kaprun kam, wurde mit „deutsch" betitelt, es dürfte aber bei der Anmeldung des Jungen zu Irritationen gekommen sein – man hatte als Staatsangehörigkeit zuerst „polnisch" angegeben, diese Eintragung wurde durchgestrichen und korrigiert.[78] „Irene Scherminger" wurde laut Registerkarte als „Polin-Volksdeutsche" bezeichnet, die Abstammung des neunjährigen Mädchens war laut Meldekartei „deutschblütig".[79]

Die Anmeldekarteien der Kinder, die nach Bad Hofgastein transportiert worden waren, zeigen allerdings deutlich, dass man über das Schicksal der betroffenen Kinder offenkundig Bescheid wusste: so wird „Klaus Zallingers" Staatsangehörigkeit als „unge-

---

74 Vgl. die noch existierenden Meldekarteien von „Karl Grohmann" – Slawomir Grodomski, „Klaus Zallinger" – Czeslaus Czeslowski (Gemeindearchiv Bad Hofgastein); „Georg Scharnweber" – Jerzy Czanogorski (Gemeindearchiv Kaprun); „Irene Scherminger" – Irena Czerinska (Gemeindearchiv Bischofshofen); „Stefanie Micker" – Stefania Mikołajczyk, „Christine Micker" – Krystyna Mikołajczyk, „Barbara Micker" – Barbara Mikołajczyk, „Waltraud Schubert" – Wacława Suwart (Gemeindearchiv Neumarkt am Wallersee); „Irene Michel" – Irena Michalski, „Eleonore Jaster" – Jasrinska Eleonora, „Johann Suhlig" – Jan Sulisz, „Paul Schober" – Paul Sobczak (Gemeindearchiv Radstadt). In den Meldeunterlagen der Gemeinden St. Martin am Tennengebirge, Filzmoos, Dorfgastein, St. Johann im Pongau, Zell am See, Hüttau, Mittersill und Taxenbach konnten keine Hinweise zu den polnischen Pflegekindern gefunden werden. Die Marktgemeinde Uttendorf zeigte sich zu keiner Kooperation bereit.

75 Vgl. Meldekarteien von Klaus Zallinger (Gemeindearchiv Bad Hofgastein) und Irene Scherminger (Gemeindearchiv Bischofshofen).

76 Vgl. Eidesstattliche Erklärung von Wuerfel. ZfA, Fall VIII, DB Sollmann X, Nr. 109, Bl. 34.

77 Vgl. Personenkarten von Irene Michel, Eleonore Jaster und Johann Suhlig. Gemeindearchiv Radstadt.

78 Vgl. Personenkarte Ausländer (männlich), Georg Scharnweber. Gemeindearchiv Kaprun.

79 Vgl. Personen-Register-Karte Irene Scherminger. Gemeindearchiv Bischofshofen.

klärt" bezeichnet, handschriftlich wird in Klammer „poln." hinzugefügt. „Karl Groh-manns" Staatsangehörigkeit wird sogar als „eingedeutscht" eingetragen.[80]

DER AUFENTHALT BEI DEN FAMILIEN

> *„Sie waren sehr nett zu mir, vor allem mochte ich meinen Vater. Ich ging zur Schule, half meiner Mutter bei der Hausarbeit, ging zur Salzach fischen und half auch im Garten mit. Ich nannte meine Pflegeeltern auch ‚Vater' und ‚Mutter', sie baten mich, sie so zu nennen."[81]*

Die eingangs zitierte Aussage von Irene Majeski veranschaulicht, dass manche polnische Pflegekinder von ihren österreichischen „Ersatzfamilien" auch gut behandelt wurden. Im Vergleich dazu folgen die Worte Janina Mikołajczyks, die eine andere Sichtweise illust-rieren:

> „Als ich bei der Familie war, war es für mich eine Etappe, die in meinem Leben schlechte Erinnerungen hinterließ. (…) Ich gab mir natürlich Mühe, weil ich für jedes polnische Wort von meiner ‚Mutter', vor der ich sehr große Angst hatte, be-straft wurde. Als Kind lernte ich schnell Deutsch, aber ich wurde von meiner ‚Mut-ter' immer noch geschubst, egal ob sie einen Grund dafür hatte oder nicht."[82]

Auch Halinka und ihr Bruder Piotr machten schlechte Erfahrungen mit ihren Pflege-eltern. Die Kinder wurden zu schwerer Arbeit am Hof und im Gasthaus herangezogen, Verständnis für ihre Situation wurde ihnen nicht entgegengebracht. Rückblickend be-trachtet, glaubt Borkowska allerdings den Grund für die Abweisung und die erlittenen Demütigungen zu kennen:

> „Ich meine, dass sie die Kinder deshalb so schlecht behandelten, weil sie selbst zwölf Jungen hatten und alle haben im Osten gekämpft. (…) Aber meistens, fast

---

80   Vgl. Meldekarteien Klaus Zallinger und Karl Grohmann. Gemeindearchiv Bad Hofgastein. Kajetan Stuhler, der leibliche Sohn der Pflegeeltern Karl Grohmanns, bestätigte, dass die Familie wusste, dass es sich bei dem polnischen Jungen um ein „eingedeutschtes" Kind handelte. Vgl. Fragebogen, Kajetan Stuhler, S. 3.

81   Fragebogen, Irene Majeski, S. 8.

82   Janina Madejczyk, Bericht von meinem Aufenthalt in Österreich, S. 1. Das Schreiben wurde der Autorin gemeinsam mit dem Fragebogen im September 2004 übermittelt. Sammlung Ines Hopfer.

jeden Monat, ist von den Söhnen einer gefallen. Ich denke, deshalb waren sie vielleicht so böse zu uns, weil wir hier waren und die Söhne sind gefallen." [83]

Die Pflegestellen waren alle darüber informiert, dass die Kinder aus Polen stammten.[84] Offiziell handelte es sich zwar um „Waisenkinder", doch darf angenommen werden, dass manche Pflegeeltern den wahren Hintergrund der Überführungen durch ihr Pflegekind wussten. Die Pflegefamilien von Slawomir Grodomski, Marian Jasniack und Ryszard Sztuk wussten beispielsweise, dass es sich bei den polnischen Jungen um sogenannte „eingedeutschte" Kinder handelte.[85] Maria Fiegl, Nachbarskind der Familie Bogensberger, die das polnische Mädchen Irene Scherminger aufnahm, bestätigt diese Annahme:

„Die [Pflegeeltern] haben gewusst, dass sie in Polen Czerminska geheißen hat und dass sie das Mädchen während des Krieges in Scherminger umtauften. Die Familie Bogensberger hat auch gewusst, dass Irene ein verschlepptes Kind ist. Frau Bogensberger erzählte auch meiner Mutter, dass das Mädchen aus Polen verschleppt wurde."[86]

Alltag

Der Tagesablauf der polnischen Jungen und Mädchen ähnelte dem der österreichischen Kinder. Am Vormittag besuchten die Kinder die Schule, „damit wir auch die deutsche Sprache erlernten",[87] nachmittags wurden die Pflegekinder, wie auch die leiblichen Kinder der Pflegeeltern, zu Arbeiten im Haushalt und am Hof herangezogen. Henryk Wojciechowski war zu einem Bauern nach Dorfgastein vermittelt worden. Der Junge arbeitete fleißig auf dem Hof mit, ihm gefiel die Arbeit – er fühlte sich als ein vollberechtigtes Familienmitglied.[88]

Die Tätigkeiten auf einem Bauernhof waren für viele polnische Kinder ungewohnt, ein Großteil der Kinder kam aus der Stadt und hatte mit der ländlichen Umgebung kaum Berührung gehabt. Balthasar Langegger erinnert sich, dass der Pflegesohn große

83 Interview, Halinka Borkowska, S. 4.
84 Vgl. Fragebogen, Balthasar Langegger, Kajetan Stuhler, Rupert (Pseudonym), Anna Waser, Elisabeth Ronacher, Karoline Burger, alle S. 2.
85 Vgl. Fragebogen, Kajetan Stuhler, Karoline Burger, Anton Salchegger, S. 3.
86 Interview, Maria Fiegl, S. 1.
87 Interview, Halinka Borkowksa, S. 2.
88 Vgl. Fragebogen, Henryk Wojciechowski, S. 4 f.

Abb. 10: Pflegekind „Ludwig Drucker" (Lucian Dusrchowicz), der Junge rechts in Lederhose, im Kreise seiner Pflegefamilie in Neukirchen am Großvenediger.

Angst hatte, die Arbeiten am Steilhang durchzuführen. Dem Jungen wurden daher nur jene Tätigkeiten zugeteilt, die für ihn zumutbar erschienen.[89] Der Pflegevater Henryk Strzelczyks hatte dafür kein Verständnis: „Er schlug mich, obwohl ich mehrere Verfehlungen nur deswegen machte, weil ich einfach keine Erfahrung bei solcher Arbeit hatte."[90] Vor allem die älteren Jungen, die bereits das Alter von dreizehn Jahren erreicht hatten, mussten in der Landwirtschaft hart mitarbeiten:

> „Beim Bauer musste ich alle Arbeiten machen, die mit Bauernhof verbunden sind: Kühe, Ziegen und Schafe hüten, Vieh auf die Bergweiden jagen und auch Heu-, Getreide- und Kartoffel ernten. Im Winter versorgte ich das Vieh. (…) Der Bauer hatte 50 Kühe mit Kälbern, 200 Ziegen und genauso viele Schafe, 15 Schweine und 4 Pferde. Außerdem arbeitete ich bei der Abholzung mit. Ich musste auch das Futter für die Tiere, also das Heu, aus dem Gebirge holen und Farne sammeln."[91]

---

89   Vgl. Fragebogen, Balthasar Langegger, S. 2.
90   Strzelczyk, Moja droga germanizacyjna, S. 85.
91   Ebda.

Nicht nur die Arbeit auf dem Bauernhof war für die Kinder anstrengend und ungewohnt, auch das alltägliche Leben mit Knechten und Dirnen war für so manches Kind eine Umstellung. Halinka und ihrem Bruder graute es jedes Mal vor dem gemeinsamen Essen mit den anderen Arbeitern auf dem Hof. Das Gesinde musste sich einen Löffel teilen, der durchgegeben wurde. Für die Geschwister eine vollkommen neue Tischkultur.[92]

Die Kinder wurden entweder mit dem Gesinde untergebracht, oder sie bekamen eigene Schlafplätze zugewiesen. Die Art der Unterbringung spiegelt die Behandlung der Kinder wider. Pflegestellen, welche die Kinder nur als brauchbare Arbeitskraft sahen, errichteten den Jungen und Mädchen Schlafquartiere auf dem Dachboden oder im Stall bei den Tieren.[93] Andere Pflegeeltern wiederum ließen die Pflegekinder bei sich in der Kammer schlafen, oder sie bekamen auch eigene Schlafzimmer zugeteilt.[94] Barbara Mikołajczyk beispielsweise teilte sich das Zimmer mit der leiblichen Tochter der Pflegefamilie, Anna. Anna war sieben, als die Eltern das polnische Kind aufnahmen. Das Verhältnis zwischen den beiden Mädchen, so die Frau heute, war sehr gut. Barbara integrierte sich rasch und die beiden Mädchen verbrachten oft Zeit miteinander. Anna kannte auch die drei Schwestern Barbaras – Krystyna, Stefanie und Janina –, die in der Nähe bei anderen Pflegestellen untergebracht waren.[95] Janina Mikołajczyk wurde von ihrer Pflegemutter ständig überwacht. Das Verlassen der Küche oder des Stalles musste das Mädchen jederzeit mitteilen, sogar für den Gang auf die Toilette, die sich im Freien befand, musste sich das Kind bei der Pflegemutter abmelden:

„Es war für mich eine Strafe, weil mir meine persönliche Freiheit genommen wurde. Nur außerhalb des Hauses fühlte ich mich sicher und frei von Beschimpfungen und von Prügeln. (…) Wenn es möglich war, war ich meistens in der Kirche, die sich gleich neben dem Haus befand."[96]

Hedwig Riedl hingegen versuchte, ihrer Pflegetochter Bogumiła Rostocka großes Vertrauen und Verständnis für ihre Situation entgegenzubringen. Die Großnichte Riedls, Theresia Fiala, erinnert sich:

„Meine Tante war kinderlos, daher nahm sie das polnische Mädchen auf. Sie versuchte immer wieder, dass sich das Mädchen in unserer Familie wohlfühlte. Aber

---

92　Vgl. Interview, Halinka Borkowska, S. 3
93　Vgl. ebda. sowie Bericht von Janina Madejczyk, S. 1. Sammlung Ines Hopfer.
94　Vgl. Fragebogen, Elisabeth Ronacher, Anna Waser, Rupert, alle S. 2.
95　Vgl. Fragebogen, Anna Waser, S. 2, 4.
96　Bericht von Janina Madejczyk, S. 1. Sammlung Ines Hopfer.

Abb. 11: Das polnische Mädchen Bogumiła Rostocka mit ihrer Salzburger Pflegefamilie.

es war sehr schwierig, so die Tante, mit dem Mädchen ein freundschaftliches Verhältnis und Vertrauen aufzubauen. Aber das ist auch sehr verständlich, wer weiß, was das Mädchen alles durchgemacht hat, bevor es zu meiner Tante kam."[97]

Bogumiła Rostocka war im Alter von acht Jahren von ihrer Familie getrennt worden. Nach den „rassischen" Untersuchungen wurde Bogumiła als „eindeutschungsfähig" erklärt, nach Kalisch gebracht und von dort über das „Lebensborn"-Heim in Luxemburg in das „Volksdeutsche Lager" „Parsch" transportiert worden. Im Lager erhielt das Mädchen wie alle anderen polnischen Kinder einen neuen Namen: „Erna Rost".[98] Die österreichische Pflegemutter versuchte, das polnische Kind in die neue Familie mit einzubinden, bei Familienfeiern war das Mädchen stets anwesend. Bogumiła fühlte sich unter all den „Deutschen" in Seekirchen ganz allein, hatte Angst, nichts war vertraut, sie sehnte sich nachhause,[99] obwohl die Pflegefamilie, wie Bogumiła Hetich heute beteuert, sehr gut zu ihr war.[100]

Das abgebildete Foto entstand am Hochzeitstag der Pflegemutter. Hedwig Riedl, neben dem Mädchen zu sehen, heiratete am 18. November 1944 den Seekirchner Volksschuldirektor Georg Vogl. Auch den neuen Pflegevater hat die heute in Polen lebende Pensionistin nur in bester Erinnerung.[101]

---

97   Interview, Theresia Fiala, S. 1.
98   Vgl. Fragebogen, Bogumiła Hetich, S. 2–4.
99   Vgl. Bogumiła Hetich, Przerwana nić. In: Z kart historii, polskich janczarów XX wieku. Hg. v. Zrzeszenie Dzieci Polskich Germanizowanych przez reżim hitlerowski (Łódź, 2000), S. 20.
100   Vgl. Brief von Bogumiła Hetich an die Autorin vom 6.4.2005. Sammlung Ines Hopfer.
101   Als Bogumiła Hetich im März 2005 die Fotografie zugesandt wurde, bedankte sie sich mit folgenden Worten: „Das Foto ist eine wunderschöne Erinnerung, es bringt mir meine Kindheit zurück."

Verständigungsprobleme zwischen den österreichischen Pflegeeltern und den polnischen Kindern gab es kaum. „In Österreich konnten wir schon Deutsch, natürlich nicht so gut fließend, aber doch ganz gut",[102] so Krystyna Lesiecka. Kinder, deren Deutschkenntnisse bescheidener waren, erlernten die deutsche Sprache durch das Leben in der Pflegefamilie relativ rasch. Anton Salchegger, der Ryszard Sztuk von der Schule kannte, erinnert sich, dass der Junge anfangs die deutsche Sprache nicht allzu gut beherrschte – im Laufe der Zeit verbesserten sich Ryszards Deutschkenntnisse merklich.[103] Auch Henryk Alexandrowic erlernte die deutsche Sprache am Hof mühelos und fehlerfrei.[104] Die Verwendung der Muttersprache konnte für so manche Pflegekinder Konsequenzen nach sich ziehen: Wiesław Kuligowski und Janina Mikołajczyk wurden für jedes polnische Wort von ihrer Pflegemutter geschlagen,[105] Bołeslaw Olczak wurde damit gedroht, ihn in ein Lager abzuschieben,[106] Slawomir Grodomski und Stefan Slazak mussten die Pflegestellen verlassen.[107] Mit der Zeit wurde der Gebrauch der deutschen Sprache für die polnischen Kinder zur Gewohnheit, wie Krystyna Lesiecka erklärt: „Wir waren ja immer mit der Arbeit beschäftigt. Wir haben daher auch schnell die polnische Sprache vergessen. Kinder lernen sehr schnell."[108]

Kontrolle der Pflegestellen

Das Gaujugendamt Salzburg kümmerte sich um die Versorgung der Pflegekinder in Form einer termingemäßen Überwachung.[109] Daneben wurden Führungsberichte eingefordert, die von der Abteilung III b[110] des Reichsstatthalters Salzburg an die zuständi-

---

102 Interview, Krystyna Lesiecka, S. 3.

103 Vgl. Fragebogen, Anton Salchegger, S. 1.

104 Vgl. Fragebogen, Balthasar Langegger, S. 2.

105 Vgl. Kuligowski, Wspomnienia z lat germanizacji 1942–45, S. 50 f. sowie Bericht von Janina Madejczyk, S. 1. Sammlung Ines Hopfer.

106 Vgl. Fragebogen, Bołeslaw Olczak, S. 5.

107 Vgl. Eidesstattliche Erklärung von Slawomir Grodomski-Paczesny. ZfA, Fall VIII, ADB 8 D, NO-5259, S. 1 sowie Verzeichnis Stefan Slazak. IPN, Kolekcja „Z", Sign. 982, Bl. 54.

108 Interview, Krystyna Lesiecka, S. 3.

109 Vgl. Zeugenaussage von Waldemar Luser am 22.1.1948. IfZG, MB 30/20, S. 3966.

110 Die Abteilung III Volkspflege (Gesundheitspflege und Fürsorge) gliederte sich in die Unterabteilung III a (Gesundheitswesen und Leibesübungen) und die Unterabteilung III b (Öffentliche Fürsorge, Jugendhilfe und Familienunterhalt). Die Belange der „eingedeutschten" Kinder fielen in die Unterabteilung III b, in der sich auch das „Gaujugendamt" befand. Die Bezeichnung „Gaujugendamt" ist allerdings nur bis 1942 in den zeitgenössischen Amtskalendern zu finden, obwohl die Pflegeeltern in ihren Aussagen immer wieder betonen, auch nach 1942 mit dem „Gaujugendamt" verhandelt zu haben. Vgl. Ostmark-

gen Kreisjugendämter ergingen. Paula Deinhammer, Fürsorgerin des Jugendamtes Neumarkt, wurde im Herbst 1944 aufgefordert, einen derartigen Führungsbericht über das Pflegekind Wacława Suwart, „eingedeutschter" Name „Waltraud Schubart", zu verfassen. Wacława lebte erst seit drei Monaten bei der Pflegefamilie in Neumarkt am Wallersee. Das Verhalten des Kindes beurteilt Deinhammer folgendermaßen:

> „Die Mj. [Minderjährige] Schubart Waltraud befindet sich bei Familie Angelberger, Krämerei in Pflege und Erziehung. Bis jetzt führt sich das Kind in jeder Beziehung gut.
> Der Lernerfolg in der Schule ist ebenfalls gut, nur wird das Kind als äusserst [sic] schwätzhaft bezeichnet. Ganz im Gegensatz zu den anderen eingedeutschten Kindern geht es ganz aus sich heraus, sodass sich ein gutes Verhältnis zwischen den Pflegeeltern und dem Kinde entwickelte. Es ist auch äusserst anhänglich, lieb und willig. Die Pflegeeltern haben es sehr gerne. Körperlich nimmt das Kind gut zu."[111]

Deinhammer sandte den Bericht an die zuständige Kreisfürsorgerin des Landrats weiter, welche wiederum den Bericht an die Behörde des Reichsstatthalters weiterleitete.[112] Aus dem Schreiben geht klar und deutlich hervor, dass die betreffenden Dienststellen der Salzburger Verwaltung über das Schicksal der „eingedeutschten" Kinder informiert waren – Deinhammer selbst verwendete in ihrem Bericht diese Bezeichnung.

Laut Waldemar Luser, der aufgrund seiner beruflichen Tätigkeit mit den Jugendbelangen des Gaus Salzburg vertraut war, war es Aufgabe der Fürsorgestellen, darauf zu achten, dass deutsche oder auch „volksdeutsche" Kinder nicht als billige Arbeitskräfte ausgenützt wurden:

> „Für den Fall, dass dies, einerlei welcher Herkunft, irgendwo festgestellt worden wäre, arbeiteten alle Dienststellen zusammen, unterrichteten einander von solchen Wahrnehmungen, und ein solches Kind wurde von seinen Pflegeeltern sofort weggenommen."[113]

Jahrbuch 1942, „Der alte Krakauer-Schreibkalender", 188. Jg., S. 204 sowie Wiener Zeit- und Wegweiser 1943, „Der alte Krakauer-Schreibkalender", 303. Jg., S. 37.
111 Bericht von Paula Deinhammer an den Landkreis Salzburg vom 10.10.1944. SLA, BH Salzburg-Umgebung, Jugendamt, Waltraud Schubart Ju 1099.
112 Vgl. Akt Schubart Waltraud. SLA, BH Salzburg-Umgebung, Jugendamt, Waltraud Schubart Ju 1099.
113 Waldemar Luser, Zeugenaussage am 22.1.1948. IfZG, MB 30/20, S. 3969.

Die Realität zeigte jedoch ein anderes Bild. Neben der schweren körperlichen Arbeit waren Misshandlungen keine Seltenheit. Die achtjährige Janina Mikołajczyk musste den kompletten Haushalt ihrer Pflegefamilie führen, daneben war sie für das Vieh im Stall verantwortlich und musste bei der Feldarbeit mithelfen. Janina wurde wie eine Aussätzige behandelt, durfte nicht am selben Tisch mit der Pflegefamilie essen, schlief auf dem Dachboden und hatte nicht zu allen Räumen des Hauses Zutritt.[114] Als sich der bereits stark beschädigte Riemen des Schulranzens löste, wusste die Achtjährige sofort, dass dies schwere Strafen mit sich bringen würde:

„Ich wurde verprügelt. Dann kriegte ich noch eine zusätzliche Strafe: am nächsten Tag durfte ich keine Strumpfhose für die Schule anziehen, obwohl es kalt war und Schnee lag. Die Entfernung vom Haus bis zur Schule war ziemlich groß und als ich, natürlich verspätet in den Klassenraum eintrat, hörte ich auf einmal meine Lehrerin, die sagte: ‚Oh mein Gott!' Seit diesem Zeitpunkt an musste ich nicht mehr für die Verspätung vor der Tafel knien."[115]

Halinka Borkowskas Pflegefamilie führte einen Gasthof, das damals zwölfjährige Mädchen arbeitete in der Küche und in der Wäscherei und litt ständig unter großem Hunger. Halinkas Bruder musste im Stall schlafen, sie selbst schlief bei jeder Jahreszeit auf dem Dachboden.[116] „Wir wurden wie gemietete Arbeitskräfte behandelt",[117] so Bruder Piotr. Bei einer Kontrolle vonseiten des zuständigen Jugendamtes bekam Halinka die Gelegenheit, mit der Fürsorgerin allein zu sprechen: Das Mädchen zeigte der Frau, dass sie mit Läusen übersät war, und erzählte ihr von ihrem ständigen Hunger. Die Fürsorgerin machte Halinka Hoffnung: „Warte einmal ab, vielleicht kommst du in eine andere Familie, in einen anderen Hof!"[118] Es kam jedoch zu keinem Wechsel der Pflegestelle – der Krieg ging zu Ende und die Geschwister konnten nach Polen zurückkehren.

Ein Pflegestellenwechsel kam nur selten vor. Jan Sulisz war bereits nach einer Woche von seiner Pflegestelle weggelaufen. Die Pflegemutter zeigte den Vorfall unverzüglich bei der Polizei an, eine groß angelegte Suchaktion folgte. Der zwölfjährige Junge wurde gefunden und mit Schlägen bestraft. Trotz des Fehlverhaltens wurde der Junge bis zum Kriegsende bei der Pflegestelle gelassen.[119] Auf besonderen Wunsch der Pflegemutter

114 Vgl. Bericht von Janina Madejczyk, S. 1. Sammlung Ines Hopfer.
115 Ebda.
116 Vgl. Fragebogen, Halinka Borkowska, S. 5.
117 Fragebogen, Piotr A., S. 5.
118 Vgl. Interview, Halinka Borkowska, S. 3.
119 Vgl. Eidesstattliche Erklärung von Jan Sulisz. ZfA, Fall VIII, ADB 7, NO-5251, S. 2.

Hedwig Wuerfel musste Wacława Suwart ihre Pflegestelle verlassen. Der Gesundheitszustand Wuerfels hatte sich verschlechtert, auch der leibliche Sohn war erkrankt. Aus diesem Grund gab Wuerfel das Kind wieder an das Gaujugendamt zurück, das das Mädchen nach Neumarkt am Wallersee vermittelte.[120] Ein Pflegestellenwechsel wurde meist dann vorgenommen, wenn das Pflegekind seine Nationalität nicht verweigern wollte und diese bewusst zur Schau stellte. Slawomir Grodomski musste nach vier Monaten seine Pflegefamilie in St. Johann in Pongau verlassen, da er zuviel Kontakt mit dort ansässigen Polen hatte und vermehrt polnisch sprach. Slawomir wurde zu einem Bauern nach Bad Hofgastein gebracht.[121] Auch der zwölfjährige Stefan Slazak lehnte es ab, die deutsche Sprache zu erlernen: Er wurde in ein Kinderheim nach Vorarlberg transportiert.[122]

Kontakt mit der einheimischen Bevölkerung

Das Leben bei der Pflegefamilie brachte es mit sich, dass die Kinder auch mit den Nachbarn in Kontakt kamen. Polnische und ukrainische Zwangsarbeiter waren auf den diversen Höfen verteilt und hatten so Dorfbild und Dorfgemeinschaft verändert. Zeitzeugenberichte lassen die Vermutung zu, dass die einheimische Bevölkerung vollkommen „normal“ auf die ausländischen Kinder reagierte.[123] Laut Anton Salchegger, der Tür an Tür mit dem polnischen Jungen Ryszard Sztuk wohnte, gab es weder Vorurteile noch Mitleid.[124] „Am Anfang waren einige Kinder abweisend, mit der Zeit wurde ich in die Gruppe aufgenommen“,[125] so erinnert sich Bogumiła Hetich an die Seekirchner Nachbarschaft. Auch Janina Mikołajczyk spürte keine Unannehmlichkeiten oder Vorurteile vonseiten der einheimischen Bevölkerung, sie wurde gut integriert.[126] Wiesław Kuligowski machte jedoch keine guten Erfahrungen mit den Taxenbacher Bürgern: „Alle haben mich als Sonderling betrachtet und gefragt, wer ich wäre. Mir kam vor, die ganze Welt war gegen mich.“[127]

---

120 Vgl. Eidesstattliche Erklärung von Hedwig Wuerfel. ZfA, Fall VIII, DB Sollmann X, Nr. 109, Bl. 35.

121 Vgl. Eidesstattliche Erklärung von Grodomski-Paczesny. ZfA, Fall VIII, ADB 8 D, NO-5259, S. 1.

122 Vgl. Verzeichnis Stefan Slazak. IPN, Kolekcja „Z“, Sign. 982, Bl. 54.

123 Vgl. Fragebogen, Kajetan Stuhler, Anna Waser, Karoline Burger, Rupert, alle S. 4.

124 Vgl. Fragebogen, Anton Salchegger, S. 3.

125 Fragebogen, Bogumiła Hetich, S. 4.

126 Vgl. Fragebogen, Janina Madejczyk, S. 4.

127 Fragebogen, Wiesław Kuligowski, S. 4.

Die Menschen in der Nachbarschaft beobachteten, dass die Jungen und Mädchen von ihren Pflegeeltern nicht immer gut behandelt wurden. So manche Nachbarn versuchten den Kindern daher das Leben in der Fremde etwas zu erleichtern:

„Also die Leute waren sehr freundlich. Manchmal musste ich Dinge austragen und ich kam zu einer anderen Familie und die waren immer alle sehr freundlich zu mir. Einmal war ich bei einer Frau in den Bergen und da bekam ich ein großes Stück Brot mit Schmalz und Zucker. Die Leute wussten, dass wir Kinder Hunger hatten."[128]

Auch Irene Majeski, die bei der Familie Bogensberger in Bischofshofen lebte und ihren Aufenthalt bei der Familie sehr genoss, spürte selten Ablehnung vonseiten der Bevölkerung: „Die meisten waren nett",[129] betont Majeski. Die Nachbarskinder machten sich manchmal etwas über sie lustig, aber ausgeschlossen fühlte sich das Mädchen dabei nie.[130] Maria Fiegl, Jahrgang 1933, wohnte in der Nachbarschaft der Familie Bogensberger. „Auf einmal",[131] so Fiegl, „hat es geheißen, dass die Bogensberger ein Mädchen bekommen haben."[132] Die beiden Kinder freundeten sich rasch an, das Nachbarmädchen wusste, dass Irene aus Polen stammte, machte sich aber deswegen keine Gedanken: „Als Kind achtet man nicht auf so etwas. Wir waren viel beieinander, wir waren acht Geschwister und Irene war immer mit dabei. Sie war einfach da und sie war unsere Freundin."[133] Trotz der engen Freundschaft erzählte Irene ihrer Freundin nichts von ihrer Vergangenheit – erst nach Jahrzehnten vertraute sie sich der österreichischen Freundin an.[134] Kontakt zwischen den Pflegekindern, die in demselben Ort vermittelt wurden, gab es kaum. Die Kinder wurden zur Arbeit herangezogen, für Treffen blieb wenig Zeit. Für die vier Schwestern Mikołajczyk gab es zwei Orte, an denen es Gelegenheit zu einer Zusammenkunft gab: die Schule und die Kirche.[135] Vor allem das Gotteshaus wurde ein wichtiger Bezugspunkt für die Geschwister. Die Kinder vertrauten sich dem hiesigen Pfarrer an und er sprach den Kindern Mut zu: „Er hat immer wieder gesagt: ‚Ihr kommt wieder nach Polen zurück!' Das war diese Hoffnung, dass das der Pastor immer sagte, er hat uns damit Hoffnung gegeben. Wenn nur bald der Krieg vorbei wäre!"[136]

---

128 Interview, Halinka Borkowska, S. 4.
129 Fragebogen, Irene Majeski, S. 8.
130 Vgl. ebda.
131 Interview, Maria Fiegl, S. 1.
132 Ebda.
133 Ebda.
134 Vgl. ebda., S. 2.
135 Vgl. Interview, Krystyna Lesiecka, S. 3.
136 Interview, Krystyna Lesiecka, S. 4.

Kontakt mit der Heimat

In den Lagern war es den Kindern untersagt, mit Angehörigen in der Heimat Kontakt aufzunehmen. Bei den Pflegefamilien bekamen die Jungen und Mädchen nun vereinzelt die Erlaubnis, nach Hause zu schreiben. Bogdan Antczak, der nach Markt Pongau vermittelt worden war, verfasste seinen ersten Brief an seine Eltern bereits auf Deutsch. Der Junge berichtete über seinen Pflegevater und bat seine Eltern um Schuhe, Schal, Mütze und um seine Mundharmonika. In seinem letzten Satz informierte er seine Eltern über seinen neuen Namen, den er im Lager „Parsch" erhalten hatte: „Und jetzt heiss ich Otto Anzinger und bitte schreiben sie auf Brief Otto Anzinger."[137] Auch die Schwestern Mikołajczyk versuchten, ihren Angehörigen Nachrichten zu übermitteln, doch wurden die Briefe vonseiten der Pflegeeltern zensuriert: „Wir durften eigentlich keine Briefe schicken und wenn wir schrieben, wurden die Briefe immer gelesen, alles wurde immer kontrolliert!"[138] Es war den Mädchen daher unmöglich, ihren Verwandten in Polen wahrheitsgetreu von ihrem Alltag in der „Ostmark" zu berichten. Pflegemutter Hedwig Wuerfel beteuerte, dass ihr Pflegekind niemals den Wunsch geäußert hatte, an Angehörige in Polen zu schreiben,[139] dasselbe sagte auch Therese Grassler, Pflegemutter von Henryka Gozdowiak, nach dem Krieg aus.[140] Ob die Aussagen der Pflegemütter der Wahrheit entsprechen, bleibt dahingestellt.

Der Großteil der polnischen Pflegekinder hatte keinen Kontakt zu den Angehörigen. Erstens hatten es die Pflegeeltern verboten,[141] zweitens, so scheint es, geschah es aus einem spezifischen Verdrängungsmechanismus heraus. Henryk Wojciechowski weigerte sich regelrecht, an die Heimat zu denken, er fühlte sich bei seiner Pflegefamilie sehr wohl. Gedanken an die Heimat brachten ihn persönlich in eine schwierige Situation, in der er gezwungen wurde, sich mit seiner ungewissen Zukunft auseinanderzusetzen:

„Ich war Zeuge einer Entfremdung. Meine Situation akzeptierte ich ohne das Gefühl von Unrecht, etwas Nostalgie ans Polnisch-Sein als Glaubenskredo. ,Wer

---

137   Brief von Bogdan Antcak, aufgegeben am 13.10.1943. IfZG, NO-4991 sowie AP Łódź, Miejska Rada Narodowa i Zarząd Miejski w Łodzi 1945–1950, Wydział Opieki Społecznej, wykaz nr. 3, sygn. A/88.

138   Interview, Krystyna Lesiecka, S. 3.

139   Vgl. Eidesstattliche Erklärung von Wuerfel. ZfA, Fall VIII, DB Sollmann X, Nr. 109, Bl. 35.

140   Vgl. Eidesstattliche Erklärung von Grasssler. ZfA, Fall VIII, DB Sollmann X, Nr. 110, Bl. 39.

141   Bolesław Olczak betont, dass es unter Androhung in ein KZ-Lager zu kommen, streng verboten war, an Angehörige zu schreiben. Die Kontrolle darüber, so Olczak, übte die regionale Fürsorgerin aus. Vgl. Fragebogen, Bolesław Olczak, S. 4 f.

bist du?', was ich von Kindheit an wusste, wurde von der Frage ‚Was weiter?‘ verdrängt.“[142]

Schulalltag

„An meinem Akzent merkte man, dass ich fremd war, aber ich habe mich in der Schule dennoch gut bewiesen. Ich bin nicht zurückgeblieben.“[143]

Die polnischen Jungen und Mädchen waren alle im schulpflichtigen Alter – das bedeutete, dass auch sie in den örtlichen Schulen angemeldet werden mussten. In den noch vorhandenen Matrikelbüchern der Schulen wurden der „eingedeutschte“ Name des Kindes eingetragen, weiters Geburts- und Eintrittsdatum. Unter der Rubrik „Name, Stand und Wohnung der Eltern (Stellvertreter)“ wurde die Pflegestelle genannt. Ein Hinweis, der auf eine polnische Herkunft des Schülers bzw. der Schülerin schließen lassen konnte, war die Nennung des Geburtsortes „Litzmannstadt“ – dies war aber nicht bei allen Matrikeleintragungen der Fall.[144] Die Spalte „bisher besuchte Schulen“ blieb unausgefüllt, nur bei einer einzigen polnischen Schülerin wurde ihr Aufenthalt in der Deutschen Heimschule Achern angeführt,[145] Schulbesuche in Polen wurden nicht angegeben. Das Ende des Aufenthaltes in den Salzburger Schulen wurde in der Spalte „Anmerkungen“ dokumentiert: „Sept. 45 nach Polen zurück“,[146] „nach Polen zurück, Juni 45“[147] oder einfach nur „Litzmannstadt“[148] wurden beispielsweise eingetragen.

„Die Lehrerinnen waren sehr in Ordnung, wir sprachen ja auch schon Deutsch“,[149] so Krystyna Lesiecka über den Schulalltag. Ablehnung vonseiten der Lehrerschaft verspürten die vier Schwestern Mikołajczyk in ihrer Schule nicht. Das Einzige, das die polnischen Mädchen von den einheimischen Kindern unterschied, war die Anrede: Die polnischen Kinder wurden als „Ostkinder“ bezeichnet.[150] Nicht nur in der Neumarkter Schule wurden die polnischen Schüler derart tituliert, auch in Halinka Borkowskas Schule in St. Martin gab es diese Bezeichnung.[151] Halinka Borkowska erinnert sich nur widerwillig an

---

142 Fragebogen, Henryk Wojciechowski, S. 5.
143 Fragebogen, Bolesław Olczak, S. 4.
144 Vgl. Matrikelunterlagen der Schularchive VS Kaprun, VS Uttendorf sowie VS Sighartstein.
145 Vgl. Eintragung „Waltraud Schubart“. Schularchiv, Schulmatrikel VS Sighartstein, 1943–44.
146 Eintragung „Waltraud Schubart“. Schularchiv, Schulmatrikel VS Sighartstein 1943–44.
147 Eintragung „Josef Müller“. Schularchiv, Schulmatrikel VS Uttendorf.
148 Eintragung „Scharnweber Georg“. Schularchiv, Schulmatrikel VS Kaprun.
149 Interview, Krystyna Lesiecka, S. 2.
150 Vgl. Interview, Krystyna Lesiecka, S. 2.
151 Vgl. Interview, Halinka Borkowska, S. 3.

ihre Schulzeit zurück. „Die Lehrerin war furchtbar",[152] so Borkowska, „alle ‚Ostkinder'
wurden von den Lehrern sehr schlecht behandelt."[153] Die Kinder mussten gesondert von
den einheimischen Jungen und Mädchen in der letzten Reihe sitzen, abfällige Bemer-
kungen über ihre Herkunft sowie körperliche Züchtigungen gehörten zum Schulalltag.[154]
Auch außerhalb des Unterrichts beobachtete und kontrollierte Halinkas Lehrerin das
Verhalten des Mädchens:

> „Wir wohnten in einem Gasthaus und in der Küche gab es ein Fenster. In unser
> Gasthaus ging auch die Lehrerin. Einmal hörte die Lehrerin, wie ich mit der Polin,
> die auch dort arbeitete, polnisch sprach. Am nächsten Tag, als ich in die Schule kam
> (…) hat mich die Lehrerin nach vorne gerufen (…) und zu mir gesagt: ‚Du bist ein
> polnisches Schwein! Wie kannst du nur? Der Hitler hat dir deinen Namen und dir
> das Essen gegeben! Wie kannst du nur so unartig sein und polnisch sprechen!'"[155]

Die österreichischen Mitschüler reagierten am Anfang mit Verwunderung und mit Ablehnung auf die polnischen Kinder: „Anfangs haben sie mich schon sehr gehänselt, dann
aber später wurden wir gute Freunde",[156] so Irene Majeski über ihren Schulalltag in Bischofshofen. „Ich kam in die Schule in Dorfgastein, es kam zu Raufereien mit den Schulkollegen, wobei ich meine Würde und Ansehen vor den anderen verteidigte",[157] erinnert
sich Henryk Wojciechowski an seine ersten Schultage. Aufgrund seines guten Lerner-
folges wurde Wojciechowski aber bald von Lehrern und Schülern akzeptiert.[158] Anton
Salchegger ging mit dem polnischen Jungen Ryszard Sztuk in Filzmoos in die gleiche
Klasse. Am ersten Schultag erzählte der Klassenlehrer, dass der neue Mitschüler aus Polen stammte. Der Junge wurde von den Klassenkameraden sofort gut aufgenommen:
„Richard war kein Außenseiter. Freundschaften sind mir zwar keine bekannt, aber er war
voll integriert",[159] resümiert Salchegger. Auch andere ehemalige Mitschüler betonen, dass
es in ihrem Klassenverband keine Vorurteile gegenüber den polnischen Kindern gegeben
hätte.[160] In Hinblick auf die Zeitzeugenaussagen kann daher angenommen werden, dass

---

152 Fragebogen, Halinka Borkowska, S. 4.
153 Interview, Halinka Borkowska, S. 3.
154 Vgl. Fragebogen, Halinka Borkowska, S. 4.
155 Interview, Halinka Borkowska, S. 3.
156 Fragebogen, Irene Majeski, S. 10.
157 Fragebogen, Henryk Wojciechowski, S. 4.
158 Vgl. Fragebogen, Henry Wojciechowski, S. 4.
159 Fragebogen, Anton Salchegger, S. 4.
160 Vgl. Fragebogen, Kajetan Stuhler, Anna Waser, Karoline Burger, Rupert, alle S. 5.

der Großteil der „eingedeutschten" Kinder nach anfänglicher Skepsis von den österreichischen Mitschülern gut aufgenommen wurde.

KRIEGSENDE

„Am 4. Mai 1945 kamen die Amerikaner. Im Juni oder im Juli gingen sie von Hof zu Hof und suchten die ausländischen Kinder. (…) Wir sind von den Amerikanern dann in ein Lager nach Salzburg gebracht worden. Und dort haben wir auf den Transport nach Polen gewartet."[161]

Mit Kriegsende war der Wunsch, endlich in die Heimat zurückzukehren greifbar nah, und die ausländischen Soldaten vermittelten den Kindern Hoffnung und Zuversicht auf eine baldige Repatriierung. Für Janina Mikołajczyk war die Anwesenheit der amerikanischen Truppen in Neumarkt „die schönste Zeit meines Aufenthaltes".[162] Die Soldaten hatten sich im Haus ihrer Pflegefamilie einquartiert, die Pflegemutter war gezwungen, ihr Verhalten gegenüber der Pflegetochter grundlegend zu ändern. Janina und ihre Schwestern blieben bis Ende Juni 1945 bei ihren Pflegefamilien. In Begleitung amerikanischer Soldaten wurden die polnischen Mädchen schlussendlich in das polnische Sammellager nach Salzburg überführt.[163]

Einige polnische Kinder begannen unmittelbar nach dem Einmarsch der alliierten Truppen selbst die Initiative zu ergreifen, liefen ihren Pflegestellen davon und suchten Zuflucht in verschiedenen Flüchtlingslagern. Bogdan Antczak flüchtete in ein Lager nach St. Johann im Pongau,[164] Henryk Strzelczyk schlug sich von Mittersill aus in das polnische Lager nach Salzburg durch.[165] Auch Wiesław Kuligowski blieb bei seiner Pflegefamilie keinen Tag länger als notwendig:

„Am 7. Mai 1945, um 13:00 Uhr fuhren in Taxenbach amerikanische Soldaten in Panzern, mit Akkordeons und Flaggen ein. (…) Schon am nächsten Tag, am 8. Mai um 8 Uhr, skizzierte mir mein ukrainischer Freund den Weg zum Internatio-

---

161 Interview, Krystyna Lesiecka, S. 3 f.
162 Fragebogen, Janina Madejczyk, S. 5.
163 Vgl. Interview, Krystnyna Lesiecka, S. 3 f. sowie Vernehmung von Barbara Mikołajczyk durch das Bezirksgericht in Łódź. IPN, OKBZN w Łódźi, 177/30, Bl. 27.
164 Vgl. Verhörprotokoll von Bogdan Antczak. AP Łódź, Miejska Rada Narodowa i Zarząd Miejski w Łodzi 1945–1950, Wydział Opieki Społecznej, wykaz nr. 3, sygn. A/88.
165 Vgl. Strzelczyk, Moja droga germanizacyjna, S. 86.

nalen Lager in Zell am See. So kam ich in das Lager in Zell am See und von dorthin in das polnische Lager nach Salzburg."[166]

Es muss allerdings betont werden, dass nicht alle polnischen Pflegekinder ihre Pflegefamilien nach Kriegsende verlassen wollten. Manchen Jungen und Mädchen war es gut
ergangen, sie hatten eine Beziehung zu den Pflegeeltern aufgebaut und weigerten sich
aus diesem Grund, sich von ihrer gewohnten Umgebung zu trennen. Für Andrea Berger
brach eine Welt zusammen, als es nach Kriegsende hieß, sie müsse in die Heimat zurück:

„Ich wollte nicht nach Polen zurück. Die Pflegemutter wollte auch nicht, dass ich
wieder zurückfahre. Wir sind zum Bürgermeister, der hat etwas unterschrieben,
dann hat es geheißen, ich kann da bleiben und dann hat es endgültig geheißen, ich
muss weg. Die anderen Polen, die polnischen Zwangsarbeiter, haben gesagt, ich
muss mit."[167]

Berger wurde von den ehemaligen polnischen Zwangsarbeitern gezwungen, in den Zug
nach Salzburg zu steigen um von dort aus repatriiert zu werden.[168] In Salzburg ange-
kommen, wurde die Jugendliche in das Lager „Parsch" transportiert. Eine Ironie des
Schicksals: zwei Jahre zuvor war Berger mit anderen „einzudeutschenden" Kindern nach
„Parsch" gebracht worden, um eine neue Identität zu erhalten und an österreichische
Pflegefamilien vermittelt zu werden.

Berger gelang die Flucht aus dem Lager und die Vierzehnjährige kehrte zu ihrer Pflegefamilie zurück. „Ich hatte einfach Glück, ich weiß gar nicht, wie das war, es war ja eine
Fahrt ins Ungewisse. Ich hatte auch einen Schutzengel",[169] so Berger über ihre Flucht.
Berger ließ all ihre Habseligkeiten wie Kleidung, Geld und Dokumente im Flüchtlingslager zurück. Es darf angenommen werden, dass Verantwortliche der Repatriierungs-
aktionen glaubten, dass das Mädchen verunglückt war. Es fand keine Suchaktion statt
– weder das Polnische Rote Kreuz noch andere polnische Delegationen machten sich
je auf die Suche nach der Jugendlichen. Andrea Berger lebte bis zu ihrem achtzehnten
Lebensjahr vollkommen unbehelligt bei ihrer Pflegefamilie.[170]

---

166 Kuligowski, Wspomnienia z lat germanizacji 1942–45, S. 51.
167 Interview, Andrea Berger, S. 1.
168 Auch Ryszard Sztuk schloss sich, allerdings freiwillig, den polnischen und ukrainischen Zwangsarbeitern
     an und verließ gemeinsam mit ihnen Filzmoos.
169 Interview, Andrea Berger, S. 1 f.
170 Vgl. Interview, Andrea Berger, S. 1 f.

IV. Das Kinderheim „Alpenland" in Oberweis

„Mit zehn anderen Kindern kam ich nach Oberweis, in das Kinderheim. Für mich war das aber kein Kinderheim, sondern ein Lager, ein Misshandlungslager. Wir bekamen fast nichts zu essen, hungerten die ganze Zeit und wurden geschlagen."[1]

Wie bereits erwähnt wurden ab September 1943 „einzudeutschende" Jungen und Mädchen, die das schulpflichtige Alter erreicht hatten, nicht mehr in den Anstalten der Inspektion der Deutschen Heimschulen untergebracht, sondern wurden in das neu eröffnete Kinderheim „Alpenland" in Oberweis bei Gmunden transportiert. Das Kinderheim „Alpenland" stand unter der Verwaltung des „Lebensborn" und stellt somit das einzige Kinderheim des SS-Vereins in der „Ostmark" dar.[2]

FUSSFASSUNG DES „LEBENSBORN" IN DER „OSTMARK"

Mit dem „Anschluss" Österreichs im März 1938 begann der „Lebensborn" sein Interesse auch auf die „Ostmark" mit all ihren Ländereien, Gebäuden und Einrichtungsgegenständen zu richten:

---

1   Interview, Janusz Bukorzycki, S. 1.
2   Die zweite „Lebensborn"-Anstalt in Österreich, die auch in Betrieb genommen wurde, war das Heim „Wienerwald" in Feichtenbach bei Pernitz in Niederösterreich, das als Entbindungsheim diente. In den letzten Jahren begannen österreichische Medien vermehrt ihre Aufmerksamkeit auf das ehemalige „Lebensborn"-Heim im Wienerwald zu richten: Am 4.12.2002 strahlte der Österreichische Rundfunk die Dokumentation „Geheimsache Lebensborn" aus, in der ehemalige Insassen des Heimes, ehemalige Nachbarn und Angestellte des Entbindungsheimes zu sehen waren. Fünf Tage nach der ORF-Ausstrahlung erschien in der Wochenendausgabe „Spectrum" der Zeitung „Die Presse" ein ausführlicher Bericht über das ehemalige Lebensborn-Heim in Feichtenbach. Vgl. Barbara Schleicher, „Es steht ein Haus in Österreich". In: "Spectrum", Wochenendausgabe „Die Presse" vom 9.12.2002, S. I–II. Am 15.5.2004 lief auf Ö1 in der Reihe Hörbilder die Sendung „Lebensborn im Wienerwald – ein Lungensanatorium als Gebäranstalt für arisches Leben", am 31.8.2004 wurde in der Reihe Dimensionen der SS-Verein „Lebensborn" einer Analyse unterzogen. Titel des Beitrages: „Menschenzucht – Der Lebensborn e.V. als Instrument nationalsozialistischer Rassenpolitik". Auch in dieser Sendung wird das Heim „Wienerwald" erwähnt. Beide Beiträge wurden von Judith Brandner gestaltet, die auch in der Maiausgabe des Ö1-Magazines aus dem Jahre 2004 einen Bericht über das SS-Mütterheim in Feichtenbach verfasste. Vgl. Judith Brandner, Lebensborn im Wienerwald. In: gehÖrt (Mai 2004), S. 10–11.

„Durch die Wiedervereinigung der Ostmark mit dem Reich ergab sich für den „Lebensborn" e.V. die Notwendigkeit, in der Ostmark ein oder mehrere Mütter- und Kinderheime zu erstellen, damit gerade in der Ostmark den Frauen und Bräuten der minderbemittelten SS-Kameraden möglichst bald geholfen werden könnte."[3]

Guntram Pflaum, Geschäftsführer des „Lebensborn", wandte sich mit der Bitte an Heinrich Himmler „durch die Gestapo Heime und Einrichtungsgegenstände sowie Kraftwagen für die Heime beschaffen zu lassen".[4] „Beschaffung" bedeutete in diesem Sinne, jüdisches oder staatsfeindliches Eigentum zu „arisieren" bzw. zu beschlagnahmen und dem SS-Verein zu übergeben. Pflaum wurde kurz darauf nach Wien zitiert, wo ihm diverse Einrichtungen angeboten wurden. Die Entscheidung, ob die zugewiesenen Güter für „Lebensborn"-Zwecke geeignet waren, oblag jedoch Gregor Ebner. Ebner reiste aus diesem Grund eigens nach Wien und befand drei Anwesen als geeignet: ein Gut in Neulengbach bei St. Pölten, ein Sanatorium in Feichtenbach bei Pernitz sowie Schloss Oberweis in der Nähe von Gmunden.[5]

Das in Neulengbach bei St. Pölten gelegene Anwesen war bis März 1938 Eigentum einer jüdischen Organisation. Im April 1938 wurde der Besitz beschlagnahmt und dem „Lebensborn" überlassen.[6] Der „Lebensborn" beabsichtigte, in den zwei Gebäuden, die das Anwesen umfasste, ein Kleinkinderheim zu errichten, doch die finanziellen Mittel zum Ausbau und zur Inbetriebnahme des Heimes standen dem Verein nicht zur Verfügung. Als im Dezember 1938 die Heeresstandortverwaltung Neulengbach an den SS-Verein mit dem Anliegen herantrat, gegen Mietzahlung das Gebäude der Wehrmacht zu übergeben, stimmte der Verein sofort zu.[7]

Ein Kinderheim wurde in Neulengbach nie eröffnet. Im Gegensatz dazu wurde aus dem ehemaligen Lungensanatorium „Wienerwald" bei Pernitz eines der bedeutendsten Entbindungsheime des SS-Vereins geschaffen. Im Jahre 1904 hatten die beiden jüdischen Lungenfachärzte Dr. Arthur Baer und Dr. Hugo Kraus die Lungenheilanstalt „Sanatorium Wienerwald" in Feichtenbach eröffnet. Mit der Machtübernahme der Nationalso-

---

3   Schreiben des SS-Standartenführers Gregor Ebner an SS-Gruppenführer Pohl, aufsichtsführender Vorstand des „Lebensborn", am 21.6.1938. ZfA, Fall VIII, ADB 2 C, NO-1362.

4   Schreiben Ebners an SS-Gruppenführer Pohl am 21.6.1938. ZfA, Fall VIII, ADB 2 C, NO-1362.

5   Vgl. ebda.

6   Vgl. Jahresbericht des Lebensborn e.V. 1935–1939. BA Berlin, NS 48/29, Bl. 67 sowie Schreiben Ebners an SS-Gruppenführer Pohl am 21.7.1938. ZfA, Fall VIII, ADB 2 C, NO-1362.

7   Vgl. Tätigkeitsbericht der Verwaltungshauptabteilung des Lebensborn e.V. vom 14.2.1939, S. 3. ITS, Sachdokumenten-Ordner Lebensborn 21, S. 35 (Stand 2004).

zialisten in Österreich wurde das im Jugendstil errichtete Sanatorium jedoch den jüdischen Eigentümern von der Gestapo entzogen und dem „Lebensborn" einverleibt. Dr. Kraus beging daraufhin Selbstmord, Dr. Baer ging ins Exil.[8] Bereits nach wenigen Monaten war der Umbau der ehemaligen Lungenheilanstalt vollzogen – im Oktober 1938 konnte das „Lebensborn"-Heim „Ostmark" in Betrieb genommen werden.[9] Das Entbindungsheim gehörte mit einer Grundstücksgröße von 33,7 ha und einer Aufnahmekapazität von 49 Frauen und 83 Kindern zu den größten „Lebensborn"-Entbindungsheimen,[10] im Mai 1942 wurde der Name des Heimes „Ostmark" auf „Wienerwald" geändert.[11]

Im Jahre 1911 kauften Karl und Josephine Weller das Anwesen Schloss Oberweis im gleichnamigen Ort, nahe Gmunden.[12] Rittmeister Karl Weller war Heimwehrführer und Landtagsabgeordneter gewesen.[13] Aufgrund seiner politischen, „staatsfeindlichen" Gesinnung und nicht aufgrund seiner religiösen Zugehörigkeit, wie es in diversen Publikationen irrtümlich zu lesen ist, wurde Weller in der Nacht von 11. auf den 12. März 1938 verhaftet.[14] Nach einer Zwischenstation in Wels wurde Weller in das Konzentrationslager Dachau transportiert.[15] Im Rahmen der „zweiten Verordnung zum Gesetz über die Wiedervereinigung Österreichs" vom 18. März 1938 und in Verbindung mit dem „Erlass des Reichsführers-SS und Chef der Deutschen Polizei im Reichsministerium des Innern" vom 23. März 1938 wurde die Liegenschaft der Eheleute Weller beschlagnahmt und zugunsten des Vereins „Lebensborn" mit Wirksamkeit vom 9. April 1938 eingezogen.[16] Am

---

8   Im Jahr 1994 wurde von der Marktgemeinde Pernitz anlässlich der 90-Jahrfeier der Lungenklinik in Feichtenbach ein Gedenkstein zu Ehren Dr. Arthur Baers und Dr. Hugo Krauses enthüllt.

9   Vgl. Jahresbericht 1935–1939. BA Berlin, NS 48/29, Bl. 48 und Bl. 67.

10 Tätigkeitsbericht der Verwaltungshauptabteilung vom 14.2.1939, S. 2. ITS, Sachdokumenten-Ordner Lebensborn 21, Seite 34 (Stand 2004). Das Heim beherbergte nur Kinder, die in der Anstalt geboren wurden.

11 Vgl. Rundschreiben der Zentrale vom 24.3.1943, ITS: L-Ordner 13, Bl. 242. Zit. nach Lilienthal, Lebensborn (2003), S. 58. Zum Heim „Wienerwald" vgl. u. a. Günther Knotzinger, Das SS-Heim „Wienerwald" und die Geschichte des Hauses von 1904 bis zur Gegenwart (Feichtenbach, 2001); Reinhard Seifert, Der „Lebensborn" e.V.: eine Zuchtanstalt? Himmlers „Rassenpolitik" und seine Pläne für ein „germanisches Reich". Der „Lebensborn" im niederösterreichischen Pernitz – Heim Wienerwald (Dipl. Arb., Wien, 2003).

12 Der zwei Stock hohe Bau des Wohnhauses stammte zum Großteil aus der Zeit um 1600. Nachdem das Gebäude baufällig geworden war, wurde es um 1834 gänzlich um- und ausgebaut. Auch der Park, der das Schloss heute noch umgibt, wurde im Zuge dieser Umbauarbeiten angelegt.

13 Karl Weller war von 28. November 1934 bis 12. März 1938 Abgeordneter des Oberösterreichischen Landtages.

14 Vgl. Brief Josefine Thalhammers vom 1.4.1939. Oberösterreichisches Landesarchiv, Arisierung, MF 34 (Weller), S. 1.

15 Vgl. Interview, Joseph Swoboda, S. 1 f.

16 Vgl. Grundbuchauszug der Katastralgemeinde Oberweis, Grundbucheinlage Zahl 66 vom 2.5.1938.

Abb. 12: Ost- und Südseite des Anwesens Schloss Oberweis in den Dreißigerjahren.

28. Mai 1938 reiste Geschäftsführer Guntram Pflaum nach Oberweis und begutachtete das Anwesen. Josefine Weller hielt sich noch im Gebäude auf. Pflaum erteilte Weller den Befehl, das Haus binnen drei Tagen zu verlassen. Der einstigen Wirtschafterin Josefine Thalhammer wurde es gestattet, im Schloss zu bleiben. Als Verwalter des Gutes wurde der 25-jährige Scharführer Oberreiter bestellt.[17] Am 31. Juli 1938 traf Gregor Ebner mit seiner Frau und seinen drei Kindern in Oberweis ein. Familie Ebner wollte sich auf dem Schlossgut erholen. Im Zuge dieses Aufenthaltes teilte Ebner der Wirtschafterin mit, sie solle sich eine neue Stelle suchen. Bei Weigerung, so Ebner, „fahre ich sofort zu Reichsführer Himmler (…). Seien Sie froh, dass Sie nicht eingesperrt sind!"[18] Am 1. September 1938 verließ auch die langjährige Wirtschafterin das Schloss.[19]

OÖLA, Arisierung, MF 34 (Weller) sowie Schreiben der Geheimen Staatspolizei, Staatspolizeistelle Wien, betreffend Einziehung volks- und staatsfeindlichen Vermögens am 30.4.1938. OÖLA, Arisierung, MF 34 (Weller).

17   Vgl. Brief Josephine Teilhammers vom 1.4.1939. OÖLA, Arisierung, MF 34 (Weller) S. 1 f.

18   Brief Josephine Teilhammers vom 1.4.1939. OÖLA, Arisierung, MF 34 (Weller), S. 2.

19   Vgl. ebda.

Der Münchner Verein konnte nun ein Schlossgut mit 14,35 ha Grund sein Eigen nennen.[20] Verkehrspolitisch betrachtet, hatte das Anwesen eine perfekte Lage. Schloss Oberweis befand sich direkt an der Hauptverkehrsstraße von Lambach nach Gmunden. Des Weiteren lag das Schlossgut an der Bahnlinie „Lambach – Gmunden". Der große Schlosspark, der das Anwesen umgab, grenzte an die Bahnstation. In unmittelbarer Nähe des Schlosses waren Post- und Telegraphenstation sowie Autobus-Haltestellen.[21] Eine gut erhaltene Zufahrtstraße führte zum Anwesen.[22] Das zweistöckige Wohnhaus war allerdings sehr umbaubedürftig. Nebengebäude wie Stallungen, Gewächshaus, Schuppen und Heustadel konnten wegen Einsturzgefahr nicht mehr betreten werden. Eine Wiederverwendung der Wirtschaftsgebäude war nur mit einem enormen Kostenaufwand möglich.[23] Dementsprechend eignete sich das Wohnhaus nicht wirklich als Entbindungsheim. Der Verein beschloss daher bereits Anfang 1939, das Anwesen wieder zu verkaufen. Verkaufsverhandlungen wurden geführt, ein Käufer konnte jedoch nicht gefunden werden.[24] Das Schlossgut stand somit leer. Als im September 1940 die „Volksdeutsche Mittelstelle" an den „Lebensborn" mit der Bitte herantrat, das Schloss zur Unterbringung von „Volksdeutschen" zur Verfügung zu stellen, willigte der Verein sofort ein.[25] Für eine monatliche Summe von 260 Reichsmark wurde das Anwesen für unbestimmte Zeit vermietet.[26] Die „Volksdeutsche Mittelstelle" errichtete ein Umsiedlerlager, rund sechzig Bessarabiendeutsche wurden in das Schloss transportiert.[27]

Das VoMi-Umsiedlerlager im Schloss Oberweis bestand rund zweieinhalb Jahre. Im Juni 1943 forderte der „Lebensborn" das Anwesen wieder zurück, da „das Objekt (…) seinem ursprünglichen Zweck wieder zugeführt werden [sollte]".[28] Binnen eines Monats wurden die bessarabiendeutschen Umsiedler abtransportiert und das Lager geräumt.

20   Vgl. Jahresbericht 1935–1939. BA Berlin, NS 48/29, Bl. 67.

21   Vgl. Hotelprospekt über Schloss Oberweis in den Dreißigerjahren. Prospekt zur Verfügung gestellt von Joseph Swoboda (Jänner 2005). Sammlung Ines Hopfer.

22   Vgl. Bericht der Baukommission betreffend Zustand des Schlosses Oberweis bei Laakirchen vom 9.9.1940. OÖLA, Bestand NSV, Sch. 30, Fasz. 9 (Oberweis).

23   Vgl. Schreiben des Lebensborn an den Verwaltungchef des RFSS am 29.3.1939. BA Berlin, NS 3/431, Bl. 40.

24   Vgl. Jahresbericht 1935–1939. BA Berlin, NS 48/29, Bl. 67.

25   Vgl. Schreiben des Lebensborn an die Volksdeutsche Mittelstelle, Einsatzführung Oberdonau, vom 19.9.1940. OÖLA, NSV, Sch. 30, Fasz. 9 (Oberweis).

26   Vgl. Mietvertrag zwischen Lebensborn e.V. und der Volksdeutschen Mittelstelle, Einsatzführung Oberdonau, am 5.2.1941. OÖLA, NSV, Sch. 30, Fasz. 9 (Oberweis). Das Mietverhältnis begann mit dem 23.9.1940 und lief auf unbestimmte Zeit.

27   Chronik des Gendarmeriepostens Laakirchen, Eintragung vom 4.11.1943.

28   Schreiben des RKFDV, Volksdeutsche Mittelstelle D, an die Volksdeutsche Mittelstelle – Einsatzführung Oberdonau am 10.6.1943. OÖLA, NSV, Sch. 30, Fasz. 9 (Oberweis).

Am 14. Juli 1943 wurden die letzten Übergabeformalitäten zwischen dem Vertreter des „Lebensborn", Konrad Hartl, und dem Vertreter der „Volksdeutschen Mittelstelle", SS-Sturmbannführer Wolkerstorfer, im Schloss Oberweis geklärt.[29] Das Anwesen stand dem Münchner Verein somit wieder für seine eigenen Zwecke zur Verfügung.

DAS „LEBENSBORN"-HEIM „ALPENLAND"

„Die Kinder mussten die deutsche Sprache lernen und sich an ihre neue deutsche Umgebung gewöhnen. Nur wenn sie auf diese Weise genug akklimatisiert waren, wurden sie vom ‚Lebensborn' deutschen Pflegeeltern übergeben."[30]

Das „Lebensborn"-Heim „Alpenland" diente als „Um-Erziehungsanstalt": Die ausländischen Jungen und Mädchen in Oberweis sollten bis zur erfolgreichen Vermittlung an Pflegestellen im Kinderheim mit diversen „Eindeutschungsmaßnahmen" konfrontiert werden – wenn nötig auch unter Zwang. „Wir machen aus Euch deutsche Jugend!"[31], so klärte man die Kinder über den Grund ihres Aufenthaltes in Oberweis auf.

Heimleiterin Maria Merkel beschreibt den Zweck des Heimes darin, „Waisenkinder (…) zu übernehmen und in Pflegestellen weiter zu ermitteln [sic]".[32] Erzwungene Umerziehungsversuche, die bei Widersetzung mit schweren Bestrafungen endeten, erwähnt die Leiterin mit keinem Wort – ganz im Gegenteil, „sie [die Kinder] genossen jede Freiheit, ihre Behandlung war keineswegs streng, sondern denkbar großzügig".[33] Für die Verwaltungssekretärin des Heimes, Anneliese Jansky, war die Intention, die hinter der Errichtung des Kinderheimes lag, klar erkennbar: Die Heiminsassen wurden mit verschiedenen „Eindeutschungsmaßnahmen" konfrontiert, bevor sie in Pflegestellen gegeben werden konnten. Dass derartige „Versuche" nicht auf freiwilliger Basis basierten, bestätigt Jansky, die seit der Eröffnung des Heimes in Oberweis tätig war: Mehrfach versuchten sich die Kinder gegen die auferlegten Regeln zu wehren.[34] Auch eine weitere „Lebensborn"-Angestellte aus dem Kinderheim „Alpenland" hatte den

29   Vgl. Schreiben des Lebensborn, Verwaltungsabteilung, an die Volksdeutsche Mittelstelle in Linz vom 9.7.1943 sowie Schreiben an den Lebensborn betreffend Übergabe des Schlosses Oberweis vom 20.7.1943. OÖLA, NSV, Sch. 30, Fasz. 9 (Oberweis).

30   Eidesstattliche Erklärung von Anneliese Jansky. IfZG, NO-5485, S. 3.

31   Interview, Zygmunt Rzążewski, S. 4.

32   Eidesstattliche Erklärung von Maria Merkel. ZfA, Fall VIII, DB Viermetz, Nr. 4, Bl. 16.

33   Eidesstattliche Erklärung von Maria Merkel. ZfA, Fall VIII, DB Sollmann II, Nr. 22, Bl. 47.

34   Vgl. Eidesstattliche Erklärung von Jansky. IfZG, NO-5485, S. 2–3.

Eindruck, „dass den Kindern teilweise ein großes Unrecht geschah. Erstens hingen die Kinder sehr an ihren Angehörigen in Polen, (…) zweitens lehnten sie das Deutschtum ab."[35]

Mit Mitte Juli 1943 waren die Übergabemodalitäten zwischen dem Münchner Verein und dem SS-Hauptamt abgeschlossen und der „Lebensborn" konnte mit dem Umbau des Schlosses beginnen. Das Kinderheim wurde von der Münchner Zentrale des „Lebensborn" aus eingerichtet, Konrad Hartl, der bereits die Übernahme des Schlossgutes geleitet hatte, war auch hierbei tätig.[36] Bereits einen Monat später reiste das Personal des neuen „Lebensborn"-Heimes an. Als Erster fand sich der neue Verwalter des Heimes, Jakob Pfaffenberger, in Oberweis ein.[37] Pfaffenberger war seit 1939 Angehöriger der Waffen-SS, nach einer schweren Verwundung wurde er im März 1942 beim Münchner Verein dienstverpflichtet. Der Oberscharführer war in der Hauptabteilung Verwaltung in München beschäftigt, hatte aber bereits in dem Entbindungs- und Kinderheim „Pommern" bei Bad Polzin als Verwalter einer „Lebensborn"-Anstalt Erfahrung gesammelt.[38] Pfaffenberger hatte sich um den Garten und um den landwirtschaftlichen Betrieb des Heimes zu kümmern, die Einkäufe zu erledigen und Gebäude und Kraftwägen instand zu halten. Dem Verwalter unterstanden jegliche landwirtschaftlichen Arbeiter sowie der Gärtner und der Hausmeister.[39]

Dem erst 23-jährigen Jakob Pfaffenberger folgten Krankenschwester Emma Dürr, Verwaltungssekretärin Anneliese Jansky, Küchenleiterin Karoline Fleck und eine Hausgehilfin namens Anna Streubel. Anfang September trafen Näherin Edith Melchior, Krankenschwester Elisabeth Schenk und Margarethe Neuhauser, die ihr Pflichtjahr in Schloss Oberweis absolvierte, ein.[40] Die Dienstzeit der Schwestern, Erzieherinnen und Helferinnen dauerte von sechs Uhr morgens bis 19 Uhr, der Nachtdienst begann um 19 Uhr und endete um 22 Uhr. Monatlich hatten Schwestern und Helferinnen vier Tage frei.[41] Der Großteil des Personals stammte aus dem „Altreich" und war aus der Zentrale

35   Eidesstattliche Erklärung von Maria-Martha Heinze-Wisswede. ZfA, Fall VIII, ADB 8 A, NO-4822, S. 20 f.

36   Vgl. Eidesstattliche Erklärung von Konrad Hartl. ZfA, Fall VIII, DB Viermetz, Nr. 23, Bl. 76.

37   Vgl. Meldebuch Laakirchen: Eintragungen betreffend die Bewohner des Schlosses Oberweis, Kinderheim Lebensborn, Oberweis Nr. 34. Archiv der Marktgemeinde Laakirchen.

38   Vgl. Eidesstattliche Erklärung von Jakob Pfaffenberger. ZfA, Fall VIII, ADB 8 B, NO-4974, S. 1 f. Pfaffenberger gehört zu den wenigen Mitarbeitern, die von der Eröffnung bis zur Evakuierung des Kinderheimes „Alpenland" in Oberweis stationiert waren.

39   Vgl. Dienstanweisung an die Heime des Lebensborns. BA Berlin, NS 48/31, Bl. 6.

40   Vgl. Meldebuch Laakirchen. Archiv der Marktgemeinde Laakirchen. Es muss an dieser Stelle jedoch betont werden, dass im vorliegenden Meldebuch nicht der gesamte Mitarbeiterstab des Kinderheimes aufscheint, auch wenn in einem UNRRA-Bericht aus dem Jahre 1948 das Gegenteil erklärt wird.

41   Vgl. Dienstanweisung an die Heime des Lebensborn, BA Berlin, NS 48/31, Bl. 7.

des „Lebensborn" sorgfältig ausgewählt worden.[42] Die Leitung des Kinderheimes „Alpenland" oblag ab Oktober 1943 der 29-jährigen Maria Plate.[43] Plate verließ Oberweis Ende März 1944 in Richtung Bremen, ihre Nachfolgerin wurde Hedwig Ridder, die bis September 1944 das Kinderheim leitete.[44] Am 17. September 1944 trat Maria Merkel die Stelle als Heimleiterin im „Lebensborn"-Heim in Oberweis an. Merkel hatte vor ihrem Aufenthalt in Oberweis in der Zentrale des „Lebensborn" gearbeitet – die 46-Jährige hatte die Leitung der Hauptabteilung Personal innegehabt.[45] Sie blieb bis zur Evakuierung des Heimes im April 1945 im Schloss.[46]

Insgesamt waren rund 25 Personen im Kinderheim „Alpenland" beschäftigt.[47] Neben dem Verwalter, der Heimleiterin, Erzieherinnen, Krankenschwestern und einem Hausmeisterehepaar waren HJ-Führer für die militärische Ausbildung verantwortlich.[48] Weiters gab es eine eigene Schneiderei mit mehreren Näherinnen, Küchenpersonal, Hausgehilfinnen und einen Gärtner.[49] Nach Angaben des Verwalters Pfaffenberger waren mit Ausnahme von ihm und dem Gärtner keine SS-Angehörigen in Oberweis anwesend.[50] Zeitzeugen dementieren: SS und Gestapo waren permanent im Heim anzutreffen. Vor allem vor der Gestapo hatten die Jungen große Angst, „weil wenn du nicht pariert hast, bist schon weg gewesen!",[51] so Zygmunt Rzążewski, der bereits mit dem ersten Transport in das Kinderheim gebracht worden war.

Im Laufe des Krieges wurde das Heimpersonal in den „Lebensborn"-Anstalten knapp, man begann, Häftlinge aus den Konzentrationslagern Ravensbrück und Dachau für die Arbeit in den Heimen zu rekrutieren.[52] Auch im Kinderheim „Alpenland" wurden KZ-

---

42   Report, SS-Lebensborn Activities in Upper Austria, Childrens Home „Alpenland" by Wilhelmina van Dop, Child welfare officer, UNRRA, Upper Austria, S. 1 f. ITS, Kindersuchdienst Ordner Lebensborn 7, S. 39 (Stand 2004).

43   Vgl. Meldebuch Laakirchen. Archiv der Marktgemeinde Laakirchen; sowie Aussage von Katharina Rink am 14.1.1948. IfZG, MB 30/20, S. 3523. Wer im ersten Monat das Heim offiziell leitete, konnte nicht eruiert werden. Es darf angenommen werden, dass der Verwalter des Heimes kurzzeitig die Leitung des Heimes übernahm.

44   Vgl. Meldebuch Laakirchen. Archiv der Marktgemeinde Laakirchen.

45   Vgl. Eidesstattliche Erklärung von Merkel. ZfA, Fall VIII, DB Viermetz, Nr. 4, S. 2 f.

46   Vgl. Bericht von Maria Merkel vom 26.6.1945, S. 1. Archiv der Marktgemeinde Laakirchen.

47   Vgl. Zeugenaussage von Elfriede Simanowski vor dem Nürnberger Militärgerichtshof am 14.1.1948. IfZG, MB 30/20, S. 3531.

48   Vgl. Bericht von Merkel, S. 1. Archiv der Marktgemeinde Laakirchen; sowie Schreiben der Personal-Hauptabteilung Lebensborn an den NS-Reichsbund Deutscher Schwestern vom 12.4.1945. IfZG, NO-3754.

49   Vgl. Meldebuch Laakirchen. Archiv der Marktgemeinde Laakirchen.

50   Vgl. Eidesstattliche Erklärung von Jakob Pfaffenberger. ZfA, Fall VIII, DB Sollmann VI, Nr. 58, Bl. 33.

51   Interview, Zygmunt Rzążewski, S. 5.

52   Vgl. Lilienthal, Lebensborn (2003), S. 62.

Häftlinge für die Arbeit im Heim eingesetzt: Im April 1944 wurde die „Bibelforscherin"
Anna Klebbe aus dem KZ Ravensbrück nach Oberweis deportiert, sieben Wochen später
folgte die „Bibelforscherin" Elfriede Simanowski. Kurz vor Kriegsende wurde noch ein
weiterer weiblicher KZ-Häftling in das Schloss Oberweis überführt.[53]

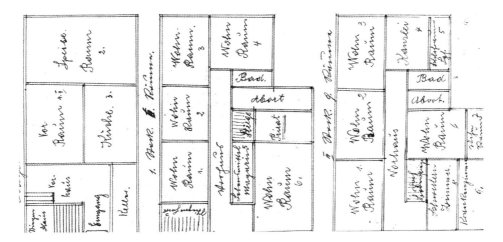

Abb. 13: Plan des Schlosses aus dem Jahr 1942.[54]

Der gesamte Mitarbeiterstab wurde im Schloss untergebracht – neben den Angestellten
wohnten auch deren Familienangehörigen (Ehefrauen, Mütter, Kinder) im selben Gebäude. Der Großteil des Hauspersonals bestand aus unverheirateten Frauen, die bereits
in Entbindungsanstalten des „Lebensborn" selbst ein Kind zur Welt gebracht hatten.[55]
Für die Aufsicht und Erziehung dieser Jungen und Mädchen, es handelte sich hierbei
meist um Kleinkinder, wurde ein fünfzehnjähriges Mädchen aus der näheren Umgebung
beschäftigt.[56] Dieses Kindermädchen trat am 1. Dezember 1943 seinen Dienst an und
blieb bis 1945 im Schloss. Eine weitere einheimische Frau arbeitete als Hausgehilfin im

53   Vgl. Zeugenaussage von Elfriede Simanowski am 14.1.1948. IfZG, MB 30/20, S. 3531. Im Meldebuch der
     Gemeinde Laakirchen ist bei der Eintragung der Einzugsdaten von Klebbe und Simanoswki ein Fehler
     unterlaufen, die Jahreszahlen wurden falsch eingetragen.
54   Die Zimmeraufteilung änderte sich während des Umbaus im Sommer 1943 kaum. Im Erdgeschoss wa-
     ren die Büros der „Lebensborn"-Angestellten untergebracht, daneben Schul- und Speiseraum. In den
     oberen Etagen befanden sich die Schlaf- und Wohnräume. Mädchen und Jungen waren separat unterge-
     bracht.
55   Vgl. Meldebuch Laakirchen. Archiv der Marktgemeinde Laakirchen.
56   Vgl. Interview, N. N. (anonym) am 28.1.2005, S. 2.

Kinderheim, im Juni 1944 verließ sie jedoch Schloss Oberweis.[57] Daneben wurden auch ortsansässige HJ-Führer für die Erziehung der Jungen eingesetzt.[58] Bei Notfällen wurde ein Arzt aus dem Nachbarort Laakirchen um Hilfe gerufen.[59]

Seit September 1944 leitete Maria Merkel das Kinderheim „Alpenland". In ihrer Verantwortung lag auch die Abteilung R IV der Hauptabteilung Rechtswesen, die im August 1944 nach Oberweis umgezogen war.[60] Vor Merkel hatte Kurt Heinze das Referat geleitet.[61] Die Abteilung R IV war, wie bereits erwähnt, für die Vermittlung der „Ostkinder" verantwortlich, sämtliche Verhandlungen mit den potentiellen Pflegeeltern wurden in dieser Abteilung geführt. Das Referat arbeitete mit den Jugendamtsakten aus Polen, die wichtigsten Papiere wurden in die deutsche Sprache übersetzt.[62] Die Unterlagen bekam das Referat von Dr. Fritz Bartels, dem „Lebensborn"-Beauftragten im Warthegau und dem Gauverwaltungsdirektor im Reichsgau Wartheland, zugesandt.[63] Die Papiere der Kinder waren oft lückenhaft, aus diesem Grund forderte die Abteilung R IV weiterführende Informationen bei der Gauselbstverwaltung an.[64] In den Verantwortungsbereich der Abteilung fielen Kinder aus Polen, Jugoslawien, Rumänien und der Tschechoslowakei.[65] Nach Schätzungen Maria-Martha Heinze-Wisswedes, die neben Merkel in der Abteilung R IV tätig war, übernahm der „Lebensborn" rund vierhundert sogenannte „Ostkinder" aus dem Ausland.[66] Der Münchner Verein unterteilte diese Kinder in zwei „Klassen": in „volksdeutsche bindungslose Kinder" sowie in „eindeutschungsfähige Polenkinder". Gemäß den Erfahrungen der „Lebensborn"-Angestellten fielen in die erste

---

57   Vgl. Meldebuch Laakirchen. Archiv der Marktgemeinde Laakirchen.

58   Vgl. Interview, Zygmunt Rzążewski, S. 6.

59   Vgl. Bericht von Merkel, S. 1. Archiv der Marktgemeinde Laakirchen.

60   Vgl. Vernehmung von Maria-Martha Heinze-Wisswede. IfZG, ZS-1071: Maria-Martha Heinze-Wisswede, S. 2.

61   Kurt Heinze, seit Oktober 1927 Mitglied der NSDAP, seit Herbst 1943 bei der Waffen-SS. Seit Mai 1943 war Heinze beim „Lebensborn" tätig. Zuerst arbeitete er in der Hauptabteilung Kriegerwaisen, wechselte im Herbst 1943 in die Abteilung R IV. Ab August 1944 bis Kriegsende leitete Heinze die Abteilung Statistik. Vgl. Eidesstattliche Erklärung von Kurt Heinze. ZfA, Fall VIII, ADB 8 A, NO-4821, S. 2.

62   Vgl. Vernehmung von Heinze-Wisswede. IfZG, ZS-1071, S. 10.

63   Vgl. Zeugenaussage Maria-Martha Heinze-Wisswede am 27.10.1947. IfZG, MB 30/17, S. 511.

64   Vgl. Zeugenaussage Maria-Martha Heinze-Wisswede am 27.10.1947. IfZG, MB 30/17, S. 487.

65   Vgl. Eidesstattliche Erklärung von Kurt Heinze. ZfA, VIII, ADB 8 A, NO-4821, S. 2. Über dieses Referat lief auch die Vermittlung der „Lidice-Kinder". Aus Akten, die Maria-Martha Heinze-Wisswede aus dem „geheimen Archiv" anforderte, ging hervor, dass es sich bei den tschechischen Kindern um Jungen und Mädchen aus dem Dorf Lidice handelte. Die Väter waren erschossen und die Mütter nach Ravensbrück transportiert worden. Der „Lebensborn" hatte eine Liste mit rund 200 Kindern, in seine Obhut kamen jedoch nur rund zehn Kinder. Vgl. Vernehmung von Heinze-Wisswede. IfZG, ZS-1071, S. 14 f.

66   Vgl. Eidesstattliche Erklärung von Heinze-Wisswede. ZfA, Fall VIIII, ADB 8 A, NO-4822, S. 2.

Gruppe jene Kinder, deren Verwandte aus dem „Deutschtum hervorkamen",[67] in die zweite Gruppe jene Jungen und Mädchen „hundertprozentiger polnischer Herkunft",[68] die aufgrund ihres „rassenmäßigen Aussehens"[69] als „eindeutschungsfähig" erklärt worden waren.[70] Diese Kinder waren zu hundert Prozent polnischer Herkunft. Laut Maria-Martha Heinze-Wisswede gehörte der Großteil der polnischen Kinder, die der „Lebensborn" im Laufe des Krieges übernommen hatte, der Gruppe „eindeutschungsfähige Polenkinder" an.[71]

ADMINISTRATION

Aus den Akten der Kinder, die im Heim „Alpenland" auflagen, war es laut Verwaltungskontoristin Jansky klar ersichtlich, dass rund die Hälfte aller Heimkinder noch Angehörige in Polen hatte.[72] Für jedes Kind erhielt die Heimleitung einen Bericht aus dem Kinderheim Kalisch, der über persönliche Daten sowie Ausführungen über Betragen und Entwicklung des Kindes Auskunft gab. Zusätzlich wurde vermerkt, ob die Eltern verstorben waren oder ob es sich um ein Findelkind handelte.[73] Die Heimleitung in Oberweis übernahm diese Darstellungen und setzte die eigenen Beobachtungen der Kinder in Form eines Erziehungsberichtes weiter fort. Zum Abschluss jedes Aktes wurde in einer „abschließenden Bemerkung" über die Eignung des Kindes als Pflegekind debattiert. Exemplarisch dazu der Akt über ein zwölfjähriges Heimkind in Oberweis:

> „Walter B o c h e r t (Tadeusz Bochat), (…), Mutter verstorben an Tbc, Vater auch verstorben. Seit dem Tode der Eltern in Pflege bei der Schwester der Mutter.
> Erziehungsbericht aus Kalisch (Nov. 1943): Er war bei der Aufnahme gesund und kräftig, er wirkte wie ein derber Bauernjunge, sprach wenig deutsch und verstand aber das Notwendigste. (…)
> Erziehungsbericht Oberweis (27. März 1944): Walter hat

---

67 Ebda., S. 18.
68 Ebda.
69 Ebda.
70 Vgl. ebda.
71 Vgl. ebda.
72 Vgl. Eidesstattliche Erklärung von Jansky. IfZG, NO-5485, S. 2 f.
73 Vgl. Eidesstattliche Erklärung von Merkel. ZfA, Fall VIII, DB Sollmann II, Nr. 22, Bl. 46.

sich im Heim gut eingelebt und macht keine weiteren
Schwierigkeiten. Beim Spiel und bei seinen Kameraden ist
er immer froh und fröhlich. Beim Lesen und Schreiben ist
er ganz eifrig. (Heimltr. Plate)
Erziehungsbericht Oberweis (14. Nov.1944): Seine
Führung in der Gemeinschaft ist gut. Er tritt nie
besonders hervor, wird aber von den älteren Jungen als
guter Kamerad behandelt. (Erzieherin Kettler)
Schulleistungen: Walter bemüht sich und hat, da er ohne
jede Schulbildung in deutsche Hände kam, erfreuliche
Fortschritte gemacht. Seine Leistungen sind mittlerer
Durchschnitt. In der Schule wirkt er stets abwartend, hat
manchmal einen lauernden Ausdruck, kann mitunter
ausgesprochen verbissen wirken. Ehrgeiz konnte nie
festgestellt werden.
Abschließende Beurteilung:
Ich halte Walter Bochert für eine bäuerliche Pflegestelle
gut geeignet und glaube kaum, dass er dort wesentliche
Schwierigkeiten machen wird. Im Heim hat er sich
reibungslos stets eingefügt und übertragene Arbeiten
ordentlich befehlsgemäß durchgeführt.
(Heimleiterin Merkel)"[74]

Neben diesen einzelnen Führungsberichten über die Kinder verfügte „Alpenland" auch
über Karteikarten des „Rasse- und Siedlungshauptamtes".[75] Auf diesen Karten waren der
Name des Kindes, das Geburtsdatum, der Geburtsort, Name des Heimes und die Dauer
des letzten Heimaufenthaltes registriert. Angaben über die etwaige „rassische Wertigkeit" des Kindes wurden auf diesen Dokumenten angeblich nicht verzeichnet, so Heinze-
Wisswede.[76] Der Verwalter des Kinderheims, Jakob Pfaffenberger, hatte jedoch Einsicht
in bestimmte Karteikarten, aus denen die „rassischen" Examina der Kinder eindeutig
hervorgingen.[77]

74　　Bericht über Walter Bochert. ZfA, Fall VIII, DB Sollmann X, Nr. 116, Bl. 50.
75　　Vgl. Eidesstattliche Erklärung von Merkel. ZfA, Fall VIII, DB Sollmann II, Nr. 22, Bl. 48.
76　　Vgl. Zeugenaussage von Maria-Martha Heinze-Wisswedes am 27.10.1947. IfZG, MB 30/17, S. 487, 507.
77　　Vgl. Eidesstattliche Erklärung von Jakob Pfaffenberger. ZfA, Fall VIII, ADB 8 B, NO-4974, S. 3.

Im Auftrag von Maximilian Sollmann wurde auch im Kinderheim „Alpenland" eine eigene polizeiliche Meldestelle eingerichtet.[78] Jakob Pfaffenberger, der Verwalter des Heimes, führte die polizeilichen An- und Abmeldungen der Kinder durch. Die Namen der Jungen und Mädchen wurden, wie sie in den Abmeldungen aus Kalisch enthalten waren, „eingedeutscht" eingetragen,[79] obwohl das Kinderheim über die ursprünglichen Namen der Kinder informiert war.[80] Daneben wurden die Jungen und Mädchen im polizeilichen Melderegister als „staatenlos" bezeichnet.[81] Aufgrund der Eintragung „staatenlos" bekamen einige Pflegeeltern Probleme bei der Schulanmeldung des Pflegekindes, auch bei der Versorgung der Kinder mit Lebensmittelkarten traten Schwierigkeiten auf. Auf Anweisung von Kurt Heinze wurde dieser Eintragungsmodus schließlich geändert: Die Jungen und Mädchen wurden als „deutsche Reichsangehörige" aus Oberweis polizeilich abgemeldet.[82]

Nach Aussage von Heimleiterin Merkel wurde in keinem einzigen Fall eine Namensänderung im Kinderheim durchgeführt.[83] Die Jungen und Mädchen trafen mit „eingedeutschtem" Namen in Oberweis ein, die „ursprünglichen polnischen Namen"[84] waren bereits in Polen geändert worden, so die Heimleiterin.[85] Auf Wunsch der Pflegefamilie konnte allerdings bei der Vermittlung eines Kindes eine weitere Namensänderung erfolgen – das Pflegekind bekam den Nachnamen der Pflegestelle zugewiesen.[86]

Es steht allerdings fest, dass jene Kinder, die mit den ersten Transporten nach Oberweis überführt worden waren, noch ihren polnischen Namen getragen hatten.[87] Nach einigen Wochen jedoch wurden die Namen der Kinder in deutsche Namen umgeändert. „Rund zwei Monate nach der Ankunft in Oberweis nahm uns ein SS-Mann zur Seite

---

78 Vgl. Eidesstattliche Erklärung von Erich Schulz. ZfA, Fall VIII, ADB 8 D, NO-5235, S. 4.

79 Vgl. Eidesstattliche Erklärung von Jakob Pfaffenberger. ZfA, Fall VIII, DB Sollmann VI, Nr. 58, Bl. 34 sowie Eidesstattliche Erklärung von Irmgard Eisler. ZfA, Fall VIII, DB Sollmann II, Nr. 19, Bl. 36.

80 Neben den einzelnen Führungsberichten der Kinder erhielt das Heim „Alpenland" vom Gaukinderheim in Kalisch eine Liste, auf der der ehemalige polnische Name sowie der ins Deutsche übersetzte Name der Heimkinder eingetragen waren. Vgl. Eidesstattliche Erklärung von Eisler. ZfA, Fall VIII, DB Sollmann II, Nr. 19, Bl. 36.

81 Jakob Pfaffenberger hatte diese Anweisungen von Erich Schulz, dem Standesbeamten des „Lebensborn", erhalten. Vgl. Eidesstattliche Erklärung von Pfaffenberger. ZfA, Fall VIII, DB Sollmann VI, Nr. 58, Bl. 34 f.

82 Vgl. ebda.

83 Eidesstattliche Erklärung von Maria Merkel. ZfA, Fall VIII, DB Sollmann II, Nr. 22, Bl. 45.

84 Eidesstattliche Erklärung von Maria Merkel. IfZG, NO-4949, S. 2.

85 Vgl. ebda.

86 Vgl. Eidesstattliche Erklärung von Heinze-Wisswede. ZfA, Fall VIII, ADB 8 A, NO-4822, S. 16.

87 Vgl. Zeugenaussage von Julie Semter vor dem Militärtribunal am 22.1.1948. IfZG, MB 30/20, S. 4061; Interview, Zygmunt Rzążewski, S. 6; Fragebogen, Leon Twardecki und Karol Boczek, beide S. 3.

und sagte, dass wir ab heute richtige Deutsche wären und deutsche Namen erhielten",[88] erinnert sich ein Heiminsasse. Aus „Julie Stemperka" wurde im Kinderheim in Oberweis beispielsweise „Julie Semter".[89] Auch Zygmunt Rzążewskis Name wurde in Oberweis „eingedeutscht": „Die haben den ja nie aussprechen können!"[90], resümiert er heute.

Maria Merkel hatte die Leitung erst rund ein Jahr nach der Heimeröffnung übernommen. Es scheint, dass unter ihrer Leitung keine „Verdeutschungen" der Namen durchgeführt wurden. Dass Merkel allerdings über die Vorgänge im Heim vor ihrer Ankunft nicht informiert worden war, ist unwahrscheinlich. Gerade ihr „Sonderstatus" – Heimleiterin und Leiterin der Abteilung R IV – machte sie zur zentralen Figur, über die alle Verhandlungen mit der „Lebensborn"-Zentrale und den Pflegefamilien liefen.

Der Vorstand des „Lebensborn", Maximilian Sollmann, hat dem Heim persönlich zwar nie einen Besuch abgestattet,[91] dennoch wusste er über alle Einzelheiten in Oberweis Bescheid. Heimleiterin Merkel informierte ihn über jegliche Vorkommnisse in ihrer Anstalt.[92] Sollmanns Stellvertreter, Günther Tesch, war im Zuge der Neueinstellung Merkels als Heimleiterin und Abteilungsleiterin des Referates R IV im Herbst 1944 in Oberweis. Tesch besichtigte die „Lebensborn"-Anstalt und hatte auch Kontakt mit den Heimkindern.[93] Rund ein halbes Jahr später, im Februar 1945, besuchte der Leiter der Hauptabteilung Gesundheitswesen, Gregor Ebner, „Alpenland". Ebner sah sich jedes Kind einzeln an, sprach mit den Kindern und verschaffte sich so einen Gesamteindruck über die Heiminsassen.[94]

DIE KINDER IM HEIM

„Auf einmal hat es geheißen, Oberweis ist frei und da sind wir hingekommen, da waren wir stationiert."[95]

Der erste Transport von polnischen Kindern traf Anfang September 1943 in Oberweis ein.[96] Die 16 Jungen und Mädchen waren am 19. August 1943 aus dem Kinderheim in

---

88 Fragebogen, Karol Boczek, S. 3.

89 Vgl. Zeugenaussage von Julie Semter am 22.1.1948. IfZG, MB 30/20, S. 4061 f.

90 Interview, Zygmunt Rzążewski, S. 6.

91 Vernehmung von Maximilian Sollmann. IfZG, ZS-1524: Maximilian Sollmann, S. 26.

92 Vgl. Eidesstattliche Erklärung von Merkel. IfZG, NO-4949, S. 4 f.

93 Vgl. Eidesstattliche Erklärung von Merkel. ZfA, Fall VIII, DB Sollmann II, Nr. 22, Bl. 49 f.

94 Vgl. Zeugenaussage von Gregor Ebner vor dem Militärgerichtshof am 26.1.1948. ZfA, Fall VIII, Protokollbuch 26.1.1948, S. 4184–4185.

95 Interview, Zygmunt Rzążewski, S. 2.

96 Vgl. Report, SS-Lebensborn Activities in Upper Austria, Childrens Home „Alpenland" by Wilhelmina

Kalisch im Warthegau abgereist, die Kinder waren zwischen sechs und 14 Jahren alt.[97] Drei Tage später verließ der zweite Kindertransport das Gaukinderheim in Richtung Oberweis. Wieder waren es sechzehn Kinder zwischen sechs und vierzehn Jahren.[98] Die Mehrheit der Kinder wurde mit dem Zug aus Kalisch nach Oberweis überführt, vereinzelt wurden Kinder auch aus den „Lebensborn"-Heimen „Pommern" in Bad Polzin[99] oder „Hochland" in Steinhöring[100] nach „Alpenland" gebracht. Im Laufe seines Bestehens (September 1943 bis April 1945) wurden rund 230 Kinder im Kinderheim „Alpenland" betreut.[101] Der letzte Transport aus Kalisch mit rund zwanzig Kindern traf Anfang Dezember 1944 in Oberweis ein.[102] Kurz vor Kriegsende wurden noch zwölf polnische Kinder aus dem Kinderheim „Taunus" in Wiesbaden nach Oberweis überführt.[103]

Das Heim „Alpenland" wies eine Aufnahmekapazität von bis zu 50 Kindern auf, die Heiminsassen waren zwischen vier und 15 Jahren alt.[104] Säuglinge und Kleinkinder wurden laut Merkel in Oberweis nicht betreut.[105]

Die Kinder wurden über Grund und Ziel ihrer Überstellung im Unklaren gelassen. In Oberweis eingetroffen, wurden sie allerdings sofort über das Motiv ihrer Überführung informiert: „Ich weiß nur das eine, wie wir in Oberweis angekommen sind, da hat es geheißen ‚so wir machen aus Euch Hitler-Jugend!' Und wenn wer fragt, Fremde, ‚ihr kommt's da her wegen der Kinderlandverschickung!'"[106] so Zygmunt Rzą_żewski. Geheimhaltung war im Kinderheim „Alpenland", wie auch in den übrigen Anstalten des Vereins, oberstes Gebot. So wenig Personen wie möglich sollten über den wahren Hin-

---

    van Dop, Child welfare officer, UNRRA, Upper Austria, S. 3. ITS, Kindersuchdienst Ordner Lebensborn 7, S. 40 (Stand 2004).

97 Vgl. Personenbestandsbuch des Gaukinderheimes Kalisch, Eintragung Nr. 135. IPN, OKBZN w Łódźi, 177/29, Nr. 34.

98 Vgl. Personenbestandsbuch des Gaukinderheimes Kalisch, Eintragung Nr. 138. IPN, OKBZN w Łódźi, 177/29, Nr. 34.

99 Vgl. Vernehmung von Heinze-Wisswede. IfZG, ZS-1071, S. 6 f.

100 Vgl. Kuligowski, Wspomnienia z lat germanizacji 1942–45, S. 46 f.

101 Vgl. Eidesstattliche Erklärung von Merkel. ZfA, Fall VIII, DB Sollmann II, Nr. 22, S. 48. Die genaue Anzahl der Jungen und Mädchen, die durch das Kinderheim „Alpenland" gegangen sind, ist nicht eruierbar, da das gesamte Aktenmaterial sowie die Karteien der Kinder kurz vor Ende des Krieges befehlsgemäß in das „Lebensborn"-Heim nach Steinhöring überstellt wurden – damit verliert sich die Spur des Aktenmaterials.

102 Vgl. Eidesstattliche Erklärung von Merkel. ZfA, Fall VIII, DB Sollmann II, Nr. 22, S. 46.

103 Vgl. Eidesstattliche Erklärung von Norbert Schwab. ZfA, Fall VIII, ADB 8 B, NO-5238, S. 4.

104 Vgl. Bericht von Merkel, S. 1. Archiv der Marktgemeinde Laakirchen.

105 Vgl. Eidesstattliche Erklärung von Merkel. ZfA, Fall VIII, DB Sollmann II, Nr. 22, Bl. 45. Ein ehemaliger Heiminsasse erinnert sich jedoch an Säuglinge, die im Heim untergebracht wurden. Vgl. Interview, Zygmunt Rzążewski, S. 5.

106 Interview, Zygmunt Rzążewski, S. 6.

tergrund des Aufenthalts der Kinder informiert werden. In Oberweis, einer kleinen Ortschaft mit rund 500 Einwohnern,[107] fünf Kilometer von Gmunden entfernt, wussten die
Anrainer zwar bald von der Existenz des Kinderheimes, auch dass es ausländische Kinder
beherbergte.[108] „Nach den Bessarabienkindern sind, nach einem Monat halt, dann diese
Kinder gekommen",[109] so erinnert sich eine Nachbarin des Schlosses an die Ankunft der
ausländischen Kinder. Dass das Anwesen der Verwaltung des SS-Vereins „Lebensborn"
oblag, war der ortsansässigen Bevölkerung laut Zeitzeugenberichten nicht bekannt –
auch nicht, aus welcher Intention die Kinder in das Schloss gebracht wurden.

> „Man hat sich da auch nicht so gekümmert, oder so. Obwohl, in Oberweis zu mei-
> ner Zeit, da waren wir viele Kinder. Also, wie wir in die Volksschule gegangen sind
> nach Laakirchen, da waren wir viele Kinder beieinander. Aber es ist eigentlich nie
> eine Red' drauf gekommen auf diese Kinder. Also nie."[110]

Angesichts der Kriegssituation war die einheimische Bevölkerung wohl nicht wirklich
über die Anwesenheit von ausländischen Kindern im Ort verwundert. Fremdländische
Arbeitskräfte, Zwangsarbeiter, begannen das äußere Erscheinungsbild von ländlichen
Gemeinden mitzuprägen und zu verändern – so auch in Oberweis. In der Gemeinde
Laakirchen, zu der die Ortschaft Oberweis zählt, lebten bereits im Juni 1942 über 334
Zwangsarbeiter, davon 70 polnischer Herkunft, die als Landarbeiter eingesetzt wurden.[111]
Das Kinderheim in Oberweis diente nicht nur als „Aufnahmeheim" für Kinder aus
Polen, nach „Alpenland" wurden nachweislich auch zwei tschechische Jungen transpor-
tiert.[112] Hierbei handelte es sich um Václav Hanf und Václav Zelenka. Hanf war aus einer

---

107 Die Volkszählung aus dem Jahr 1939 ergab für den Ort Oberweis 564 Personen, im Jahre 1923 waren es
     599 Bürger gewesen. Die Volkszählung aus dem Jahre 1961 zählte bereits 1.048 Personen, die in Ober-
     weis gemeldet waren. Vgl. Volkszählungsunterlagen der Gemeinde Laakirchen aus dem Jahre 1939 bzw.
     Ausweis über das Ergebnis der Volkszählungen der Gemeinde Laakirchen 1890 bis 1961. Siehe Archiv der
     Marktgemeinde Laakirchen.
108 Vgl. Interview, Maria E., S. 2 sowie Interview, Maria T., S. 1 f.
109 Interview, Maria E., S. 2.
110 Interview, Karoline Z., S. 2.
111 Vgl. Lagebericht des Gendarmeriepostens Laakirchen an den Landrat in Gmunden, 22.6.1942. OÖLA.
     Zit. nach: Dokumentationsarchiv des österreichischen Widerstandes (Hg.), Widerstand und Verfolgung
     in Oberösterreich, 1934–1945. Eine Dokumentation, Bd. 2 (Wien, München, Linz, 1982), S. 422.
112 Maximilan Sollmann gibt in einem Verhörprotokoll an, dass auch slowenische Kinder in „Alpenland"
     untergebracht waren. Vgl. Vernehmung von Sollmann. IfZG, ZS-1524, S. 35. Der „Lebensborn" war
     nachweislich in die Vermittlung von slowenischen Kindern involviert – in der Kartei des Heimes wur-
     den auch slowenische Kinder geführt, doch weder Heimkinder noch Mitarbeiter des Kinderheimes „Al-
     penland" erwähnen den Aufenthalt slowenischer Kinder in Oberweis. Vgl. Eidesstattliche Erklärung

Pflegefamilie, Zelenka aus dem Kinderheim aus Puschkau nach Oberweis überstellt worden. Die Kinder waren im Rahmen der Vergeltungsaktion um das Heydrich-Attentat in die Hände der deutschen Besatzer gefallen.[113]

Die Auswahl der Kinder, die in das Kinderheim „Alpenland" gebracht wurden, oblag zwar der Gauselbstverwaltung in Posen,[114] die Münchner Zentrale schickte allerdings einen Vertreter nach Polen, der die ausgewählten Kinder begutachtete und dann entschied, ob die betreffenden Jungen und Mädchen den Kriterien des „Lebensborn" entsprachen. Kurt Heinze, der in dieser Funktion nach Posen reiste, nahm von diesem Recht Gebrauch und verweigerte einmal die Aufnahme eines Kindes. Bei dem betroffenen Kind handelte es sich um einen Bettnässer, woraufhin es zu einem Streit zwischen Heinze und dem Vorstand des „Lebensborn" kam.[115]

Zwischen dem Heimpersonal gab es unterschiedliche Auffassungen über die Herkunft und die „Bindungslosigkeit" der Heiminsassen. Nach Heimleiterin Merkel befanden sich im Kinderheim „Alpenland" ausnahmslos „volksdeutsche, bindungslose Waisenkinder aus dem Warthegau",[116] die in Familienpflege übermittelt werden sollten.[117] Dies wurde der Heimleiterin bei ihrer Amtseinführung von Dr. Tesch, dem Stellvertreter Sollmanns, erklärt.[118] Für die „Lebensborn"-Angestellte war oben genannte Titulierung eine Bezeichnung „für hilfsbedürftige Kinder deutscher Abstammung",[119] so Merkel weiter. Hauptaufgabe war es, für die zugewiesenen Waisenkinder innerhalb der „Lebensborn"-Anstalten zu sorgen, „wir dachten nur an Fürsorge und dafür mühten wir uns ab",[120] so die Heimleiterin. Dass Fürsorge für die Angestellten des Münchner Vereins oberste Priorität hatte, dem stimmt Maria-Martha Heinze-Wisswede zwar zu, betreffend der Abstammungsverhältnisse der Kinder in Oberweis widerspricht sie jedoch ihrer ehemaligen Vorgesetzten Merkel vehement:

———

       von Merkel. IfZG, NO-4949, S. 4. In keinen der gesichteten Quellen konnten Hinweise auf slowenische Kinder in Oberweis gefunden werden.

113   Hanf konnte an keine Pflegefamilie vermittelt werden und blieb bis zur Evakuierung des Kinderheimes in Oberweis. Zelenka wurde an deutsche Pflegeeltern nach Dresden übergeben. Näheres zu dem Schicksal der tschechischen Kinder findet sich im Kap. VII: Gewaltsame „Eindeutschung" von Kindern aus den Ländern Südost- und Osteuropas.

114   Vgl. Eidesstattliche Erklärung von Merkel. ZfA, Fall VIII, DB Viermetz, Nr. 4, Bl. 16.

115   Vgl. Vernehmung von Heinze-Wisswede. IfZG, ZS-1071, S. 25.

116   Eidesstattliche Erklärung Maria Merkel. ZfA, Fall VIII, DB Sollmann II, Nr. 22, Bl. 45.

117   Vgl. ebda.

118   Vgl. Eidesstattliche Erklärung von Merkel. IfZG, NO-4949, S. 5. Im Vergleich dazu bestätigte Sollmann in seiner Zeugenaussage, dass es „polnische Kinder" waren, die in das Heim „Alpenland" gebracht wurden. Vgl. Vernehmung von Sollmann. IfZG, ZS-1524, S. 21.

119   Eidesstattliche Erklärung von Maria Merkel. ZfA, Fall VIII, DB Viermetz, Nr. 4, Bl. 16.

120   Ebda.

„Über die etwaige deutsche Herkunft dieser Kinder kümmerte sich keiner, sonst hätte man aus den polnischen Papieren, welche bei den Kindern waren, feststellen müssen, dass der größte Teil mit dem Deutschtum nie in Berührung gekommen war."[121]

Auch der Verwalter des Kinderheimes, Jakob Pfaffenberger, spricht in seiner ersten Aussage im Rahmen der gerichtlichen Erhebungen nach 1945 von „polnischen Kindern",[122] die nach Oberweis gebracht wurden. Es handelte „sich bei den meisten Kindern um Waisenkinder",[123] so der Verwalter. Vier Monate später revidierte er jedoch seine Aussage. Nach Oberweis seien ausschließlich „volksdeutsche Kinder aus dem Warthegau"[124] gebracht worden. Heimleiterin und Verwalter sprechen beide explizit von „Waisenkindern". Beide Personen hatten Zugang zum Aktenmaterial der Kinder und waren in ständigem Kontakt mit den Heiminsassen. Anneliese Jansky hatte aufgrund ihrer beruflichen Tätigkeit auch Einsicht in die Akten der Kinder. Daneben beobachtete sie die Jungen und Mädchen. Gegen die Behauptung Merkels und Pfaffenbergers protestiert sie klar und deutlich:

„Es besteht für mich gar kein Zweifel, dass Frau Knipp-Merkel, sowie sonstige leitende Leute des Lebensborn's e.V. genau gewusst haben, dass noch Verwandte, bezw. Pflegeeltern, das ist einschließlich richtige Eltern, bei ungefähr der Hälfte dieser Kinder vorhanden war, da dieses aus dem Aktenmaterial klar hervorging."[125]

Heimleiterin und Verwalter waren dessen ungeachtet anderer Meinung. Warum die beiden Genannten nach dem Krieg an ihrem Standpunkt weiter festhielten, bleibt dahingestellt. Eine beträchtliche Rolle dürfte aber die Verhaftung der ehemaligen Vorgesetzten gespielt haben. Die Aussagen Merkels und Pfaffenbergers unterstrichen die Behauptung der Verteidigung, der Münchner Verein wäre nur bei der Vermittlung „bindungsloser" „volksdeutscher" Kinder aus Polen beteiligt gewesen – ein Raub von Kindern hatte demnach niemals stattgefunden.[126]

---

121 Eidesstattliche Erklärung von Maria-Martha Heinze-Wisswede. ZfA, Fall VIII, ADB 8 A, NO-4822, S. 11.
122 Eidesstattliche Erklärung von Jakob Pfaffenberger. ZfA, Fall VIII, ADB 8 B, NO-4974, S. 4 f.
123 Ebda., S. 3.
124 Eidesstattliche Erklärung von Jakob Pfaffenberger. ZfA, Fall VIII, DB Sollmann VI, Nr. 58, Bl. 32.
125 Eidesstattliche Erklärung von Anneliese Jansky. IfZG, NO-5485, S. 3.
126 Vgl. Eröffnungsrede von Dr. Paul Ratz, Verteidiger Sollmanns. ZfA, Fall VIII, Opening plea, P 1, S. 4–5. Die Ausführungen der leitenden Personen im Kinderheim „Alpenland" sollten daher auch unter dem oben genannten Aspekt betrachtet werden.

VERPFLEGUNG UND BETREUUNG DER KINDER

Nach Ansicht des Verwalters genossen die Kinder in „Alpenland" eine „ausgezeichnete"[127] Verpflegung. Die Heimleitung bemühte sich sogar um „Extra-Zuweisungen" nach dem Verpflegungssatz der Kinderlandverschickungsheime,[128] da die Kinder bei ihrer Ankunft „sehr zart und in der Entwicklung weit zurück"[129] schienen. Infolgedessen „haben sich alle schnell erholt und die Gewichtszunahmen waren bedeutend",[130] betonte Merkel. Ehemalige Heimkinder schildern jedoch gegenteilige Erfahrungen: Wiesław Kuligowski erinnert sich an schlechtes Essen,[131] Anna Kociuba und Janusz Bukorzycki litten während ihres Aufenthaltes in Oberweis ständig an großem Hunger.[132] Bukorzycki stahl sogar die Abfälle, die für die Schweine gedacht waren, um so seinen Hunger zu stillen.[133] Auch Zygmunt Rzążewski litt unter der schlechten Verpflegung:

> „Und zum Essen … zum Essen in der Früh, so ein Stückerl Brot, bisserl dicker, so vielleicht. Die Marmelade, Messer eingetunkt, abgewischt und so ein Häferl Kaffee, in der Früh. Und zu Mittag (…) kein Fleisch, zwei so Erdäpfel zu Mittag und so ein Suppenteller Rübenkraut. Tagtäglich!"[134]

Sämtliche Jungen und Mädchen, die im Kinderheim „Alpenland" untergebracht waren, waren durch den Münchner Verein krankenversichert.[135] Bei allfälligen Erkrankungen wurde der zuständige Arzt aus Laakirchen zugezogen,[136] in ein Krankenhaus wurden die Heimkinder allerdings nie gebracht – auch nicht bei ernsthaften Erkrankungen, wie die

---

127 Eidesstattliche Erklärung von Jakob Pfaffenberger. ZfA, Fall VIII, DB Sollmann VI, Nr. 58, Bl. 33.
128 Vgl. Eidesstattliche Erklärung von Merkel. ZfA, Fall VIII, DB Sollmann II, Nr. 22, Bl. 46a–47. Nach dem Verpflegungsgrundsatz der Kinderlandverschickung sollten pro Tag zwei Reichsmark für die Verpflegung der Lagerteilnehmer verwendet werden. Zusätzlich sollten die Kinder Sonderzuschläge erhalten. Das bedeutete: an Brot bzw. Mehl 10%, an Fett 10%, an Käse 25%, an Topfen 20% und je Tag 0,2 Liter entrahmte Frischmilch. Erlass des Reichsministeriums für Ernährung und Landwirtschaft vom 29.10.1940. Zit. nach Gerhard Kock, „Der Führer sorgt für unsere Kinder…". Die Kinderlandverschickung im Zweiten Weltkrieg (Schöningh, 1997), S. 122–123.
129 Eidesstattliche Erklärung von Maria Merkel. ZfA, Fall VIII, DB Sollmann II, Nr. 22, Bl. 46a–47.
130 Ebda., Bl. 47.
131 Vgl. Kuligowski, Wspomnienia z lat germanizacji 1942–45, S. 47.
132 Vgl. Kociuba, Bez tożsamości, S. 30 sowie Bukorzycki, Moje lata dzięcięce, S. 11.
133 Vgl. Bukorzycki, Moje lata dzięcięce, S. 11.
134 Interview, Zygmunt Rzążewski, S. 5.
135 Vgl. Aufstellung der Gruppenversicherung „Ostkinder" des Berliner Vereins, Stand 1.12.1944. ZfA, Fall VIII, ADB 8 B, NO-4601, NO-4602, NO-4603.
136 Vgl. Bericht von Merkel, S. 1. Archiv der Marktgemeinde Laakirchen.

Geschichte Wiesław Kuligowskis dokumentiert. Der Junge war von einem SS-Mann gezwungen worden, auf einen Nussbaum zu klettern und für den Mann Nüsse zu pflücken:

> „Als ich die Reitpeitsche sah, wurde ich total nervös. Sofort saß ich auf dem Baum, aber der brüchige Ast brach ab. Ich fiel mit meinem Rücken ein paar Meter runter. Über zwei Wochen lag ich im Isolierzimmer bewusstlos. Die Deutschen benahmen sich aber so, als ob nichts passierte. Ich wurde zurück zu meiner Truppe gebracht, ins Krankenhaus wurde ich aber nicht gefahren."[137]

Die Heimleitung beteuert, dass die Kinder im Heim „Alpenland" „aufs Beste"[138] betreut wurden: vormittags wurden sie mit Lesen, Rechnen und Schreiben beschäftigt, nachmittags konnten die Jungen und Mädchen Spiele spielen, sich mit Bastelarbeiten vergnügen und spazieren gehen.[139] Auch Elfriede Simanowski, die als Zwangsarbeiterin nach Oberweis überstellt worden und dort in der Nähstube tätig war, hatte den Eindruck, dass die Kinder sehr gut behandelt wurden und sich in ihrer Freizeit nach eigenem Willen vergnügen konnten.[140] Katharina Rink, die in Oberweis für sich ein Pflegekind auswählte, stimmt dem zu: „Die Kinder lebten dort wie im Paradies. Es war herrlich für Kinder."[141] Die Berichte der ehemaligen betroffenen Kinder zeichnen jedoch ein anderes Bild. In Hinblick auf die vorhandenen Quellen steht fest, dass die Heiminsassen im Kinderheim „Alpenland" nicht alle dieselbe Betreuung und Pflege genossen. „Manche hatten es im Lager besser, aber nicht alle",[142] macht Janusz Bukorzycki auf die unterschiedliche Behandlung der Kinder im Heim aufmerksam. Es scheint, dass vor allem die älteren Mädchen im Alter zwischen dreizehn und vierzehn Jahren eine privilegierte Betreuung im Heim genossen. Lucie Bergner und Julie Semter waren beide aus Kalisch nach Oberweis transportiert worden. Die Mädchen konnten sich im Heim vollkommen frei bewegen, Bergner gefiel es in „Alpenland" derart gut, dass sie das Heim nicht gerne verlassen wollte, als sie an Pflegeeltern vermittelt wurde.[143] Auch Therese Weinbrenner und Anna Michel erging es in Schloss Oberweis sehr gut, die Verpflegung war ausreichend, körper-

---

137 Kuligowski, Wspomnienia z lat germanizacji 1942–45, S. 49.
138 Eidesstattliche Erklärung von Maria Merkel. ZfA, Fall VIII, DB Sollmann II, Nr. 22, Bl. 47.
139 Vgl. ebda.
140 Vgl. Zeugenaussage von Elfriede Simanowski am 14.1.1947. IfZG, MB 30/20, S. 3533 f.
141 Zeugenaussage von Katharina Rink am 14.1.1948. IfZG, MB 30/20, S. 3518.
142 Bukorzycki, Moje lata dzięcięce, S. 12.
143 Vgl. Zeugenaussage von Lucie Bergner vor dem Militärgerichtshof am 22.1.1948. IfZG, MB 30/20, S. 4020–4022.

liche Züchtigung oder andere schwere Bestrafungen hatten die Mädchen selbst nie erlebt oder bei anderen Heimkindern beobachtet.[144] Dass nicht allen Mädchen eine derart gute Fürsorge garantiert war, illustriert die unten angeführte Aussage von Anna Kociuba. Kociuba war als siebenjähriges Mädchen nach Oberweis gebracht worden, die Betreuung im Kinderheim „Alpenland" schildert sie rückblickend folgendermaßen:

> „Da war es noch schlimmer [als in Kalisch]: größere Disziplin, nur deutsche Sprache, Hunger und körperliche Züchtigung für jede kleine Verfehlung. An Einsamkeit und Hunger war ich gewöhnt, aber ich hatte sehr große Angst vor der Einsperrung im Keller – Angst vorm Dunkel habe ich bis heute –, vor den körperlichen Züchtigungen und vor allem vor den Gesichtsschlägen."[145]

Auch geschlechtsspezifisch sind Unterschiede in der Betreuung der Kinder im Heim feststellbar, die sich in der Erziehung der männlichen Heimkinder widerspiegeln: Die Jungen im Kinderheim „Alpenland" mussten sich zusätzlich einer streng militärischen Ausbildung unterziehen, unter der sie sehr litten. Daneben wurden sie, stets bewacht, zu verschiedenen Arbeiten eingeteilt. Der Tagesplan unterlag einer exakten Regelung.[146] Im Vergleich dazu hatten die Mädchen – trotz aller Strenge, die bisweilen sadistische Ausmaße annahm – etwas mehr Freiheiten im Heim.

Der nationalsozialistisch orientierte Unterricht wurde im Kinderheim auf Deutsch abgehalten, Frauen übernahmen diese Tätigkeit.[147] „Ganztägige Gruppenkurse, Deutschunterricht, Singen deutscher Lieder, Lobpreisungen auf die Deutschen und auf Hitler",[148] so schildert Halina Olejniczak den Unterricht im Schloss.

Den Kindern des ersten Kindertransports war es anfangs noch erlaubt, sich polnisch zu unterhalten.[149] Dies änderte sich jedoch rasch und die Verwendung der Muttersprache wurde den Heiminsassen unter Androhung schwerer Strafen verboten: „Für jedes

---

144 Vgl. Zeugenaussage von Therese Weinbrenner vor dem Militärgerichtshof am 23.1.1948. IfZG, MB 30/20, S. 4067 f. sowie Zeugenaussage von Anna Michel vor dem Militärgerichtshof am 23.1.1948. IfZG, MB 30/20, S. 4078. Hier wurde bewusst der „eingedeutschte" Name der Kinder verwendet – die Zeugen stellten sich vor Gericht mit diesem Namen vor; Weinbrenner hatte bereits den Nachnamen ihrer Pflegefamilie angenommen.

145 Kociuba, Bez tożsamości. S. 31 f.

146 Vgl. Interview, Zygmunt Rzążewski, S. 3 ff. sowie Fragebogen, Janusz Bukorzycki, Leon Twardecki, Karol Boczek, alle S. 3.

147 Vgl. Aussage von Maria-Martha Heinze-Wisswede vor dem Militärgerichtshof am 27.10.1947. IfZG, MB 30/17, S. 501.

148 Fragebogen, Halina Olejniczak, S. 3.

149 Vgl. ebda., S. 1.

polnische Wort wurde man geschlagen, getreten und musste hungern. Der Nahrungsentzug konnte bis zu drei Tage dauern."[150] Bereits in den „Assimilierungsheimen" waren die Kinder genötigt worden, die deutsche Sprache zu erlernen. In Oberweis wurde
der Unterricht nun intensiviert. Jungen und Mädchen wurden unabhängig vom Alter
der Kinder gemeinsam in einer Klasse unterrichtet.[151] Die Deutschstunden waren für die
Kinder verpflichtend[152] und fanden täglich im Erdgeschoss des Schlosses statt: „Ja, da
haben wir Deutsch gelernt. Geschrieben auf der Tafel, musstest ja abschreiben. Wenn du
nicht dumm gewesen bist, hast schneller gelernt. Aber so leicht ist es nicht gewesen."[153]
Der obligatorische Deutschunterricht fand zwar im Klassenzimmer statt, doch die Kinder gebrauchten – gezwungenermaßen – auch andere Methoden, um sich die deutsche
Sprache anzueignen:

> „Na, (…) wir sind alle Tage nach dem Essen marschiert und dann hat es gehei-
> ßen, ,jetzt müsst Ihr alle Tage ein Lied singen'. Gelesen hast, aber verstanden hast
> du ja nichts. Und dann haben wir gesungen und durch das haben wir Deutsch
> gelernt."[154]

Die Anwendung der polnischen Sprache galt im Heim als oberstes und strengstes
Verbot.[155] „Jedes polnische Wort war Grund für eine Malträtierung, für Schläge und
Tritte",[156] so Janusz Bukorzycki. Den Heiminsassen war es aus diesem Grund auch untersagt, untereinander auf Polnisch zu kommunizieren.[157] Die Kinder widersetzten sich
jedoch dieser Anordnung: „Untereinander haben wir polnisch gesprochen, aber wenn
das ein Deutscher hörte, gab es sofort verschiedene Strafen und Ermahnungen",[158] erinnert sich Karol Boczek. Von einem Verbot der polnischen Sprache weiß die Heimleiterin Merkel hingegen nichts. Die Aussagen Merkels weichen von den Erinnerungen der
Kinder, zum Gebrauch der deutschen Sprache gezwungen worden zu sein, deutlich ab:
Sie habe die Kinder nur angehalten sich in der deutschen Sprache zu „üben",[159] recht-

---

150 Fragebogen, Janusz Bukorzycki, S. 3.
151 Vgl. Fragebogen, Janusz Bukorzycki, S. 5.
152 Vgl. ebda. sowie Fragebogen, Kuligowski, S. 3.
153 Interview, Zygmunt Rząźewski, S. 5.
154 Ebda., S. 1.
155 Vgl. Fragebogen, Halina Olejniczak, Leon Twardecki, Karol Boczek, alle S. 3.
156 Fragebogen, Janusz Bukorzycki, S. 3.
157 Vgl. Fragebogen, Anna Kocubia, Wiesław Kuligowski, Janusz Burkorzycki, Karol Boczek, alle S. 3 sowie
     Interview, Zygmunt Rząźewski, S. 1.
158 Fragebogen, Karol Boczek, S. 3.
159 Eidesstattliche Erklärung von Maria Merkel. ZfA, Fall VIII, DB Sollmann II, Nr. 22, Bl. 47.

fertigte sich Merkel, unter sich und auch in der Freizeit wäre es den Kindern erlaubt gewesen, sich nach Belieben und ungehindert auf Polnisch zu unterhalten.[160] Auch eine weitere Angestellte erklärte, dass die Kinder nicht gezwungen worden wären, deutsch zu sprechen, man hätte die Heiminsassen nur dazu „ermahnt",[161] die Sprache, die sie in der Schule lernten, auch anzuwenden.[162]

Erziehung im „Lebensborn"-Heim in Oberweis bedeutete „Umerziehung" der Kinder in Form von diversen „Eindeutschungsmaßnahmen". Befehle, Verbote und bedingungsloser Gehorsam prägten den Erziehungs-Alltag im Schloss. Anna Kociuba spricht von „preußischem Drill", der den Alltag und die Erziehung im Schloss Oberweis bestimmte,[163] Halina Olejniczak, die mit einem den ersten Transporte im Herbst 1943 nach „Alpenland" gebracht worden war, zählt die obersten Richtlinien des Kinderheimes auf: „Es war nicht erlaubt, polnisch zu sprechen. Man durfte nur mit einem Erzieher auf die Toilette. Verbot des Kontaktes mit Personen außerhalb des Kinderheimes und der Familie."[164] Daneben mussten sich die Jungen und Mädchen dazu verpflichten, sich stets auf Deutsch zu melden und sich nur mit Genehmigung aus den Räumen zu entfernen.[165] Weiters war es strikt verboten, das Anwesen des Kinderheimes zu verlassen.[166] „Alleine hast ja nix machen dürfen, da war alles abgesperrt!",[167] so ein Betroffener. Bei Nicht-Gehorsam drohten den Kindern schwere Bestrafungen, körperliche Züchtigungen, wie oben geschildert, gehörten zum Erziehungsalltag, auch wenn Heimleiterin Merkel dies dementiert: „Es war mir bekannt, dass im ‚Lebensborn' ein streng verfolgtes Züchtigungsverbot durch Herrn Sollmann ergangen war."[168] Im Gegensatz dazu gab Heimverwalter Pfaffenberger zu, dass körperliche Züchtigung stattfand, jedoch „nur in wenigen Fällen bei groben Verfehlungen (…), wenn sie aus erzieherischen Gründen unbedingt notwendig war".[169]

Neben der körperlichen Züchtigung zählten Nahrungsentzug, das Einsperren in eine dunkle Kammer und das Appellstehen mitten in der Nacht zu den weiteren Bestrafungs-

160 Vgl. ebda.
161 Maria-Martha Heinze-Wisswede, Zeugenaussage am 27.10.1947. IfZG, MB 30/17, S. 501.
162 Vgl. ebda. Für die Zwangsarbeiterin Elfriede Simanowski waren die Kinder „so gut erzogen, dass sie mit uns, die wir nicht Polnisch konnten, in jeder Hinsicht deutsch sprachen". Zeugenaussage von Simanowski am 14.1.1948. IfZG, MB 30/20, S. 3533.
163 Vgl. Fragebogen, Anna Kociuba, S. 3.
164 Fragebogen, Halina Olejniczak, S. 3.
165 Vgl. Fragebogen, Janusz Bukorzycki, S. 3.
166 Vgl. Fragebogen, Leon Twardecki, S. 3.
167 Interview, Zygmunt Rzążewski, S. 9.
168 Eidesstattliche Erklärung von Maria Merkel. ZfA, Fall VIII, DB Sollmann II, Nr. 22, Bl. 47.
169 Eidesstattliche Erklärung von Jakob Pfaffenberger. ZfA, Fall VIII, DB Sollmann VI, Nr. 58, Bl. 33,5.

methoden.[170] Panische Angst hatten die Kinder vor der Einschließung in einen kleinen, engen Raum, einem Schornstein nicht unähnlich:

> „Es war eine Nische, aus der man Ruß herausnahm, 60 cm hoch und 50 x 50 breit. Man konnte darin weder stehen noch sitzen und man musste in einer Hockstellung ohne Essen und Trinken sogar bis zu 48 Stunden aushalten. Wenn ein Kind rauskam, war es bewusstlos, geschockt, voll mit Ruß, mit Kotze und mit Exkrementen."[171]

Im Kinderheim herrschte bedingungsloser Gehorsam gegenüber den Erziehern.[172] „Es gab zivile Erzieher und solche in SS-Uniformen. Die Leute waren geborene Sadisten",[173] so urteilt Janusz Bukorzycki über die Ausbildner im Schloss. Die Jungen im Kinderheim „Alpenland" wurden zusätzlich einer streng paramilitärischen Ausbildung unterzogen, die Ausbildung beruhte auf Formen und Inhalten der HJ-Erziehung.[174] HJ-Führer waren aus diesem Grund auch für die Schulung der Jungen verantwortlich.[175] Neben dem Erlernen aller mit der Wehrhaftigkeit verbundenen soldatischen Eigenschaften galt die Verteidigung des Deutschen Reiches als oberste Priorität.

> „Wir kriegten Uniformen, Gewehre mit Bajonetten ohne Munition. Ich war neun Jahre alt. Das Gewehr mit Bajonett war größer als ich. Von Wecksignal bis Zapfenstreich wurden wir geschult: Exerzieren, Laufen, Nahkampfunterricht und wie man mit Bajonetten stechen soll. Wir brauchten es, um gegen polnische Banditen kämpfen zu können."[176]

---

170 Vgl. Interview, Janusz Bukorzycki, S. 1.

171 Bukorzycki, Moje lata dzięcięce, S. 11.

172 Vgl. Fragebogen, Karol Boczek sowie Fragebogen, Anna Kociuba, beide S. 3.

173 Fragebogen, Janusz Bukorzycki, S. 3. Die Ausbildner im Schloss gehörten nicht nur der SS, sondern auch der HJ an. Vgl. Interview, Zygmunt Rzążewski, S. 4, 12.

174 Der Dienstinhalt der HJ-Arbeit beruhte auf körperlicher Ertüchtigung, quasi-militärischen Ordnungsübungen, Appellen, „Antreten", Marsch und Lagerleben, Wehrertüchtigung sowie auf einer weltanschaulichen Schulung. Innerhalb des HJ-Jugenddienstes nahm die körperliche Ertüchtigung mit all ihren Facetten jedoch eine privilegierte Stellung gegenüber der weltanschaulichen Erziehung ein. Vgl. dazu Arno Klönne, Jugend im Reich. Die Hitlerjugend und ihre Gegner. Dokumente und Analysen (Düsseldorf, 1984), S. 39–42, S. 55–59.

175 Vgl. Interview, Zygmunt Rzążewski, S. 5, 6, 14.

176 Kuligowski, Wspomnienia z lat germanizacji 1942–45, S. 48.

Unmittelbar nach dem Weckruf um sieben Uhr morgens wurden die Jungen zur körperlichen Ertüchtigung angehalten, danach war es den männlichen Heimkindern gestattet, ihr Frühstück gemeinsam mit den Mädchen im Speisesaal einzunehmen. Nach
dem Unterricht, meist nachmittags, begann die paramilitärische Ausbildung: Umgang
mit der Waffe, Exerzieren und Nachstellung von Kampfhandlungen auf dem Feld.[177]
„Jeder Tag war wie der andere. Am Vormittag verschiedene Übungen, Unterricht und
Exerzieren",[178] so Wiesław Kuligowski über den Alltag im Schloss. Nur in den Sommer-
monaten kam es zu leichten Änderungen im streng geplanten Tagesablauf: Den Jungen
wurde es erlaubt, in der nahe gelegenen Traun schwimmen zu gehen. Als sommerliches
Badevergnügen konnte das jedoch nicht gewertet werden – die Kinder wurden stets zum
Fluss eskortiert und bewacht:

„Wir sind nie alleine schwimmen gegangen, immer nur unter Bewachung. Sonst
wären wir ja abgehauen! Und eine Angst haben wir gehabt. Wenn wir Schwimmen
gegangen sind, waren ja auch SS-Männer dabei. Du hast ja nichts gewusst. Wenn
du ihnen den Rücken zugewandt hat, hast ja auch nicht gewusst, ob sie dich von
hinten …. Und du fällst in die Traun und bist weg."[179]

Gekleidet wurden die Jungen nach dem Vorbild der Hitlerjugend. Unabhängig von der
Jahreszeit mussten sie die Uniform der HJ tragen: „Und im Winter die gleiche HJ Hose
wie im Sommer. Kurze!",[180] unterstreicht Zygmunt Rzążewski die strenge Uniformität.
Auch einer Oberweiser Bürgerin fiel die strikte Kleiderordnung der Heiminsassen bei
ihren Ausmärschen auf: „Derer haben die Buben so leidgetan, das waren ja lauter Buben.
Und ihr haben die Buben so leidgetan, weil die im November noch mit kurzen Hosen
gehen haben müssen. Sie sollten halt erzogen werden, so richtig spartanisch."[181]
    Auch nachts wurden Alarme ausgerufen oder die Jungen zum Appell bestellt.[182] Janusz
Bukorzycki, der als Zehnjähriger nach „Alpenland" transportiert worden war, erinnert
sich an Weckrufe mitten in der Nacht. Die Burschen wurden in die Waschräume gejagt:

„Auf dem Boden stand das Wasser bis zu den Knöcheln und es hieß: ‚Hinlegen,
aufstehen!' Wir mussten Kniebeugen machen und, um es uns schwieriger zu ma-

---

177 Vgl. Fragebogen, Karol Boczek sowie Fragebogen, Janusz Bukorzycki, beide S. 3.
178 Fragebogen, Wiesław Kuligowski, S. 3.
179 Interview, Zygmunt Rzążewski, S. 7.
180 Ebda., S. 5.
181 Interview, Maria T., S. 1.
182 Vgl. Kuligoswki, Wspomnienia z lat germanizacji 1942–45, S. 48.

chen, mussten wir einen Kollegen auf die Schulter nehmen. Der musste noch eine Schüssel mit Wasser halten. Wenn ich keine Kraft mehr hatte und schon im Wasser lag, musste mein Kollege, der bei mir auf der Schulter saß, mich auf seine Schulter nehmen und ich die Schüssel halten und ‚das Spiel' begann von Anfang an. Es dauerte bis zum Morgen. Wenn wir zurück in unseren Saal kamen, waren unsere Pritschen ganz verwüstet und wir mussten sie noch in Ordnung bringen."[183]

Aufgrund derartiger Erlebnisse weigert sich Janusz Bukorzycki, „Alpenland" als „Kinderheim" zu bezeichnen, der ehemalige Heiminsasse charakterisiert die „Lebensborn"-Anstalt in Oberweis als „Misshandlungslager".[184] Auch Zygmunt Rzążewski legte während des Interviews großen Wert darauf, dass „Alpenland" nicht als „Kinderheim", sondern als „Lager" bezeichnet wird.[185] Das „Lebensborn"-Heim weist wahrlich zahlreiche charakteristische Gemeinsamkeiten mit nationalsozialistischen Lagerformen auf: In einem NS-Lager musste in erster Linie „erzogen" werden – das Lagerprinzip sollte die Auffassung des Nationalsozialismus vom normalen Leben als chronische Kampfsituation widerspiegeln. Zusätzlich wurden die nationalsozialistischen Lager durch einen streng geplanten Tagesablauf als einheitliche Grundstruktur geprägt.[186]

Die Jungen im Heim „Alpenland" waren den Erziehungsmethoden und den diversen Stimmungen der Ausbildner schutzlos ausgeliefert. Angst wurde zum ständigen Begleiter der Kinder.[187] Vor allem zwei HJ-Führer aus der näheren Umgebung waren unter den Heimkindern sehr gefürchtet.[188]

Die Mädchen im Heim wurden nicht derart militärisch geschult wie ihre männlichen Heimkameraden, an den täglichen Aufmärschen nach dem Mittagessen mussten jedoch auch sie teilnehmen.[189] Das „Spazierengehen" der Heimkinder, wie es von einer Zeitzeugin formuliert wird, wurde auch von der örtlichen Bevölkerung wahrgenommen.[190] Während des Marschierens wurden die Kinder stets angehalten, nationalsozialistische

---

183   Bukorzycki, Moje lata dzięcięce, S. 10 f. Dieselbe Geschichte schildert Bukorzycki auch in der TV-Dokumentation „Ruhelos – Kinder aus dem Lebensborn", gestaltet von Christiane Ehrhardt (BR), 1993.
184   Vgl. Interview, Janusz Bukorzycki, S. 1 sowie Bukorzycki, Moje lata dzięcięce, S. 10.
185   Vgl. Interview, Zygmunt Rzążewski, S. 11.
186   Vgl. Martin Stahlmann, Jürgen Schiedeck, „Erziehung zur Gemeinschaft – Auslese durch Gemeinschaft" zur Zurichtung des Menschen im Nationalsozialismus (Bielefeld, 1991) S. 70 f. „Das Lager" wurde zu einem wichtigen Instrument in der NS-Erziehung und in seinen vielfältigen Erscheinungsformen zu einem elementaren Herrschaftsmittel der Nationalsozialisten.
187   Vgl. Fragebogen, Janusz Burkorzycki, S. 3 sowie Interview, Zygmunt Rzążewski, S. 4, 12, 17.
188   Vgl. Interview, Zygmunt Rzążewski, S. 6, 12, 14.
189   Vgl. Interview, Zygmunt Rzążewski, S. 7.
190   Vgl. Interview, Maria E., S. 1.

Lieder zu singen, gegen Kriegsende erregte diese Tätigkeit die Aufmerksamkeit einer Oberweiser Bürgerin:

„Gell, die haben immer singen müssen, immer so ‚Hitler-Lieder'. Und wo meine Schwester war, die Chefin, die hat dann gesagt, zu denen, die da vorbeigegangen sind, die sollen nicht immer singen, wenn eh schon bombardiert wird und wenn eh schon bald der Krieg aus sein wird. Die hat halt geschimpft, wenn sie gesungen haben."[191]

KONTAKTE ABSEITS DER ANSTALTSMAUERN

Obwohl das Kinderheim inmitten des Ortes Oberweis gelegen war, gab es (mit einer Ausnahme) keinen engen Kontakt zwischen der einheimischen Bevölkerung und den Heiminsassen. Die Nachbarn des Schlosses hatten sich zwar an den Anblick der marschierenden Kinder gewöhnt, sogar die Unterhaltung der Kinder konnte vereinzelt mitverfolgt werden,[192] doch mit den Kindern selbst in Kontakt zu treten war nicht möglich, die Kinder „sind immer bewacht worden",[193] so eine Zeitzeugin. Den polnischen Jungen und Mädchen war es strengstens verboten, mit Personen außerhalb des Heimes zu sprechen.[194] Interessanterweise gab es jedoch einen nachbarschaftlichen Kontakt zwischen dem Kinderheim und dem einzigen direkten Nachbarn des Schlosses, einem Landwirt – das bäuerliche Anwesen grenzte unmittelbar an die Parkanlage des Schlosses Oberweis. Zwischen der Heimleitung und der Bauernfamilie entstand ein gutes nachbarschaftliches Verhältnis: Die Essensreste des „Lebensborn"-Heimes wurden für die Versorgung der Schweine des Nachbarhofes verwendet[195] und die älteren Jungen im Heim wurden für landwirtschaftliche Arbeiten am Bauernhof eingesetzt.[196] Die Heimkinder halfen bei der Kartoffelernte und wurden von der einheimischen Bauernfamilie stets gut behandelt und bestens mit Essen versorgt:

„Bei ihr haben wir am meisten zu Essen gekriegt. Jeder, alle vier oder sechs, was wir waren. Jeder hat einen großen Laib Brot gekriegt von ihr und so ein Stückerl Ge-

---

191 Interview, Maria E., S. 2.
192 Vgl. ebda., S. 1.
193 Ebda.
194 Vgl. Fragebogen, Halina Olejniczak, S. 3.
195 Vgl. Interview, N. N. (anonym) am 28.1.2005, S. 1.
196 Vgl. Interview, Zygmunt Rzążewski, S. 5.

selchtes. Das war etwas! Aber du musst rechnen, sechs solche Laib (…) und jedem musst [etwas] geben. Jedem! Denn jeder hat einen Hunger gehabt. Oder Fleisch! Wenn du es dreieinhalb Jahre nicht siehst, das ist so, wenn jemand kein Fleisch mehr isst. Der Mensch hält eh etwas aus!"[197]

Den Kindern des nachbarschaftlichen Hofes war es erlaubt, mit den Heimkindern zu sprechen. Die Nachbarsfamilie hatte vier Kinder: drei Söhne und eine Tochter. Der älteste Sohn war bereits vor der Eröffnung des Heimes „Alpenland" eingezogen worden, er kam erst nach Kriegsende in die Heimat zurück. Vor allem die Tochter des Bauern war regelmäßig „drüben" im Kinderheim und spielte mit den Heimkindern. Im Schloss selbst war die Zeitzeugin jedoch nie,[198] sie hielt sich mit den Kindern immer im Park vor dem Schlossgebäude auf:

> „Ich war sehr viel drüben im Schloss, wir haben immer ‚Tempelhupfen' gespielt. Die Kinder konnten auch schon ein bisschen deutsch sprechen, das geht ja sehr schnell bei Kindern. Ich war wirklich sehr viel drüben. (…) Das Schloss hatte einen sehr großen Park und dort hatten die Kinder ihre Freiheiten. Aber das war schon alles abgeschlossen."[199]

Das Nachbarsmädchen spielte in erster Linie mit den Mädchen im Heim. Hierbei dürfte es sich um jene privilegierte Gruppe von Heimkindern handeln, die eine bessere Betreuung genoss, da der Kontakt mit der einheimischen Bevölkerung bei den übrigen Heimkindern als streng verboten galt.[200] Die Spielkameradinnen machten keinen unglücklichen Eindruck, so die Zeitzeugin, Anzeichen für schlechte Betreuung und Pflege hat es nie gegeben.

> „Also ich habe nie bemerkt, dass sie irgendwie unglücklich wären. Wir waren lustig und haben miteinander gespielt. (…) Ich glaube nicht, dass die Kinder dort misshandelt worden sind. Wenn es schön war, haben wir immer miteinander gespielt. Aber ich war natürlich auch nicht immer dort, ich musste auch in die Schule gehen und lernen."[201]

---

197   Ebda., S. 5.
198   Interview, N. N., am 1.4.2005, S. 1.
199   Interview, N. N., am 28.1.2005, S. 1.
200   Vgl. Fragebogen, Halina Olejniczak sowie Fragebogen, Wiesław Kuligowski, beide S. 3.
201   Interview, N. N., am 28.1.2005, S. 2.

Den Söhnen des Landwirtes war es erlaubt, die Heimkinder im Sommer zum Schwimmen in die Traun zu begleiten. Ein ehemaliger Heiminsasse betont aber, dass es sonst keinen Kontakt mit der örtlichen Bevölkerung gab:

„Nur mit der Familie! Wenn wir schwimmen gegangen sind in die Traun, dann sind nur die Söhne mitgegangen. Der eine war ja gehbehindert, der hat zu uns gesagt, ‚nehmt's mich mit!‘ und dann haben wir ihn zum Schwimmen Buckelkraxen mitgenommen. Aber wir sind immer dabei bewacht worden.“[202]

Aufgrund der immanenten Bewachung war es den Heimkindern kaum möglich, unbemerkt mit Angehörigen Kontakt aufzunehmen. Der Briefverkehr mit Verwandten war rigoros verboten,[203] aus diesem Grund war auch hierbei die Hilfe einheimischer Bürger notwendig. „Die älteren Kollegen waren wieder schlauer als unsere Erzieher. Die erfuhren davon, dass in Oberweis auch gute Österreicher sind, und schafften es zu diesen nachts zu gehen, um unsere Briefe zu übergeben“,[204] erinnert sich Wiesław Kuligowski.

Die Sehnsucht nach dem Zuhause war groß, die Kinder hatten großteils seit ihrer Verschleppung aus ihrer Heimatstadt keine Informationen über ihre Angehörigen erhalten. „Als wir mitgenommen wurden, dachten wir die ganze Zeit an unsere Familien, wir sprachen über unsere Familien und darüber, wo sie sein würden und was sie machten“,[205] so Karol Boczek. Die Kinder suchten nach Möglichkeiten, mit Verwandten und Bekannten in der Heimat Kontakt aufzunehmen. Die Heimkinder wandten sich an die Nachbarsfamilie, den Landwirt, und baten um Rat und Hilfe: „Dort haben wir schon oft geredet: ‚Du wie könnten wir wohl schreiben?‘ Und dann haben die meistens gesagt: ‚Schreibt's einen Brief und dann tut' ihr ihn da rein und dann wird er geholt.‘“[206]

Laut Heimleiterin Merkel war es den Kindern gestattet, „nach Belieben zu korrespondieren und Post zu empfangen“.[207] Auch diesen Punkt betreffend ist das Erinnerungsvermögen der Heimleiterin mit den Schilderungen der Kinder nicht kongruent. „Wir durften keine Briefe schreiben, nicht einmal auf Deutsch. Wenn ein Kind es doch schaffte, war es immer heimlich“,[208] betont Janusz Bukorzycki. Vereinzelt wussten jedoch

---

202 Interview, Zygmunt Rzążewski, S. 7.
203 Vgl. Eidesstattliche Erklärung von Jansky. IfZG, NO-5484, S. 2
204 Kuligowski, Wspomnienia z lat germanizacji 1942–45, S. 48.
205 Fragebogen, Karol Boczek, S. 3.
206 Interview, Zygmunt Rzążewski, S. 10.
207 Eidesstattliche Erklärung von Maria Merkel. ZfA, Fall VIII, DB Sollmann II, Nr. 22, S. 49.
208 Janusz Bukorzycki, Verhörprotokoll. AP Łódź, Miejska Rada Narodowa i Zarząd Miejski w Łodzi 1945–1950, Wydział Opieki Społecznej, wykaz nr. 3, sygn. B/501.

die Mitarbeiter des „Lebensborn"-Heimes über den illegalen Postverkehr der Heimkinder Bescheid.[209]

Eine zentrale Rolle bei der Vermittlung der illegalen Post der Heimkinder an ihre Angehörigen in Polen spielte hierbei Rosine Keller,[210] die ehemalige Leiterin des Postamtes in Oberweis:

„Da ihr die Kinder so leidtaten, hat sie für jene Kinder, die sich infolge ihres Alters an die Adresse der Eltern in Polen erinnern konnten, Briefe an die Angehörigen in Polen geschickt und diese Briefe unter ihrer Absenderadresse weitergeleitet. Die Antwortbriefe, die wiederum an ihre Adresse gesendet wurden, gingen dann weiter an die Kinder."[211]

Die älteren Jungen im Heim seilten sich nachts über den Balkon des Schlosses ab und hinterlegten unter einem ausgesuchten Platz, einem Gebüsch nahe dem Zaun, die Briefe:

„Sie hat die Briefe in der Nacht geholt. Und wenn welche gekommen sind, hat sie wieder die Briefe reingelegt. Durch das haben wir eine Verbindung gehabt. Aber es heißt ja so, der Krug geht so lange zum Brunnen, bis er bricht. Und dann ist er gebrochen. (…) Sie [haben] die Briefe gesehen und es ist aufgeflogen. Hitler-Burschen werden es gewesen sein, die zum Bannführer oder zum Zugführer gesagt haben: ‚Du, da sind Briefe drinnen!'"[212]

Die Schriftstücke der Jungen und Mädchen wurden unter dem Gebüsch entdeckt und man erklärte den Heimkindern, dass man die verantwortliche Person ausfindig gemacht und sie standrechtlich erschossen hätte.[213] Dies entsprach zwar nicht der Wahrheit, zeigte aber bei den Kindern Wirkung – der Briefverkehr wurde eingestellt.

---

209 Vgl. Eidesstattliche Erklärung von Jansky. IfZG, NO-5485, S. 2 sowie Eidesstattliche Erklärung von Heinze-Wisswede, ZfA, Fall VIII, ADB 8 A, NO-4822, S. 10.

210 Rosine Keller leitete von 1931 bis 1962 das Postamt Oberweis. Keller starb am 18.3.1970.

211 Interview, Peter Schneider, S. 1. Schneider war jahrelang Amtsleiter der Gemeinde Laakirchen. In den Fünfzigerjahren kam es zu mehreren Gesprächen zwischen Schneider und der ehemaligen Postfrau von Oberweis, in denen Keller Schneider von ihrer „Vermittlerrolle" erzählte.

212 Interview, Zygmunt Rzążewski, S. 9, 11.

213 Vgl. ebda., S. 9 f.

Ein zweiter illegaler Briefverkehr erfolgte durch eine polnische Zwangsarbeiterin.[214] Auch dem Nachbarsmädchen, dem es gestattet worden war mit Kindern aus dem Heim zu spielen, war dieser illegale Postverkehr bekannt:

„Beim Schloss geht hinten ein Hang hinauf und dort waren früher Bauernhäuser. Dort lebten polnische Zwangsarbeiterinnen. Ich erinnere mich noch sehr gut, dass es Kontakt zwischen den Kindern im Heim und einer Polin gab. Die Eltern eines Jungen haben an diese Polin geschrieben und die Polin hat dann den Brief mit einem Marienbild diesem kleinen Jungen weitergegeben. Durch den Zaun haben sie es wahrscheinlich gemacht. Die Erzieher im Heim haben dann später das Marienbild entdeckt und es dem Jungen weggenommen. Dann ist alles viel ärger und strenger geworden. Die Kinder im Heim durften ab da nicht mehr so weit hinaufgehen."[215]

Nicht nur die Kinder im Heim wurden, wie die Zeitzeugin schildert, sanktioniert. Die Leitung des „Lebensborn" ließ die polnische Zwangsarbeiterin, welche die Schriftstücke der Jungen und Mädchen weitervermittelt hatte, von ihrem Arbeitsplatz versetzen.[216] Das weitere Schicksal dieser Frau ist unbekannt.

PASSIVER WIDERSTAND

„Unsere Erzieher haben es nicht geschafft uns einzudeutschen, weil wir immer noch miteinander auf Polnisch redeten. Dafür wurden alle Kinder geschlagen und bekamen, sogar drei Tage lang, kein Essen. Das alles brachte aber nicht viel, immer öfter lehnten wir uns auf."[217]

Trotz der rigorosen Heimordnung fanden sich viele Jungen und Mädchen nicht mit ihrem Schicksal ab. Die Heimkinder versuchten auf verschiedene Weise, passiven Widerstand gegen die „Eindeutschung" zu leisten:

---

214 Vgl. Eidesstattliche Erklärung von Heinze-Wissewede. ZfA, Fall VIII, ADB 8 A, NO-4822, S. 10.
215 Interview, N. N., am 28.1.2005, S. 1.
216 Vgl. Eidesstattliche Erklärung von Heinze-Wisswede. ZfA, Fall VIII, ADB 8 A, NO-4822, S. 10.
217 Verhörprotokoll von Janusz Bukorzycki. AP Łódź, Miejska Rada Narodowa i Zarząd Miejski w Łodzi 1945–1950, Wydział Opieki Społecznej, wykaz nr. 3, sygn. B/501.

„Manchmal, wenn wir an der Grenze des Zusammenbruches waren, begannen wir zu singen ‚Jeszcze Polska nie zginęła'[218] und die Henkersknechte kamen rein und schlugen und prügelten uns und wir sangen zum Trotz weiter. Danach bekamen wir drei Tage lang nichts zu Essen."[219]

Angestellte des „Lebensborn"-Heimes beobachteten, dass die Heiminsassen „der Eindeutschung nicht gerne entgegensahen"[220] und sich infolgedessen dagegen zu widersetzen versuchten.[221] Eine Gruppe älterer Burschen versuchte, aus dem Heim zu fliehen. „Nach jeder Flucht wurden wir gezählt und kontrolliert, aber man erzählte uns nichts von diesen Fluchten, keine Alarme wurden geschlagen",[222] so Wiesław Kuligowski über das Verhalten der Heimleitung bei Fluchtversuchen älterer Heiminsassen. Außerhalb des Heimes erforschten Suchtrupps die Gegend, und die Straßen und Bahnhöfe wurden von Hundestreifen durchsucht.[223] Zygmunt Rzążewski versuchte mehrmals, aus dem Kinderheim zu flüchten, doch ohne Erfolg.[224] Das erste Mal setzte er sich mit einer Gruppe von Jungen während einer Feldübung ab. Die Burschen stiegen in den Zug Richtung Lambach, wurden aber an der Endstation bereits von der SS erwartet und zurück nach Oberweis gebracht:

„Da haben wir acht Tage lang nichts zu Essen bekommen, nichts! Und dann nach zwei, drei Monaten wieder ein Versuch, wieder eingestiegen in den Zug. Da sind wir bis nach Wien gekommen. Und in Wien, auf einmal, da haben wir sonst nichts gesehen als sechs, sieben Hunde. Und die Hunde haben uns erwischt."[225]

---

218 Polnische Hymne.
219 Bukorzycki, Moje lata dzięcięce, S. 11.
220 Eidesstattliche Erklärung von Heinze-Wisswede. ZfA, Fall VIII, ADB 8 A, NO-4822, S. 10.
221 Vgl. Eidesstattliche Erklärung von Jansky. IfZG, NO-5485, S. 2; Eidesstattliche Erklärung von Heinze-Wisswede. ZfA, Fall VIII, ADB 8 A, NO-4822, S. 10.
222 Kuligwoski, Wspomnienia z lat germanizacji 1942–45, S. 49.
223 Vgl. ebda.
224 In der Publikation Marc Hillels und Clarissa Henrys, „Lebensborn e.V. Im Namen der Rasse" (Wien, Hamburg, 1975) wird namentlich ein ehemaliger Heiminsasse von „Alpenland" zitiert, dem die Flucht aus Gmunden gelungen war – der Junge konnte sich zu Fuß bis in seine Heimat Posen durchschlagen –, der geglückte Fluchtversuch wird jedoch als „Einzelfall" bezeichnet. Die Aussagekraft bzw. der Wahrheitsgehalt des Inhaltes des Buches von Hillel/Henry ist jedoch anzuzweifeln. Als wissenschaftliches Werk kann es trotz der zeitgenössischen wichtigen Dokumente, die vom Autorenduo ausfindig gemacht wurden, und der Interviews, die mit Verantwortlichen des „Lebensborn" geführt wurden, nicht bezeichnet werden. Quellenkritik und eine nachvollziehbare Quellenanalyse fehlen, reißerische Andeutungen ohne jeglichen Quellennachweis sind elementarer Bestandteil der Publikation.
225 Interview, Zygmunt Rzążewski, S. 2.

Den letzten Fluchtversuch starteten die Jungen wieder während einer auswärtigen Truppenübung, dieses Mal am Laudachsee, nahe den Bergen. „Und so um halb vier ist es gewesen, haben wir gesagt: ‚Hauen wir ab nach Traunstein!' Wieder wir acht, die größeren Burschen!",²²⁶ erinnert sich Rzążewski. An einer Steilwand beschlossen die Jungen ihr Nachtquartier aufzuschlagen, da es bereits dunkel wurde und ihnen der Aufstieg nachts zu gefährlich schien. Die Suchtrupps holten die Flüchtigen allerdings ein und die Jungen wurden in das Kinderheim zurückgebracht, wo sie wieder Nahrungsentzug und Einschließung in eine dunkle Kammer erwartete:

> „Wieder acht Tage eingesperrt. Da war so eine blecherne Tür wie da (…) Und eine Wache auf der Stiege. Eine ganze Woche! Da haben uns die Dirndl bei der Tür Erdäpfel so eingeschoben, so ein Spalt ist gewesen. Damit wir nicht verhungern."²²⁷

Als gegen Ende des Krieges die älteren Jungen Flugzettel entdeckten, konfrontierten die Jugendlichen ihre Ausbildner mit den Blättern und der darin als aussichtslos beschriebenen Lage für die deutschen Truppen. Die Erzieher versuchten, die Kinder vom Gegenteil zu überzeugen.²²⁸ Die älteren Jungen glaubten ihnen allerdings nicht und lehnten sich auf, woraufhin die Heimleitung begann, die aufsässigen Kinder aus dem Heim zu entfernen:

> „Und dann haben sie gesagt, die acht oder zehn, die Großen, die schicken wir nun mal weg. Dass die anderen nicht nervös werden. (…) Und auf einmal, einer ist nach Graz gekommen, der andere nach Wien oder wohin, und mit den anderen sind sie auch in der Nacht mit dem Zug weggefahren."²²⁹

Die Möglichkeit, dass die Jungen andere Heiminsassen in Aufruhr versetzen könnten, veranlasste die Heimleitung, die betroffenen Burschen in einer Art „Nacht und Nebel-Aktion" aus dem Heim zu schaffen. Diese Handlung war eine einmalige Aktion, sonstige Widersetzungen endeten stets mit Bestrafungen und nicht mit einer „Delogierung" aus dem Heim. Angesichts des baldigen Kriegsendes war dieser Akt wohl die einzige „rasche" Lösung, um den Alltag im Heim nicht zu beeinträchtigen und die restlichen Heimkinder nicht zu beunruhigen. Zygmunt Rzążewski kam als Knecht auf einen Bauernhof, das

---

226 Ebda.
227 Ebda., S. 3.
228 Vgl. ebda., S. 1.
229 Interview, Zygmunt Rzążewski, S. 1.

Schicksal der anderen Jungen ist bis dato unbekannt.[230] Das Heim „Alpenland" konnte unter „normalen Umständen" nur unter einer Bedingung verlassen werden: Die Kinder wurden an eine Pflegestelle vermittelt.[231]

VERMITTLUNG DER HEIMKINDER AN PFLEGEFAMILIEN

> *„In Oberweis fand die Vermittlung statt. Es kamen also die Pflegeeltern nach Oberweis gefahren und haben sich das Kind, das sie gerne haben wollten, ausgesucht. Es wurde gekleidet, die Papiere fertig gemacht und ihnen mitgegeben."*[232]

Zweck des Kinderheimes „Alpenland" war es, die ausländischen Kinder zum Deutschtum zu erziehen. Ziel war es, die Heiminsassen nach erfolgreicher Umerziehung bzw. „Eindeutschung" an Pflegefamilien zu vermitteln.

Durch Zufall oder auch durch die Einschaltung des Jugendamtes oder der NSV waren potentielle Pflegefamilien auf den Münchner Verein aufmerksam gemacht worden.[233] Die Pflegefamilien hatten sich – erfolglos – an Jugendämter und Waisenhäuser gewandt, bevor sie mit der Bitte um ein Pflegekind an den „Lebensborn" herantraten.[234] Der „Lebensborn", in diesem Falle die Abteilung R IV, informierte die Familien über Pflegekinder, die in seiner Obhut waren. Doch die im Moment „verfügbaren" Kinder entsprachen nicht immer den Wünschen der Familien.[235] Kleinkinder, meist Mädchen, wurden bevorzugt. Infolgedessen konnten auch nicht alle Kinder, die sich im Heim „Alpenland" aufhielten, an Pflegestellen vermittelt werden – rund zwanzig Jungen blieben bis zur Evakuierung des Heimes im April 1945 in Oberweis.[236]

---

230 Vgl. ebda., S. 1, 3.

231 Es sind zwei Fälle bekannt, in denen Kinder aus anderen Gründen Schloss Oberweis verlassen mussten: Ein Heimkind wurde aufgrund seines schlechten Benehmens nach Polen zurückgeschickt. Ein weiterer Sonderfall stellt der Fall „Willi Winter" dar: der Junge wurde von Oberweis aus als Lehrling bei der Firma Siemens-Schuckert in Berlin untergebracht. Der Lehrvertrag wurde vom „Lebensborn" durch Dr. Tesch unterschrieben.

232 Maria-Martha Heinze-Wisswede, Zeugenaussage am 27.10.1947. IfZG, MB 30/17, S. 503.

233 Vgl. Eidesstattliche Erklärung von Maria Treiber. ZfA, Fall VIII, DB Sollmann IX, Nr. 83, Bl. 12 f. sowie Eidesstattliche Erklärung von Joseph Denner. IfZG, MB 30/25, DB Sollmann Nr. 104, S. 1 sowie Bericht von Merkel, S. 1. Archiv der Marktgemeinde Laakirchen.

234 Vgl. Eidesstattliche Erklärung von Karl Horn. IfZG, MB 30/25, DB Sollmann Nr. 100, S. 1 sowie Eidesstattliche Erklärung von Joseph Denner. IfZG, MB 30/25, DB Sollmann Nr. 104, S. 1.

235 Vgl. Zeugenaussage von Katharina Rink am 14.1.1948. IfZG, MB 30/20, S. 3515.

236 Vgl. Bericht von Merkel, S. 2 f. Archiv der Marktgemeinde Laakirchen.

Die Pflegestellen wurden sorgfältig ausgewählt, um ausreichende Pflege und Unterbringung zu garantieren. Die Familien wurden angehalten, einen vierseitigen Gesundheitsfragebogen zu beantworten, genaue Angaben über die wirtschaftlichen Verhältnisse zu machen, dem Pflegekind einen separaten Schlafbereich zur Verfügung zu stellen, ein Gutachten des Bürgermeisters betreffend Lebenswandel und Charakter der Pflegeeltern vorzuweisen sowie ein polizeiliches Führungszeugnis und ein politisches Zeugnis zu bringen.[237] Erst nachdem alle notwendigen Dokumente geprüft und bewertet worden waren, wurde der Pflegestelle ein Pflegekind vermittelt.[238] Zwar war in der Anordnung 67/I angewiesen worden, die Kinder an kinderlose Familien von SS-Angehörigen zu übergeben,[239] doch ehemalige Pflegestellen bestätigten, dass die parteimäßige Zugehörigkeit, die Zugehörigkeit zu NS-Verbänden bzw. die politische Gesinnung nicht zu den ausschlaggebenden Kriterien zählten, um ein Pflegekind zu bekommen.[240] Es kann angenommen werden, dass der Münchner Verein in den letzten Kriegsjahren „erleichtert" war, wenn sich überhaupt noch Pflegestellen meldeten, um ein Kind im schulpflichtigen Alter aufzunehmen. Entsprachen die anderen notwendigen Dokumente den Vorstellungen der Zentrale, sah man von einer fehlenden Partei- bzw. SS-Zugehörigkeit ab. Nach einer Statistik der Abteilung R IV gehörten nur rund 10 bis 15 Prozent der Pflegeväter der Schutzstaffel an.[241]

Die Pflegeeltern wurden ersucht, in das Kinderheim nach Oberweis zu fahren, um an Ort und Stelle ein Kind auszuwählen.[242] Die Familien wurden von Maria Merkel in ihrer Eigenschaft als Leiterin der Abteilung R IV in Empfang genommen und in einen separaten Raum geführt. Merkel vermittelte in den sechs Monaten ihrer Tätigkeit etwa 25 Kinder.[243] Maria Treiber, die im Oktober 1944 nach Oberweis gefahren war, um dort ein Pflegekind zu finden, erinnert sich an den ersten Kontakt mit ihrer Pflegetochter folgendermaßen:

---

237 Vgl. Eidesstattliche Erklärung von Katharina Lander. IfZG, MB 30/25, DB Sollmann Nr. 101, S. 2.

238 Vgl. ebda. sowie Eidesstattliche Erklärung von Treiber. ZfA, Fall VIII, DB Sollmann IX, Nr. 83, Bl. 13. Beiden Frauen wurde Mitte bzw. Ende 1944 ein Pflegekind übergeben.

239 Vgl. Anordnung 67/I. BA Berlin, NS 2/58, Bl. 104.

240 Vgl. Eidesstattliche Erklärung von Denner. IfZG, MB 30/25, DB Sollmann Nr. 104, S. 2; Eidesstattliche Erklärung von Weinbrenner. IfZG, MB 30/25, DB Sollmann Nr. 102, S. 3. Auch Merkel betonte, dass bei der Auswahl der Pflegeeltern die parteiliche Zugehörigkeit bzw. die SS-Angehörigkeit keine Rolle spielten. Vgl. Eidesstattliche Erklärung von Merkel. ZfA, Fall VIII, DB Sollmann II, Nr. 22, Bl. 47a.

241 Vgl. Zeugenaussage von Maria-Martha Heinze-Wisswede am 27.10. 1947. IfZG, MB 30/17, S. 521.

242 Vgl. Eidesstattliche Erklärung von Horn. IfZG, MB 30/25, DB Sollmann, Nr. 100, S. 1; Eidesstattliche Erklärung von Denner. IfZG, MB 30/25, DB Sollmann Nr. 104, S. 1; Eidesstattliche Erklärung von Weinbrenner. IfZG, MB 30/25, DB Sollmann Nr. 102, S. 1 f. Vereinzelt brachten auch Erzieherinnen die Kinder zu den Pflegestellen.

243 Vgl. Eidesstattliche Erklärung von Maria Merkel. ZfA, Fall VIII, DB Sollmann II, Nr. 22, Bl. 45.

„Sie brachte mich mit diesen drei Mädchen zusammen und ließ mich mit ihnen einige Zeit allein. Ich war mir bald darüber klar, welche von diesen zu mir passen würde. Das war die Lucie Bergner, damals 13 Jahre alt. Frau Merkel überließ mir die Lucie und es wurde nicht mehr viel darüber gesprochen."[244]

Nach Angaben von Heimleiterin Merkel wurden die Pflegestellen über die Herkunft der Kinder „uneingeschränkt aufgeklärt".[245] Für die Bewilligung von Steuerermäßigungen oder Kinderbeihilfen wurden auf Wunsch der Pflegeeltern amtliche Pflegebescheinigungen mit dem Briefkopf „Reichskommissar für die Festigung deutschen Volkstums, Amt ‚L'" ausgestellt. Diese Bescheinigungen wurden in Oberweis aufgesetzt und danach an die Münchner Zentrale an Dr. Tesch, den Leiter der Hauptabteilung Rechtswesen, zur Unterzeichnung vorgelegt.[246] Diese Bescheinigung konnte auch als Ersatz für die fehlende Geburtsurkunde dienen.[247] Neben der Pflegebescheinigung erhielten die Pflegestellen die polizeiliche Abmeldung des Kindes von Oberweis. Bei der Übernahme wurden die Jungen und Mädchen eingekleidet, die ehemaligen Heimkinder erhielten entweder zwei Garnituren an Kleidung und Wäsche[248] oder die dafür notwendigen Kleiderkarten.[249] Die Kleiderkarten waren interessanterweise auf polnische Namen ausgestellt, während auf den polizeilichen Melderegistern die deutschen Namen eingetragen worden waren.[250]

Anweisungen über die Führung der Pflegschaft oder über die Erziehung des Kindes wurden den Pflegestellen nicht auferlegt.[251] Die Pflegefamilien wurden jedoch dazu angehalten, vierteljährlich einen Bericht über die Führung des Kindes abzuliefern – infolgedessen blieb der Kontakt mit Pflegestelle und Pflegekind erhalten.[252] Darüber hinaus überprüften ortsansässige „Volkspflegerinnen" in Form von Besuchen die Pflegestellen. Wurden Misshandlungen eines Pflegekindes bekannt, kontaktierten die „Volkspflegerin-

---

244 Eidesstattliche Erklärung von Maria Treiber. ZfA, Fall VIII, DB Sollmann IX, Nr. 83, Bl. 13.
245 Eidesstattliche Erklärung von Maria Merkel. ZfA, Fall VIII, DB Sollmann II, Nr. 22, Bl. 48.
246 Vgl. Eidesstattliche Erklärung von Heinze. ZfA, Fall VIII, ADB 8 A, NO-4821, S. 4 sowie Eidesstattliche Erklärung von Merkel. ZfA, Fall VIII, DB Sollmann II, Nr. 22, Bl. 48.
247 Vgl. Eidesstattliche Erklärung von Horn. IfZG, MB 30/25, DB Sollmann Nr. 100, S. 2.
248 Vgl. Eidesstattliche Erklärung von Maria Treiber. ZfA, Fall VIII, DB Sollmann IX, Nr. 83, Bl. 14.
249 Vgl. Eidesstattliche Erklärung von Margarethe Gross. IfZG, MB 30/25, DB Sollmann Nr. 107, S. 4.
250 Vgl. ebda. sowie Eidesstattliche Erklärung von Lander. IfZG, MB 30/25, DB Sollmann Nr. 101, S. 1 und Eidesstattliche Erklärung von Weinbrenner. IfZG, MB 30/25, DB Sollmann Nr. 102, S. 2.
251 Vgl. Eidesstattliche Erklärung von Horn. IfZG, MB 30/25, DB Sollmann Nr. 100, S. 2; Eidesstattliche Erklärung von Lander. IfZG, MB 30/25, DB Sollmann Nr. 101, S. 1 sowie Eidesstattliche Erklärung von Weinbrenner. IfZG, MB 30/25, DB Sollmann Nr. 102, S. 1.
252 Vgl. Bericht von Merkel, S. 1. Archiv der Marktgemeinde Laakirchen.

nen" den Münchner Verein, der einen sofortigen Pflegestellenwechsel veranlasste.[253] Eine derartige Aktion war einmal notwendig.[254]

Misshandlungen von Heimkindern haben die potentiellen Pflegeeltern während ihres Besuches in Oberweis nicht beobachtet. „Die Kinder, die ich gesehen habe, waren alle sehr munter und fröhlich",[255] betonte zum Beispiel Maria Treiber im Jahr 1947. Der Aufenthalt der Pflegefamilien im Kinderheim „Alpenland" war allerdings kurz – den Familien wurden die zur Auswahl stehenden Kinder gezeigt und man einigte sich auf ein Kind. Nachdem man die Formalitäten erledigt hatte, konnten die Familien ihr Pflegekind in den meisten Fällen bereits in das neue Zuhause mitnehmen: Die Pflegefamilien hielten sich somit nicht länger als einige Stunden in Oberweis auf.[256] Auch war immer nur eine potentielle Pflegefamilie nach Oberweis geladen, es konnten keine Hinweise gefunden werden, dass sich mehrere Familien gleichzeitig im Kinderheim aufhielten. Maria Merkel betreute die kurzzeitigen Besucher – dass sich die „Gäste" vollkommen frei auf dem Anwesen bewegen konnten, darf daher nicht angenommen werden. Wurden die Pflegestellen mit weiteren Kindern bekannt gemacht, so handelte es sich nie um jene Kinder, welche die streng paramilitärische Ausbildung zu ertragen hatten.[257]

Die Heimkinder wurden den Pflegestellen mit der Aussicht auf eine spätere Adoption übergeben,[258] Merkel verwies allerdings auf die Notwendigkeit, mit den Adoptionsbestrebungen bis Kriegsende zu warten.[259] Den Pflegefamilien war es jedoch, wie bereits erwähnt, erlaubt, den Nachnamen des Kindes auf den eigenen Familiennamen zu ändern. Die Namensänderung erfolgte im Standesamt „L" des „Lebensborn" in der Münchner Zentrale und wurde vom Standesbeamten Dr. Schulz, nach vorheriger Genehmigung durch Sollmann oder Tesch, durchgeführt.[260] Nicht alle Pflegefamilien machten jedoch davon Gebrauch.

Der Großteil der Pflegefamilien, die nach Oberweis kamen, um ein Pflegekind auszuwählen, kam aus dem „Altreich". Vereinzelt wurden auch Kinder in die „Ostmark" ver-

---

253   Vgl. Eidesstattliche Erklärung von Gross. IfZG, MB 30/25, DB Sollmann Nr. 107, S. 1.

254   Vgl. Bericht von Merkel, S. 1. Archiv der Marktgemeinde Laakirchen.

255   Eidesstattliche Erklärung von Maria Treiber. ZfA, Fall VIII, DB Sollmann IX, Nr. 83, Bl. 14.

256   Ein Fall ist bekannt, in dem sich eine Pflegemutter zwei Tage in Oberweis aufhielt, hierbei dürfte es sich jedoch um einen Einzelfall handeln. Vgl. Zeugenaussage von Katharina Rink am 14.1.1948. IfZG, MB 30/20, ab S. 3515–3526.

257   Die Aussagen der Pflegeeltern über die „gute" Pflege der Kinder in Oberweis sollten daher auch unter diesen Aspekten betrachtet werden.

258   Vgl. Eidesstattliche Erklärung von Horn. IfZG, MB 30/25, DB Sollmann Nr. 100, S. 1 f.

259   Vgl. Eidesstattliche Erklärung von Merkel. ZfA, Fall VIII, DB Sollmann II, Nr. 22, S. 47a–48.

260   Vgl. Eidesstattliche Erklärung von Heinze-Wisswede. ZfA, Fall VIII, ADB 8 A, NO-4822, S. 16.

Abb. 14: Anna bei ihrer Pflegefamilie in Gmunden.

mittelt.[261] Anna Kociuba, ehemals polnischer Name „Anna Zakowska", eingedeutschter Name „Anna Zachert", war ein derartiges Kind, das an eine österreichische Pflegestelle übergeben wurde. Die Pflegefamilie stammte aus Gmunden. Das Mädchen nahm den Namen der Familie an:

„Ich (…) hieß jetzt Anna Planek, hatte nun ‚Mama' und ‚Papa' (…). Ich bin der Meinung, sie liebten mich auf eigene Art und Weise und wollten nur den Rest meines Polentums aus mir herausbekommen. Ich sollte doch als ihre eigene Tochter gelten und das auch den anderen erzählen."[262]

Anna gewöhnte sich allmählich an die neue Umgebung und an ihre Pflegeeltern. Die Achtjährige war froh, nicht mehr im Heim leben zu müssen, die Muttersprache hatte das Mädchen bereits vergessen. „Die Vergangenheit wurde langsam verwischt, obwohl ich an meine eigenen Eltern und Freundinnen heimlich dachte",[263] erinnert sich die Betroffene. Mit der Zeit lernte das Kind auch andere Mädchen kennen und schloss Freundschaften.

„Ich hatte neue Freundinnen und wollte nicht anders als die sein und nicht ‚der polnische Balg' oder ‚das polnische Schwein' genannt werden. Ich war doch erst ein achtjähriges Kind, das bereits in seinem Leben soviel ertragen musste und die Liebe und die Freundschaft der anderen Leute brauchte."[264]

Nur mit den Nachbarskindern hatte das Mädchen Probleme. Die Kinder aus der Nachbarschaft wussten von Kociubas Herkunft und betrachteten das Mädchen nicht als

---

261 Vgl. Bericht von Merkel, S. 3. Archiv der Marktgemeinde Laakirchen. Eidesstattliche Erklärung von Heinze-Wisswede. ZfA, Fall VIII, ADB 8 A, NO-4822, S. 3–13. Vgl. weiters eine Liste mit Namen von polnischen Kindern samt dazugehöriger Pflegestellen. ZfA, Fall VIII, ADB 8 C, NO-4604.
262 Kociuba, Bez tożsamości, S. 32.
263 Ebda.
264 Ebda.

gleichwertig. Auch Bekannte der Pflegeeltern äußersten sich häufig negativ über das Kind. „Es war eine schwierige Zeit, meinen neuen Eltern ging es auch nicht gut, aber sie gaben mir das, was sie hatten",[265] betont Kociuba. Das polnische Mädchen fühlte sich bei seiner Pflegefamilie wohl, die Sehnsucht nach den leiblichen Eltern war trotz allem sehr groß.[266]

In den Neunzigerjahren kam es zu einem Kontakt zwischen Anna Kociuba und ihrer österreichischen Pflegemutter. Die betagte Frau schickte ihrem ehemaligen Pflegekind das abgebildete Photo, das sie fünfzig Jahre lang aufbewahrt hatte. Unter das Bild schrieb die damals Achtzigjährige folgende Worte: „Kurz, aber schön und unersetzlich war die Zeit in der ich dir eine Mutter sein durfte. 13. Jänner – 16. Aug. 45."[267]

Nicht alle Kinder konnten an Pflegefamilien übergeben werden. Die älteren Jungen im Heim waren aufgrund ihres Alters schwer „vermittlungsfähig" und blieben bis zur Auflösung des Kinderheimes in Oberweis.[268] „Die großen Jungens kriegten wir nicht los, kleine ja",[269] so eine ehemalige Mitarbeiterin der Abteilung R IV, Maria-Martha Heinze-Wisswede.

EVAKUIERUNG DES KINDERHEIMES

„Das Heim mussten die Kinder verlassen, die zu deutschen Eltern zur Adoption kamen. Die Mädchen kamen alle zu deutschen Familien, wir (…) Burschen blieben im Heim zurück."[270]

Anfang April 1945 war das Kinderheim „Alpenland" nur mehr halb belegt: 26 Jungen hielten sich in Oberweis auf. Am 6. April 1945 wurde Heimleiterin Merkel durch den regionalen Bannführer mitgeteilt, dass auf Befehl des „Sonderbeauftragten für Reichsverteidigung" das Kinderheim „Alpenland" zu räumen sei – im Gebäude des Kinderheimes sollte ein Wehrertüchtigungslager für die HJ untergebracht werden. Merkel nahm daraufhin Kontakt mit der „Lebensborn"-Zentrale auf. Am 8. April traf der Beauftragte des „Lebensborn", Hans Hilmar Staudte, in Oberweis ein und gab das Heim als Wehrertüchtigungslager unter einer Bedingung frei: Für die im Heim weilenden Kinder musste

265 Ebda.
266 Vgl. Fragebogen, Anna Kociuba, S. 5.
267 Kopie des Fotos zur Verfügung gestellt von Anna Kociuba (Februar 2005). Sammlung Ines Hopfer.
268 Vgl. Vernehmung von Maria-Martha Heinze-Wisswede. IfZG, ZS-1071, S. 6.
269 Vernehmung von Maria-Martha Heinze-Wisswede. IfZG, ZS-1071, S. 6.
270 Fragebogen, Karol Boczek, S. 4.

eine andere Unterkunft garantiert werden. Der regionale Bannführer vermittelte infolgedessen die Unterbringung der Jungen im Kinderlandverschickungslager (KLV) in Maria
Schmolln.[271]

In Maria Schmolln, rund 50 Kilometer von Oberweis entfernt, befand sich das KLV-
Lager auf dem Areal des ehemaligen Franziskanerklosters.[272] Am 10. April verließen die
Heimkinder in Begleitung einer Erzieherin und eines SS-Angehörigen Oberweis. Auf
der Bahnstrecke nach Salzburg wurde der Transport von Tiefffliegern beschossen.[273] Da
bei dem Fliegerangriff die Schienen zerstört worden waren, war die Gruppe gezwungen, zu Fuß das Ziel zu erreichen. In Maria Schmolln angekommen, wurden die Jungen aufgeteilt und in verschiedenen Zelten einquartiert.[274] „Zu den Schikanen, Schlä-
gereien und Foltern, die wir im letzten Lager erlebt hatten, kamen hier noch Folter und
Misshandlungen von kräftigen, herrischen, deutschen Kindern, die der Hitlerjugend
angehörten",[275] so Janusz Bukorzycki über jene Kinder, die bereits im KLV-Lager Maria
Schmolln stationiert waren und dort bevorzugt behandelt wurden. Im Lager erlebten
die Jungen auch das Kriegsende. Amerikanische Truppen marschierten im Mai 1945 in
Maria Schmolln ein, die Erzieher des Lagers ergriffen unverzüglich die Flucht.[276]

> „Es kam Freiheit. Man kann sich kaum vorstellen, was das für eine Freude war. Das
> erste, was wir machten; wir rissen die verhassten deutschen Flaggen ab (…). Wir
> waren endlich frei, keiner schlug und beleidigte uns, aber auch keiner beschäftigte
> sich mit uns."[277]

Die Jungen waren plötzlich auf sich alleine gestellt, die Ältesten unter ihnen begannen
das Lagerleben zu organisieren. Im Ort kümmerte sich niemand um die ausländischen
Kinder. Durch Zufall lernten die Burschen einen amerikanischen Soldaten polnischer

---

271 Vgl. Bericht von Merkel, S. 2. Archiv der Marktgemeinde Laakirchen.

272 Das Franziskanerkloster war unter dem Vorwand der „sittlichen Verfehlung" im Jänner 1941 aufgehoben
     worden, mit einer Verfügung der Gestapo vom 3.3.1941 wurden alle Liegenschaften des Klosters Ma-
     ria Schmolln beschlagnahmt. Ab Sommer 1941 wurden Kinder im Kloster untergebracht. Vgl. Richard
     Lipp, Die Tiroler Franziskanerprovinz unterm Hakenkreuz (1938–1945) (Dipl. Arb., Innsbruck, 1997), S.
     38–40.

273 Eidesstattliche Erklärung von Maria Merkel. ZfA, Fall VIII, DB Sollmann II, Nr. 23, Bl. 53.

274 Vgl. die Ausführungen von Pater Alexander Michelowski, „eingedeutschter" Name Alex Peters. Catrine
     Clay, Michel Leapman, Herrenmenschen. Das Lebensborn-Experiment der Nazis (München, 1997), S.
     180 f.

275 Vgl. Bukorzycki, Moje lata dzięcięce, S. 11 f.

276 Janusz Bukorzycki, Verhörprotokoll. AP Łódź, Miejska Rada Narodowa i Zarząd Miejski w Łodzi 1945–
     1950, Wydział Opieki Społecznej, wykaz nr. 3, sygn. B/501.

277 Bukorzycki, Moje lata dzięcięce, S. 12.

Abstammung kennen. Der Soldat versorgte sie mit Verpflegung und veranlasste, dass die Gruppe von Maria Schmolln in ein Flüchtlingslager nach Salzburg überführt wurde.[278]

Schloss Oberweis war indessen zu einem Wehrertüchtigungslager umfunktioniert worden. Das Personal hatte nach der Abfahrt der Kinder Oberweis großteils verlassen.[279] Vor der Räumung des Kinderheimes war das gesamte Aktenmaterial in das „Lebensborn"-Heim nach Steinhöring transportiert worden, wo sich bereits die evakuierte Münchner Zentrale befand. Der ehemalige Verwalter des Kinderheimes, Jakob Pfaffenberger, verließ am 30. April 1945 Oberweis, um sich in der Zentrale in Steinhöring zu melden.[280] Am 3. Mai musste das Wehrertüchtigungslager geräumt werden. Auf Befehl der Zentrale wurde das ehemalige „Lebensborn"-Heim für Lazarettzwecke „frei gemeldet" – am 4. Mai belegte das Rote Kreuz das Schloss.[281] Heimleiterin Maria Merkel blieb bis Juni 1945 in Oberweis, die ehemalige Köchin des Kinderheimes ließ sich mit ihrem Sohn in der kleinen Ortschaft nieder.[282] Die Existenz dieser Familie blieb der einzige Hinweis, dass während des Krieges ein „Lebensborn"-Heim in Oberweis bestanden hatte. Die einheimische Bevölkerung selbst verlor darüber kein Wort: „Nein, also nach dem Krieg ist ja gar nichts mehr darüber gesprochen worden",[283] resümiert eine 86-jährige Oberweiser Bürgerin. Das Kinderheim „Alpenland" geriet somit in Vergessenheit, die nächste Generation erfuhr lediglich durch Zufall von der „Lebensborn"-Anstalt. Bis heute ranken sich nur Spekulationen über das ehemalige Heim – die genauen Hintergründe sind jedoch nicht bekannt.[284]

Schloss Oberweis wurde den ehemaligen Besitzern rückerstattet. Karl Weller kehrte jedoch nicht nach Oberweis zurück, sondern ließ sich in der Stadt Salzburg nieder und vermachte das Anwesen dem heutigen Besitzer.

---

278 Vgl. Interview, Janusz Bukorzycki, S. 1.
279 Vgl. Meldebuch Laakirchen. Archiv der Marktgemeinde Laakirchen.
280 Vgl. Bericht von Merkel, S. 2. Archiv der Marktgemeinde Laakirchen.
281 Ebda.
282 Vgl. Meldebuch Laakirchen. Archiv der Marktgemeinde Laakirchen; sowie Interview, Maria E., S. 1.
283 Vgl. Interview, Maria T., S. 2.
284 Vgl. dazu den Artikel von Edmund Brandner, Im Schloss Oberweis arbeiteten die Nazis an der „Herrenrasse". In: OÖ Nachrichten, Lokal, vom 29.11.2003, S. 25.

V. Repatriierung

„Ich habe meine Mutter nicht mehr getroffen. Ich kam in ein polnisches Mäd-
chenheim nach Łódź, ul. Karolewska 51. Dort blieb ich bis zu meinem 18.
Lebensjahr.“[1]

Das Kriegsende bedeutete für den Großteil der „eingedeutschten" Kinder auch das Ende ihres Aufenthaltes in der ehemaligen „Ostmark". Ältere polnische Kinder begannen nach der deutschen Kapitulierung ihr Schicksal selbst in die Hand zu nehmen, begaben sich in diverse Auffanglager, gaben ihre Personaldaten bekannt und warteten dort auf ihren Rücktransport in die Heimat. Jüngere Kinder allerdings kannten weder ihren ursprünglichen Namen noch die Daten ihrer Geburt. Diese Kinder hatten ihre Herkunft vergessen und waren bereits voll in ihre neue Umgebung integriert. Das Auffinden dieser Personengruppe war insbesondere mit enormen Schwierigkeiten verbunden: Ein Großteil der notwendigen Dokumente war vernichtet, polnische Familienverbände waren im Zuge der Kriegswirren vertrieben oder ausgelöscht worden. Die zahlreichen Hilfsorganisationen, die sich mit der Suche nach verschleppten Jungen und Mädchen befassten, waren auf Hinweise vonseiten der Bevölkerung angewiesen.

Auf polnischer Seite begann man umgehend mit der Suche nach den vermissten Kindern. In den beiden „Eindeutschungszentren" Posen und Litzmannstadt begannen die hiesigen Volkspflegeämter Vermisstenlisten zu erstellen: Die Angehörigen gaben die Personaldaten sowie die Umstände der Verschleppung bekannt, um den Identifizierungsvorgang schneller voranzutreiben.[2] Weiters wurde eine polnische Repatriierungskommission eingerichtet, die in die entsprechenden Länder fuhr und sich dort auf die Suche nach den „eingedeutschten" Jungen und Mädchen machte.[3]

---

1   Fragebogen, Halina Olejniczak, S. 5.
2   Vgl. dazu „Spis dzieci zabranych przez Niemców z rodzin polskich w celu germanizacji". Derartige Listen liegen im IPN, Kolekcja „Z", Signatur 982 sowie im AP Łódź unter dem Bestand Miejska Rada Narodowa i Zarząd Miejski w Łodzi 1945–1950, Wydział Opieki Społecznej, wykaz nr. 3 und nr. 4 auf, in denen eine namentliche Auflistung von betroffenen Kindern zu finden ist.
3   Vgl. Nadolny, Polskie sieroty, S. 91.

ZUSTÄNDIGE SUCHORGANISATIONEN IN ÖSTERREICH

Neben der polnischen Repatriierungskommission war eine Vielzahl von nationalen und internationalen Einrichtungen in die Suche und Repatriierung von polnischen Kindern involviert.

Internationale Hilfe wurde von der „United Nations Relief and Rehabilitation Administration" (UNRRA), der Flüchtlingsorganisation der Vereinten Nationen, angeboten. Nach anfänglichen Startschwierigkeiten begann die UNRRA im Spätherbst 1945 mit ihrer Arbeit in Österreich.[4] Hauptaufgabe der UNRRA war es, die verschleppten Kinder zu suchen und ihnen Pflege und Betreuung in den diversen Flüchtlingslagern zu garantieren. Im Namen der UNRRA arbeiteten zahlreiche ausländische Offiziere, die offiziell ihr jeweiliges Land vertraten und im Namen ihres Landes den Anspruch auf die Repatriierung der betroffenen Kinder stellten. Das alleinige Recht der Rückführung der Kinder oblag bis November 1945 allerdings der Hilfsorganisation der Vereinten Nationen.[5] Nach einer Sitzung mit Vertretern des „Polnischen Roten Kreuzes des 2. Korps"[6] wurde jedoch beschlossen, dass auch diese Organisation verschleppte Kinder (nun auch offiziell) suchen und die wiedergefundenen Kinder in ihren Gewahrsam nehmen durfte. Bei der Wegnahme der Kinder von der Pflegestelle mussten jedoch Vertreter beider Organisationen, der UNRRA sowie des „Polnischen Roten Kreuzes des 2. Korps", anwesend sein.[7] Im Sommer 1947 löste sich die UNRRA auf, Nachfolgeorganisation wurde die „International Refugee Organization", bekannt als IRO.

Das „Polnische Rote Kreuz des 2. Korps" gehört neben der polnischen Repatriierungskommission zu den ersten und effektivsten Einrichtungen, die an der Suche nach verschleppten Kindern beteiligt waren.[8] Die Organisation war seit Mai 1945 in Österreich tätig, verteilte Lebensmittel, Kleidung und Medikamente an die Bevölkerung, nahm sich schutzbedürftiger, elternloser Kinder an und sorgte für ihre Schulbildung. In Salzburg, Linz, Villach, Innsbruck und Bregenz gab es jeweilige Vertretungsstellen, nur

---

4   Die Hilfsorganisation der Vereinten Nationen war am 9. November 1943 in Washington gegründet worden. Zur Geschichte und Organisation dieser Einrichtung vgl. George Woodbridge, UNRRA. The History of the United Nations Relief and Rehabilitation Administration, Bd. 2 (New York, 1950), S. 295–301. Vgl. weiters, Yvonne von Stedingk, Die Organisation des Flüchtlingswesens in Österreich seit dem Zweiten Weltkrieg (Wien, Stuttgart, 1970), S. 43–46.

5   Vgl. Nadolny, Polskie sieroty, S. 91 f.

6   Das „Polnische Rote Kreuz des 2. Korps" war Teil des zweiten Korps polnischer Streitkräfte, das der Exilregierung in Polen untergeordnet war und seinen Sitz in Italien hatte.

7   Vgl. Andrezy Pilch, Losy polaków w austrii po drugiej wojnie światowej 1945–1955 (= Biblioteka Polonijna 29, Wrocław, Warszawa, Krakow, 1994), S. 135.

8   Vgl. Nadolny, Polskie sieroty, S. 92.

in der sowjetischen Besatzungszone war keine Außenstelle stationiert. Die größte Zweigstelle wurde unter Federführung von Janina Rychlewicz in Salzburg errichtet.[9]

Kapt. Kalinowski und Leutnant Grabska leiteten die Suchaktionen nach den polnischen Jungen und Mädchen. Rund 200 verschleppte Kinder im Alter von fünf bis 15 Jahren konnten in der ehemaligen „Ostmark" bis Juni 1946 wiedergefunden werden, ein Großteil dieser Kinder konnte allerdings kein Polnisch mehr.[10] Im Sommer 1946 musste das „Polnische Rote Kreuz des 2. Korps" auf Druck der UNRRA seine Arbeit in Österreich einstellen. Zu kontrovers waren die Meinungen beider Hilfsorganisationen: Die UNRRA sah es als ihr Hauptziel an, Displaced Persons (DPs)[11] zur Heimkehr in die Heimat zu verhelfen, während das „Polnische Rote Kreuz des 2. Korps" für eine Begrenzung der Repatriierung zugunsten der Emigration eintrat.[12]

In der sowjetischen Besatzungszone begann im August 1945 eine weitere Vertretung des Polnischen Roten Kreuzes mit der Suche nach verschollenen Personen. Diese Delegation war allerdings kein offizielles Vertretungsorgan des Hauptverbandes des Polnischen Roten Kreuzes in Warschau, sondern wurde eigenständig von Freiwilligen, zum Großteil von polnischen DPs, geführt. Die Hilfsorganisation mit Sitz in Wien agierte ohne Bevollmächtigung der polnischen Regierung in Warschau und der UNRRA. Es gab jedoch eine enge Zusammenarbeit mit der Delegation des „Polnischen Roten Kreuzes des 2. Korps" in Salzburg und der polnischen Repatriierungskommission.[13] Die sogenannte „Wiener Vertretung des Polnischen Roten Kreuzes" identifizierte bis zu ihrer Auflösung im Juli 1946 486 polnische Kinder im oberösterreichischen Mühlviertel, in Niederösterreich sowie im Burgenland, davon kehrten 325 Jungen und Mädchen in die Heimat zurück.[14]

Nach der Auflösung des „Polnischen Roten Kreuzes des 2. Korps" und der „Wiener Vertretung" im Sommer 1946 begann der Hauptverband des Polnischen Roten Kreuzes (PCK) seine Tätigkeit in Österreich aufzunehmen. Am 10. Juli 1946 wurde vertraglich die Zusammenarbeit zwischen dem Polnischen Roten Kreuz und der UNRRA beschlossen. Der Hauptsitz des PCK befand sich in Wien, Zweigstellen wurden in Salzburg,

---

9   Nadolny, Polskie sieroty, S. 92 f.
10 Pilch, Losy poláków, S. 136.
11 Als Displaced Persons (DPs) wurden nach Ende des Zweiten Weltkrieges ehemalige Zwangsarbeiter, Kriegsgefangene und Häftlinge aus Konzentrationslagern bezeichnet. Der Terminus „Displaced Person" entstammt dem Verwaltungsenglisch der Besatzer und bezieht sich auf eine Person, die sich nicht dort befindet, wo sie eigentlich hingehört. In Österreich wurden DPs allgemein auch „Versetzte Personen" genannt.
12 Vgl. Nadolny, Polskie sieroty, S. 93.
13 Vgl. Pilch, Losy poláków, S. 135 sowie Nadolny, Polskie sieroty, S. 94.
14 Vgl. Pilch, Losy poláków, S. 137.

Villach und Graz errichtet.[15] Die Kooperation zwischen beiden Initiativen verlief sehr
gut, das PCK konnte, mit Ausnahme der französischen Besatzungszone, in Österreich
uneingeschränkt agieren. In der Theorie teilten sich beide Organisationen die Aufgabe
der Rückführung der Kinder, in der Praxis übernahm jedoch das PCK den Hauptanteil
der Verpflichtungen. Die UNRRA unterstützte das PCK allerdings in finanzieller Hinsicht tatkräftig.[16]

Neben der UNRRA arbeitete das Polnische Rote Kreuz mit der polnischen Repatriierungskommission, dem Internationalen Roten Kreuz und der Caritas in Österreich
zusammen. An der Suche nach verschollenen Kindern beteiligten sich auch das „Polnische Komitee in Gmunden", das „Polnische Zentrum" in Linz und der „Verband der
Polen in Österreich". Auch der polnische Klerus begann, sich um elternlose polnische
Kinder zu sorgen und beauftragte rund 35 polnische Priester, die diversen Suchorganisationen zu unterstützen. Daneben hielt das PCK enge Kontakte mit der „Polnischen
Politischen Mission"[17] und dem Polnischen Konsulat in Wien sowie mit dem polnischen
Verein „Strzecha".[18] Ab Mitte 1947 bemühte sich das Polnische Rote Kreuz auch um Ko-
operation mit Behörden und Hilfsorganisationen in Deutschland.[19]

Die Mitarbeiter des PCK fuhren von Haus zu Haus, führten Befragungen mit der
einheimischen Bevölkerung und ehemaligen Zwangsarbeitern durch und erhielten weiterführende Daten von Jugend- und Gemeindeämtern. Die Suchtrupps inspizierten
Schulen, Krankenhäuser, Kindergärten und Heime nach elternlosen „eingedeutschten"
Jungen und Mädchen.[20] Auf freiwillige Meldungen vonseiten der Zivilbevölkerung
konnte man sich nicht wirklich verlassen.[21]

Ein Repatriierungsverfahren war mit einem enormen zeitlichen Aufwand verbunden:
Das Polnische Rote Kreuz sammelte die Adressen der Kinder und verglich diese Daten
mit den Angaben, die auf polnischer Seite gefunden worden waren. Nachdem alle not-

---

15   Diese Zweigstellen wurden allerdings mit der Übernahme der Flüchtlingshilfe durch die IRO aufgelöst.
16   Vgl. Nadolny, Polskie sieroty, S. 94–95.
17   Delegation aus Warschau, die an einer schnellen und umfassenden Heimkehr der polnischen DPs inte-
     ressiert war.
18   Der Verband der Polen in Österreich namens „Strzecha" war seit dem 19. Jahrhundert bis ins Jahr 1938
     in Österreich tätig. 1945 wurde die Arbeit wieder aufgenommen. Der Verband unterhielt enge Kontakte
     mit der polnischen Botschaft in Wien. Zur Geschichte des Vereines vgl. Władysław Stanisław Kucharski,
     Związek Polaków w Austrii Strzecha, 1894–1994 (Lublin, Wiedeń, 1996).
19   Vgl. Nadolny, Polskie sieroty, S. 96 f.
20   Vgl. ebda., S. 99.
21   Zum Vergleich: In der amerikanischen Besatzungszone in Deutschland wurden 669 Kinder gemeldet,
     die Suchtrupps fanden jedoch 1.373 Jungen und Mädchen. Vgl. Report of the director general on the
     child search programm, 20.9.1948. SLA, National Archives, USA, Amerikanische Besatzungszeit 1945–
     1955, Mikrofilm Nr. 1164, p. 0151 f.

wendigen Daten vorhanden waren, wurden die Unterlagen von der UNRRA, später von der Nachfolgeorganisation IRO und der polnischen Repatriierungskommission überprüft, und ein Gesuch auf Repatriierung des Kindes an die jeweilige Besatzungsbehörde gestellt. Erst nach der Genehmigung vonseiten der Besatzungsmacht durfte das Kind abgeholt, in ein Kinderheim überführt und in die Heimat repatriiert werden.[22]

DIE SUCHE NACH DEN VERSCHLEPPTEN KINDERN IN ÖSTERREICH

Zwei wesentliche Faktoren vereinfachten den diversen Suchtrupps in Österreich das Aufspüren der „eingedeutschten" Kinder: erstens, das verhältnismäßig hohe Alter der Kinder bei der „Eindeutschungsaktion" sowie zweitens die Tatsache, dass die Kinder nicht den Familiennamen der Pflegestelle angenommen hatten.

In die „Ostmark" hatte man großteils Kinder im schulpflichtigen Alter in Pflegestellen gegeben – die Jahrgänge 1930 bis 1934 waren stark vertreten. Kinder und Jugendliche im Alter von zehn bzw. zwölf Jahren konnten sich noch gut an ihre Heimat, an die Verwandten und Bekannten in Polen erinnern. Die Jungen und Mädchen wussten über ihr Schicksal Bescheid und konnten Hilfsorganisationen, die sich auf die Suche nach verschleppten Kindern machten, Auskunft geben. In Deutschland hingegen waren auch Jungen und Mädchen im Kleinkindalter in Familienpflege gegeben worden. Die betroffenen Kinder konnten sich nur fragmentarisch an ihre Vergangenheit erinnern.[23] Barbara Paciorkiewicz beispielsweise war mit drei Jahren an eine deutsche Familie nach Lemgau vermittelt worden. Als das Mädchen 1948 nach Polen repatriiert wurde, wusste es nichts von seinen polnischen Wurzeln:

„Ich bin nach Polen gekommen, 1948, und war zehn Jahre alt und eigentlich dachte ich, dass ist nur ein Ausflug nach Polen. Die Familie, wo ich gelebt habe, das waren für mich meine Eltern. Ich wusste nicht, dass das nicht meine Eltern sind und sie haben mir auch nicht gesagt, dass ich nicht das Kind von ihnen bin."[24]

22   Vgl. Nadolny, Polskie sieroty, S. 99.
23   Vgl. Interview, Barbara Paciorkiewicz, Vorsitzende des Vereines „Zrzeszenie Dzieci Polskich Germanizowanych przez reżim hitlerowski" am 5.4.2004, S. 2.
24   Interview, Barbara Paciorkiewicz, am 31.3.2004, S. 1.

Im Gegensatz zu Deutschland, wo die polnischen Pflegekinder meist den Namen der Ersatzfamilien annahmen, hatten die polnischen Pflegekinder in Österreich nur in seltenen Fällen den Familiennamen der Pflegeeltern übernommen. Der Großteil der Kinder behielt seinen „eingedeutschten" Namen bei – aus diesem Grund erfolgte die Identifizierung der polnischen Jungen und Mädchen in Österreich leichter.

Die eigens dafür errichtete Kommission aus Polen begann unmittelbar nach Kriegsende mit dem Aufspüren der Jungen und Mädchen in Österreich. Mithilfe der amerikanischen Truppenverbände suchte die Delegation die österreichischen Pflegestellen auf.[25] Doch nicht immer handelten die Mitglieder der polnischen Repatriierungskommission nach ethisch vertretbaren Grundsätzen. Es scheint, dass vor allem in den ersten Nachkriegsmonaten die Suche und „Herausgabe" des Kindes primärer Leitgedanke der polnischen Organisation war – auf den Willen des betroffenen Kindes wurde keinerlei Rücksicht genommen. Ohne Zustimmung von Pflegeeltern und behördlichen Dienststellen wurden die polnischen Pflegekinder den Familien entrissen und in das polnische Lager zur späteren Repatriierung überführt.[26] Auf die Wünsche der Pflegekinder wurde bei derartigen Aktionen nicht eingegangen. Henderike Goschen, die bei Therese Grassler in Salzburg lebte, wurde im Juli 1945 gewaltsam von ihrer Pflegemutter getrennt.[27] Auch in Dorfgastein wurde ein polnischer Junge von Mitgliedern der Kommission mitgenommen, obwohl er definitiv bei seiner Pflegefamilie bleiben wollte.[28]

Die Jugendabteilung des Landes Salzburg informierte die Pflegestellen über Vorgangsweise und Absicht der Repatriierungskommission.[29] Irene Majeskis Pflegemutter brachte aufgrund dieser „Warnung" die Pflegetochter auf einen entlegenen Bauernhof – das Mädchen harrte zwei Monate dort aus.[30] Mit welchen Worten die Pflegemutter die Abwesenheit des Kindes erklärte, ist unbekannt. Fest steht, dass nach der Rückkehr von Irene Majeski keine Organisation mehr nach dem Pflegekind suchte. Auch Waldemar Luser war über den Besuch der polnischen Repatriierungskommission vorinformiert und infolgedessen nicht überrascht, als Mitarbeiter vor seiner Tür standen. Pflegetochter Gisela wehrte sich mit all ihren Kräften gegen die Wegnahme, die Kommission ließ daraufhin vorerst von einer Überstellung ab. Allerdings drohte man Gisela „es werde schon der Zeitpunkt kommen, wo man sie holen werde!"[31] Durch Intervention der amerikanischen

---

25   Vgl. Zeugenaussage von Waldemar Luser am 22.1.1948. IfZG, MB 30/20, S. 3967 f.
26   Vgl. Zeugenaussage von Waldemar Luser am 22.1.1948. IfZG, MB 30/20, S. 3968.
27   Vgl. Eidesstattliche Erklärung Therese Grassler. ZfA, Fall VIII, DB Sollmann X, Nr. 110, Bl. 39 f.
28   Vgl. Fragebogen, Rupert, S. 4.
29   Vgl. Zeugenaussage von Waldemar Luser am 22.1.1948. IfZG, MB 30/20, S. 3968.
30   Vgl. Fragebogen, Irene Majeski, S. 10.
31   Waldemar Luser, Zeugenaussage am 22.1.1948. IfZG, MB 30/20, S. 3968.

Militärregierung konnte das Kind jedoch bei seinen Salzburger Pflegeeltern bleiben.[32] Anna Kociuba wurde von polnischen Soldaten der amerikanischen Armee unter Tränen von ihrer Pflegefamilie aus Gmunden weggebracht. Ein polnischer Junge, der das Mädchen im „Lebensborn"-Heim „Alpenland" kennengelernt hatte, hatte den Männern bei der Identifizierung des Kindes geholfen. Für Anna brach eine Welt zusammen, als sie von ihren österreichischen Pflegeeltern getrennt wurde. Das Mädchen hatte sich bei der Familie wohlgefühlt und nach monatelangem Aufenthalt in verschiedenen Kinderheimen bei dieser Familie wieder Sicherheit und Geborgenheit empfunden:

> „Ich verstand kein einziges Wort auf Polnisch. Die mussten mit mir deutsch sprechen. Die Soldaten sahen meine riesige Angst und glaubten nicht daran, dass ich wirklich ein Kind von diesen Leuten bin. Wieder mit Tränen, Verzweiflung und Schreien wurde ich aus dem Haus genommen. Ein weiteres Mal verlor ich meine Identität – ich war fast neun Jahre alt und wusste wieder nicht, wer ich bin."[33]

Anna wurde in das Flüchtlingslager „Hellbrunn" nach Salzburg überführt, „wo ich wieder hinter dem Stacheldraht in einer Baracke wohnte".[34] Dort traf das Mädchen auf weitere „eingedeutschte" Jungen und Mädchen aus Polen. Auch Bogumiła Hetich wurde unter Tränen von ihrer Pflegefamilie nach Salzburg in das Lager „Hellbrunn" gebracht – die Pflegemutter versuchte, das Kind zurückzubekommen, jedoch ohne Erfolg. Die Frau bat die verantwortlichen Stellen, das Mädchen zumindest noch einmal im Lager in Salzburg wiedersehen zu dürfen – auch dieser Wunsch wurde nicht gewährt.[35]

Vereinzelt gelang es Kindern, der gewaltsamen Rückführung in die Heimat zu entkommen. Zygmunt Rzążewski gehörte zu jenen älteren Jungen, die in einer „Nacht- und Nebel-Aktion" aus dem „Lebensborn"-Heim „Alpenland" in Oberweis entfernt und als Landarbeiter an Bauern vermittelt wurden. Als nach Kriegsende plötzlich Mitarbeiter der UNRRA bei dem Jungen auftauchten und ihm erklärten, er möge sie begleiten, wehrte sich der Jugendliche:

> „Ich habe der UNRRA nicht vertraut! Wenn du das einmal hast von der SS, ob da dann UNRRA draufsteht. Mit 15, 16 Jahr was willst denn, so ein junger Bub! Ich

---

32 Im November 1945 wurde die Vormundschaft über die Minderjährige dem Landesjugendamt Salzburg übergeben. Im Juni 1946 wurde das polnische Mädchen von seinen Pflegeeltern rechtskräftig adoptiert. Archiv des Stadtjugendamtes Salzburg, Akt Luser Gisela.

33 Kociuba, Bez tożsvomości, S. 33.

34 Ebda.

35 Vgl. Brief von Bogumiła Hetich vom 6.4.2005 an die Autorin. Sammlung Ines Hopfer.

hab mir dann auch gedacht, wenn ich heim will, kann ich ja eh selber heimgehen. Da brauche ich die dazu nicht!"[36]

Die Vertreter der internationalen Flüchtlingsorganisationen nahmen dem Jungen alle Habseligkeiten ab und erklärten, sie würden wiederkommen. Zygmunt versteckte sich daraufhin im Heu. Immer wieder tauchten die Mitarbeiter der UNRRA auf dem Hof auf, um den Jungen zur Heimkehr zu zwingen: „Und ich habe gesagt: ‚Nein, ich gehe nicht!' Das war gleich nach dem Krieg, 1945. Da bin ich dann sogar zweimal davongerannt."[37] Nach mehrmaligen Versuchen gab es die Hilfsorganisation auf, den Jungen zur Repatriierung zu bewegen. Rzążewski nahm daraufhin selbst Kontakt mit seinen Angehörigen in Polen auf, er entschied sich allerdings für einen Verbleib in Österreich.[38]

IM FLÜCHTLINGSLAGER

Verschiedene Organisationen waren in die Suche und Repatriierung der „eingedeutsch-ten" Kinder involviert – darin fußen auch die kontroversen Vorstellungen der einzel-nen Initiativen bezüglich der Zukunft der verschleppten Kinder. Vertreter des „Pol-nischen Roten Kreuzes des 2. Korps" beispielsweise beabsichtigten, die Jungen und Mädchen in den Nahen Osten, nach Palästina oder nach Italien zu schicken. Vertreter der internationalen Hilfsorganisation UNRRA sowie deren Nachfolgeorganisation IRO strebten die Repatriierung der Kinder in ihre Heimat Polen an. Auch das PCK, das seit Sommer 1946 in Österreich wirkte, sowie die polnische Repatriierungskommis-sion widersetzten sich vehement der Ausfuhr polnischer Kinder in andere Länder als in ihr Heimatland.[39] Aus diesem Grund sah das Schicksal der wiedergefundenen Jungen und Mädchen unterschiedlich aus. Kinder, die vom „Polnischen Roten Kreuz des 2. Korps" gefunden wurden, wurden in verschiedene europäische wie außereuropäische Länder geschickt, andere betroffene Kinder hingegen kehrten unmittelbar in ihre Hei-mat zurück.

Die Stadt Salzburg stellte nach Kriegsende eine zentrale Anlaufstelle für Flüchtlinge aus ganz Europa dar. Bereits wenige Wochen nach Kriegsende hielten sich in der Stadt

---

36   Interview, Zygmunt Rzążewski, S. 3.
37   Ebda.
38   Vgl. ebda., S. 3, 6.
39   Vgl. Pilch, Losy polaków, S. 138.

an der Salzach rund 66.000 ausländische Flüchtlinge auf: ehemalige Zwangsarbeiter, Überlebende der Konzentrationslager, vertriebene „Volksdeutsche", Bombenevakuierte, Kollaborateure verschiedener Nationalitäten sowie Truppenreste der Deutschen Armee suchten in der Stadt Zuflucht und Hilfe. Rund die Hälfte der Vertriebenen konnte in Flüchtlingslagern aufgenommen werden.[40] Nach dem Lager „Parsch" war das Lager „Hellbrunn" das zweitgrößte Flüchtlingslager der Landeshauptstadt.[41] „Hellbrunn" entwickelte sich zu einem Auffanglager für „eingedeutschte" Kinder, die in die ehemalige „Ostmark" verschleppt worden waren.

Das Flüchtlingslager „Hellbrunn" wurde in der Kaserne an der gleichnamigen Hellbrunner Straße sowie in den umliegenden ehemaligen Baracken der Wehrmacht eingerichtet und nahm am 5. Juni 1945 seinen Betrieb auf. In den ersten Monaten lebten rund 4.000 Flüchtlinge im Lager, der Großteil der Lagerinsassen war polnischer Herkunft.[42] Im Zuge der ersten Rücktransporte konnte sich die Anzahl der im Lager lebenden Personen bis Herbst 1945 auf 2.000 bis 3.000 Menschen reduzieren, davon waren 500 Kinder.[43] Für die Betreuung und Erziehung der Kinder und Jugendlichen wurde ausreichend gesorgt: Im Lager waren ein Kindergarten sowie eine Volks- und Mittelschule errichtet worden, daneben sorgte eine kleine Kirche für den religiösen Rückhalt der Lagerinsassen.[44] Unter der Aufsicht der amerikanischen Militärregierung und der UNRRA unterstand „Hellbrunn" polnischer Selbstverwaltung, im Sommer 1947 wurde die Lagerverwaltung jedoch von der IRO übernommen.[45]

Im August 1945 wurde im Lager ein Kinderheim für polnische Kinder errichtet.[46] Die Verwaltung des Heimes mit dem Namen „Dom Dziecka Polskiego" hatte das „Polnische Rote Kreuz des 2. Korps" inne.[47] Das Kinderheim, inmitten des Lagerareals gelegen, stellte die zentrale Anlaufstelle für „eingedeutschte" polnische Jungen und Mädchen auf

40 Vgl. Harald Waitzbauer, Displaced Persons in Salzburg 1945 bis 1955. In: Salzburg 1945–1955. Zerstörung und Wiederaufbau. Begleitbuch zur gleichnamigen Ausstellung des Salzburger Museums Carolino Augusteum in Zusammenarbeit mit dem Verein „Salzburger Wehrgeschichtliches Museum" (=Jahresschrift des Salzburger Museums Carolino Augusteum 40/41, Salzburg, 1994/95), S. 139.

41 Vgl. Gabriele Huber, Regina Thumser, Das Flüchtlingslager „Camp Hellbrunn". Fremdsprachige Flüchtlinge im Salzburg der Nachkriegszeit. In: Hanns Haas, Robert Hoffmann, Robert Kriechbaumer (Hg.), Salzburg. Städtische Lebenswelt(en) seit 1945 (=Schriftenreihe des Forschungsinstitutes für politisch-historische Studien der Dr.-Wilfried-Haslauer-Bibliothek, Salzburg 11, Wien, Köln, Weimar, 2000), S. 76.

42 Vgl. Huber, Thumser, Hellbrunn, S. 76 f.

43 Vgl. T. K., Das Polenlager in der Hellbrunnerkaserne. In: Salzburger Nachrichten vom 5.11.1945, S. 2.

44 Vgl. ebda.

45 Vgl. Huber, Thumser, Hellbrunn, S. 78.

46 Vgl. Pilch, Losy polaków, S. 136.

47 Nadolny, Polskie sieroty, S. 93.

Abb. 15: Polnische Kinder empfangen die „Erstkommunion" im Lager „Hellbrunn"; unter den Kindern Anna Kociuba, sechstes Kind von rechts.

österreichischem Boden dar. In dem Kinderheim trafen sich nun jene Kinder wieder, die sich bereits aus den „Assimilierungsheimen" in Polen, dem Umsiedlerlager „Parsch" oder aus dem „Lebensborn"-Heim „Alpenland" kannten.[48]

Die polnischen Jungen und Mädchen wurden von einem Fachpersonal versorgt. Primäre Aufgabe der polnischen Mitarbeiter war die „Repolonisierung" der Kinder. Die Lagerschule orientierte sich an dem polnischen Schulplan aus der Vorkriegszeit, ein regelmäßig geführter Unterricht war allerdings nicht möglich: die Heterogenität der Gruppe sowie der Mangel an Lehrbüchern erschwerten eine effiziente Fortbildung.[49] Die jüngsten Kinder hatten die polnische Sprache bereits vergessen, auch die Älteren hatten vereinzelt Schwierigkeiten, sich in ihrer Muttersprache auszudrücken.[50] Aus diesem Grund wurden Polnischkurse für die jungen Lagerinsassen angeboten.[51]

Neben dem täglichen Unterricht versuchten die Erzieher, die Kinder mit der Kultur ihres Heimatlandes vertraut zu machen: die Jungen und Mädchen lernten polnische Lieder, Tänze und Brauchtümer ihres Vaterlandes kennen. Auch wurde den Kindern je nach Möglichkeit landesübliche Kost serviert.[52] Daneben wurden die jungen Lagerinsassen auch seelsorgerisch betreut. Die Seelsorge leitete der polnische Priester Alfons Sawicki.[53] Weiters bereitete man die Kinder auf den Empfang des heiligen Sakraments der „Erst-

---

48   Vgl. Kociuba, Bez tożsvomości, S. 33.
49   Nadolny, Polskie sieroty, S. 105.
50   Vgl. Kociuba, Bez tożsvomości, S. 33.
51   Vgl. Fragebogen, Bołeslaw Olczak, S. 5 sowie Strzelczyk, Moja droga germanizacyjna, S. 86.
52   Vgl. Nadolny, Polskie sieroty, S. 105.
53   Ebda., S. 106.

kommunion" vor, das den polnischen Jungen und Mädchen Weihnachten 1945 gespendet wurde.[54]

Im Kinderheim warteten die Jungen und Mädchen auf ihre Repatriierung. Die Repatriierungsverfahren waren zeitaufwendig und kostspielig, so manchen Jugendlichen ging die Rückführung in die Heimat zu langsam. So schummelte sich Bolesław Olczak beispielsweise auf einen Transport voller Zwangsarbeiter, der nach Polen zurückkehrte:

„Die Sehnsucht nach Polen und nach der Familie war so groß, dass ich mit einem Kollegen aus dem Lager geflohen bin und mit der Eisenbahn mit Zwangsarbeiten, bewacht von US-Soldaten, am 19. August 1945 in Polen eingetroffen bin."[55]

Auch Wiesław Kuligowski nutzte die Unaufmerksamkeit amerikanischer Soldaten am Salzburger Bahnhof und bestieg einen fahrenden Zug in Richtung Polen. Die polnischen Heimkehrer versteckten den Jungen bei Kontrollen und teilten mit ihm die Essensrationen: „Ich war nicht auf der Transportliste",[56] erklärt Kuligowski, „ich war ein Schwarzfahrer."[57]

Die Repatriierung in die Heimat war nicht die einzige Möglichkeit, die den polnischen Jungen und Mädchen von Vertretern des „Polnischen Roten Kreuzes des 2. Korps" in Aussicht gestellt wurde: Man schlug den Kindern vor, nach Australien, in die USA und in den Nahen Osten zu emigrieren oder sie auf Erholung in den Süden zu schicken.[58] Vereinzelt erklärten sich polnische sowie amerikanische Soldaten bereit, Kinder aufzunehmen und sie in ihrer Heimat rechtskräftig zu adoptieren.[59] Der Großteil der Jungen und Mädchen entschied sich allerdings für die Rückkehr in die Heimat: „Die Kinder hatten doch Heimweh und wollten alle nach Hause",[60] betont Krystyna Lesiecka, die gemeinsam mit ihren drei Schwestern im August 1945 nach Polen repatriiert wurde.[61]

54   Bukorzycki, Moje lata dzięcięce, S. 13.

55   Fragebogen, Olczak Bolesław, S. 5.

56   Kuligowski, Wspomnienia z lat germanizacji 1942–45, S. 51 f.

57   Ebda.

58   Vgl. Interview, Krystyna Lesiecka, S. 4; Fragebogen, S. K., S. 5 sowie Pilch, Losy polaków, S. 138.

59   Vgl. Kociuba, Bez tożsvomości, S. 33 sowie Kuligowski, Wspomnienia z lat germanizacji, S. 51.

60   Interview, Krystyna Lesiecka, S. 4.

61   Von 1.000 Kindern, so ergab eine Studie des Kindersuchdienstes der IRO aus dem Jahre 1948, strebten 286 Kinder die sofortige Rückkehr in die Heimat an, drei Viertel hingegen entschieden sich für eine Repatriierung unter der Voraussetzung, dass noch Angehörige in der Heimat lebten. 135 Jungen und Mädchen waren bereit, sich neu niederzulassen, 281 Kinder waren unter zehn Jahren und infolgedessen zu jung, um selbst entscheiden zu dürfen. Vgl. Report of the director general on the child search programm, 20.9.1948. SLA, National Archives, USA, Amerikanische Besatzungszeit 1945–1955, Mikrofilm Nr. 1164, p. 0154.

Im April 1946 befanden sich noch rund fünfzig Kinder im Alter zwischen fünf und 15 Jahren im „Hellbrunner" Kinderheim. Rund einen Monat später wurde „Dom Dziecka Polskiego" aufgelöst, da das „Polnische Rote Kreuz des 2. Korps" seine Tätigkeit in Österreich einstellen musste. Der Großteil der polnischen Jungen und Mädchen wurde auf verschiedene Heime in Österreich aufgeteilt.[62] Die übrigen Kinder brachte man in Heime nach Italien, die unter der Verwaltung des „Polnischen Roten Kreuzes des 2. Korps" standen.[63]

Bereits im Frühjahr 1946 begann das „Polnische Rote Kreuz des 2. Korps", kränkliche Kinder von „Hellbrunn" in Erholungsheime nach Italien zu überführen. Anna Kociuba gehörte zu diesen Kindern: „Ich sah sehr schlecht aus, hatte Untergewicht, vermisste mein echtes Zuhause und weinte ohne Ende",[64] erinnert sich die Frau zurück. Die Jungen und Mädchen wurden nach Arco in der Nähe des Gardasees oder nach Barletta in Süditalien gebracht.[65]

Im April 1946 befanden sich 86 Kinder zur Erholung in Italien,[66] weitere Transporte folgten. Bis zur Auflösung des „Hellbrunner" Kinderheimes im Sommer 1946 wurden rund 180 Kinder in den italienischen Heimen untergebracht: „Die Bedingungen da waren sehr ausgezeichnet, viel Obst, das ich nie zuvor gesehen und gegessen hatte. Die Wohnbedingungen waren auch toll",[67] beschreibt Anna Kociuba ihren Aufenthalt in Italien. Auch Janusz Bukorzycki wurde zur Erholung auf die Apenninenhalbinsel überführt. Der Junge fühlte sich in dem italienischen Heim außerordentlich wohl. Vor allem das Osterfest, das für die verschleppten Kinder eigens zelebriert wurde, prägte sich tief und fest in sein Gedächtnis ein:

---

62   In Rindbach nahe Ebensee wurde ein Kinderheim unter polnischer Leitung errichtet, das „eingedeutschten" polnischen Kindern Zuflucht und Hilfe anbot. Die „Repolonisierung" wurde auch in diesem Heim intensiv betrieben: für die polnischen Kinder wurde eigens eine polnische Schule errichtet, die Jungen und Mädchen sollten neben der Sprache auch das Brauchtum ihres Mutterlandes „wiederentdecken". Neben dem Kinderheim in Rindbach gab es noch weitere Heime in Bad Schallerbach, in Kammer Schörfling und in Leoben, in denen nachweislich polnische Kinder untergebracht wurden. Ob in allen vier Heimen allerdings „eingedeutschte" Kinder Zuflucht und Hilfe fanden, konnte aufgrund der prekären Quellensituation nicht eruiert werden. Vgl. dazu auch Nadolny, Polskie sieroty, S. 93, 105 f. sowie Fragebogen, A. W., S. 5.

63   Vgl. Nadolny, Polskie sieroty, S. 93 f.

64   Kociuba, Bez tożvsomości, S. 34.

65   Vgl. Nadolny, Polskie sieroty, S. 94.

66   Vgl. Pilch, Losy polaków, S. 136.

67   Kociuba, Bez tożvsomości, S. 34.

Abb. 16: Polnische
Kinder auf Erholung
in Barcelona im Jahr
1946.

„Polnische Priester lasen die Messe auf Polnisch, die Kirche wurde mit polnischen
Flaggen und Fahnen polnischer Divisionen ausgestattet. Die Soldaten standen in
der ganzen Kirche, wir vor dem Altar. Als man ‚Boże coś Polskę‘ anstimmte, weinten alle in der Kirche. Ich, vor Schwächung oder vor Rührung, fiel in Ohnmacht
und musste aus der Kirche hinausgetragen werden. So fing für mich ein ganz nor-
males Leben an. Wir waren mit ‚unseren Leuten‘ zusammen und frei.“[68]

Nach einigen Monaten Aufenthalt wurde der Großteil der Kinder „als Belohnung“,[69]
wie es Anna Kociuba formulierte, nach Spanien, England oder in die Schweiz gebracht.[70]
Janusz Bukorzycki beispielsweise kam in ein Sanatorium nach Barcelona. Die Kinder
waren unterschiedlichen Alters, aber allesamt Opfer des NS-Regimes. Bukorzycki genoss
den Aufenthalt, die spanischen Erzieher bemühten sich redlich um die Kinder, erzählten
ihnen Märchen oder begleiteten die Jungen und Mädchen zum Strand.[71]

68 Bukorzycki, Moje lata dzięcięce, S. 13.
69 Kociuba, Bez tożsvomości, S. 34.
70 Vgl. Nadolny, Polskie sieroty, S. 94 sowie Pilch, Losy polaków, S. 23.
71 Bukorzycki, Moje lata dzięcięce, S. 14.

Älteren Kindern wurde die Möglichkeit in Aussicht gestellt, nach Amerika auszu-
wandern. Janusz Bukorzycki entschied sich jedoch, in die Heimat zurückzukehren: „Ich
wusste aber, es wird schwierig, weil ich keine normale Schule hatte, schon dreizehn Jahre
alt war und alles von Anfang an wieder erlernen musste."[72] Der Junge kehrte im November 1946 nach Polen zurück, ein weiterer Rücktransport von polnischen Kindern
aus Spanien erfolgte im Oktober 1947.[73] Rund 15 Kinder blieben allerdings in Barcelona
zurück und kehrten erst zwischen 1948 und 1950 nach Polen zurück.[74]

Die Repatriierung der Jungen und Mädchen, die mithilfe des „Polnischen Roten
Kreuzes des 2. Korps" in verschiedene europäische Länder gebracht worden waren, stellte
sich als schwierig heraus. Das PCK und die „Polnische Politische Mission" mussten bei
Brigadier Reginald Parminter, Leiter der UNRRA in Österreich, intervenieren, um die
Kinder erfolgreich in die Heimat zurückführen zu können. [75]

DAS AGIEREN DER BESATZUNGSMÄCHTE

Die ehemalige „Ostmark" des Großdeutschen Reiches wurde von den alliierten Mäch-
ten in vier Besatzungszonen aufgeteilt. So unterschiedlich das Land gegliedert war, so
verschieden waren auch Umfang und Ablauf der Repatriierung der „eingedeutschten"
Jungen und Mädchen. Die vier Besatzungsmächte reagierten auf unterschiedliche Weise
auf die Repatriierungsbemühungen vonseiten der UNRRA und den mannigfachen polnischen Verbänden und unterstützten die diversen Suchtrupps nur teilweise. In Tirol
und Vorarlberg beispielsweise wurde es den Hilfsorganisationen verboten, polnische
Kinder zu suchen und sie zu repatriieren. Die französischen Besatzer untersagten alle
Suchaktionen, nur der polnischen Repatriierungskommission wurde es gestattet, in der
französischen Besatzungszone zu arbeiten – die Anzahl der überführten „eingedeutschten" Kinder nach Tirol und Vorarlberg ist daher bis dato unbekannt.[76]

---

72 Bukorzycki, Moje lata dzięcięce, S. 14.
73 Vgl. Verhörprotokoll von Janusz Bukorzycki. AP Łódź, Miejska Rada Narodowa i Zarząd Miejski w
    Łodzi 1945–1950, Wydział Opieki Społecznej, wykaz nr. 3, sygn. B/501.
74 Vgl. Verhörprotokoll von Bogdan Antczak. AP Łódź, Miejska Rada Narodowa i Zarząd Miejski w Łodzi
    1945–1950, Wydział Opieki Społecznej, wykaz nr. 3, sygn. A/88; Verhörprotokoll von Wiesława Kaw-
    czyńska. AP Łódź, Miejska Rada Narodowa i Zarząd Miejski w Łodzi 1945–1950, Wydział Opieki Spo-
    łecznej, wykaz nr. 3, sygn. K/99; Brief des Internationalen Suchdienstes an Wacława Płuciennik vom
    5.3.1982. Kopie vom Verein „Zrzeszenie Dzieci Polskich Germanizowanych przez reżim hitlerowski" der
    Autorin zur Verfügung gestellt (April 2004). Sammlung Ines Hopfer.
75 Vgl. Pilch, Losy polaków, S. 138.
76 Vgl. Nadolny, Polskie sieroty, S. 103.

In Salzburg und Oberösterreich lagen die beiden „Eindeutschungszentren" auf österreichischem Boden, das Lager „Parsch" sowie das „Lebensborn"-Heim „Alpenland". Folglich erhofften sich die verantwortlichen Initiativen, den Großteil aller zur „Eindeutschung" überführten Kinder in diesen Regionen zu finden. Im Gegensatz zur französischen Besatzungsmacht unterstützte die hier regierende amerikanische Militärverwaltung die Hilfsorganisationen bei der Suche nach den verschleppten Kindern. Amerikanische Soldaten begleiteten Mitarbeiter der diversen Suchorganisationen zu den Pflegefamilien, daneben beauftragte die Militärregierung die Bürgermeister mit der namentlichen Aufstellung von jenen Kindern, die sich nicht bei ihren leiblichen Eltern aufhielten.[77] Auch in Zeitungsannoncen wurde die einheimische Bevölkerung aufgerufen, elternlose ausländische Kinder beim Bürgermeisteramt zu melden. Das Österreichische Rote Kreuz vermittelte diese Daten an die zuständigen Behörden weiter.[78]

Ein inkonsequentes Agieren ist den westlichen Besatzungsbehörden dennoch vorzuwerfen. Zwar ordnete die amerikanische Heeresleitung am 25. März 1946 die Meldepflicht für alle Personen, die ein ausländisches Kind beherbergten, an, doch weder Behörden noch einheimische Bevölkerung leisteten der Anordnung Folge. Zwei Monate später wurde eine weitere Anordnung erlassen, die weitreichende Folgen für die Repatriierungsbemühungen hatte: Pflegekinder durften nur mehr mit ausdrücklicher Zustimmung der Pflegeeltern von diesen getrennt werden.[79] Daneben waren auch sprachliche Schwierigkeiten zu überwinden, die für Missverständnisse sorgten: Kinder, deren Herkunft als „volksdeutsch" oder „deutschstämmig" deklariert wurde, wurden von den westlichen Alliierten als deutsche und nicht als polnische Kinder bezeichnet, obwohl ihre Familien in Polen lebten.[80]

Nach der Auflösung der UNRRA im Jahr 1947 begannen die Besatzungsmächte, auf ein Ende der Repatriierungsverfahren zu pochen. Unter dem Druck der Alliierten plädierte auch die Nachfolgeorganisation der UNRRA, die IRO, für eine Beendigung der Rücktransporte. Die Auflagen für ein erfolgreiches Repatriierungsverfahren wurden infolgedessen verschärft. So war es nur mehr den nächsten Verwandten, wie beispielsweise der Mutter eines verschleppten Kindes erlaubt, die Rückführung zu beantragen.[81] Unter diesen Umständen war das Schicksal von jenen Kindern, die von niemandem zurückverlangt wurden, folgenschwer. Diese Kinder hatten keine Vertretung, die für sie und ihre Heimkehr in die Heimat kämpften.

---

77   Vgl. N. N., Kinder suchen Eltern. In: Salzburger Nachrichten vom 15.9.1945, S. 5.
78   Ebda.
79   Vgl. Nadolny, Polskie sieroty, S. 100.
80   Vgl. Hrabar, Jakim prawem?, S. 26 sowie Wnuk, Dzieci polskie, S. 247.
81   Vgl. Nadolny, Polskie sieroty, S. 99, 101.

Repatriierung wurde nicht mehr als einzige Möglichkeit betrachtet – war die österreichische Ersatzfamilie gewillt, für das ausländische Kind weiterhin zu sorgen oder wehrte sich das Kind gegen die Repatriierung, konnte von einem Rücktransport abgesehen werden.[82] Dieses Motiv gegen eine „erzwungene Heimkehr" ist durchaus nachvollziehbar. Viele Kinder kehrten zwangsweise in die Heimat zurück, die Angehörigen zeigten kein Verständnis für die zurückgekehrten, verängstigten Jungen und Mädchen – die Kinder wurden wieder zu Außenseitern. Mit psychologisch orientierten Motiven wurde gegen eine Rückführung argumentiert: „eingedeutschte" Kinder hätten mit enormen psychischen Problemen zu kämpfen, wenn sie in die Heimat zurückkehren, so die einhellige Meinung der Besatzungsmächte und der IRO.[83] Dieses Argument bewahrheitete sich des Öfteren.

Mit der Übernahme der Flüchtlingshilfe durch die IRO im Juli 1947 wurde der Tätigkeitsbereich des Polnischen Roten Kreuzes verringert: Polen war als sozialistisches Land nicht Mitglied der IRO, und die finanzielle Unterstützung wurde geschmälert. Zwar kam es zu diversen Vereinbarungen zwischen beiden Organisationen, doch das Polnische Rote Kreuz musste seine Mitarbeiter in Österreich auf zwei Personen reduzieren und die Zweigstellen in Salzburg, Villach und Graz auflösen.[84] Das PCK sah sich gezwungen, seine Arbeit nur mehr in der sowjetischen Besatzungszone fortzusetzen.[85] Da die IRO in Wien, Niederösterreich und Burgenland allerdings nicht tätig war, unterstanden die elternlosen Kinder dem österreichischen Jugendamt. Das Jugendamt übermittelte dem PCK jedoch sachdienliche Hinweise, auch andere Behörden und Organisationen, wie beispielsweise der In- und Auslands-Suchdienst des Österreichischen Roten Kreuzes, wirkten bei der Suche nach den Kindern mit.[86]

Doch die politischen Spannungen in Europa beeinflussten auch die Repatriierungsbemühungen des PCK.[87] Die Lage begann sich zunehmend zuzuspitzen, in der polni-

---

82   Vgl. Wnuk, Dzieci polskie, S. 247.

83   Vgl. Nadolny, Polskie sieroty, S. 101.

84   Vgl. ebda., S. 92.

85   Dank der Kooperation mit der IRO gelang es dem Polnischen Roten Kreuz dennoch, Kinder in der westlichen Zone wiederzufinden. Zwischen Jänner und März 1948 wurden so zum Beispiel 15 Kinder aus der amerikanischen Besatzungszone repatriiert.

86   Vgl. Schreiben des In- und Auslands-Suchdienstes des Österreichischen Roten Kreuzes vom 24.4.1950 an das Bundesministerium für Soziale Verwaltung betreffend Nachforschungen nach Kindern polnischer Herkunft. Österreichisches Staatsarchiv, AdR, BM für soziale Verwaltung, Jugendfürsorge, Österreichisches Rotes Kreuz allgemein, Karton Nr. 2591.

87   Aus Deutschland sind Fälle bekannt, in denen „eingedeutschte" Kinder nach Kriegsende rechtskräftig adoptiert wurden, obwohl die Kinder offiziell von polnischen Suchdiensten gesucht wurden. Meineide und gefälschte Dokumente machten es möglich, dass die Adoptionsverfahren positiv abgeschlossen wurden. Vgl. Akt Marian Gajewy, eingedeutschter Name Marian Gawner. AP Łódź, Miejska Rada Narodowa i Zarząd Miejski w Łodzi 1945–1950, Wydział Opieki Społecznej, wykaz nr. 3, sygn. G/8.

schen Presse wurden Rufe laut, die die Unfähigkeit der westlichen Besatzungsmächte und deren Bürokratie anprangerten.[88] Auch der polnische Regierungsbevollmächtigte für Fragen der Rückführung polnischer Kinder aus Deutschland, Roman Hrabar, vermutet, dass die geringe Bereitschaft der westlichen Besatzungsmächte weitgehend auf politischen Motiven beruhte.[89] Die Behörden, von denen die Repatriierung eines Kindes abhing, argumentierten zwar mit humanitären Gründen, doch, so scheint es, standen wohl die politischen Umwälzungsprozesse in Europa im Vordergrund des Interesses: Die Besatzungsbehörden waren im Zuge des „Kalten Krieges" offenkundig nicht bereit, die betroffenen Jungen und Mädchen aus ihrem bzw. aus dem westlichen Einflussbereich in den kommunistischen Osten zu überführen.

ZAHLENMÄSSIGES AUSMASS

Wie viele Kinder Opfer des „Eindeutschungsverfahrens" wurden und in die „Ostmark" deportiert wurden, ist zahlenmäßig schwer zu erfassen. Aus dem Gau Danzig-Westpreußen wurden nachweislich rund 1.600 Kinder in das „Altreich" deportiert, in einer Kartei des Litzmannstädter Jugendamtes sind 1.200 Jungen und Mädchen verzeichnet, die in das „Altreich" und in die annektierten Gebiete verschleppt worden waren.[90] Nach Sichtung der Quellen darf für den Raum Litzmannstadt allerdings ein zahlenmäßig höheres Ausmaß angenommen werden. Sämtliche Zahlenangaben fehlen jedoch für Posen – neben Litzmannstadt die zentrale Schaltstelle des Verfahrens im Warthegau. Trotz der lückenhaften Dokumente darf auch in diesem Bereich mit mindestens 2.000 Kindern gerechnet werden, die zwangsweise in das „Altreich" und in die annektierten Gebiete gebracht worden waren.

---

88 Vgl. als Beispiel: N. N., Na 150 tys. porwanych dzieci powróciło do Polski zaledwi 300. In: Głos Wielkopolski vom 13.11.1947, o. P. Kopie zur Verfügung gestellt von Halina Kurek. Sammlung Ines Hopfer. Weiteres Beispiel: „200.000 polnische Kinder können wegen des verbrecherischen Verhaltens der Deutschen und der britischen Besatzungsbehörde nicht nach Polen zurückkehren". In: Zycie Warszawy vom 11.6.1948. Zit. nach Hillel, Henry, Lebensborn e.V., S. 311 f.

89 Hrabar, Tokarz, Wilczur, Kinder, S. 240–243. Roman Hrabar war bis 1949 für die Repatriierung der Kinder in die Heimat verantwortlich und arbeitete eng mit UNRRA und IRO zusammen. Im Archiv des IPN in Warschau liegen seine Berichte auf, die er als Beauftragter der polnischen Repatriierungskommission erstellt hatte. Vgl. IPN, Kolekcja „Z", Sign. 209; Kolekcja „Z"/I, Sign. 209; Kolekcja „Z"/II, Sign. 209.

90 Vgl. Hrabar, Tokarz, Wilczur, Kinder, S. 333. Vgl. dazu die namentliche Auflistung von rund 5.000 polnischen Kindern, die während der Okkupationszeit verschleppt wurden. AP Łódź, Miejska Rada Narodowa i Zarząd Miejski w Łodzi 1945–1950, Wydział Opieki Społecznej, wykaz nr. 3 (1940–1949), datiert vom 23.1.1950 sowie nr. 4 (1945–1949), datiert vom 27.10.1950.

Auch Kinder aus dem „Generalgouvernement" wurden Opfer der „Eindeutschungsaktion": etwa 4.500 Jungen und Mädchen allein aus der „Zamosc-Aktion",[91] daneben
eine bisher unbekannte Zahl von Kindern aus den verschiedenen Waisenhäusern, die der
NSV unterstanden. In Oberschlesien (Śląsk) wurden rund 3.000 Jungen und Mädchen
ihren Familien weggenommen und zur Erziehung deutschen Pflegestellen übergeben.[92]

Auch die „Abnahmestellen" des „Eindeutschungsverfahrens", die Deutschen Heimschulen und der SS-Verein „Lebensborn" liefern keine Anhaltspunkte über den zahlenmäßigen Umfang des Verfahrens. In die Deutschen Heimschulen wurden rund 150
„einzudeutschende" Jungen und Mädchen vermittelt, die Anzahl der Kinder, die in
Anstalten des „Lebensborn" überführt wurden, ist unbekannt. Der Großteil der Akten
des Vereines wurde vernichtet, ehemalige Mitarbeiter sprechen von rund 250 polnischen
Kindern, die in den Heimen untergebracht waren.[93] Diese Angabe scheint, angesichts
der Tatsache, dass in fast allen „Lebensborn"-Heimen zeitweise polnische „einzudeutschende" Kinder beherbergt waren, zu niedrig gegriffen. Darüber hinaus hatte der Verein, wie berichtet, ein eigens für diese Zwecke konzipiertes Kinderheim in Oberweis
errichten lassen.

Roman Hrabar schätzte aufgrund seiner Erfahrung als Regierungsbeauftragter für
die Rückführung von Kindern sowie als Mitglied der „Hauptkommission zur Untersuchung von Naziverbrechen in Polen", dass rund 200.000 polnische Kinder geraubt und
in das „Altreich" und in die „Ostmark" verschleppt worden waren.[94] Diese Zahl dürfte
allerdings deutlich zu hoch gegriffen sein. Die Berechnung Hrabars deckt sich in keins-
ter Weise mit den vorhandenen, wenn teils auch lückenhaften Dokumenten und kann
daher als nicht legitim betrachtet werden.[95] Angesichts der Systematik, die hinter dem
Verfahren stand, kann jedoch von mindestens 20.000 polnischen Kindern ausgegangen
werden, die Opfer der gewaltsamen „Eindeutschung" der Nationalsozialisten wurden.
Hrabars zahlenmäßige Angabe von 200.000 geraubten polnischen Kindern gilt in Polen

---

91   Vgl. Madajczyk, Okkupationspolitik, S. 423 f.; Hrabar, Tokarz, Wilczur, Kinder, S. 224.
92   Vgl. Hrabar, Tokarz, Wilczur, Kinder, S. 334.
93   Vgl. Eidesstattliche Erklärung von Willy Ziesmer. ZfA, Fall VIII, DB Sollmann VI, Nr. 54, Bl. 16. Zum
     Vergleich: Loues Lavitan, Direktor des Kindersuchdienstes der IRO, sagte im Jahre 1948 aus, dass etwa
     210 polnische Kinder allein in der amerikanischen Besatzungszone in Deutschland wiedergefunden wur-
     den, die durch den SS-Verein nach Deutschland gebracht worden waren. Vgl. Zeugenaussage von Loues
     Lavitan vom 2.2.1948. ZfA, Fall VIII, Protokollbuch vom 2.2.1948, S. 4529 f.
94   Vgl. Hrabar, Tokarz, Wilczur, Kinder, S. 335 sowie Hrabar, Hitlerowski, S. 23, 93. In dieser Zahl ent-
     halten sind neben „eindeutschungsfähigen" Jungen und Mädchen auch Kinder, die zur Zwangsarbeit
     deportiert wurden sowie ungeborene Kinder von Zwangsarbeiterinnen, die im „Feindesland" das Licht
     der Welt erblickten.
95   Vgl. zu dieser Problematik auch Heinemann, Rasse, S. 508 f.

allerdings als Faktum. Seine Schätzung wird in zeitgenössischen wie auch in aktuellen Zeitungsartikeln zu dieser Thematik zitiert,[96] auch Betroffene der „Eindeutschungsaktion" selbst geben diese Zahl als zahlenmäßigen Umfang des Verfahrens an.[97]

Es stellt sich nun die Frage, wie viele „einzudeutschende" Kinder in die „Ostmark" verschleppt wurden. Polnische Schätzungen sprechen von einigen tausend Kindern, die in die „Ostmark" deportiert wurden,[98] eine genauere Angabe konnte nicht eruiert werden.[99] Wichtige Anhaltspunkte liefern in diesem Falle die Repatriierungslisten der diversen Suchdienste.[100] Das „Polnische Rote Kreuz des 2. Korps" fand bis zu seiner Auflösung rund 200 polnische Jungen und Mädchen,[101] polnische Schätzungen ergaben, dass die Anzahl mit Sicherheit höher war.[102] 486 polnische Kinder wurden in Wien, Niederösterreich, Burgenland und dem Mühlviertel von der Wiener Vertretung des Polnischen Kreuzes identifiziert, 325 Jungen und Mädchen wurden davon repatriiert.[103]

Wie hoch die Zahl allerdings tatsächlich war, kann nicht nachvollzogen werden – die

---

96 Vgl. M. S., Tragedia dzieci polskich wywiezionych do Autrii i Niemiec. In: Głos Polski, Nr. 10 vom 10.5. 1946. Zit. nach Nadolny, Polskie sieroty, S. 91. N. N., Hitlerowskie Zbrodnie na dzieciach Polskich. In: Gazeta Sadowa i Penitencjarna, Nr. 17 vom 1.9.1968, o. P.; Anna Rak, Współcześni janczarzy (cz.1). Odebrano wam życie – dziś dajemy wam tylko pamięc. In: Nasz Dziennik vom 1.6.1999, S. 9; Anna Rak, Spotkanie Janczarow. In: Nasz Dziennik vom 28.–29.10.2000 (Wochenendausgabe), S. 14. Auch Anastazy Nadolny schreibt in seinem Artikel von 200.000 verschleppten polnischen Kindern. Vgl. Nadolzny, Polskie sieroty, S. 108.

97 Vgl. Interview, Barbara Paciorkiewicz, am 5.4.2004, S. 1 sowie Anna Rak, Współcześni Janczary. In: Z kart historii, polskich janczarów XX wieku. Hg. v. Zrzeszenie Dzieci Polskich Germanizowanych przez reżim hitlerowski (Łódź, 2000), S. 6. Auch deutsche Historiker haben Hrabars zahlenmäßige Angabe in ihren Publikationen übernommen. Vgl. u. a. Hans Mausbach, Barbara Mausbach-Bromberger, Feinde des Lebens. NS-Verbrechen an Kindern (Frankfurt/Main, 1979), S. 202; Harten, De-Kulturation, S. 75.

98 Vgl. Nadolny, Polskie sieroty, S. 108 sowie Pilch, Losy polaków, S. 139.

99 Bis April 1948 waren von UNRRA bzw. IRO 7.000 ausländische Kinder (ohne Begleitung von Erwachsenen) registriert. Bei den Kindern handelte es sich um nichtjüdische Jungen und Mädchen, die Nationalität ist jedoch nicht bekannt. Vgl. Report of the director general on the child search programm, 20.9.1948. SLA, National Archives, USA, Amerikanische Besatzungszeit 1945–1955, Mikrofilm Nr. 1164, p. 0152.

100 Im Archiv des Internationalen Suchdienstes in Bad Arolsen liegen essentielle Dokumente über die Rückführung polnischer Kinder aus Österreich auf. Leider wurden diese Unterlagen der Autorin im Jahr 2005 nicht zur Verfügung gestellt, da der Internationale Suchdienst „eine Weitergabe von Kopien oder von Informationen über ehemalige Verfolgte für historische Zwecke bzw. wissenschaftliche Forschung nicht zulässt". Vgl. Schreiben des Internationalen Suchdienstes vom 8. Dezember 2005 an Ines Hopfer. Die Dokumente hätten mit Sicherheit neue Kenntnisse des zahlenmäßigen Umfangs des Verfahrens dargebracht. Folglich musste auf die Zahlenangaben von Nadolny aus dem Jahr 1984 sowie von Pilch aus dem Jahr 1994 zurückgegriffen werden.

101 Vgl. Pilch, Losy polaków, S. 136

102 Vgl. Nadolny, Polskie sieroty, S. 107.

103 Vgl. Pilch, Losy polaków, S. 137.

betroffenen Kinder wurden nach Kriegsende oft in kleinen Gruppen in verschiedene europäische und außereuropäische Länder gebracht. Auch wurden Jungen und Mädchen in den „Auffanglagern" von ausländischen Soldaten adoptiert. Daneben gelangte eine hohe Anzahl von Kindern ohne Hilfe von diversen Suchorganisationen nach Hause – die Jungen und Mädchen schlossen sich Erwachsenen an und kehrten mit ihnen gemeinsam nach Polen zurück.

Die Unterlagen des Polnischen Roten Kreuzes sind äußerst lückenhaft und erfüllen nicht den Anspruch auf Vollständigkeit. Im Endbericht des PCK für das Jahr 1946 wurden 370 Jungen und Mädchen aufgelistet, die sich zu dieser Zeit noch in der britischen und amerikanischen Besatzungszone aufhielten. Bis 30. September 1947 wurden 311 Kinder repatriiert, 150 Fälle waren in Bearbeitung. Für die sowjetische sowie für die französische Besatzungszone gibt es keinerlei Daten für diesen Zeitraum. Wie viele polnische Jungen und Mädchen in diese Regionen Österreichs verschleppt bzw. aus diesen Gebieten repatriiert wurden, ist ungeklärt.[104] Zusammenfassend kann gesagt werden, dass bis Herbst 1947 nachweislich mindestens 1050 polnische Kinder von den verschiedenen Vertretungen des Polnischen Roten Kreuzes wiedergefunden wurden, davon kehrten rund 630 Jungen und Mädchen in die Heimat zurück. Zwischen 1948 und 1949 konnten noch weitere 145 polnische Jungen und Mädchen in Österreich identifiziert werden, 105 Kinder entschieden sich für die Repatriierung nach Polen.[105] Die Zahlen sind allerdings Mindestangaben und beziehen sich auf die Bundesländer Wien, Niederösterreich, Steiermark, Salzburg, Burgenland, Oberösterreich und Niederösterreich – für Tirol und Vorarlberg gibt es keinerlei Hinweise auf den zahlenmäßigen Umfang der „Aktion".

Als die IRO am 30. Juni 1950 ihre Arbeit beendete, war auch das Polnische Rote Kreuz in Österreich gezwungen, seine Vertretungsstelle auf österreichischem Gebiet aufzulösen.[106] Etwa fünfzig Kinder wurden in dieser letzten Phase noch identifiziert, bei fünfzig weiteren polnischen Jungen und Mädchen war das Repatriierungsgesuch noch nicht genehmigt worden.[107] Von der Gesamtzahl der in das „Altreich" verschleppten polnischen Kinder kehrten nach polnischen Schätzungen nur 15 bis 20 Prozent zurück[108] – für Österreich darf der Prozentsatz der repatriierten Jungen und Mädchen allerdings höher angenommen werden. Von den einigen tausend deportierten Kindern in die „Ostmark" kehrten laut Roman Hrabar zwischen tausend und zweitausend Jungen und Mädchen

104 Vgl. Nadolny, Polskie sieroty, S. 108.
105 Vgl. Pilch, Losy polaków, S. 138.
106 Vgl. Nadolny, Polskie sieroty, S. 95.
107 Vgl. ebda., S. 108.
108 Vgl. Hrabar, Tokarz, Wilczur, Kinder, S. 335. Dieser Prozentsatz scheint allerdings insgesamt zu niedrig gegriffen.

in ihre Heimat zurück.[109] Etwa 70 Prozent von ihnen fanden Eltern oder Verwandte in Polen wieder.[110]

RÜCKKEHR IN DIE HEIMAT

> *„Wir kamen wieder zu unseren Tanten, konnten natürlich kein Polnisch und galten hier [in Polen] als Deutsche. In Österreich waren wir die ‚polnischen Schweine' und hier waren wir die ‚deutschen Hitler Jungen' oder ‚Hitler Mädel'. Man hat sich gefreut, nach Hause zu kommen und dann war die Freude weg."*[111]

Das Auffinden der polnischen Kinder war für die diversen Suchdienste mit enormen Schwierigkeiten und bürokratischen Hindernissen verbunden: wenig Personal aufseiten der nationalen Initiativen, stetig abnehmende Unterstützung vonseiten der Besatzungsbehörden, lange Wartezeit bis zur Vervollständigung aller notwendigen Formalitäten sowie die Weigerung der Zivilbevölkerung, polnische Kinder bekannt zu geben. All diese Faktoren machten die Repatriierung zu einem kosten- und zeitintensiven Verfahren. Für die betroffenen Jungen und Mädchen selbst stellte die Rückführung in die Heimat oft eine seelische Belastung dar: Die Kinder wurden mit Vorurteilen der Nachkriegsbevölkerung konfrontiert und zu Außenseitern degradiert. Aussagen von Opfern des „Eindeutschungsverfahrens" veranschaulichen, dass das Kriegsende nicht immer das Ende ihres persönlichen Leidensweges bedeutete.

„Jeder hatte die Hoffnung nach Hause zurückzukehren",[112] betont Lesiecka Krystyna, die mit ihren drei Schwestern vom Salzburger Lager „Hellbrunn" nach Polen repatriiert wurde. Die Kinder wurden in Güterwaggons mit Etagenbetten verfrachtet, Mitarbeiter des PCK begleiteten sie auf ihrer Reise. Die Jungen und Mädchen wurden für gewöhnlich in kleinen Gruppen repatriiert, eine Ausnahme stellte der Transport vom März 1946 dar – bei dieser Aktion wurden mit einem Mal über hundert Jungen und Mädchen nach Polen zurückgeführt.[113] Kinder aus der sowjetischen Besatzungszone fuhren direkt mit dem Zug über Wien nach Katowice, die restlichen Repatriierungstransporte aus der

---

109 Hrabar, Jakim prawem?, S. 180. Auch an dieser Stelle sollte nochmals darauf hingewiesen werden, dass Hrabars Zahlenangaben als ungenau betrachtet werden können.
110 Vgl. Nadolny, Polskie sieroty, S. 108.
111 Interview, Krystyna Lesiecka, S. 4.
112 Ebda.
113 Vgl. Nadolny, Polskie sieroty, S. 106.

amerikanischen und der britischen Zone mussten einen Umweg durch Prag machen.
Die Transportkosten wurden von der UNRRA, der IRO und der polnischen Repatriierungskommission getragen, die Kinder wurden für die lange Fahrt ausreichend mit
Kleidung und Verpflegung versorgt. In Katowice angekommen, wurden die Jungen und
Mädchen gesammelt der hiesigen Vertretung des PCK übergeben.[114] Die Kinder wurden
in Lager oder Heime transportiert und warteten dort auf Eltern oder Angehörige. Für
Anna Kociuba war die Ankunft in Polen ein weiteres Schockerlebnis, wieder wurden
die Kinder weggesperrt – wieder in ein Lager mit Stacheldraht, wieder hungernd und
verängstigt: „Ich war ganz verschwollen vor lauter Weinen und zerstochen durch die
Insekten",[115] erinnert sich Kociuba an diese Zeit zurück. Zum Leidwesen von Anna Kociuba vergaßen die Mitarbeiter des PCK auf die Zehnjährige – erst nach ein paar Wochen
erinnerte man sich an das Kind und informierte die Eltern über die Ankunft der Tochter:

> „Eines Nachts kam in die Baracke, wo ich schlief, mein Papa rein – ich erkannte
> ihn sofort, hatte aber Angst, dass er mich nicht erkennt und mich nicht nach
> Hause mitnimmt. Ich schrie: ‚Papa, das bin ich, deine Tochter, meine Mama heißt
> Zosia, meine Freundin heißt Terenia!‘ Mein Papa weinte vor Freude, er hatte mich
> natürlich erkannt, obwohl ich so schlecht aussah."[116]

Wiesław Kuligowskis Angehörige hingegen erkannten den Jungen nicht, der plötzlich
vor der Haustür in Topola Wielka stand – der Elfjährige war mit einem Rücktransport
ehemaliger Zwangsarbeiter nach Polen zurückgekehrt: „Meine Familie erkannte mich
nicht, weil ich wie ein verhungerter Gefangener aus Auschwitz aussah. Sie dachten wirklich, ich komme direkt aus Auschwitz und sie weinten lange über mein Aussehen und
über mein Schicksal."[117]
    Anna Kociuba gehörte zu den glücklichen Kindern, die von ihren leiblichen Eltern
abgeholt wurden, der Empfang in ihrem Heimatort fiel herzlich aus: „Als wir nach
Hause kamen, wartete bereits die ganze Straße auf mich: Bekannte, Eltern, Nachbarn
und Freundinnen. Ich kehrte zu ‚meinen Leuten‘ und meiner Identität zurück."[118] Nicht
immer wurden Jungen und Mädchen von ihren Angehörigen derart empfangen. Von
vielen Kindern lebten die Eltern nicht mehr. Auch das Wiedersehen mit Verwandten

---

114   Vgl. ebda., S. 107.
115   Kociuba, Bez tożsvomości, S. 35.
116   Ebda.
117   Kuligowski, Wspomnienia z lat germanizacji 1942–45, S. 52.
118   Kociuba, Bez tożsvomości, S. 35.

gestaltete sich nicht unbedingt freundlich: „Wir hatten niemanden, der uns erwartete",[119] so beispielsweise Halinka Borkowska, „das Heimathaus war weg, die Eltern verstorben. Wir sind von einer Tante zur anderen. Ein unerwartetes Kind, das nach Hause kam!"[120]

Repatriierte Kinder, die keine Verwandten hatten, wurden für gewöhnlich in ein Waisenhaus nach Koźle transportiert.[121] Auch Barbara Paciorkiewicz wurde in den ersten Monaten von einer Tante zur anderen Tante weitergereicht, die Verwandten hatten weder Zeit noch Geduld, um auf die Bedürfnisse des Mädchens einzugehen, „endlich landete ich im Kinderheim",[122] erklärt die Frau heute. Bolesław Olczak beschreibt die „Zerrissenheit" der heimgekehrten Kinder treffend: „Ich war glücklich, dass ich zu Hause war, mein weiterer Lebensweg war allerdings unklar. Vor allem die Akklimatisierung an die Normalität war sehr schwierig."[123]

Die Mehrheit der polnischen Jungen und Mädchen hatte sich auf die Rückkehr in die Heimat gefreut. Die Kinder hatten Leid und Angst in der Fremde erfahren, die Sehnsucht nach dem Zuhause und nach den Angehörigen hatte ihnen Mut und Kraft gegeben, ihr Schicksal zu bewältigen. Doch die Heimat entpuppte sich bei vielen Kindern als große Enttäuschung. „Nach der Rückkehr nach Polen war alles anders als erwartet und erhofft",[124] so Henryk Wojciechowski über die Ankunft, „mein ganzes Verteidigungssystem zerplatzte wie eine Seifenblase."[125] Das Wiedersehen war nicht immer herzlich, die Verwandten hatten keine Zeit für die Jungen und Mädchen, manche Kinder erkannten ihre Eltern nicht wieder, vereinzelt wartete niemand auf die Kinder und die Betroffenen wurden in Kinderheime abgeschoben. „Meine Rückkehr bedeutete wieder Angst und Stress, andere Leute und fremde Sitten",[126] erklärt Halina Kurek. „Das Elternhaus gab es nicht mehr, in der Schule war es schwer, weil ich weder polnisch sprechen noch schreiben konnte",[127] erinnert sich Krystyna Lesiecka an die ersten Monate in Polen. Schwester Janina stimmt dem zu: „Ich hatte weder Mutter noch Vater. Erneut eine Ersatzfamilie – Tante, Onkel, aber das ist keine Mutter. Ich habe auch wenig polnisch gesprochen."[128] Der Großteil der Kinder hatte seine Muttersprache vergessen und konnte sich kaum verständigen. Die polnische Gesellschaft war aufgrund der Kriegsereignisse sensibili-

---

119   Interview, Halinka Borkowska, S. 4.
120   Ebda.
121   Vgl. Nadolny, Polskie sieroty, S. 106.
122   Barbara Paciorkiewicz, Kim jestem, S. 65.
123   Fragebogen, Bolesław Olczak, S. 5.
124   Fragebogen, Henryk Wojciechowski, S. 5.
125   Ebda.
126   Halina Kurek, Brief von Halina Kurek (Juni 2004). Sammlung Ines Hopfer.
127   Fragebogen, Krystyna Lesiecka, S. 5.
128   Fragebogen, Janina Madejczyk, S. 5.

siert und misstrauisch – vor allem jenen Menschen gegenüber, die aus dem Feindesland „Deutschland" kamen.

„Wir wurden wie Deutsche behandelt",[129] so beschreibt Krystyna Lesiecka das Verhalten vieler Polen gegenüber den heimgekehrten „eingedeutschten" Jungen und Mädchen. Die Kinder wurden beschimpft und ausgegrenzt. Gestärkt wurden die Vorurteile der polnischen Nachkriegsgesellschaft insbesondere dadurch, dass die betroffenen Kinder die Sprache des verhassten Nachbarn verwendeten:

> „Bei uns wurde die deutsche Sprache nicht gerne gehört. Im Bus deutsch sprechen, das hätte niemand gemacht! Alle wussten gleich, wenn ich deutsch sprach, das ist keine Polin, das ist eine Deutsche und haben mich dann mit Hass betrachtet! Das waren Gruppen, die mich isoliert haben."[130]

Janusz Bukorzycki hatte, wie viele andere Kinder auch, mit einer Vielzahl von Vorurteilen seitens der einheimischen Bevölkerung zu kämpfen: „Ich habe mich schwer eingewöhnt, ich wurde als Nazi beschimpft, weil ich nicht gut polnisch sprach."[131] Auch Wiesława B.'s Schulkollegen akzeptierten die neue Mitschülerin nicht, Verständigungsprobleme sowie Unsicherheit machten es für das Mädchen unmöglich, sich in den Klassenverband zu integrieren:

> „Ich konnte auch nicht mit den Kindern, auch als ich schon ein paar Wörter polnisch sprechen konnte. Die Lehrerin wollte, dass ich Mut habe, sie hat mich immer aufgerufen zu antworten und da habe ich angefangen, zwei Wörter oder Sätze auf Polnisch zu sprechen. Auf einmal sprach ich, das habe ich noch in Erinnerung. Und plötzlich ist es so ruhig geworden in der Klasse und alle hören mir zu. Und da habe ich gemerkt, dass ich deutsch gesprochen habe. In Deutschland war ich eine Polin und hier war ich eine Deutsche: ‚Die ist keine Polin, die ist Deutsche!' haben die Kinder zu mir gesagt. Ich hatte keine Freunde und Freundinnen, das hat lange gedauert."[132]

Barbara Paciorkiewicz wurde von ihren Mitschülern „Hitler" genannt, „aber ich war gar nicht böse, denn ich habe erzählt, dass Hitler mein Onkel ist und dass ich auch keine

---

129 Interview, Krystyna Lesiecka, S. 4.
130 Interview, Wiesława B., S. 6.
131 Fragebogen, Janusz Bukorzycki, S. 5.
132 Interview, Wiesława B., S. 5 f.

Polin bin",[133] so Paciorkiewicz, die gegen ihren Willen repatriiert wurde: „Die ganze Zeit hatte ich Heimweh nach dieser Familie in Deutschland. In Polen hat mich niemand erwartet, ich war ein ungewolltes Kind, das war nicht einfach, das zu verstehen."[134] So wie Barbara gab es viele Jungen und Mädchen, die sich bei ihren österreichischen und deutschen Ersatzfamilien wohlgefühlt hatten und sich in der fremden Heimat nach diesen Familien sehnten:

> „Nicht mal drei Wörter konnte ich polnisch sprechen, meine Mutter war für mich eine fremde Person, ich konnte mit ihr keinen Kontakt finden. Meine Mutter war die in Deutschland, ich hatte große Sehnsucht nach ihren warmen lieben Armen, leider waren die Grenzen gesperrt."[135]

Die gewaltsame Verschleppung aus Polen, die Trennung von Mutter, Vater und Freunden war ein tiefer Einschnitt im Leben dieser Kinder gewesen. Dazu kam der plötzliche Wechsel der Lebens- und Kulturwelt, die Züchtigungen in den Kinderheimen, die traumatischen Erfahrungen der „rassischen" Examina. All diese Faktoren mussten die Kinder in der Fremde verarbeiten. So manche Ersatzfamilien unterstützten die betroffenen Jungen und Mädchen, gaben ihnen Kraft und Sicherheit, um die schrecklichen Erfahrungen bewältigen zu können. Die Kinder integrierten sich in die neue Umgebung und identifizierten sich mit ihrer neuen Familie. Nach Polen zurückgekehrt, wurden die Betroffenen wieder in eine „neue Welt" gestoßen, die erst kurz aufgebaute deutsche bzw. österreichische Identität musste aufgegeben und vergessen werden: Wieder ein neues, fremdes Leben mit fremden Menschen, die nicht immer aufbauende Worte fanden und die Jungen und Mädchen des Öfteren mit ihrer schwierigen Seelenlage alleine ließen.

Auch die zwölfjährige Wiesława litt sehr unter der Trennung von ihrer Pflegemutter, die großes Verständnis und enorme Geduld für das verängstigte Kind aufgebracht hatte. Ihre leibliche Mutter sprach hingegen kein Deutsch, das Mädchen kein Polnisch. Es kam zu Konflikten:

> „Und da kam wieder diese Sehnsucht nach der Tante. In jeder älteren Frau sah ich sie. (…) Nicht jeder Mensch akzeptiert jedes Kind. Und deswegen dieses Gefühl, hier [in Deutschland] habe ich ein Haus, ein Bettchen, ein Zimmer, eine Schule, eine Tante, die mich versteht, die mich lieb hat. Die wartet auf mich, wenn ich von

---

133 Interview, Barbara Paciorkiewicz vom 31.3.2004, S. 2.
134 Ebda., S. 3.
135 Halina Kurek, Brief an die Autorin (Juni 2004). Sammlung Ines Hopfer.

der Schule nicht rechtzeitig komme, dann ist sie unruhig. Da war ein Herz, das berührt ist, wenn mit mir was los ist."[136]

Auch auf diese Seite der Repatriierung muss hingewiesen werden – trotz der gewaltsamen Verschleppung in das „Altreich" und in die „Ostmark" gab es Jungen und Mädchen, die bei ihren Pflegefamilien ein Zuhause gefunden hatten und unter der Repatriierung nach Polen schwer litten. Manche Kinder waren zweimal ihrer Herkunft und ihrer Identität beraubt worden: das erste Mal durch die Nationalsozialisten, das zweite Mal durch Hilfsorganisationen, die von der Vorstellung getrieben worden waren, alle verschleppten Kinder in ihre Heimat zurückbringen zu müssen. Ein nachvollziehbarer und logischer Wunsch – doch oftmals auf Kosten der Betroffenen.

Angehörige und Lehrer mussten enorme Geduld und großes Verständnis für die verschleppten Jungen und Mädchen aufbringen. Dadurch fiel es so manchen Kindern leichter, sich in der neuen, fremden Heimat zu integrieren und von der Umwelt akzeptiert zu werden. Für Krystyna Lesiecka beispielsweise war die Rückkehr in die Heimat anfangs schwer zu verkraften. Die leiblichen Eltern des Mädchens waren verstorben und Krystyna beherrschte die polnische Sprache nicht mehr: „Aber ich habe diese Barrieren überwunden, weil ich gute Lehrer hatte, die sich um mich mehr bemüht haben, als um die anderen in der Klasse."[137] Auch in der Schule von Anna Kociuba zeigte man für das Schicksal des Mädchens Verständnis: Lehrer wie Mitschüler kümmerten sich aufopfernd um das Kind. Für die Zehnjährige war es daher auch nicht schwer, sich in Polen einzugewöhnen, „weil man mich geliebt hat".[138]

---

136 Interview, Wiesława B., S. 5.
137 Fragebogen, Krystyna Lesiecka, S. 5.
138 Fragebogen, Anna Kociuba, S. 5.

VI. „Vergangenheitsbewältigung"

„Ich habe ein neu erbautes Haus, die Familie und meine Gesundheit verloren.
Kann man noch mehr verlieren?"[1]

Das Verfahren der zwangsweisen „Eindeutschung" von Kindern gehörte nach Kriegsende der Vergangenheit an. Für die Opfer dieser Operation bedeutete das Kriegsende
allerdings nicht das Ende ihrer Qual: „Mein persönlicher Krieg dauerte viel länger als
bis Mai 1945", betont Barbara Paciorkiewicz, „wie oft fragte ich mich, wo mein Platz
auf dieser Erde ist und wer ich eigentlich wirklich bin: Polin oder Deutsche?"[2] Für einen
Großteil der Betroffenen begann nach dem Zusammenbruch des „Dritten Reiches" die
Suche nach der eigenen Identität. Die Täter der „Eindeutschungsaktion" versuchten vor
ihrer Verantwortung zu fliehen, indem sie vor Gericht Vorwürfe zu beschwichtigen versuchten und jede Schuld von sich wiesen – übrig blieben die Opfer, die bis heute an den
Folgen des Verfahrens leiden.

DIE TÄTER — DER ACHTE NÜRNBERGER NACHFOLGEPROZESS

Bereits während des Zweiten Weltkrieges beschlossen die Sowjetunion, die USA und
Großbritannien im Rahmen der „Moskauer Erklärung", die verantwortlichen Personen
nach Kriegsende zu verfolgen, festzunehmen und vor Gericht zu stellen. Als wohl be-
kanntester Nachkriegsprozess ist der Prozess gegen die Hauptkriegsverbrecher vor dem
Internationalen Militärtribunal zu nennen, der vom 20. November 1945 bis zum 1. Oktober 1946 gegen 24 Politiker, Beamte, Funktionäre der NSDAP und Generäle in Nürnberg durchgeführt wurde. Demgegenüber weitgehend unbekannt sind die zwölf Nürnberger Nachfolgeprozesse, welche die US-Regierung von Oktober 1946 bis April 1949
vor US-Militärgerichtshöfen durchführen ließ.[3] Angeklagt waren insgesamt 185 Personen,
verhandelt wurde gegen 177 Männer und Frauen in führenden Positionen aus Justiz, Industrie, Ärzteschaft, Wirtschaft, Wehrmacht, Diplomatie und Beamtenschaft.[4]

---

1   Fragebogen, Halinka Borkowska, S. 5.
2   Barbara Paciorkiewicz, Interview am 31.3.2004, S. 1.
3   Vgl. Gerd R. Ueberschär (Hg.), Der Nationalsozialismus vor Gericht. Die alliierten Prozesse gegen
     Kriegsverbrecher und Soldaten 1943–1952 (Frankfurt/Main, 1999), S. 9 f.
4   Vgl. Die Nürnberger Nachfolgeprozesse; http://www.bz.nuernberg.de/bzshop/publikationen/nproz/
     nproz.html (Stand vom 25. April 2006).

Der Austragungsort der Gerichtsverfahren wurde bewusst gewählt – die Stadt Nürnberg hatte während des NS-Regimes eine tragende Rolle im öffentlichen Bewusstsein gespielt: Nürnberg war die Stadt der Reichsparteitage der NSDAP und in Nürnberg wurden 1935 auch die gleichnamigen „Rassengesetze" beschlossen, welche eine legislative Basis für Diskriminierung und Verfolgung der Juden bildeten.

Im Zuge des achten Nürnberger Nachfolgeprozesses wurden auch Verantwortliche des „Eindeutschungsprogrammes" vor Gericht gestellt. Der Name des Gerichtsverfahrens, „Prozess gegen das Rasse- und Siedlungshauptamt", auch „RuSHA-Case" genannt, ist irreführend und täuscht über den tatsächlichen Umfang des Verfahrens hinweg: verantworten mussten sich nicht nur Mitglieder des oben genannten SS-Hauptamtes, sondern auch Angehörige des „Stabshauptamtes des Reichskommissars für die Festigung deutschen Volkstums", der „Volksdeutschen Mittelstelle" sowie des SS-Vereines „Lebensborn".

Im Namen der Vereinigten Staaten von Amerika erhob der Generalstaatsanwalt für Kriegsverbrechen Telford Taylor, als Hauptanklagevertreter im achten Nürnberger Nachfolgeprozess, Anklage gegen insgesamt vierzehn Personen: SS-Obergruppenführer Ulrich Greifelt (Chef des Stabshauptamtes des RKFDV), SS-Oberführer Rudolf Creutz (Stellvertreter Greifelts), SS-Oberführer Konrad Meyer-Hetling (Chef des Amtes V des Stabshauptamtes des RKFDV), SS-Oberführer Otto Schwarzenberger (Referatsleiter der Finanzabteilung in der Amtsgruppe B des Stabshauptamtes), SS-Standartenführer Herbert Hübner (Leiter des Umsiedlungsstabes Posen und dessen Arbeitsstäbe), SS-Obergruppenführer Werner Lorenz (Leiter der „Volksdeutschen Mittelstelle"), SS-Sturmbannführer Heinz Brückner (Chef des Amtes VI der VoMi), SS-Obergruppenführer Otto Hofmann (Leiter des RuSHA vom 9. Juli 1940 bis 20. April 1943 sowie HSSPF für Südwestdeutschland), SS-Obergruppenführer Richard Hildebrandt (Leiter des RuSHA vom 20. April 1943 bis Mai 1945), SS-Obersturmbannführer Fritz Schwalm (Leiter des RuSHA bei der EWZ in Litzmannstadt und späterer Stabsleiter des RuSHA), SS-Standartenführer Max Sollmann (Leiter des „Lebensborn"), SS-Oberführer Gregor Ebner (Chef der Hauptabteilung Gesundheit des „Lebensborn"), SS-Sturmbannführer Günther Tesch (Stellvertreter Sollmanns, Chef der Hauptabteilung Rechtswesen) sowie Inge Viermetz (Vertreterin des Leiters der Hauptabteilung A des „Lebensborn").[5] Heinrich Himmler, auf dessen utopische Vorstellungen das Verfahren der „Eindeutschung" von ausländischen Kindern beruhte, hatte sich bereits nach Kriegsende durch Suizid seiner Verantwortung entzogen.

---

5   Vgl. Anklage, Die Vereinigten Staaten von Amerika gegen Ulrich Greifelt und Gen. ZfA, Fall VIII, B 2, S. 1 f.

Gemeinsames Ziel der Beschuldigten war der Anklageschrift zufolge die „Stärkung des deutschen Volkes und der sogenannten ‚arischen Rasse' (…) durch die Ausrottung von ‚unerwünschten' rassischen Elementen'" gewesen.[6] Eine „erfolgreiche" Methode zur Erreichung dieses Plans war, wie die Ankläger durch zahlreiche Beweisdokumente darlegen konnten, die „Eindeutschung" ausländischer Kinder, die unter Zwang in das „Altreich" deportiert wurden.

Die Anklage basierte auf folgenden drei Punkten: erstens, „Verbrechen gegen die Menschlichkeit", zweitens, „Kriegsverbrechen" sowie drittens, „Mitgliedschaft in einer verbrecherischen Organisation".[7] Daneben listete die Anklageschrift noch weitere Straftaten auf, die den Beschuldigten zur Last gelegt wurden:

„a) Entführung ausländischer Kinder
 b) Abtreibungen
 c) Wegnahme von Säuglingen von Ostarbeiterinnen
 d) Bestrafung für Geschlechtsverkehr mit Deutschen
 e) Behinderung der Fortpflanzung von feindlichen Ausländern
 f) Zwangsevakuierung und Umsiedlung von Bevölkerungsteilen
 g) Zwangseindeutschungen feindlicher Ausländer
 h) Sklavenarbeit
 i) Einziehung von Nichtdeutschen
 j) Plünderungen
 k) Verfolgung und Ausrottung von Juden"[8]

Im Anklagepunkt „Entführung ausländischer Kinder" wurde nicht nur der Raub von polnischen Kindern aufgegriffen, sondern auch auf die zwangsweise Verschleppung tschechischer, jugoslawischer und russischer Jungen und Mädchen zum Zwecke der „Eindeutschung" eingegangen. Gemäß Paragraph II (b) des Kontrollratsgesetzes Nr. 10 stellte dieser Anklagepunkt ein „Kriegsverbrechen" sowie nach § II (c) des Kontrollratsgesetzes ein „Verbrechen gegen die Menschlichkeit" dar:[9]

„Die Entführung von rassisch wertvollen fremdstämmigen Kindern bildete also einen Teil des umfassenden Programms, das die Vernichtung oder Verstümmelung

---

6   Anklageschrift, Punkt eins, Verbrechen gegen die Menschlichkeit. ZfA, Fall VIII, B 2, S. 2.
7   Vgl. Anklage. ZfA, Fall VIII, B 2, S. 1.
8   Vgl. Anklageschrift. ZfA, Fall VIII, B 2, S. 6–15.
9   Vgl. Closing brief der Anklage gegenüber Stabshauptamt sowie Ulrich Greifelt und Gen. ZfA, Fall VIII, B 46, S. 9.

der Volksgruppe in den besetzten Gebieten zum Ziel hatte. Deutschland dagegen wurde durch die Zufuhr von Kindern, die entsprechend den nationalsozialistischen rassebiologischen Theorien ausgesucht wurden, Stärkung erfahren."[10]

Das Verfahren gegen die vier SS-Organisationen und deren Vertreter wurde vom 1. Juli 1947 bis 10. März 1948 vor dem US-Militärgerichtshof Nr. I im Nürnberger Justizpalast abgehalten. Die Angeklagten hatten das Recht, Verteidiger ihrer Wahl zu bestimmen.[11] Hauptanklagevertreter Telford Taylor wurde unterstützt von James M. McHaney, Daniel J. Shiller, Edmund H. Schwenk, Hans Fröhlich, Esther J. Johnson, Knoxs Lamb und Harold E. Neely. Der Militärgerichtshof Nr. I bestand aus dem Vorsitzenden Lee B. Wyatt, Richter des Obersten Gerichts in Georgia, sowie Daniel T. O'Connell, Richter des Obersten Gerichts in Massachusetts, und dem Richter des Distrikt-Gerichts in Oklahoma, Johnson T. Crawford.[12]

Die Anklage versuchte, die Verantwortung der einzelnen Dienststellen und deren Teilnahme am „Eindeutschungsverfahren" aufzuzeigen – jede Organisation war für einen spezifischen Bereich der „Aktion" zuständig gewesen und hatte einen elementaren Beitrag innerhalb ihres Kompetenzbereiches geleistet. Aus diesem Grund wurden alle vierzehn Angeklagten des Verbrechens der „Kindesentführung" zum Zwecke einer „Eindeutschung" beschuldigt.[13] Allerdings fiel es den Vertretern der Anklage schwer zu beweisen, dass die vierzehn Beschuldigten persönlich an dem Verbrechen des Menschenraubes beteiligt gewesen waren. Die vor Gericht gestellten Personen versuchten naturgemäß

---

10 Eröffnungsrede der Anklage vor dem Militärgerichtshof am 20. Oktober 1947. ZfA, Fall VIII, Protokollbuch vom 20.10.1947, S. 106.

11 Verteidiger: Dr. Carl Hänsel und Gisela von der Trenck (Angeklagter: Ulrich Greifelt); Verteidiger: Dr. Rudolf Merkel und Alfred Brenner (Angeklagter: Rudolf Creutz); Verteidiger: Dr. Kurt Behling und Karl Müller (Angeklagter: Konrad Meyer-Hetling); Verteidiger: Dr. Hans Gawlik und Dr. Gerhard Klinnert (Angeklagter: Otto Schwarzenberger); Verteidiger: Dr. Ernst Durchholz und Dr. Hermann Müller (Angeklagter: Herbert Hübner); Verteidiger: Dr. Ernst Hesse und Dr. Herbert Schubert (Angeklagter: Werner Lorenz); Verteidiger: Dr. Karl Dötzer und Gerda Dötzer (Angeklagter: Heinz Brückner); Verteidiger: Dr. Otfried Schwarz und Dr. Ewald Zapf (Angeklagter: Otto Hofmann); Verteidiger: Dr. Georg Fröschmann und Dr. Karl Pracht (Angeklagter: Richard Hildebrandt); Verteidiger: Dr. Willi Heim und Dr. Wilhelm Maas (Angeklagter: Fritz Schwalm); Verteidiger: Dr. Paul Ratz und Heinrich Rentsch (Angeklagter: Max Sollmann); Verteidiger: Herbert Thiele-Fredersdorf (Angeklagter: Gregor Ebner); Verteidiger: Dr. Wilhelm Schmidt und Dr. Ernst Braune (Angeklagter: Günther Tesch) sowie Verteidiger: Dr. Hermann Orth und Dr. Ludwig Alstötter (Angeklagte: Inge Viermetz).

12 Vgl. Trials of War Criminals before the Nuremberg Military Tribunals under Control Council Law No. 10, Nuremberg, October 1946 – April 1949 (Green Series) Vol. IV (Washington, 1950), S. 602, 607. In Folge als TWC abgekürzt. Die TWC-Bände Vol. IV und Vol. V sind in der virtuellen „Mazal Library" unter http://www.mazal/org/ abrufbar (Stand vom 15. Juni 2004).

13 Vgl. Anklageschrift. ZfA, Fall VIII, B 2, S. 6 f.

jegliche Schuld von sich zu weisen. Ulrich Greifelt, der mit seiner Anordnung 67/I im Februar 1942 die bei der Entführung fremder Kinder anzuwendenden Schritte eingeleitet hatte, beteuerte beispielsweise, dass kein allgemeiner Plan zur Entführung „fremdvölkischer" Kinder existiert hätte.[14] Darüber hinaus wurde jegliche Hauptverantwortung dem bereits verstorbenen Heinrich Himmler zugeschoben. Greifelt berief sich, wie die anderen Angeklagten auch, auf seine Stellung im nationalsozialistischen Machtgefüge, die es erforderte, den Anordnungen und Befehlen seiner Vorgesetzten Folge zu leisten.[15]

Greifelts Direktive im Februar 1942 bezog sich auf polnische Kinder. Sie wurde jedoch, wie die Beweisaufnahme dokumentierte, auch auf tschechische und jugoslawische Kinder angewandt.[16] Der Anklage gelang es, die einzelnen Schritte des Verfahrens nachzuvollziehen und die Involvierung der vor Gericht gestellten Personen nachzuweisen: Das Stabshauptamt unter Greifelt und Creutz ordnete die maßgeblichen Befehle an und traf Vorkehrungen für Verpflegung und Erziehung der Kinder.[17] Die Finanzabteilung des Stabshauptamtes unter Schwarzenberger sorgte für die Finanzierung der Operation.[18] Die „Volksdeutsche Mittelstelle" beherbergte in ihren Lagern rumänische und jugoslawische „eindeutschungsfähige" Jungen und Mädchen, die an Ort und Stelle von „Rasseexperten" des RuSHA auf ihre Wertigkeit überprüft wurden.[19] Das RuSHA unter der Leitung von Hildebrandt und Hofmann war neben den „rassischen" Selektionen auch für die „Verdeutschung" der Namen verantwortlich.[20] In den Anstalten des SS-Vereines „Lebensborn" wurden die Kinder nationalsozialistisch indoktriniert und an deutsche Familien vermittelt. Ebner beispielsweise führte körperliche Untersuchungen an den geraubten Kindern durch, Tesch änderte Namen, Geburtsort und Geburtsdatum der Kinder.[21] Fakt ist, dass an dem Verbrechen des „Kinderraubes" noch andere Dienststellen beteiligt waren – im achten Nürnberger Nachfolgeprozess wurden diese Organisationen bzw. deren Vertreter jedoch nicht behandelt. Viele Verantwortliche, wie beispielsweise Dr. Fritz Bartels, waren stattdessen als Zeugen vorgeladen, auf den Einflussbereich an-

---

14 Vgl. Zeugenaussage von Greifelt am 25.11.1947. ZfA, Fall VIII, Protokollbuch vom 25.11.1947, S. 1483.

15 Vgl. Dr. Carl Hänsel, Verteidiger Ulrich Greifelts, im Eröffnungsplädoyer am 20. November 1947. TWC, Vol. IV, S. 696. http://www.mazal/org/ (Stand vom 15. Juni 2004).

16 Vgl. Closing brief über das Stabshauptamt und gegenüber Greifelt, Creutz, Meyer-Hetling, Schwarzenberger, Hübner. ZfA, Fall VIII, B 46, S. 8 f.; Closing brief über die Organisation VoMi und gegen Lorenz und Brückner. ZfA, Fall VIII, B 45, S. 17a–21a sowie Closing brief über die Organisation des RuSHA und gegen Hofmann, Hildebrandt, Schwalm. ZfA, Fall VIII, B(e) 47, S. 22–32.

17 Vgl. Closing brief, Stabshauptamt. ZfA, Fall VIII, B 46, S. 5–7a.

18 Vgl. Closing brief, Anklage. ZfA, Fall VIII, B 44, S. 17.

19 Vgl. Closing brief, VoMi. ZfA, Fall VIII, B 45, S. 17a–21a.

20 Vgl. Closing brief RuSHA. ZfA, Fall VIII, B(e) 47, S. 22–32.

21 Vgl. Closing brief, Anklage. ZfA, Fall VIII, B 44, S. 17.

derer führender Personen im „Eindeutschungsverfahren" wie Dr. Herbert Grohmanns, Walter Dongus', August Heißmeyers oder Heinrich Obersteiners wurde in dem Prozess nicht ernsthaft eingegangen.

Mit den zahlreichen Beweisdokumenten konfrontiert, beriefen sich die Angeklagten auf ihre gute Absicht und leugneten, von den Folgen der „Eindeutschung" bzw. ihren Zielen gewusst zu haben. Exemplarisch dafür ist ein Auszug aus dem Eröffnungsplädoyer von Carl Hänsel, der Ulrich Greifelt verteidigte. In seiner Rede versuchte der Anwalt die Unwissenheit seines Mandanten, immerhin ehemaliger Leiter des Stabshauptamtes des RKFDV, zu beweisen:

> „The defendant Greifelt, too, has become aware of many facts only now; he can understand clearly only now the connections which were formerly unknown to him due to the secrecy which was prescribed for all offices, the mistrust and personal rivalries."[22]

Obwohl die Beweisdokumente in klarer und prägnanter Sprache verfasst waren und der Inhalt des Textes eindeutig hervorging, erklärten die Beschuldigten, die Anordnungen und die Befehle falsch verstanden zu haben. Mit den selbst verfassten Dokumenten konfrontiert, betonten sie wiederum, falsch interpretiert worden zu sein. Weiters vermieden es die Beschuldigten, Mitangeklagte zu belasten – war es jedoch unausweichlich, wurden untergetauchte oder bereits verstorbene Kollegen als verantwortliche Personen präsentiert.[23]

Die Verteidigung betonte zwar, dass bei Kindesentführung die „Grenze des Vertretbaren überschritten"[24] wurde, und räumte ein, dass derlei Verbrechen während des Krieges begangen worden waren,[25] sie hielt jedoch vehement daran fest, dass diese Straftat von keiner der vierzehn angeklagten Personen persönlich begangen worden war. Die Verteidiger versuchten den Gerichtshof davon zu überzeugen, dass in Polen kein gewaltsamer Kindesraub stattgefunden hatte – im Gegenteil, die Wegnahme von polnischen Kindern, die aufgrund der erhalten gebliebenen Dokumente nicht geleugnet werden konnte,

---

22 Dr. Carl Hänsel, Verteidiger Ulrich Greifelts, im Eröffnungsplädoyer am 20. November 1947. TWC, Vol. IV, S. 696. http://www.mazal/org/ (Stand vom 15. Juni 2004).
23 Vgl. Trials of War Criminals before the Nuremberg Military Tribunals under Control Council Law No. 10, Nuremberg, October 1946 – April 1949 (Green Series) Vol. V, S. 47 f. http://www.mazal/org/ (Stand vom 15. Juni 2004).
24 Paul Ratz, Schlussplädoyer am 18.2.1948. ZfA, Fall VIII, DB Sollmann, Plädoyer für Max Sollmann, S. 3.
25 Vgl. ebda.

wurde als „Rektifizierung",[26] d. h. als eine Art Wiederherstellung völkerrechtswidriger Umstände in Polen, dargestellt. In Polen waren in den letzten Jahrzehnten deutsche Kinder „polonisiert" und infolgedessen ihrer deutschen Herkunft beraubt worden. Mit dieser Argumentation versuchte die Verteidigung, die gewaltsame Entführung von Jungen und Mädchen zu negieren:

> „Sicherlich handelt es sich um Polenkinder insofern, als einige dieser Kinder tatsächlich nach Sprache und Namen, vielfach auch in ihrem jungen Denken und in ihrem jungen Gemüt polonisiert worden waren, aber wider alles natürliche Recht und wider die Gebote des Völkerrechts. Der springende Punkt ist der, und nur darum handelt es sich, dass diese Polenkinder „volksdeutscher" Herkunft in ihren früheren Status zurückgeführt werden sollten; es handelte sich nicht um eine Schwächung der polnischen Nation, sondern um die Berichtigung einer ungerechtferigen Vergrösserung [sic] und Stärkung des polnischen Volkstums."[27]

Auch Ulrich Greifelt, der persönlich die Anordnung zur systematischen Kindesentführung erlassen hatte, versuchte das Gericht zu überzeugen, dass sich sein Schreiben auf „volksdeutsche" Kinder und nicht auf polnische Jungen und Mädchen bezogen hatte.[28] Der Anklage gelang es jedoch, Greifelts stupiden Erklärungsversuch zu widerlegen.[29]

Die Verteidigung suchte nach weiteren Argumenten, um das Verbrechen zu rechtfertigen. Die überlieferten Anordnungen und Befehle, welche die „Eindeutschung" von Kindern deutlich dokumentierten, bezogen sich demnach nicht auf polnische Kinder, sondern auf „Waisenkinder",[30] deren „Eltern Deutsche gewesen und die bis 1939 durch Verbringung in polnischen Waisenhäusern bzw. polnischen Pflegeeltern absichtlich oder unabsichtlich polonisiert worden waren",[31] so ein Verteidiger. Daraus resultierte ein weiterer Argumentationspunkt der Verteidigung: Bei den betroffenen Kindern hatte es sich um Waisenkinder gehandelt – diese Jungen und Mädchen hatten niemanden, der für sie sorgte. Auf „ihren Irrfahrten"[32] fanden die elternlosen, hilflosen Kinder schlussendlich in

---

26   Paul Ratz, Eröffnungsrede für Max Sollmann. ZfA, Fall VIII, DB Sollmann, P 1, S. 5.

27   Paul Ratz, Schlussplädoyer. ZfA, Fall VIII, DB Sollmann, Plädoyer für Max Sollmann, S. 15 f.

28   Vgl. Ulrich Greifelt, Zeugenaussage am 26.11.1947. ZfA, Fall VIII, Protokollbuch vom 26.11.1947, S. 1543.

29   Vgl. Closing brief, Stabshauptamt. ZfA, Fall VIII, B 46, S. 6–7a.

30   Paul Ratz, Eröffnungsrede für Max Sollmann. ZfA, Fall VIII, DB Sollmann, P 1, S. 4.

31   Ebda.

32   Paul Ratz, Schlussplädoyer. ZfA, Fall VIII, DB Sollmann, Plädoyer für Max Sollmann, S. 29.

den Anstalten des „Lebensborn" Obhut und Betreuung.[33] Aus diesem Erklärungsmodell heraus rechtfertigte die Verteidigung ihre These, dass der Kindesraub in Wahrheit zum Wohle der betroffenen Kinder durchgeführt worden war. Anhand von Zeugen, die vor Gericht aussagten, wie gut sie es bei den neuen Pflegeeltern getroffen hatten,[34] untermauerte die Verteidigung ihr Argument, dass die meisten Jungen und Mädchen aus sozialen Gründen und zu ihrem eigenen Besten aus der polnischen Umgebung herausgeholt wurden.

Angesichts der Lebensverhältnisse einiger Kinder in Polen ist es nicht überraschend, dass einzelne Betroffene erleichtert waren, den tristen Alltagsbedingungen zu entkommen. Doch dürfen derartige Einzelschicksale den gewaltsamen Raub von Jungen und Mädchen nicht entschuldigen – darüber hinaus erfuhren nicht alle Kinder eine sorgsame Betreuung bei ihren Ersatzfamilien, viele wurden als billige Arbeitskräfte ausgenutzt. Auch die Anklage rief Opfer der „Eindeutschungsaktion" in den Zeugenstand. Diese Kinder und Jugendliche präsentierten ein anderes Bild der „Eindeutschung": Sie beschrieben ihre Angst, die gewaltsame Wegnahme von den Angehörigen, die strikten Erziehungsmethoden in den Heimen, die körperliche Züchtigung sowie die zwangsweise Vermittlung an deutsche bzw. österreichische Familien, die den Kindern nicht immer positiv gesinnt waren.[35]

Dessen ungeachtet versuchte die Verteidigung die Kindesentführung mit allen Mitteln zu verharmlosen und schreckte auch nicht vor der Behauptung zurück, die Betroffenen seien in Anbetracht der wüsten Kriegsverhältnisse „gerettet"[36] worden. Der SS-Verein „Lebensborn" beispielsweise hätte mit der Aufnahme der Jungen und Mädchen „ein Werk der Barmherzigkeit verrichtet".[37] Himmlers Verein versuchte, sich vor Gericht als karitative Organisation zu präsentieren, die das Wohlergehen der „eindeutschungsfähigen" Kinder sogar über die „Rassendoktrin" des NS-Regimes gestellt hatte. So sagte eine ehemalige Mitarbeiterin im Prozess aus, dass unter den „einzudeutschenden" Kindern, die der Verein in Oberweis zu betreuen hatte, auch ein jüdischer Junge zu finden gewesen war. Nachdem der „Lebensborn" die Abstammung des Jungen erfahren hatte,

---

33   Vgl. ebda.

34   Vgl. Zeugenaussagen von Gisela Luser und Lotte Suchert am 22.1.1948. IfZG, MB 30/20, S. 3977–4004 sowie Zeugenaussagen von Lucie Bergner, Hilde Mayer-Rödel, Julie Semter, Therese Weinbrenner und Anna Michel am 23.1.1948. IfZG, MB 30/20, S. 4015–4081.

35   Vgl. Zeugenaussagen der polnischen Kinder Barbara Mikołajczyk, Alina Antzak und Slavomir Grodomski-Paczesny vom 6.11.1947. IfZG, MB 30/17, S. 1067–1103 sowie die Zeugenaussagen der tschechischen Kinder Maria Hanfova und Maria Doležalová am 30.10.1947. IfZG, MB 30/17, S. 775–789.

36   Paul Ratz, Schlussplädoyer. ZfA, Fall VIII, DB Sollmann, Plädoyer für Max Sollmann, S. 37.

37   Ebda.

entschied man dennoch, weiterhin für das Kind zu sorgen und es nicht nach Polen zu-rückzuschicken.[38] Die Zeugin versuchte durch ihre Aussage den ehemaligen Arbeitgeber (einen SS-Verein) als eine Organisation darzustellen, die sich über die „rassenbiologi-schen" Thesen des Reiches hinwegsetzte, um einen jüdischen Jungen vor dem sicheren Tod zu retten. Dass dies nicht haltbar ist, zeigt der gegenwärtige Forschungsstand. Ers-tens wurde bei der „rassischen" Untersuchung die Abstammung jedes Kindes explizit überprüft – „judenverdächtige" Kinder wurden sofort selektiert und in jüdische Ghettos eingewiesen.[39] Zweitens konnte der betreffende Junge, den die Frau namentlich nannte, ausfindig gemacht werden: ein heute 75-jähriger, ehemaliger Ministrant aus römisch-katholischer Familie.[40] Die Richter allerdings ließen sich 1948 täuschen – die angeklagten ehemaligen „Lebensborn"-Mitarbeiter wurden lediglich schuldig befunden, einer kri-minellen Vereinigung angehört zu haben,[41] in den wesentlichen Punkten der Anklage-schrift wurden alle vier Mitarbeiter des SS-Vereins freigesprochen. Die Richter sahen im „Lebensborn" ausnahmslos „eine Wohlfahrtseinrichtung".[42] Die Ankläger konnten nicht ausreichend beweisen, dass der SS-Verein und die mit seiner Leitung betrauten Angeklagten an der Kindesentführung beteiligt gewesen waren. Ganz im Gegenteil, der Militärgerichtshof kam zu folgendem Schluss:

> „Aus dem Beweismaterial geht klar hervor, dass der ‚Lebensborn' unter den zahl-reichen Organisationen in Deutschland, die sich mit ausländischen nach Deutsch-land verbrachten Kindern befassten, die einzige Stelle war, die alles tat, was in ihrer Macht stand, um den Kindern eine angemessene Fürsorge zuteil werden zu lassen und die rechtlichen Interessen der unter seiner Obhut gestellten Kindern [sic] zu wahren."[43]

Andere Angeklagte konnten das Militärgericht nicht so überzeugend in die Irre führen; sie wurden für ihre Beteiligung am Kindesraub verurteilt. Ulrich Greifelts Anordnung 67/I stellte ein unwiderlegbares und schriftliches Zeugnis seiner Mittäterschaft dar. Nach Ansicht der Richter trug Greifelt aufgrund dieses Dokumentes „zur Förderung dieses gefährlichen Entführungsplanes Himmlers bei".[44] Auch das Beweismaterial gegen Ru-

---

38   Vgl. Zeugenaussage von Maria-Martha Heinze-Wisswede am 27.10.1947. IfZG, MB 30/17, S. 521 f.
39   Vgl. Lagebericht vom 1.9.–30.11.1941. IPN, OKBZN w Łódźi, 177/29, Bl. 14.
40   Vgl. Interview, Zygmunt Rzążewski, S. 8.
41   Mit Ausnahme von Inge Viermetz, die sich diesem Anklagepunkt nicht verantworten musste.
42   Urteilsverkündung vom 10.3.1948. ZfA, Fall VIII, Protokollbuch vom 10.3.1948, S. 5137.
43   Ebda., S. 5138.
44   Ebda., S. 5041.

dolf Creutz konnte zweifelsfrei belegen,[45] dass Greifelts Stellvertreter innerhalb seines Aufgabenbereiches für das „Eindeutschungsprogramm" „voll verantwortlich"[46] gewesen war. Für die Mitwirkung ihrer Dienststelle an der „Entführung von ausländischen Kindern" wurden auch die ehemaligen Leiter des RuSHA, Otto Hofmann und Richard Hildebrandt, als „voll verantwortlich"[47] und schuldig erklärt. Ebenso Fritz Schwalm, der als Ausbildner von „Eignungsprüfern" maßgeblichen Anteil an dem „Eindeutschungsverfahren" gehabt hatte: Dem Angeklagten hatten die „Rassenprüfer" unterstanden, die die „Bewertungen" an den Kindern vornahmen. Daneben war Schwalm für den Transport „wiedereindeutschungsfähiger" Kinder verantwortlich gewesen.[48] Auch die „Volksdeutsche Mittelstelle" und deren Vertreter wurden für ihre Teilnahme an dem Verfahren schuldig gesprochen: „Es ist offensichtlich, dass sowohl Lorenz wie auch Brückner mit Verbrechen belastet sind, die mit der Entführung ausländischer Kinder in Zusammenhang stehen",[49] so die Urteilsbegründung des US-Militärgerichtshofes.

Der ehemalige Dienststellenleiter der zentralen Koordinierungsinstanz des „Eindeutschungsverfahrens", Ulrich Greifelt, wurde als einziger der Angeklagten zu lebenslanger Haft verurteilt. Das jeweilige Strafausmaß der verurteilten Personen bezog sich allerdings nicht allein auf das Verbrechen der „Entführung von ausländischen Kindern", sondern auf sämtliche ihnen nachgewiesenen Verbrechen.[50] Greifelts Stellvertreter Rudolf Creutz wurde zu 15 Jahren, Wolfgang Lorenz, ehemaliger Leiter der VoMi, wurde zu 20 Jahren verurteilt, Heinz Brückner zu 15 Jahren Zuchthaus. Otto Hofmann und Richard Hildebrandt wurde dagegen eine Haftstrafe von 25 Jahren auferlegt, wobei Letzterer an Polen ausgeliefert und hingerichtet wurde.[51] Konrad Meyer-Hetling, Otto Schwarzenberger,

---

45   Vgl. u. a. Schreiben von Creutz an den Reichsstatthalter Wartheland, Beauftragten des RKFDV, vom 12.8.1941, in dem er Anweisungen hinsichtlich des bei der „Eindeutschung" von ausländischen Kindern einzuschlagenden Verfahrens unterbreitete. BA Berlin, NS 2/57, Bd. 4/2, Bl. 140. Auch als Nürnberger Dokument, IfZG, NO-3074 vorhanden.

46   Urteilsverkündung vom 10.3.1947. ZfA, Fall VIII, Protokollbuch vom 10.3.1948, S. 5045.

47   Ebda.

48   Vgl. ebda., S. 5047 f.

49   Urteilsverkündung vom 10.3.1947. ZfA, Fall VIII, Protokollbuch vom 10.3.1948, S. 5049.

50   Greifelt beispielsweise wurde die Verantwortung für folgende Verbrechen zugesprochen: Entführung ausländischer Kinder, Behinderung der Fortpflanzung von feindlichen Ausländern, Zwangsevakuierung und Umsiedlung von Bevölkerungsteilen, Zwangseindeutschungen feindlicher Ausländer, Sklavenarbeit sowie Plünderungen von öffentlichem und privatem Eigentum. Der Angeklagte wurde aufgrund dieser Straftaten für schuldig im Sinne der Punkte eins und zwei der Anklageschrift befunden. Weiters wurde Greifelt gemäß des Anklagepunktes der „Mitgliedschaft einer verbrecherischen Organisation" für schuldig gesprochen.

51   Vgl. TWC, Vol. V, S. 165-167. http://www.mazal/org/ (Stand vom 15. Juni 2004). Weiters auch Robert M. W. Kempner, SS im Kreuzverhör. Die Elite, die Europa in Scherben schlug (=Schriften der Hamburger Stiftung für Sozialgeschichte des 20. Jahrhunderts, Bd. 4, 1987), S. 167.

Max Sollmann, Gregor Ebner sowie Günther Tesch wurden von den Richtern vom Vorwurf der „Verbrechen gegen die Menschlichkeit" als auch der „Kriegsverbrechen" von allen Anklagepunkten freigesprochen. Der US-Militärgerichtshof befand die fünf Angeklagten nur im Sinne des Punktes drei der Anklageschrift, „Mitglied einer verbrecherischen Organisation", für schuldig. Ihre Untersuchungshaft wurde ihnen als ausreichende Strafe angerechnet,[52] die Männer verließen den Nürnberger Justizpalast als freie Menschen. Herbert Hübner wurde im Sinne der Anklagepunkte eins, zwei und drei schuldig gesprochen und zu einer Haftstrafe von 15 Jahren verurteilt. Inge Viermetz hingegen wurde von allen der ihr zur Last gelegten Anklagepunkte freigesprochen.[53]

Vierzehn Personen waren im Nürnberger Nachfolgeprozess für das Verbrechen der „Kindesentführung" zum Zwecke der „Eindeutschung" angeklagt worden, angesichts dessen, wie viele Menschen de facto an dieser Straftat beteiligt gewesen waren, eine beschämend geringe Anzahl. Was wurde beispielsweise aus Herbert Grohmann, der bereits vor der Anordnung 67/I die Wegnahme von „rassisch wertvollen" Kindern propagierte, den Mitarbeitern des Jugendamtes, welche die Kinder unter Gewaltanwendung aus ihrer vertrauten Umgebung zerrten, den „Eignungsprüfern", die über das zukünftige Schicksal der Jungen und Mädchen entschieden, den Leitern der diversen „Eindeutschungsstationen" in Polen, Deutschland und Österreich, welche die Heiminsassen mit stupiden und sadistischen Erziehungsmethoden quälten, um sie ihrer ursprünglichen Identität zu entledigen? Was passierte mit den „Ersatzfamilien", welche die Pflegekinder nur für ihre Zwecke ausnutzten, sie beschimpften und misshandelten? All diese Menschen, die einen maßgeblichen Beitrag zur Realisierung des Verbrechens geleistet hatten, wurden nie zur Verantwortung gezogen. Diese Personen sind in den Augen der Opfer der „Eindeutschungsaktion" zweifellos Täter, die sich der Sühnung ihrer Schuld erfolgreich entziehen konnten.

Führt man sich weiters vor Augen, dass sich von den vierzehn Beschuldigten des achten Nürnberger Nachfolgeprozesses nur sieben Personen strafrechtlich für Verbrechen der „Kindesentführung" vor Gericht verantworten mussten, versteht man den Unmut der Opfer.[54]

---

52 Vgl. TWC, Vol. V, S. 156–158 sowie S. 162–167. http://www.mazal/org/ (Stand vom 15. Juni 2004).

53 Vgl. ebda., S. 165 ff.

54 Die Haftstrafen der Verurteilten wurden darüber hinaus zügig herabgesetzt bzw. einzelne Verurteilte wurden sogar vorzeitig entlassen: Creutz' Strafe wurde in zehn Jahre umgewandelt, Hofmanns Strafe von 25 Jahren auf 15 Jahre gekürzt, er kam jedoch nach neun Jahren Zuchthaus frei. Schwalm und Brückner wurden bereits 1951 entlassen, Lorenz 1955. Hildebrandt wurde, wie bereits erwähnt, nach Polen ausgeliefert und dort zum Tode verurteilt, Greifelt verstarb 1949 in Haft.

Im Februar 1950 eröffnete die Hauptspruchkammer München ein Verfahren gegen Max Sollmann, Gregor Ebner, Inge Viermetz und andere führende Persönlichkeiten des SS-Vereines wie Erich Schulz, Wolfgang Überschaar, Franz Lenner, Alfred Wehner und Ernst Ragaller. Ziel des Verfahrens war es zu beweisen, dass es sich beim „Lebensborn" nicht um eine Wohlfahrtsorganisation gehandelt hatte, sondern dass die Mitarbeiter des SS-Vereines „der natsoz .[sic] Gewaltherrschaft ausserordentliche bzw. wesentliche Unterstützung gewährt"[55] hatten. Im Zuge dessen ging die Anklage auch davon aus, dass der Verein an der „Eindeutschung" von Kindern federführend beteiligt gewesen war. Auch in diesem Verfahren leugneten die Beschuldigten jede Mitverantwortung. Sollmann und Ebner wurden von der Spruchkammer in die Gruppe „der Aktivisten" eingereiht, die beiden zu 30 Tagen bzw. zu 60 Tagen Sonderarbeit für die Allgemeinheit sowie zu einem fünfjährigen Berufsverbot verurteilt. Weiters musste Sollmann 30 Prozent seines Vermögens, Ebner 50 Prozent seines Vermögens abgeben. Die übrigen Angeklagten wurden als „Mittäter" eingestuft und freigesprochen.[56]

Die milden Urteile im achten Nürnberger Nachfolgeprozess sowie im Münchner Verfahren aus dem Jahr 1950 spiegeln klar und deutlich wider, dass begangene Menschenrechtsverletzungen und Gewaltverbrechen im Zweiten Weltkrieg unzureichend geahndet wurden. Die Täter konnten der Strafverfolgung entgehen – demgegenüber stehen die Opfer, für die es nicht möglich war, sich den erlittenen, traumatischen Kindheitserlebnissen zu entziehen und die bis heute an den Folgen der „Eindeutschung" leiden.

DIE OPFER HEUTE

„Durch den Krieg habe ich meine Kindheit verloren",[57] stellt Janusz Bukorzycki nüchtern fest. Der Zeitzeuge kehrte im Alter von dreizehn Jahren nach Polen zurück. Der Neubeginn in seiner Heimat war mühevoll und schwierig, „doch ich habe meinen Platz in Polen gefunden",[58] so der Mann heute. Auch Bogumiła Hetich hat seit ihrer Verschleppung aus dem Elternhaus im Jahre 1942 viel Leid erfahren. In Österreich, aber auch in Polen hat das Mädchen Schreckliches erlebt: „Aber ich bin von meinem Wesen her immer voller Hoffnung gewesen, ich habe mich ‚zusammengerissen' und mich im-

55   Begründung der Anklage. IfZG, Fa 510, Auszüge aus Spruchkammerakten Max Sollmann u. a. Bd. 1, S. 88.
56   Vgl. ebda., S. 109 f.
57   Interview, Janusz Burkorzycki, S. 2.
58   Ebda.

mer getröstet."⁵⁹ Dennoch verspürt Bogumiła Hetich bis heute großes Misstrauen gegen alles Deutsche.⁶⁰

Vom polnischen Staat wurden die „eingedeutschten" Jungen und Mädchen lange Zeit nicht als vollwertige „Kriegsopfer" betrachtet – der Kombattantenstatus, der den Betroffenen Vergünstigungen und finanziellen Zuschuss vonseiten des Staates garantierte, wurde den Opfern der „Eindeutschungsaktion" lange Zeit nicht gewährt. Die Kinder waren zu jung oder hatten nicht mit der Waffe gekämpft, so lauteten die Beweggründe seitens der Behörden.⁶¹ Auch Kriegsopfervereine lehnten ehemalige „eingedeutschte" Kinder als Mitglieder ab. Anna Kociuba versuchte einem Kriegsveteranenverein beizutreten, aber man verwehrte der Frau die Mitgliedschaft:

> „Nach ihrer Meinung konnte ein siebenjähriges Kind nicht kämpfen. Na ja, das Kind musste nur unglaublich leiden, aber das interessierte niemanden. (…) Ich habe mich auch nie um Geld beworben, ich wollte nur, dass Leute solche Geschichten nicht vergessen und vor allem meine Kinder und ihre Nachkommen diese im Gedächtnis behalten."⁶²

Viele Betroffene fühlten sich verraten und im Stich gelassen: von Angehörigen und Freunden, von der eigenen Nation, die ihnen keine Unterstützung gewähren wollte. Nicht nur in finanzieller Hinsicht – die Menschen sehnten sich nach Verständnis und nach Anerkennung ihres Leidensweges:

> „Die ‚Eindeutschung' der dem polnischen Volk entrissenen Kinder vernichtete die Psyche dieser Kinder. Auch wenn die ‚Eindeutschung' erfolglos durchgeführt wurde, die Kinder zurückkehrten und in Polen blieben. Aber die Seele ist wie ein gebrochener Ast: Er wächst nie mehr wieder zusammen und findet nie mehr seine Lebensruhe."⁶³

Die seelischen Wunden der Kinder und Jugendlichen wuchsen mit und spiegeln sich in ihrem Dasein als Erwachsene wider: Nervosität, Verlustängste, Selbstabwertung und Minderwertigkeitskomplexe prägen das Leben vieler ehemaliger „eingedeutschter" Jungen und Mädchen und machen das Leben nicht gerade „lebenswert":

---

59 Fragebogen, Bogumiła Hetich, S. 5.
60 Vgl. Brief von Bogumiła Hetich an die Autorin vom 6.4.2005. Sammlung Ines Hopfer.
61 Vgl. Brief von J. W. an die Autorin (September 2004). Sammlung Ines Hopfer.
62 Kociuba, Bez tożsvomości, S. 37.
63 Barbara Paciorkiewicz, Kim jestem, S. 66.

„Ich kann mich selbst nicht schätzen, jeder ist für mich besser als ich. Wenn ich
etwas Gutes mache oder was kann, dann habe ich immer das Gefühl, ich schaffe
es nicht, das ist nichts für mich. Und meine Kinder sagen immer, dass ich so viele
Möglichkeiten habe, dass ich so viel kann und dass ich so viel für andere Leute
tue und ich habe immer das Gefühl, dass das nicht richtig ist, dass ich das nicht
schaffe. Wenn ich etwas Gutes mache, dann ist es für mich auch nicht gut. Es gab
auch eine Zeit, wo ich in die psychiatrische Klinik gehen musste, also das habe ich
auch hinter mir. (…) Mein ganzes Leben war nicht leicht."[64]

Die Seelenlage wirkte sich auf die Gesundheit der Betroffenen aus: Halinka Borkowska
erlitt nach ihrer Rückkehr als Dreizehnjährige eine offene Lungenentzündung. Nach der
Geburt ihrer Kinder erkrankte die Frau wieder daran, „seit damals bin ich in Pension, ich
bin krank, weil ich in der Kindheit so viel durchgemacht habe",[65] ist sich die Frau heute
sicher. Halina Kurek erlitt nach ihrer zwangsweisen Repatriierung eine Gehirnhautentzündung, drei Monate lag das Mädchen im Koma. Später mussten ihr Gallensteine operativ entfernt werden. Bis heute leidet Halina Kurek an einem Magengeschwür: „Die
Ärzte sagen, dass ich zu nervös bin, davon kommt es."[66]
   „Über viele Jahre hinweg wachte ich schreiend in der Nacht auf, wollte nicht allein
bleiben, mir fehlte das Gefühl der Sicherheit",[67] so beschreibt Anna Kociuba ihre jahrelangen nächtlichen Angstzustände. Im Jahr 1984 erlitt die 48-jährige Frau einen Herzinfarkt. Dieser Vorfall und andere Krankheiten zwangen die Frau dazu, ihre geliebte Arbeit
aufzugeben.[68] Derartige Erkrankungen ehemaliger Opfer des „Eindeutschungsverfahrens" können Zufall sein – nach heutigem Wissensstand geht man allerdings davon aus,
dass traumatische Erlebnisse in der Kindheit, je nach Veranlagung, zu psychischen und
zu physischen Krankheiten führen können.
   Barbara Paciorkiewiczs Gefühl der „Zerrissenheit", das Gefühl, nicht zu wissen, in
welches Land man gehörte, dauerte Jahrzehnte an. Für die Frau war es ein langer innerer
Kampf, doch heute kehrt sie nach Deutschland zurück „als Polin, die weiß, wo ihr Platz
und ihr Zuhause sind. Als Polin, die die Geschichte polnischer Kinder an die nächsten
Generationen weitergeben möchte."[69] Die Zeitzeugin kennt jedoch Betroffene, die aus
verschiedensten Gründen nicht nach Polen zurückkehren konnten, als „Deutsche" auf-

---

64   Interview, Barbara Paciorkiewicz, am 31.3.2004, S. 3.
65   Interview, Halinka Borkowska, S. 4.
66   Brief von Halina Kurek an die Autorin (Juni 2004).
67   Kociuba, Bez tożsvomości, S. 36.
68   Vgl. ebda.
69   Barbara Paciorkiewicz, Kim jestem, S. 66.

wuchsen, als „Deutsche" in Deutschland leben und dennoch keine Ruhe finden: „Die sind immer noch auf der Suche nach ihrer Identität in Polen."[70]

Im Jahr 1989 begannen die Opfer sich selbst zu helfen, der polnische Staat hatte viele zu lange enttäuscht. Die Betroffenen der „Eindeutschungsaktion" schlossen sich zu einem eigenen Verein namens „Zrzeszenie Dzieci Polskich Germanizowanych przez reżim hitlerowski" („Verband der polnischen Kinder, die durch das Hitlerregime eingedeutscht wurden") in Łódź zusammen. Die Gründung dieses Vereins basierte auf einem Zufall. Ende der Neunzigerjahre trafen sich zwei Frauen an einer Haltestelle in Łódź, die beiden sahen sich an und erkannten einander – sie hatten dasselbe Schicksal in ihrer Kindheit erlebt, waren als „eindeutschungsfähig" erklärt und in die Heimschule nach Achern deportiert worden: Alina Kubiak und Helena Orzechowska. Die Frauen kamen ins Gespräch und erzählten sich, wie es ihnen seit der Rückkehr in der Heimat ergangen war. Sie erkannten die Parallelen in ihrem Leben und fragten sich, wie es wohl anderen ehemaligen „eingedeutschten" Kindern ergangen war. Kubiak und Orzechowska beschlossen, eine Zeitungsannonce mit einem Aufruf an ehemalige Betroffene aufzugeben.[71] Viele ehemalige „Kinder" meldeten sich – die Gründung eines Vereines war nun nur mehr eine Frage der Zeit: am 25. Februar 1989 wurde der Verein mit eigenem Statut in Łódź angemeldet,[72] im Jahr 2007 hörte er allerdings zu bestehen auf.

Barbara Paciorkiewicz führte von 1994 bis 2007 als Vorsitzende die Geschäfte des Vereines. Primäre Aufgabe des Vereins war es, den Opfern zu helfen:

„Wir haben versucht, die Dokumente und Akten zu bekommen, welche die Verschleppung der Kinder dokumentierten: vom Roten Kreuz, vom Internationalen Suchdienst in Arolsen und wir waren auch in vielen Archiven. Mit diesen Akten wurde man als Kriegsopfer anerkannt und bekam den Status eines Kombattanten. Das war eine große Arbeit für uns, denn es haben sich viele Menschen gemeldet, die keine Dokumente von sich hatten."[73]

Die Mitglieder des Vereines trafen sich einmal wöchentlich in dem Vereinsraum in der

---

70 Ebda.

71 Vgl. Interview, Barbara Paciorkiewicz, am 5.4.2004, S. 1.

72 Vgl. Statut – Zrzeszenie Dzieci Polskich Germanizowanych przez reżim hitlerowski, vom 25.2.1989 sowie neuerliche Registrierung: Krajowy Rejestr Sądowy. Odpis Aktualny: z rejestru stowarzyszeń, innych organizacji społecznych i zawodowych, fundacji i publicznych zakładów opieki zdrowotnej. Stowarzyszenie – Zrzeszenie Dzieci Polskich Germanizowanych przez reżim hitlerowski, vom 9.10.2003. Kopien zur Verfügung gestellt von Barbara Paciorkiewicz. Sammlung Ines Hopfer.

73 Interview, Barbara Paciorkiewicz, am 5.4.2004, S. 2.

Tuwimastraße in Łódź. Die Menschen versuchten sich gegenseitig zu stützen und zu helfen. Man sprach über Kindheitserlebnisse, Ängste und seelische Wunden. Gebrechliche Mitglieder wurden bei Amtswegen unterstützt und im Krankenhaus besucht.[74]

Der Verein suchte intensiv den Kontakt mit der Jugend: Mitglieder besuchten Schulen und erzählen dort ihre Geschichte. Man trat bei Gedenkfeiern auf und hielt enge Verbindungen zur Stiftung „Polsko-Niemieckie Pojednanie" („Polnisch-Deutsche Aussöhnung") in Warschau und zur Einrichtung „Polska Unia Ofiar Nazizmu" („polnische Union der Nazi-Opfer").[75] Fünfzehn Jahre nach seiner Gründung verfügte der Verein über 62 Mitglieder. „Früher waren es aber mehr",[76] betont Paciorkiewicz. Nach Angaben der Vorsitzenden lösten viele Personen ihre Mitgliedschaft auf, weil sie krank wurden oder keine Lust mehr hatten, ihre Geschichte weiterzugeben. Daneben merkt Paciorkiewicz an, dass viele psychisch nicht in der Lage waren, ständig an die Kindheitserlebnisse erinnert zu werden.[77] Die psychischen Leidenszustände der Opfer waren vereinzelt so ausgeprägt, dass die Betroffenen psychologische Betreuung benötigten und sich in Kliniken einweisen ließen. Ein Großteil litt an posttraumatischen Belastungs- und Anpassungsstörungen, Depressionen und Selbstzweifel – ein jahrelanger Kampf für diese Menschen: „Heute sind das alles erwachsene Leute, leider oft schwer krank – vor allem psychisch. Jeder hat Schwierigkeiten mit der Seele und mit dem Leben. Einige haben eine Familie gegründet, andere schafften das einfach nicht."[78]

Die Mitglieder des Vereines nannten sich selbst „Janitscharen des 20. Jahrhunderts",[79] in Anlehnung an die Elitetruppe des Osmanischen Heeres, die dem Sultan zu ewiger Treue verpflichtet war. Zum zehnjährigen Jubiläum gab der Verein das Buch „Z kart historii polskich Janczarów XX wieku" („Die Geschichte der polnischen Janitscharen des 20. Jahrhun-

---

74   Vgl. ebda., S. 3 f.

75   Vgl. ebda., S. 4. sowie Katarzyna Wojciewska, Polska Unia Ofiar Nazizmu. In: Wieści, Nr. 11–12 vom 21.–28.3.2004, S. 5.

76   Interview, Barbara Paciorkiewicz, am 5.4.2005, S. 4.

77   Vgl. ebda.

78   Ebda., S. 2.

79   Die Janitscharen-Truppen bestanden aus „zwangsislamisierten" Christenknaben und wurden im 14. Jahrhundert gegründet. Die ersten Janitscharen umfassten Kriegsgefangene und Sklaven, ab 1438 wurden systematisch Knaben unterworfener christlicher Völker (vor allem aus Serbien und Bosnien) durch die sogenannte Knabenlese (devşirme) zwangsrekrutiert und zur Erziehung und Ausbildung in das Osmanische Reich gebracht. Für gewöhnlich wurde jeder 40. Junge im Alter zwischen sieben und vierzehn Jahren ausgewählt, den Eltern weggenommen und in den Militärschulen des Osmanischen Reiches unter strikter Disziplin und harter Arbeit türkisch erzogen und islamisiert. Die Janitscharen-Truppen bildeten die Eliteeinheiten des Sultans und unterstanden seinem direkten Befehl. Vgl. zur Geschichte, Ausbildung, Lebensweise und Verfall der Janitscharen Godfrey Goodwin, The Janissaries (London, 1997) bzw. Gerhard Schweitzer, Die Janitscharen. Geheime Macht des Türkenreiches (Salzburg, 1979).

derts") heraus, in dem Kindheitserlebnisse von 26 Mitgliedern beschrieben wurden. Die Schicksale der Opfer ähneln sich, da jedes „eindeutschungsfähige" Kind dieselben menschenunwürdigen Verfahren über sich ergehen lassen musste. Dennoch, der grenzenlose Leidensweg der Betroffenen kann nur durch individuelle Erfahrungen dargestellt werden.

Zum zehnjährigen Jubiläum fanden sich erstmals alle Mitglieder des Vereines aus ganz Polen zu einer Tagung in Łódź ein. Vertreter aus Politik und Wissenschaft sowie Schulgruppen nahmen an dem Symposium teil, Zeitungen und Fernsehen berichteten von dem Treffen.[80] Der Verein genoss überregionale Aufmerksamkeit und jedes einzelne Mitglied wurde mit einer bronzenen Medaille geehrt.[81] Angesichts dessen, dass die Opfer nicht immer als vollwertige Kriegsopfer angesehen wurden, stellten diese überreichten Medaillen sichtbare Zeichen der Anerkennung ihrer Schicksale dar.

Im Zuge der Wanderausstellung „Wojenne Dzieciństwo. Losy dzieci polskich pod okupacją hitlerowską" („Kindheit im Krieg. Das Schicksal polnischer Kinder unter der deutschen Besatzung"), die das „Institut des Nationalen Gedenkens" initiierte und die unter dem Ehrenschutz des polnischen Premierministers Leszka Millera stand, wurde auch auf das Schicksal der „eingedeutschten" Jungen und Mädchen landesweit aufmerksam gemacht. Der Verein „Zrzeszenie Dzieci Polskich Germanizowanych przez reżim hitlerowski" unterstützte die Schausammlung mit Privatfotos und persönlichen Dokumenten. Im Dezember 2002 machte die Ausstellung auch in Łódź Station.[82]

Erste elementare Aufgabe des Łódźer Vereins war es, den Opfern bei der Suche nach Dokumenten zu helfen, die ihr Schicksal bewiesen und somit den Rechtsanspruch eines Kombattanten aus polnischer Sicht sicherten. Finanzielle Unterstützungen von polnischer Seite waren die Folge. 55 Jahre nach Kriegsende entschied auch die österreichische Republik, das Leiden ehemaliger Sklaven- und Zwangsarbeiter,[83] die während des Krieges in das Gebiet der heutigen Republik deportiert worden waren, anzuerkennen und finanziell zu entschädigen.

Am 27. November 2000 trat das österreichische „Bundesgesetz über den Fonds für freiwillige Leistungen der Republik Österreich an ehemalige Sklaven- und Zwangsarbeiter des nationalsozialistischen Regimes (Versöhnungsfonds-Gesetz)" in Kraft, das die Errichtung eines „Fonds für Versöhnung, Frieden und Zusammenarbeit (Versöhnungsfonds)" be-

---

80 Vgl. Anna Rak, Spotkanie Janczarow. In: Nasz Dziennik, S. 14.

81 Vgl. ebda.

82 Vgl. Interview, Barbara Paciorkiewicz, am 5.4.2004, S. 5.

83 „Sklavenarbeiter" werden jene Menschen genannt, die als Häftlinge in Konzentrationslagern zur Arbeit gezwungen wurden. Als „Zwangsarbeiter" bezeichnet man hingegen jene Opfer, die als Zivilpersonen gegen ihren Willen in die „Ostmark" deportiert oder festgehalten wurden und dort zur Arbeit gezwungen wurden.

schloss.[84] Primäre Aufgabe des Fonds war es, ehemalige Sklaven- und Zwangsarbeiter mit einer einmaligen Geldleistung zu entschädigen – die Zahlung wurde als „freiwillige Geste der Republik Österreich"[85] verstanden, da kein völkerrechtlicher Anspruch bestand.[86]

Auch die Betroffenen des „Eindeutschungsverfahrens" wurden von Österreich finanziell entschädigt: Die Antragsstellung erfolgte über die polnische Partnerorganisation des Österreichischen Versöhnungsfonds, die Stiftung „Polnisch-Deutsche Aussöhnung" in Warschau. Die polnische Stiftung sorgte für die Bekanntmachung der Leistungsvoraussetzungen und der Anmeldefristen, unterstützte die Antragsteller bei der Antragstellung, nahm die Anträge entgegen und bearbeitete diese. Die als positiv zu bescheidenden Anträge wurden von der polnischen Stiftung listenmäßig zusammengefasst und dem Österreichischen Versöhnungsfonds übergeben, der stichprobenartig die ihm übermittelten Unterlagen der polnischen Stiftung überprüfte.[87] Die Betroffenen des „Eindeutschungsverfahrens" wurden als in der Landwirtschaft beschäftige Zwangsarbeiter eingestuft – ehemaligen „eingedeutschten" polnischen Jungen und Mädchen wurde demzufolge eine einmalige Entschädigung von 1.453 Euro ausbezahlt.[88]

Insgesamt wurden 22.693 Anträge aus Polen vom Österreichischen Versöhnungsfonds genehmigt,[89] wie viele Betroffene der „Eindeutschungsaktion" unter den Antragstellern waren, konnte aufgrund des Datenschutzes allerdings nicht eruiert werden.

---

84   Vgl. BGBl. I, Nr. 74/2000, vom 8.8.2000.

85   BGBl. I, Nr. 74/2000 § 1, Abs. 2.

86   Für Zwangsarbeit in der Landwirtschaft oder für erzwungene Dienstleistung in Haushalt oder Hotels wurde eine Entschädigung von 1.453 Euro festgelegt. Für Zwangsarbeit in der Industrie, der gewerblichen Wirtschaft, in der Bau- und in der Elektrizitätswirtschaft wurde eine Geldleistung von 2.543 Euro beschlossen. Sogenannte „Sklavenarbeiter" erhielten einmalig 7.630 Euro. Daneben wurden zusätzlich auch die mit ihren Eltern deportierten Kinder und Jugendlichen sowie Mütter, die während der Zwangsarbeit Kinder gebaren oder abtreiben lassen mussten, finanziell entschädigt.

87   Vgl. Vertrag zwischen dem Österreichischen Versöhnungsfonds und der Stiftung „Polnisch-Deutsche Aussöhnung" in Polen über die Zusammenarbeit bei den freiwilligen Leistungen der Republik Österreich an ehemalige Sklaven- und Zwangsarbeiter des nationalsozialistischen Regimes, vom 9.1.2001. http://www.fpnp.pl, Homepage der Stiftung „Polnisch-Deutsche Aussöhnung" (Fundacja Polsko-Niemiecke Pojednanie) (Stand vom 10. Jänner 2006) sowie Abkommen der Österreichischen Bundesregierung und der Republik Polen über die Zusammenarbeit bei den freiwilligen Leistungen der Republik Österreich an ehemalige Sklaven- und Zwangsarbeiter des nationalsozialistischen Regimes. BGBl. III, Nr. 20/2001, vom 23.1.2001.

88   Vgl. Auskunft von Dr. Ewa Natich, Mitarbeiterin des Österreichischen Versöhnungsfonds, Landesreferentin für Polen. Telefongespräch vom 23.6.2004.

89   Insgesamt wurden rund 132.000 ehemalige Sklaven- und Zwangsarbeiter vom Österreichischen Versöhnungsfonds finanziell entschädigt. Mit Jahresende 2005 hörte der Österreichische Versöhnungsfonds auf zu bestehen. Vgl. Homepage des Österreichischen Versöhnungsfonds http://www.versoehnungsfonds.at/ (Stand vom 15. April 2006).

Viele polnischen Jungen und Mädchen kehrten nach Kriegsende nicht in ihre Heimat zurück. So manche Kinder entschieden sich, in Österreich zu bleiben.[90] Wie gehen diese Menschen heute mit ihrer Vergangenheit um? Die Betroffen wissen von dem Unrecht, das ihnen zugefügt wurde und kennen ihre ursprüngliche Herkunft. Dennoch haben sie sich, aus unterschiedlichsten Gründen, für einen Verbleib in Österreich entschieden.

Irene Majeski beispielsweise konnte durch eine List bei ihrer geliebten Pflegefamilie in Bischofshofen bleiben. In ihr Mutterland Polen wollte das Mädchen unter keinen Umständen zurückkehren. Mit neunzehn Jahren lernte Majeski einen amerikanischen Soldaten polnischer Abstammung kennen, heiratete ihn und folgte ihm in die USA. Seit über fünf Jahrzehnten lebt die Frau nun in Amerika. Auf die Frage, welches Land (Polen, Österreich oder die USA) sie als ihre Heimat bezeichnen würde, antwortete die Zeitzeugin mit „Österreich". Sehnsucht nach Angehörigen oder nach Polen verspürt Majeski nicht wirklich, aber der Wunsch, die Stätten ihrer Kindheit wieder zu sehen, ist allerdings vorhanden – die Frau plant, in naher Zukunft mit ihrer Familie nach Polen zu reisen, um dort mehr über ihre Abstammung zu erfahren.[91]

Nach Aussagen ihrer Tochter schämt sich Andrea Berger hingegen ihrer Herkunft.[92] Die Frau empfindet eine tiefe Abneigung gegenüber ihrem ursprünglichen Heimatland Polen und hat diese Antipathie auch in die Erziehung ihrer Kinder einfließen lassen: „Also ich glaube, ich habe viele Vorurteile, die ich so mitgekriegt habe. Das wäre das letzte Land, wo ich hinfahren würde",[93] so die Tochter über das Herkunftsland der Mutter. Berger hat ihren Kindern lange Zeit ihre Abstammung verschwiegen – „in unserer Familie ist das einfach ein Tabu-Thema",[94] betont die Tochter. Die Kinder erfuhren allerdings durch Bekannte oder Nachbarn, dass die Mutter eine gebürtige Polin ist:

„Dann hat es den großen Crash gegeben, mein älterer Bruder, der zwei Jahre älter ist als ich, war in Taxenbach[95] und ist heimgekommen und hat meine Mutter ange-

---

90 Aufgrund der lückenhaften Dokumente muss auf eine zahlenmäßige Angabe verzichtet werden. Weiters darf nicht ausgeschlossen werden, dass vereinzelt auch „eindeutschungsfähige" Jungen und Mädchen im Kleinkindalter in die „Ostmark" deportiert wurden. Diese Menschen leben heute unter uns, ohne ihre leiblichen Eltern zu kennen und auch ohne zu wissen, dass sie zu „Eindeutschungszwecken" in die „Ostmark" verschleppt wurden. Diese „Kinder" sehen sich als Kriegswaisen und scheinen unter Umständen vereinzelt in „Lebensborn"-Unterlagen auf – die Spuren in ihre Vergangenheit wurden von verschiedensten Dienststellen erfolgreich beseitigt.

91 Vgl. Fragebogen, Irene Majeski, S. 10.

92 Vgl. Interview, Karin Berger, S. 2, 8, 10.

93 Ebda., S. 8.

94 Ebda., S. 2.

95 Ortsname geändert.

sprochen: ‚Was, du bist eine Ausländerin? Ich bin nicht einmal ein Österreicher?'
Das war echt ein Höllenerlebnis. Da bin ich dabei gewesen. Meine Mutter hat sich
dann beruhigt, mein Bruder ist gegangen und da hat meine Mama das allererste
Mal erzählt, dass sie aus Polen kommt, aber die Hintergründe hat sie nicht erzählt.
Sie hat geweint und geweint, hat dann wieder einen Anfall bekommen, und ich
habe mich nicht weiter fragen getraut. Mein Vater hat dann auch immer wieder
gesagt, wenn sie es dir nicht sagt, dann geht es dich auch nichts an. Das Recht hat
sie und dabei bleibt's."[96]

Über die Herkunft der Mutter wird bis heute in der Familie geschwiegen, vereinzelt stellen Familienmitglieder Vermutungen auf, konkreten Fragen weicht Andrea Berger aus:

„Bei uns in der Familie wird das so gehandhabt, das ist einmal passiert, das wird
dann abgehandelt, und dann legt man das weg und dann darf niemand mehr, wie
soll ich sagen, die Altlasten rausholen. (…) Ich glaube, das hat sie unbewusst so
eingeführt, damit sie ja nicht mit der Vergangenheit konfrontiert wird. Sie hat erst
dann ein Problem gekriegt, als ich immer gekommen bin und gebohrt und nach-
gefragt habe."[97]

Die jüngste Tochter versucht immer wieder, mit der Mutter über ihre Vergangenheit
zu sprechen. Berger blockt zumeist ab, sie möchte ihre Kindheit und das erlittene Leid
ruhen lassen. „Sie sagt selber: ‚So kurz vorm Sterben, will ich mir das auch nicht mehr
antun!' Das war ihr letzter Satz, so hat sie das Gespräch beendet",[98] so die Tochter. Mit
den polnischen Wurzeln in ihrer Familie möchte sich aber auch die Tochter nicht identifizieren, ganz im Gegenteil, die junge Frau fühlt sich vom Herkunftsland ihrer Mutter
„eher abgestoßen".[99]

Mutter Andrea Berger, heute eine betagte Frau von über siebzig Jahren, hat für sich
entschieden, nicht einmal den engsten Angehörigen die Wahrheit über ihre Herkunft
anzuvertrauen. Die Kindheitserlebnisse haben sich tief in ihre Seele eingeprägt. Als junge
Frau wurde sie noch in der Nachkriegszeit häufig als Ausländerin beschimpft.[100] Berger
erging es in Österreich nicht anders als vielen Kindern, die nach Polen zurückkehrten
und gegen Vorurteile vonseiten der einheimischen Bevölkerung ankämpfen mussten.

---

96   Interview, Karin Berger, S. 1 f.
97   Ebda., S. 7.
98   Ebda., S. 9.
99   Ebda., S. 8.
100 Vgl. ebda.

Berger fand daher nur eine einzige Möglichkeit, um das erlittene Unrecht bewältigen zu können: ihre Kindheitsjahre und somit ihre gesamte Vergangenheit zu verdrängen. Im Zuge dieses Buches wurde Berger mit den Erlebnissen in ihrer Kindheit konfrontiert.[101] Nach einigem Zögern erklärte sich die Frau allerdings bereit, ihre Geschichte zu erzählen – die Auseinandersetzung mit ihrer Vergangenheit fiel ihr nach jahrelangem Schweigen sehr schwer, die erlittenen Qualen in der Kindheit wurden wieder allgegenwärtig: „Ich hatte jetzt lange eine Ruhe, aber jetzt beschäftigt mich das wieder, ich habe in der Nacht keine Ruhe, träume davon. Es verfolgt mich jetzt wieder in der Nacht",[102] so die Betroffene.

Auch Zygmunt Rzążewski wehrte sich erfolgreich gegen eine gewaltsame Repatriierung und wurde in einem kleinen Ort in Oberösterreich sesshaft. Die einheimische Bevölkerung wusste über das Schicksal des Jugendlichen Bescheid, der frühere „einzudeutschende" Junge aus dem Kinderheim „Alpenland" wurde ohne Vorurteile in die Dorfgemeinschaft aufgenommen. Rzążewski integrierte sich rasch, heiratete eine Einheimische und wurde Landwirt.[103] Einige Jahre nach Kriegsende erkannte Rzążewski einen früheren Aufseher des „Lebensborn"-Heimes in Oberweis bei einer Tanzveranstaltung wieder. Im Gegensatz zu vielen anderen Opfern der „Eindeutschungsaktion" bekam Rzążewski die Möglichkeit, einen Täter des Verfahrens nach Kriegsende wiederzusehen und ihn mit seiner Vergangenheit zu konfrontieren. Der junge Mann nutzte diese Gelegenheit und zog den ehemaligen Aufseher auf seine Art zur Verantwortung:

„Den haben wir so gschleddert[104] über die Stiegen, das Blut ist übergelaufen. Weißt, was er geschrien hat? ‚Zygmunt ich kann nichts dafür!' Ich hab ihn für alles damals bestraft, er ist immer gleich zum Bannführer gegangen. Und da haben wir unsere Rache gehabt, haben ihn recht gschleddert."[105]

Aus seiner Herkunft hat Rzążewski nie ein Geheimnis gemacht, Kinder und Enkelkinder wissen von der Vergangenheit des Mannes. Jetzt, nach all den Jahren, ist es Rzążewski allerdings leid, seine Geschichte immer wieder neu zu erzählen. Der Betroffene hat die erlittenen Kindheitserlebnisse für sich selbst „abgehakt":

---

101 Berger erklärte sich zu keinem persönlichen Gespräch bereit, willigte jedoch ein, telefonisch ein Interview zu geben.
102 Interview, Andrea Berger, S. 2.
103 Vgl. Interview, Zygmunt Rzążewski, S. 12.
104 „gschleddert" (umgangssprachlich): „gestoßen", „geschlagen".
105 Interview, Zygmunt Rzążewski, S. 12.

„Vom neunten Jahr bis zum 15. Jahr hab ich nichts gehabt. (…) Ich habe mitge-
macht, aus! Interessiert mich nicht mehr. Vergiss! Aber dann sind ein paar dabei,
die möchten das wissen, aber für mich ist es eigentlich nix mehr. (…) Ich bin eigentlich schon so satt von dem. Aus! Das war einmal, aus, ich weiß, und die anderen brauchen eh nichts wissen. Wenn sich noch einer dafür interessiert, bitte."[106]

Die Söhne wünschen sich, in das Geburtsland des Vaters zu reisen, Rzążewski soll sie
dabei begleiten. Der Mann blockt allerdings vehement ab, eine Reise nach Polen interessiert den Zeitzeugen nicht im Geringsten: „Was tue ich denn dort? Kein Mensch mehr
da, wer ist denn da noch da?"[107] Polen ist für den Mann, der seit über sechzig Jahren in
Österreich lebt, ein völlig fremdes Land, seine Mutter, mit der er auch nach 1945 wieder
Kontakt hatte, ist längst verstorben, andere Verbindungen mit seinem Herkunftsland
existieren nicht: „Ich kann ja nicht sagen, da habe ich einmal als Kind gewohnt. Ich kann
mir das überhaupt nicht vorstellen",[108] so Rzążewski über seine Herkunft.

Es fällt auf, dass diese drei Betroffenen der „Eindeutschungsaktion", trotz ihrer polnischen Wurzeln, sich nicht mit ihrem Herkunftsland identifizieren. Vereinzelt wird über
die Vergangenheit gesprochen, Interesse für Polen bekundet, als gebürtiger „Pole" oder
geborene „Polin" sieht sich jedoch niemand der interviewten Personen. Weder Heimweh
noch Sehnsucht nach ihrem Geburtsland spiegeln sich in den Aussagen der Zeitzeugen
wider, Polen ist für diese Menschen ein entfremdetes Land.

---

106 Ebda., S. 6, 8.
107 Ebda., S. 9.
108 Ebda., S. 11 f.

VII. Gewaltsame „Eindeutschung" von Kindern aus den Ländern Südost- und Osteuropas

Mit der Anordnung 67/I war das Verfahren der zwangsweisen „Eindeutschung" von ausländischen Jungen und Mädchen planmäßig eingeleitet worden. Das Schreiben bezog sich in erster Line auf Kinder aus Polen, im Laufe des Krieges wurde die „Aktion" allerdings auch auf Kinder aus anderen okkupierten Ländern ausgeweitet. Ablauf und Umfang der Operation waren zwar nicht mit dem Verfahren in Polen vergleichbar, jedoch demselben Ziel untergeordnet: „rassisch wertvolle" Kinder zu selektieren, sie als „eindeutschungsfähig" zu erklären und sie in das „Altreich" und in die „Ostmark" zu deportieren.

KINDER AUS RUMÄNIEN

Rumänische Kinder und Jugendliche gehörten zu den ersten Betroffenen des „Eindeutschungsverfahrens". Bereits im Sommer 1941 wurde Gregor Ebner von Heinrich Himmler persönlich in das VoMi-Lager „Schloss Langenzell", nahe Heidelberg, zitiert, um dort „rassische" Untersuchungen an rumänischen Kindern und Jugendlichen vorzunehmen.[1] Hierbei handelte es sich um 25 Jungen und Mädchen im Alter von drei bis 21 Jahren aus dem Banat, die im Rahmen eines Sammeltransportes in das „Altreich" überführt worden waren. In den zeitgenössischen Unterlagen werden die Kinder und Jugendlichen als „Waisenkinder" bezeichnet,[2] ob diese Bezeichnung bei allen Betroffenen zutraf, bleibt dahingestellt. Fest steht, dass bei zumindest einem Jungen nachweislich die Eltern noch lebten.[3]

Ziel der Examina war es, Kinder für den SS-Verein „Lebensborn" zu gewinnen. Allerdings erhielten nur drei Kinder, zwei Jungen und ein Mädchen, von Ebner die Note I[4] und wurden unter die „Obhut" des SS-Vereins gestellt. Die betroffenen Kinder wurden

---

1   Vgl. Eidesstattliche Erklärung von Gregor Ebner. IfZG, NO-4207, S. 2.
2   Vgl. Schreiben der Volksdeutschen Mittelstelle an Gregor Ebner vom 2.8.1941. ZfA, Fall VIII, ADB 8 C, NO-3633.
3   Vgl. Eidesstattliche Erklärung von Georg Kuester. ZfA, Fall VIII, ADB 8 C, NO-4820, S. 1.
4   Nach Ebner wurden nur jene Kinder mit der Note I bewertet, die „sehr gut und brauchbar für unser Volkstum" waren. Die Beurteilung erfolgte „nach rassischem Aussehen und ihrer Haltung". Bericht von Ebner an Sollmann vom 25.8.1941. ZfA, Fall VIII, ADB 8 C, NO-1387, S. 1.

an Pflegefamilien in Berlin und Graz vermittelt,[5] die restlichen Jungen und Mädchen zur Zwangsarbeit oder zum Einsatz in der deutschen Wehrmacht genötigt.[6] Ebner riet jedoch, fünf Jugendliche – ein Mädchen und vier Jungen zwischen 15 und 21 Jahren – aus „rassischen" und „erbbiologischen" Gründen in ihre Heimat zurückzuschicken. Der „Lebensborn"-Arzt empfahl weiters, drei von ihnen unverzüglich zu sterilisieren.[7]

KINDER AUS DEM „PROTEKTORAT BÖHMEN UND MÄHREN"

Am 27. Mai 1942 wurde Reinhard Heydrich, Chef des SD der SS und stellvertretender „Reichsprotektor von Böhmen und Mähren", Opfer eines Attentats in Prag – acht Tage später erlag Heydrich seinen Verletzungen. Die deutschen Besatzer leiteten daraufhin massive Vergeltungsmaßnahmen gegen die tschechische Bevölkerung ein.[8] Auf den Verdacht hin, dass Bewohner des westböhmischen Dorfes Lidice dem Attentäter Unterschlupf und Hilfe gewährten,[9] gab SS-Obergruppenführer Karl Hermann Frank „im Auftrag des Führers" den Befehl, die Ortschaft niederzubrennen, die männlichen Einwohner zu erschießen, die Frauen in ein Konzentrationslager zu deportieren und „die Kinder zu sammeln, und, soweit eindeutschungsfähig, an SS-Familien ins Reich zu geben. Der Rest wird einer anderen Erziehung zugeführt".[10]

In der Nacht vom 9. auf den 10. Juni 1942 wurde die gesamte Dorfbevölkerung Lidices aus ihren Häusern getrieben. Die Frauen und Kinder, 198 Frauen und 98 Kinder an der Zahl, wurden in die nahe gelegene Industriestadt Kladno deportiert. Nach deren Abtransport erschoss ein Exekutivkommando die 173 Männer der Ortschaft.[11] Die Frauen und Kinder wurden in der Turnhalle des Gymnasiums in Kladno untergebracht.

5   Vgl. Eidesstattliche Erklärung von Inge Viermetz. ZfA, Fall VIII, ADB 8 C, NO-4710, S, 1.
6   Vgl. Eidesstattliche Erklärung von Kuester. ZfA, Fall VIII, ADB 8 C, NO-4820, S. 1 f.
7   Vgl. Bericht von Ebner an Sollmann vom 25.8.1941. ZfA, Fall VIII, ADB 8 C, NO-1387 sowie Eröffnungsrede der Anklage vor dem Militärgerichtshof am 20. Oktober 1947. ZfA, Fall VIII, Protokollbuch vom 20.10.1947, S. 121 f.
8   Vgl. Notiz über die Mitteilung Karl Dalueges an Horst Böhme vom 30.5.1942. Zit. nach Václav Král, Die Deutschen in der Tschechoslowakei 1933–1947. Dokumentensammlung (Prag, 1964), S. 479 sowie Tagesberichte des SD in Prag vom 9.6.1942, vom 10.6.1942, vom 12.6.1942 sowie vom 8.6.1942. Ebda., S. 480.
9   Vgl. Schreiben des „Reichsprotektors in Böhmen und Mähren" an den Minister des Innern in Prag vom 10.6.1942. IfZG, Fall VIII, ADB 8 E, NO-5413.
10   Bericht von Horst Böhme an das Amt des „Reichsprotektors" über die Vernichtung der Ortschaft Lidice vom 12.6.1942. Zit. nach Král, Tschechoslowakei, S. 480.
11   Ebda., S. 481. Die restlichen elf Männer, die zu dem Zeitpunkt in einer nahe gelegenen Fabrik arbeiteten, wurden später in Prag hingerichtet.

Nach zwei Tagen Aufenthalt eröffnete man den Deportierten, dass die Frauen in ein Arbeitslager geschickt werden sollten – die Kinder sollten später folgen. Ruzena Petrakova, Mutter von drei Kindern, erinnert sich an jenen Augenblick folgendermaßen: „Weil wir Tschechen selbst die Wahrheit lieben, glaubten wir ihnen auch. Trotzdem gaben wir unsere Kinder mit grossem [sic] Schmerz ab, gaben sie in die Hände dieser Gestapo-Leute, die sie misshandelt haben."[12] Die Frauen wurden in das Konzentrationslager Ravensbrück deportiert – 43 von ihnen starben an den Folgen der KZ-Inhaftierung.[13]

In Kladno wurden bereits drei Kinder von Vertretern der Zweigstelle des RuSHA Böhmen und Mähren als „eindeutschungsfähig" erklärt,[14] darunter Václav Zelenka, ein dreijähriger blonder Junge, sowie zwei Mädchen im Alter von zwei und sechs Jahren.[15] Sieben Kinder unter einem Jahr wurden ihren Müttern entrissen und in ein Kinderheim nach Prag verschleppt.[16] Die restlichen 88 Kinder im Alter zwischen einem und 15 Jahren wurden in die Umwanderzentralstelle nach Litzmannstadt deportiert, wo sie Walter Dongus einer „rassischen" Bewertung unterziehen ließ. Sieben Kinder konnten die gewünschten „arischen" Merkmale aufweisen, wurden als „eindeutschungsfähig" bewertet und in das Lager der Außenstelle des RuSHA überführt.[17] Zeugenaussagen dokumentieren, dass diese Auswahl der sieben Kinder oberflächlich durchgeführt wurde: „Wir wurden nicht untersucht. Drei SS-Leute kamen herein, fragten nach unserer Abstammung und wählten sieben von uns aus. (…) Sie kamen einfach, schauten uns an und schrieben unsere Namen auf",[18] so Maria Doležalová. Auch Anna Hanfová erinnert sich, dass die Selektion der Kinder relativ rasch durchgeführt wurde[19] – ein eher ungewöhnliches Verhalten vonseiten der „Rasseexperten":

12 Ruzena Petrakova, Zeugenaussage vor dem Militärgerichtshof am 30.10.1947. IfZG, MB 30/17, S. 770 f. Vgl. dazu weiters die Aussagen von anderen Müttern aus Lidice: Eidesstattliche Erklärungen von Marie Mulak. ZfA, Fall VIII, ADB 8 E, NO-5468; Eidesstattliche Erklärung von Magdalena Pelichovsky. Ebda., NO-5469 sowie Eidesstattliche Erklärung von Anna Kohlicek. Ebda., NO-5471.

13 Vgl. Eröffnungsrede der Anklage am 20.10.1947. ZfA, Fall VIII, Protokollbuch vom 20.10.1947, S. 117.

14 Vgl. ebda., S. 115.

15 Das sechsjährige Mädchen namens Dagmar Veselá wurde später jedoch als „nicht geeignet" eingestuft und in die Gruppe der Kinder von Lezaky eingereiht. Vgl. IfZG, Eichmann-Prozess-Beweisdokumente Nr. 936–939.

16 Vgl. Eröffnungsrede der Anklage am 20.10.1947. ZfA, Fall VIII, Protokollbuch vom 20.10.1947, S. 116. Sechs dieser Kinder überlebten den Krieg, keines dieser sechs Kinder wurde jedoch zu „Eindeutschungszwecken" an eine Familie oder in ein entsprechendes Heim überstellt. Vgl. Sosnowski, Tragedy, Annex Nr. 54, S. 362.

17 Vgl. Eidesstattliche Erklärung von Hermann Alois Krumey. ZfA, Fall VIII, ADB 8 D, NO-5364, S. 9.

18 Maria Doležalová, Zeugenaussage vor dem Militärgerichtshof am 30.10.1947. IfZG, MB 30/17, S. 786.

19 Vgl. Eidesstattliche Erklärung von Anna Hanf. ZfA, FAll VIII, ADB 8 E, NO-5466, S. 2.

„Nach einer Woche erschienen bei uns wieder Soldaten; sie begannen, Kinder auszusuchen, die sie seitlich von den anderen aufstellten. Ihr deutsches ‚Du', ‚Du' werde ich ewig hören. Ich gehörte mit meiner Schwester zu den Ausgesuchten, aber unseren Bruder wollten sie nicht."[20]

Die Schwestern baten die Männer, den Bruder nicht von ihnen zu trennen. Der Wunsch wurde den Mädchen gewährt und ihr Bruder Václav in die Gruppe der auserwählten Kinder aufgenommen.[21] Die übrigen Jungen und Mädchen, 81 an der Zahl, wurden als „nicht eindeutschungsfähig" der Gestapo Litzmannstadt übergeben.[22] Im Juli 1942 wurden sie in das Vernichtungslager Kulmhof (Chelmno) deportiert und dort vergast.[23] Die als „eindeutschungsfähig" deklarierten Jungen und Mädchen wurden nach zweimonatigem Aufenthalt im Lager des RuSHA in ein Kinderheim nach Puschkau bei Posen überführt.[24]

Das Kinderheim in Puschkau wurde am 1. August 1942 als eine Neueinrichtung der Gauselbstverwaltung eröffnet.[25] Auch diese Anstalt diente als „Assimilierungsheim", in das nach Aussage einer ehemaligen Mitarbeiterin der Gauselbstverwaltung „erziehungsbedürftige deutsche Kinder"[26] eingewiesen wurden. Bei den sogenannten „erziehungsbedürftigen deutschen" Kindern handelte es sich in Wirklichkeit um „eindeutschungsfähige" Jungen und Mädchen, die in der Anstalt mit den üblichen „Eindeutschungsmaßnahmen" konfrontiert wurden: mit dem Erlernen der deutschen Sprache, rigorosen Erziehungsmethoden, nationalsozialistischer Schulung, dem Verbot der Kontaktaufnahme mit Angehörigen sowie körperlicher Züchtigung als Bestrafungsinstrument.[27] „Es wurde uns verboten, tschechisch zu sprechen und für jedes tschechische

---

20 Anna Hanfová, schriftlicher Lebensbericht, niedergeschrieben nach dem Tod der Schwester Marie, o. P. Übersetzt und zur Verfügung gestellt von Jana Müller. Sammlung Ines Hopfer.

21 Vgl. Eidesstattliche Erklärung von Anna Hanf. ZfA, Fall VIII, ADB 8 E, NO-5466, S. 2.

22 Vgl. Eidesstattliche Erklärung von Krumey. ZfA, Fall VIII, ADB 8 D, NO-5364, S. 9.

23 Schriftliche Belege, die die Ermordung der Lidice-Kinder im KZ Kulmhof dokumentieren, fehlen. In Anbetracht des heutigen Forschungsstandes kann allerdings davon ausgegangen werden, dass die Jungen und Mädchen in Kulmhof verstorben sind. Vgl. Eduard Stehlík, Lidice. Geschichte eines Dorfes (Lidice, 2004), S. 100 sowie namentliche Auflistung der Lidice-Kinder in Sosnowski, Tragedy, Annex Nr. 54, S. 359–362.

24 Vgl. Eidesstattliche Erklärung von Anna Hanf. ZfA, Fall VIII, ADB 8 E, NO-5466, S. 2.

25 Vgl. Schreiben der Leiterin des Kinderheimes, Meta Hoepfner, an den Lebensborn vom 17.8.1942. ZfA, Fall VIII, ADB 8 D, NO-5414.

26 Marie Molsen, Oberfürsorgerin der Stadtverwaltung Posen. ZfA, Fall VIII, DB Sollmann II, Nr. (ohne Angabe), Bl. 15.

27 Vgl. Eidesstattliche Erklärung von Václav Hanf. ZfA, Fall VIII, ADB 8 E, NO-5463; Eidesstattliche Erklärung von Věra Vokatá. ZfA, Fall VIII, ADB 8 E, NO-5464. Eidesstattliche Erklärung von Anna Hanf.

Wort, das wir sprachen, wurden wir gescholten oder bestraft",[28] so Anna Hanfová über die Erziehung im Heim.

Im Kinderheim konnten bis zu 70 Kinder aufgenommen werden. Insgesamt hielten sich 13 tschechische Kinder in Puschkau auf: Marie Doležalová, Emilie Frejova, Václav Hanf, Anna Hanfová, Maria Hanfová, Eva Kubíková, Hana Špotová, Věra Vokatá sowie Václav Zelenka, allesamt aus Lidice. Jarnila und Marie Stuhlik stammten aus Lezaky, das Geschwisterpaar Georg und Alenka Samal aus Prag.[29] „Man hat uns immer gesagt, dass wir nie wieder zurückkehren würden, sondern immer in Deutschland bleiben würden",[30] erinnert sich Maria Hanfová. Die Jungen und Mädchen waren bereits mit „verdeutsch-tem" Namen nach Puschkau überstellt worden – die Leiterin des Heimes, Meta Hoepf-ner, konstatierte allen ein „deutsches" Erscheinungsbild.[31]

Obwohl bekannt war, dass die Mütter noch lebten, wurde ein Großteil der tsche-chischen Kinder mit Hilfe des SS-Vereins nach einem Jahr Aufenthalt in Puschkau an deutsche Pflegefamilien übergeben.[32] Václav Hanf und Václav Zelenka wurden in die „Lebensborn"-Anstalt „Alpenland" nach Oberweis transportiert, wo Zelenka an eine Familie nach Dresden vermittelt werden konnte.[33] Hanf hingegen blieb bis zur Evaku-ierung des Heimes im April 1945 in Oberweis.[34] Von 104 Kindern aus Lidice überlebten nur 17 den Krieg, davon neun Kinder, die als „eindeutschungsfähig" gewertet und in das „Altreich" verschleppt worden waren.

ZfA, Fall VIII, ADB 8 E, NO-5466; Eidesstattliche Erklärung von Emilie Frey. ZfA, Fall VIII, ADB 8 E, NO-5467; sowie Zeugenaussage von Maria Hanfová vor dem Militärgerichtshof am 30.10.1947. IfZG, MB 30/17, S. 777–780.

28   Eidesstattliche Erklärung von Anna Hanf. ZfA, Fall VIII, ADB 8 E, NO-5466, S. 3.

29   Vgl. Affidavit, Meta Hoepfner; nur in englischer Sprache vorhanden. ZfA, Nürnberger Dokument, NO-5227, S. 1.

30   Maria Hanfová, Zeugenaussage am 30.10.1947. IfZG, MB 30/17, S. 779.

31   Affidavit, Meta Hoepfner; nur in englischer Sprache vorhanden. Im Original spricht Hoepfner von „a German appearance". ZfA, Nürnberger Dokument, NO-5227, S. 2.

32   Vgl. Affidavit, Meta Hoepfner. ZfA, Nürnberger Dokument, NO-5227, S. 2 f. Zur Beteiligung des „Le-bensborn" an der Vermittlung von Kindern aus Lidice und Lezaky vgl. Eidesstattliche Erklärung von Wolfgang Überschaar. ZfA, Fall VIII, ADB 8 A, NO-5221; Eidesstattliche Erklärung von Inge Viermetz. ZfA, Fall VIII, ADB 8 A, NO-4709 sowie Eidesstattliche Erklärung von Max Sollmann. ZfA, Fall VIII, ADB 8 A, NO-4450.

33   Zum Schicksal Zelenkas, dem langjährigen Bürgermeister Lidices, vgl. weiters Miroslav Ivanov, Der Henker von Prag. Das Attentat auf Heydrich (Berlin, 1993), S. 335–339 sowie Michael Schmölzer, Die Kinder von Lidice. Gedanken – Sühne ohne Schuld. In: Wiener Zeitung vom 10.6.2002, S. 3. Zelenka war das als letztes aufgefundene Kind aus Lidice; er kehrte im Mai 1947 in seine Heimat zurück.

34   Vgl. Bericht von Merkel, S. 3. Archiv der Marktgemeinde Laakirchen. Weitere Angaben zum Schicksal Václav Hanfs vgl. Jolana Macková, Ivan Ulrych, Kinderschicksale aus Lidice – Erinnerungen, Zeugnisse, Dokumente (Nymburk, 2004), S. 66–68.

Zwei Wochen nach dem Vergeltungsanschlag in Lidice wurde auch die Ortschaft Lezaky dem Erdboden gleichgemacht, das Dorf niedergebrannt, die Erwachsenen, 33 Männer und Frauen, wurden erschossen und die Kinder deutschen Stellen übergeben.[35] Insgesamt wurden dreizehn Kinder aus Lezaky verschleppt, nur zwei Mädchen wurden vom RuSHA als „eindeutschungsfähig" bewertet und in das Heim nach Puschkau überwiesen. Hierbei handelte es sich um die dreijährige Jarnila Stuhlik und die 14 Monate alte Marie Stuhlik.[36] Die restlichen Kinder der Ortschaft, fünf Mädchen und sechs Jungen im Alter von einem bis 15 Jahren, wurden in die Umwanderzentralstelle nach Litzmannstadt deportiert. In diesem Kindertransport befand sich ferner auch die sechsjährige Dagmar Veselá aus Lidice, die in Kladno als „eindeutschungsfähig" bewertet worden war.[37] Auch diese zwölf Kinder wurden am 25. Juli 1942 der Gestapo in Litzmannstadt übergeben,[38] nach Kulmhof gebracht und dort mit hoher Wahrscheinlichkeit vergast.[39]

In Anbetracht der Quellenlage kann angenommen werden, dass die Kinder aus Lidice und Lezaky nicht die einzigen tschechischen Kinder waren, die zu „Eindeutschungszwecken" in das „Altreich" verschleppt wurden. Himmler persönlich beauftragte den Vorstand des „Lebensborn", Max Sollmann, im Sommer 1943 nach Prag zu reisen, um dort mit SS-Obergruppenführer und Staatssekretär Karl Hermann Frank die Erziehung und Unterbringung von Kindern tschechischer exekutierter Widerstandskämpfer zu besprechen.[40] „Kinder, die einen rassisch erwünschten Bevölkerungsanteil darstellen, sind dem ‚Lebensborn' zu überweisen",[41] so die Meinung Franks, „rassisch unerwünschte sind einem besonderen Kinderlager zuzuführen".[42] Nach Schätzungen des SS-Obergruppenführers und Staatssekretärs waren im Sommer 1943 allerdings höchstens hundert tschechische Jungen und Mädchen für eine Überstellung in „Lebensborn"-Heime geeignet.[43]

---

35   Vgl. Abschlussbericht Karl Dalueges an Martin Bormann über das Attentat auf Reinhard Heydrich, undatiert. Zit. nach Král, Tschechoslowakei, S. 486–489, hier S. 499.

36   Vgl. Eröffnungsrede der Anklage am 20.10.1947. ZfA, Fall VIII, Protokollbuch vom 20.10.1947, S. 119 f.

37   Vgl. Transportliste der für die Umwandererzentralstelle Litzmannstadt bestimmten nicht-wiedereindeutschungsfähigen Kinder, erstellt vom RuSHA, Außenstelle Böhmen-Mähren, vom 6.7.1942. IfZG, Eichmann-Prozess-Beweisdokumente, Nr. 937.

38   Vgl. Auflistung der Tschechen-Kinder im Lager Gneisenauerstraße 41 vom 7.7.1942 sowie Bescheinigung vom 25.7.1942 betreffend Unterbringung der Kinder. IfZG, Eichmann-Prozess-Beweisdokumente Nr. 937 sowie Nr. 939.

39   Vgl. Stelík, Lidice, S. 100.

40   Vgl. Schreiben Himmlers an Sollmann vom 21.6.1943. IfZG, NO-4173.

41   Schreiben Franks vom 22.6.1943. Abgedruckt in Václav Král, Karel Fremund, Die Vergangenheit warnt. Dokumente über die Germanisierungs- und Austilgungspolitik der Naziokkupanten in der Tschechoslowakei (Prag, 1962), S. 158.

42   Ebda.

43   Vgl. Schreiben Max Sollmanns an Heinrich Himmler vom 7.7.1943. BA Berlin, NS 19/375, Bl. 15.

Ob es zur Überstellung von diesen Kindern in Anstalten des SS-Vereines kam, ist jedoch bis dato ungeklärt.⁴⁴ Nachweislich befanden sich nur zwei tschechische Kinder in einer „Lebensborn"-Anstalt: die bereits genannten Jungen Václav Hanf und Václav Zelenka aus der Ortschaft Lidice. Da der Großteil der Akten des SS-Vereins allerdings vernichtet wurde, kann eine Unterbringung von weiteren tschechischen Kindern in „Lebensborn"-Heimen nicht gänzlich ausgeschlossen werden.

KINDER AUS DER „OBERKRAIN" UND DER „UNTERSTEIERMARK"

Die Antipartisanenbewegung „Enzian", die im Sommer 1942 gegen die Bevölkerung der eingegliederten Gebiete „Oberkrain" und „Untersteiermark", im heutigen Slowenien gelegen, durchgeführt wurde, ist mit dem Anschlag auf das tschechische Dorf Lidice vergleichbar – auch diese „Aktion" war als Vergeltungsmaßnahme gegen die anhaltenden Partisanenbewegungen in den betroffenen Gebieten gedacht.⁴⁵ Heinrich Himmler erteilte persönlich den Befehl für die „Unterdrückung der Bandentätigkeit" in den Gebieten der „Oberkrain" und „Untersteiermark", die Richtlinien der Operation sahen wie folgt aus:

„Die Aktion hat alle Elemente der Bevölkerung, die gutwillig die Banden durch Gestellung von Menschen, Verpflegung, Waffen und Unterschlupf unterstützt haben, unschädlich zu machen. Die Männer einer schuldigen Familie, in vielen Fällen sogar der Sippe, sind grundsätzlich zu exekutieren, die Frauen sind zu verhaften und in ein Konzentrationslager zu bringen, die Kinder aus ihrer Heimat zu entfernen und im Altreichsgebiet des Gaues zu sammeln. Über Anzahl und rassischen Wert diese Kinder erwarte ich gesonderte Meldungen."⁴⁶

---

44   In einem Schreiben des Deutschen Staatsministers für Böhmen und Mähren an den Persönlichen Stab des RFSS wird mitgeteilt, dass die geplanten Maßnahmen aufgrund erheblicher Beunruhigung vonseiten der tschechischen Bevölkerung nicht durchgeführt wurden, andererseits wird auf eine Umsetzung der „Aktion" gepocht: „Für die geschlossenen untergebrachten Kinder ist vorgesehen, die rassisch tragbaren Elemente über den Lebensborn in deutsche Familien oder in ein Kinderheim zu vermitteln, hingegen die über sechzehn Jahre alten Kinder in ein Konzentrationslager einzuweisen." Schreiben des Deutschen Staatsministers für Böhmen und Mähren an den Persönlichen Stab RFSS vom 13.6.1944. BA Berlin, NS 19/375, Bl. 11 f.

45   In der Sprache des deutschen Militärs wurde die „Partisanenbewegung" als „Bandentätigkeit" bezeichnet, die Bekämpfung derer, als „Bandenbekämpfung" tituliert. Bei dieser sogenannten „Bandenbekämpfung" wurde nicht allein gegen Partisanen, sondern wahllos auch gegen die Zivilbevölkerung in der betreffenden Region vorgegangen, vor allem Kinder und Frauen waren davon betroffen.

46   Heinrich Himmler, Richtlinien für die Durchführung der Aktion gegen Partisanen und sonstige Banditen in Oberkrain und Untersteiermark vom 25.6.1942. BA Berlin, NS 19/28, Bl. 10 f.

Die Operation „Enzian" wurde rücksichtslos durchgeführt und die Kinder nach der „rassischen" Untersuchung gewaltsam von ihren Angehörigen getrennt.[47] Heinrich Obersteiner, der ein Jahr später maßgeblich an der Vermittlung polnischer Kinder im Gau Salzburg beteiligt war, wurde zu diesem Zweck nach Veldes berufen, um die Selektionen der Kinder vorzubereiten. Die „rassischen" Examina wurden von dem „Eignungsprüfer" SS-Hauptsturmführer Georg Rödel durchgeführt,[48] der die Jungen und Mädchen den üblichen „rassischen" Bewertungsgruppen I, II, III, IV zuordnete.[49] Die Zukunft der „rassisch" gewerteten Kinder sah folgendermaßen aus: Die überprüften Jungen und Mädchen sollten in das VoMi-Lager des Gaus Bayreuth überführt,[50] Kinder der Wertungsgruppe I und II zwischen sechs Monaten und 12 Jahren dem SS-Verein „Lebensborn" übergeben werden.[51]

Der erste „Aussiedler-Kindertransport" fand am 10. August 1942 statt und umfasste 430 Kinder aus der „Untersteiermark" im Alter von einem bis 18 Jahren. Die Kinder wurden mit der Bahn in Begleitung von DRK-Helferinnen von Celje nach Frohnleiten in das hiesige VoMi-Lager deportiert.[52] Das VoMi-Lager in Frohnleiten diente nur als Übergangsstation; die Betroffenen wurden in eigene „Jugendlager" der „Volksdeutschen Mittelstelle" im Gau Bayreuth eingewiesen.[53] Kinder aus der „Oberkrain" mussten noch bis September 1942 in völlig überfüllten Sammellagern ihres Heimatgebietes ausharren,[54] bis sie schlussendlich in das „Altreich" deportiert und in VoMi-Lagern untergebracht wurden.[55]

Im Februar 1943 befanden sich bereits 600 Kinder aus der „Untersteiermark" und der „Oberkrain" in der Obhut der VoMi Bayreuth. Der „Lebensborn" erklärte sich zwar bereit, für Kinder bis zum zehnten Lebensjahr Adoptionsstellen zu suchen, der SS-Verein

---

47   Vgl. Eidesstattliche Erklärung von Karl Schafhauser. IfZG, Fall VIII, ADB 8 D, NO-5004, S. 1 f.

48   Vgl. Schreiben des HSSPF „Alpenland" Erwin Rösener an den Chef des RuSHA, Hofmann, vom 8.8.1942. Zit. nach Tone Ferenc, Quellen zur nationalsozialistischen Entnationalisierungspolitik in Slowenien 1941–1945 (Maribor, 1980), Nr. 250, S. 484 f.

49   Vgl. Eidesstattliche Erklärung von Georg Rödel. ZfA, Fall VIII, ADB 8 D, NO-5115, S. 1.

50   Vgl. „Jugendlager im Gau Bayreuth – Angehörige von erschossenen Banditen in der Untersteiermark vom 21.9.1943". BA Berlin, R 59/112, Bl. 65–75.

51   Vgl. Geheimes Schreiben des Beauftragten des RKFDV, Heinrich Obersteiner, an die Volksdeutsche Mittelstelle Berlin vom 14.9.1942. Zit. nach Ferenc, Quellen, Nr. 256, S. 492.

52   Vgl. Bericht der DRK-Wachtführerin Anna Rath über den Transport ausgesiedelter slowenischer Kinder vom 17.8.1942. Zit. nach Ferenc, Quellen, Nr. 251, S. 485 f.

53   Vgl. Schreiben der Reichsjugendführung der Hitler Jugend an die Volksdeutsche Mittelstelle, z. H. Sturmbannführer Brückner vom 14. 1. 1943. Zit. nach Ferenc, Quellen, Nr. 288, S. 565 f.

54   Vgl. Geheimes Schreiben des Beauftragten des RKFDV, Heinrich Obersteiner, an die Volksdeutsche Mittelstelle Berlin vom 14.9.1942. Zit. nach Ferenc, Quellen, Nr. 256, S. 493.

55   Vgl. Eidesstattliche Erklärung von Hans Klingsporn. ZfA, Fall VIII, DB Viermetz, Nr. 19, Bl. 62.

nahm allerdings nur Säuglinge und Kleinkinder im Alter von bis zu drei Jahren in seine Anstalten auf. Die „Volksdeutsche Mittelstelle“ plante daraufhin, sich mit der Inspektion der Deutschen Heimschulen in Verbindung zu setzten, um mit August Heißmeyer die Betreuung der übrigen Kinder zu besprechen.[56]

Dem Historiker Georg Lilienthal zufolge wurden rund zwei Dutzend slowenische Kinder vom „Lebensborn“ übernommen, die in das Heim „Sonnenwiese“ nach Kohren-Salis gebracht wurden – mindestens zehn dieser Kinder wurden an deutsche Pflegefamilien vermittelt.[57] Der im Folgenden angeführte Auszug eines Briefes des Pflegevaters Hermann H. an Heinrich Himmler dokumentiert exemplarisch den Vorgang der Kindesvermittlung:

„Mein lieber Heinrich!
Am 1. März waren meine Frau und ich in dem ideal gelegenen und wundervoll zweckmässig eingerichteten ‚Lebensborn‘heim ‚Sonnenwiese‘ in Kohren/Salis, wo wir unseren zukünftigen Sohn aufsuchten. Es gab nun eine kleine Enttäuschung insofern als der auserwählte Hans-Dieter mit seinem ausgesprochenen Rundschädel nicht ganz in unsere Familie, in welcher mehr die schmalen Gesichter vorherrschen, hineinpasste. (…) Wir fanden dann fast auf Anhieb den kleinen Wilhelm, der blond und blauäugig ein richtiger deutscher Junge zu werden verspricht. Ohne die näheren Abstammungsverhältnisse schon zu kennen, wissen wir nur, dass es sich um das Kind von greuelgemordeten [sic] Volksdeutschen handelt (…). Wir wollen den Jungen Haymo Heinrich nennen. Haymo ist ein altbayrischer, heute kaum mehr bekannter Name (…) und Heinrich ist zur Erinnerung an dich für uns eine liebe Ehrensache geworden. Nun kann Haymo Heinrich kommen. Alles ist bereit, das Bettchen, die Wäsche und die Arme seiner künftigen Eltern.“[58]

Wilhelm Gorutschan, wie der slowenische Junge mit Geburtsnamen hieß, war über das VoMi-Lager „Werdenfels“ bei Regensburg in die Obhut des „Lebensborn“ überführt worden. Der SS-Verein änderte den ursprünglichen Namen des Kindes in „Haymo Heinrich H.“ und stellte den Pflegeeltern eine neue Geburtsurkunde aus. Wilhelm wurde im Juli 1944 rechtskräftig von seiner deutschen Pflegefamilie adoptiert. Zwei Jahre nach Kriegsende lebte der slowenische Junge nachweislich noch immer bei seinen deutschen Eltern in Hamburg.[59]

---

56   Vgl. Aktenvermerk von SS-Obersturmführer Klingsporn für SS-Sturmbannführer Brückner vom 10.2.1943. BA Berlin, R 59/57, Bl. 22 ff. Zit. nach Ferenc, Quellen, Nr. 292, S. 575–577.
57   Vgl. Lilienthal, Kinder, S. 189 f.
58   Brief von Hermann H. vom 14.3.1943 an Heinrich Himmler. BA Berlin, NS 19/1267, Bl. 25 f.
59   Vgl. Lilienthal, Lebensborn (2003), S. 240–242. Wilhelm Gorutschan gehört zu den beiden einzigen

Ein Großteil der slowenischen Kinder, der unter der Aufsicht des SS-Vereines war, musste jedoch noch während der NS-Zeit „zurückgegeben" werden. Angehörige der verschleppten Kinder suchten nach den Jungen und Mädchen. Die VoMi unterstützte das Vorhaben der Verwandten: in der geschlossenen „Eindeutschung" von Familien versprach sich das SS-Hauptamt mehr Erfolg.[60]

Daraufhin entließ der „Lebensborn" bis 1944 zehn bis 15 slowenische Kinder aus seinen Anstalten, bis Kriegsende blieben ca. acht Jungen und Mädchen in der „Obhut" des SS-Vereins.[61]

KINDER AUS KROATIEN

Mitte 1944 wies Himmler den Kommandanten Arthur Phleps, SS-Obergruppenführer der im Gebiet des heutigen Kroatien operierenden 7. SS-Freiwilligen-Gebirgs-Divison „Prinz Eugen" an, „die elternlose Jugend in den ganzen Balkangebieten"[62] geschlossen zu sammeln und sie in Schulen und Heimen unterzubringen: „Diese Jugend kann, wenn sie am Leben bleibt, nur nach zwei Seiten strömen, entweder zu den Kommunisten, wenn wir uns nicht ihrer annehmen oder zu uns, wenn wir etwas tun",[63] so der Reichsführer-SS. Die kroatischen Waisenkinder sollten in eigens von Himmler errichteten Schulen als „eine Art Janitscharen"[64] erzogen werden und nach Kriegsende als „anständige Menschen und wertvolle Bürger"[65] in ihre Heimatländer zurückkehren. Für das Deutsche Reich gingen diese Menschen trotz ihrer Rückkehr in die Heimat nicht „verloren", Himmler sah in ihnen „treue Anhänger des Führers und künftige Soldaten und Soldatenfrauen der alten Wehrgrenze des Reiches".[66] Himmler erwartete sich monatlich einen Bericht der einzelnen Divisionen über den Stand dieser Operation.[67] Das „Rasse- und Siedlungshauptamt" wurde mit den „rassischen" Untersuchungen der erfassten Jugendlichen be-

---

ausländischen Kindern, deren Adoption bereits während des Krieges als rechtsgültig abgeschlossen wurde. Das weitere Schicksal des slowenischen Jungen ist unbekannt.

60   Vgl. Lilienthal, Kinder, S. 189 f.
61   Vgl. ebda., S. 190.
62   Der RFSS, Heinrich Himmler, an SS-Obergruppenführer Phleps am 20.5.1944. BA Berlin, NS 19/1514, Bl. 3 f.
63   Ebda.
64   Schreiben des RFSS an den Chef des SS-HA, Gottlob Berger, am 14.7.1944. BA Berlin, NS 19/1514, Bl. 7.
65   Ebda.
66   Ebda.
67   Der RFSS, Heinrich Himmler, an SS-Obergruppenführer Phleps am 20.5.1944. BA Berlin, NS 19/1514, Bl. 4.

auftragt.[68] Inwieweit das Verfahren zahlenmäßig erfolgreich war, bleibt dahingestellt. Fest steht, dass bereits im Oktober 1944 die SS-Divisionen von der Roten Armee vernichtend geschlagen wurden und dadurch den Visionen Himmlers im Gebiet des heutigen Kroatien ein Ende gesetzt wurden.

KINDER AUS DEN BESETZTEN OSTGEBIETEN

Unmittelbar nach Kriegsbeginn mit der Sowjetunion erließ Heinrich Himmler den Befehl, sich der „volksdeutschen" Kinder in Russland anzunehmen.[69] SS-Standartenführer Guntram Pflaum,[70] ehemals in leitender Funktion im SS-Verein „Lebensborn" tätig, erhielt den Sonderauftrag, sich im Wolga-Gebiet „der noch blutlich guten und unvermischten volksdeutschen Kinder anzunehmen".[71] Ein Jahr später richtete das sogenannte „Sonderkommando Pflaum" ein Kinderheim mit eigenem Kindergarten in Bobruisk ein.[72]

Der Kindergarten umfasste rund 40 Kinder im Alter von drei bis 12 Jahren, davon waren fünf bis sechs Kinder deutscher Herkunft, die restlichen Jungen und Mädchen waren russischer Abstammung. Pflaum hatte die russischen Kinder nach ihrem „rassischen" Erscheinungsbild selbst ausgewählt. Primäres Ziel war es, die russischen Kinder gemeinsam mit den deutschen Jungen und Mädchen zu erziehen. Ungeachtet der Tatsache, dass die russischen Kinder noch Angehörige in ihrem Heimatland hatten, war geplant, die Betroffenen nach „erfolgreicher Führung" in das „Altreich" zu deportieren. Im Reichsgebiet sollten die russischen Kinder deutschen Familien übergeben werden.[73]

Wie das weitere Schicksal der Kinder des „Sonderkommandos Pflaum" ausgesehen

---

68   Vgl. Fernschreiben des SS-Obersturmbannführers und Chefadjutant des RFSS, Grothmann, an das Generalkommando des 5. SS-Gebirgskorps vom 12.9.1944, betreffend die Erfassung elternloser Jugend im Balkan. BA Berlin, NS 19/1514, Bl. 8.

69   Vgl. Befehl des RFSS an SS-Gruppenführer Lorenz, Chef der VoMi, sowie an Heydrich, Chef der Sipo und des SD, vom 11.7.1941 betreffend die Erfassung der deutschen Volkszugehörigkeit in den Gebieten der europäischen UdSSR. ZfA, Fall VIII, ADB 8 C, NO-4274.

70   Pflaum war seit 1932 Mitglied der NSDAP und der SS und war 1937 bis 1942 Geschäftsführer des SS-Vereines „Lebensborn", von 1935 bis 1938 Angehöriger des RuSHA. 1942 wurde Pflaum „Sonderbeauftragter des Reichsführers-SS für Schädlingsbekämpfung" und bereiste die Konzentrationslager. BDC Pflaum Guntram. Zit. nach Heinemann, Rasse, S. 628 f.

71   Befehl des RFSS an SS-Gruppenführer Lorenz, Chef der VoMi, sowie an Heydrich, Chef der Sipo und des SD, vom 11.7.1941. ZfA, Fall VIII, ADB 8 C, NO-4274.

72   Vgl. Tätigkeitsbericht des RuS-Führers beim HSSPF „Russland-Mitte" an den Chef des RuSHA vom 19.7.1942. IfZG, NO-3727.

73   Vgl. Eidesstattliche Erklärung von Hans Willibald Zwirner. ZfA, Fall VIII, ADB 8 D, NO-5223.

hat, ist ungeklärt. Nach Georg Lilienthal wurde das Kinderheim wie andere gefährdete Heime aufgrund des Herannahens der Roten Armee evakuiert und die Insassen in diverse „Auffangheime" im Reichsgau Wartheland deportiert.[74]

Die Anwendung der Anordnung 67/I war Anfang 1942 auch im Reichskommissariat „Ostland", das Litauen, Lettland, Estland und Teile Weißrusslands umfasste, geplant.[75] In fast allen größeren Städten der besetzten Ostgebiete waren bereits eigene Kinderheime vom SD errichtet worden, in denen „volksdeutsche" Kinder von verschleppten oder getöteten Eltern untergebracht waren.[76] Während einer Inspektionsreise durch das Reichskommissariat gab Himmler dem HSSPF „Ostland", SS-Obergruppenführer Friedrich Jeckeln, im Jänner 1942 den Befehl, die Erfassung dieser elternlosen Kinder im Einvernehmen mit dem SD zu übernehmen und zu Ende zu führen.[77] Auch bei diesen Kindern sollte nach Wunsch des Stabshauptamtes das „Eindeutschungsverfahren" gemäß der Anordnung 67/I angewandt werden.[78]

Die verantwortlichen Dienststellen begannen daraufhin mit der Umsetzung der geplanten Maßnahmen. Der „Reichskommissar für das Ostland", Heinrich Lohse, erfuhr allerdings davon, wies diese aufs Schärfste zurück und betonte, dass eine Anerkennung des Verfahrens zur „Eindeutschung" von Jungen und Mädchen durch das Ostministerium nicht erfolgen werde.[79] Es scheint, dass die Operation daraufhin eingestellt werden musste. Das Schicksal der bereits erfassten Kinder, rund 5.100 Jungen und Mädchen, ist dennoch nicht gänzlich geklärt:[80] Der Plan zur gewaltsamen „Eindeutschung" der bereits erfassten Kinder wurde von den verantwortlichen Dienststellen nämlich nicht vollständig aufgegeben. Himmler setzte sich im März 1943 dafür ein, dass der SD Kontakt mit dem „Lebensborn" aufnahm. Die in den Kinderheimen des SD befindlichen Jungen und Mädchen sollten an den SS-Verein übergeben werden, „damit möglichst bald die volksdeutschen Kinder nach Deutschland genommen und hier in Familien untergebracht

---

74   Vgl. Lilienthal, Lebensborn (2003), S. 221.

75   Vgl. Schreiben Greifelts, Stabshauptamt des RKFDV, an RFSS am 13.5.1942. BA Berlin, NS 19/2216, Bl. 1.

76   Vgl. Geheimes Schreiben von HSSPF „Ostland" SS-Obergruppenführer Jeckeln an RFSS vom 13.6.1942. BA Berlin, NS 19/2216, Bl. 6 sowie Schreiben des Chefs der Sipo und des SD, Ernst Kaltenbrunner, an RFSS vom 5.3.1943. BA Berlin, NS 19/1436, Bl. 15.

77   Vgl. Geheimes Schreiben von HSSPF „Ostland" SS-Obergruppenführer Jeckeln an RFSS vom 13.6.1942. BA Berlin, NS 19/2216, Bl. 6.

78   Vgl. Schreiben Greifelts, Stabshauptamt des RKFDV, an RFSS am 13.5.1942. BA Berlin, NS 19/2216, Bl. 1.

79   Vgl. Schreiben des Reichskommissars für das Ostland, Lohse, an HSSPF in Riga, Jeckeln, vom 13.4.1942. BA Berlin, NS 19/2216, Bl. 3 f.

80   Vgl. Schreiben Greifelts, Stabshauptamt des RKFDV, an RFSS am 13.5.1942. BA Berlin, NS 19/2216, Bl. 2.

werden können".[81] Mit diesem Schreiben verliert sich jedoch die Spur der betroffenen Jungen und Mädchen.

Die zwangsweise „Eindeutschung" von „fremdvölkischen" Kindern basierte auf „rassen"-, „volkstums"- und bevölkerungspolitischen Motiven. In den besetzten Ostgebieten trat der „rassen- und volkstumspolitische Charakter" der „Aktion" im Sommer 1944 jedoch in den Hintergrund: Die Verschleppung von Jungen und Mädchen aus Weißrussland, der nördlichen Ukraine und Galizien war primär als „Rekrutierungsaktion" von kindlichen Zwangsarbeitern gedacht. In der sogenannten „Heu-Aktion" plante das Reichsministerium für die besetzten Ostgebiete gemeinsam mit der Heeresgruppe Mitte, 40.000 bis 50.000 russische Kinder im Juni 1944 aus dem Bereich der Heeresgruppe Mitte zur Zwangsarbeit in das Deutsche Reich zu deportieren.[82] Die Eltern der betroffenen Kinder waren bereits von den deutschen Besatzungsbehörden in Arbeitsbataillone zusammengefasst worden. Die elternlosen Jungen und Mädchen stellten im Operationsgebiet der deutschen Streitkräfte folglich eine „nicht unerhebliche Belastung"[83] dar, da sie sich unmittelbar hinter der Front ohne Angehörige aufhielten. Kinder im Alter von zehn bis 14 Jahren sollten daher „gesammelt" und als Zwangsarbeiter in das Deutsche Reich verschleppt werden, für die jüngeren Jahrgänge plante man eigene Kinderdörfer zu errichten.[84]

Das gesamte Verfahren war als „Fürsorgemaßnahme des Reiches"[85] getarnt und nahm im Juni 1944 seinen Anfang. Wie viele Kinder in die Hände der Heeresgruppe Mitte fielen, ist bis dato ungeklärt, in Schätzungen geht man von 2.500 bis 4.500 russischen Kindern aus, die von den Besatzern noch vor ihrem Rückzug in das deutsche Reichsgebiet deportiert werden konnten.[86] Der Vormarsch der Roten Armee verhinderte allerdings die planmäßige Durchführung der „Aktion".

---

81 Schreiben von Brandt, Persönlicher Stab des RFSS, an Ernst Kaltenbrunner, Chef des SD und Sipo, vom 15.3.1943. BA Berlin, NS 19/1436, Bl. ohne Angabe.

82 Vgl. Geheimer Vermerk des Chefs des Führungsstabes Politik über die Evakuierung von Jugendlichen aus dem Gebiet der Heeresgruppe Mitte (Heu-Aktion) vom 12.6.1944. BA Berlin, NS 48/29, Bl. 24–26. Abgedruckt in Mausbach, Mausbach-Bromberger, Feinde, S. 185–187 sowie als Nürnberger Dokument Nr. 031-PS. Internationaler Militärgerichtshof Nürnberg, Prozess, Bd. 25, 031-PS, S. 88–92.

83 Geheimer Vermerk des Chefs des Führungsstabes Politik über die Evakuierung von Jugendlichen aus dem Gebiet der Heeresgruppe Mitte (Heu-Aktion) vom 12.6. 1944. BA Berlin, NS 48/29, Bl. 24.

84 Vgl. ebda., Bl. 24–26.

85 Ebda., Bl. 25.

86 Vgl. „Heuaktion". In: Benz, Graml, Weiß, Enzyklopädie, S. 509.

VIII. Abschließende Betrachtungen – ein „Ausblick"

Bereits vor Beginn des Zweiten Weltkrieges gab Heinrich Himmler öffentlich seine Vorstellungen bekannt, die er während des Krieges mit aller Härte zu verwirklichen versuchte:[1] Der Reichsführer-SS und „Reichskommissar für die Festigung deutschen Volkstums" betonte, dass auch in der slawischen Rasse „nordische" „Blutsträger" vorhanden waren – diese zu „finden" und in die „deutsche Volksgemeinschaft" aufzunehmen, erklärte er zu seinem „volkstums"-, „rassen"- und bevölkerungspolitischen Ziel.[2] Die „Jagd" auf „gutrassiges" Menschenmaterial war somit eröffnet.

Die zwangsweise „Eindeutschung" von „rassisch wertvollen" Kindern war ein Erfolg versprechendes Instrument zur Durchsetzung seiner Pläne. Himmler zur Seite standen zahlreiche Dienststellen, die seinen Anordnungen Folge leisteten, wobei als zentrale Koordinierungsinstanz das Stabshauptamt des „Reichskommissars für die Festigung deutschen Volkstums" auserkoren wurde. Anhand menschenunwürdiger Verfahren wurden „eindeutschungsfähige" Jungen und Mädchen ausgewählt, die den Ansprüchen des NS-Regimes und seinen Ideologien entsprachen. Die Verantwortlichen des Verfahrens sahen in den Selektierten den erwünschten „wertvollen Bevölkerungszuwachs", somit schloss sich der Kreis: Die Suche nach „wertvollen" „Blutsträgern" war „geglückt", die Betroffenen mussten lediglich nationalsozialistisch indoktriniert werden, um die Ideale des Regimes nicht nur äußerlich zu verkörpern. Permanent begleitet von rigoros geführten Erziehungsmethoden, die bisweilen sadistische Ausmaße annahmen, wurden die betroffenen Kinder im Zuge der „Eindeutschungsmaßnahmen" entwürdigt, gedemütigt, verunsichert und ihrer Identität beraubt. Das Kriegsende bedeutete nicht das Ende ihrer Qual, erst jetzt begann die Suche nach der eigenen Identität:

> „Ein Mensch, vor allem ein Kind, kann viel arbeiten und viel ertragen, aber die schwerste Qual ist die Trennung von der lieben Familie in jungen Jahren. Manchmal, wie zum Beispiel jetzt, wenn ich mich an die Zeiten erinnere, beneide ich diese Kinder, die in ihren ersten Lebensjahren von ihren Familien weggenommen

---

[1]   Vgl. Rede Himmlers am 8.11.1938 vor den SS-Gruppenführern zu einer Gruppenführung im Führerheim der SS-Standarte „Deutschland". Smith, Peterson, Heinrich Himmler, S. 38.

[2]   Vgl. dazu u. a. Rede Himmlers bei der SS-Gruppenführertagung in Posen am 4.10.1943. Internationaler Militärgerichtshof Nürnberg, Prozess, Bd. 29, PS-1919, S. 118; Rede Himmlers vor den Reichs- und Gauleitern in Posen am 6.10.1943. Smith, Peterson, Heinrich Himmler, S. 166.

wurden, sie leben mit einer Gewissheit und einer ruhigen Seele, weil sie nie erfahren haben, woher sie stammen und sie werden es auch nicht erfahren."[3]

Die Opfer des „Eindeutschungsverfahrens" sind heute betagte Personen von über siebzig Jahren. Die Erlebnisse in der Kindheit liegen bereits Jahrzehnte zurück, dennoch bereitet es vielen Betroffenen immer noch Mühen und Schmerz, sich an die Ereignisse von damals zu erinnern. Für andere wiederum sind die Kindheitserlebnisse „abgehakt", sie sehen sie als Fügung des Schicksals:

„Ich habe daneben den Glauben an mich und meinen Lebensoptimismus nicht verloren. Heute kann ich sagen, dass das, was ich in meinem Leben erreicht habe, ich meiner ‚Vorsehung', meiner Ausdauer und meinem Fügen in mein Schicksal verdanke. Das alles ergibt ein interessantes ‚Szenario'."[4]

Gemeinsam ist fast allen Betroffenen der Wunsch, ihre Geschichte an die nächsten Generationen weiterzugeben. In Form von Ausstellungen und Schulbesuchen suchen die Opfer den Kontakt zu den Menschen. Barbara Paciorkiewicz, einstige Vorsitzende des Vereines ehemaliger „eingedeutschter" Kinder in Łódź, wünscht sich insbesondere eine Ausstellung vor österreichischem Publikum zu machen – das Schicksal der „eingedeutschten" Jungen und Mädchen ist in Österreich kaum bekannt. Verdrängte Vergangenheitsbewältigung auf Österreichisch? Weder in jenen Regionen, in denen sich nachweislich „einzudeutschende" Kinder aufhielten, noch in regionalen Forschungsstätten ist die gewaltsame „Eindeutschung" von polnischen Jungen und Mädchen ein Begriff.

In Polen wurden zu Ehren der Opfer Denkmäler gesetzt, in Kalisz und Łódź beispielsweise erinnern Skulpturen und Gedenktafeln an das erlittene Leid der Kinder. Die Betroffenen des „Eindeutschungsverfahrens" wurden spät, aber doch als Opfer des NS-Regimes anerkannt.

Für viele ist es ein großer Wunsch, die Stätten ihrer Kindheit wiederzusehen: „Mein Traum ist, Österreich zu besuchen, die Kirche, den Fluss, der vor dem Haus floss",[5] so beispielsweise Janina Madejczyk, die bei ihrer Pflegefamilie keine glückliche Zeit erlebte. Dennoch ist dieser Platz unwiderruflich ein Teil ihrer Vita, der Erinnerungen und Ge-

3   Strzelczyk, Moja droga germanizacyjna, S. 86.
4   Fragebogen, Henryk Wojciechowski, S. 5.
5   Fragebogen, Janina Madejczyk, S. 5.

Abb. 17: Gedenkmauer in Łódź – in das Mahnmal wurden Namen jener Ortschaften eingraviert, die unmissverständlich mit der NS-Herrschaft in Polen in Verbindung gebracht werden. Neben den Vernichtungsstätten wie Oświecim und Treblinka sind auch die Heime Bruczków und Kalisz zu finden.

fühle hervorruft: „Ich muss zugeben, dass ich mich nach diesem Ort sehne",[6] so die siebzigjährige Frau heute.

Vergleicht man die Aussagen der Betroffenen, die nach Polen repatriiert wurden, mit den Ausführungen jener Menschen, die sich für einen Verbleib in Österreich entschieden hatten, fällt eine Gemeinsamkeit deutlich auf: Beide Personengruppen hatten bzw. haben Schwierigkeiten, sich mit ihrem Geburtsland Polen zu identifizieren. Trotz der polnischen Wurzeln, die bei vielen zweifellos feststehen, wird Polen von beiden Gruppen als fremdes Land angesehen. Ironie des Schicksals oder pervertierende Wirklichkeit? War die „Eindeutschungsaktion" derart erfolgreich, könnten die Verantwortlichen rückblickend das Verfahren als „positiv" abgeschlossen betrachten? Aussagen von Opfern dokumentieren, dass sich einzelne Betroffene ihrer Herkunft entfremdet haben – das deklarierte Wunschziel der Täter.

Barbara Paciorkiewicz sieht ihre größte und wichtigste Aufgabe darin, dass die Geschichte der „eindeutschungsfähigen" Kinder nicht vergessen wird. Im Mai 2006 wurde eine Gedenktafel am Gebäude des ehemaligen Gesundheitsamtes in Łódź (ul. Piotrkowska 113) enthüllt, in dem sich „eindeutschungsfähige" polnische Kinder menschenunwürdigen Examina unterziehen mussten. Eine weitere Gedenktafel auf dem Areal des ehemaligen „Polen-Jugendverwahrlager Litzmannstadt" erinnert stellvertretend an das Schicksal von Tausenden polnischen Jungen und Mädchen. Die Worte auf der Tafel symbolisieren Vergangenheit, Gegenwart und Zukunft:

---

6 Ebda.

„ODEBRANO WAM ŻYCIE – DZIŚ DAJEMY WAM TYLKO PAMIĘĆ“
(„Euer Leben wurde Euch genommen –
Heute schenken wir Euch einzig unsere Erinnerung“)

„Vergangenheitsbewältigung“ in Form von Erinnerung. Wahrung des Andenkens – das deklarierte Wunschziel der Opfer.

IX. Anhang

Abb. 14: Anna bei ihrer Pflegefamilie in Gmunden. Foto zur Verfügung gestellt von Anna Kociuba.

Abb. 15: Polnische Kinder empfangen die „Erstkommunion" im Lager „Hellbrunn". Foto zur Verfügung gestellt von Anna Kociuba.

Abb. 16: Polnische Kinder auf Erholung in Barcelona im Jahr 1946. Abbildung zur Verfügung gestellt von Anna Kociuba.

Abb. 17: Gedenkmauer in Łódź. Aufnahme von Ines Hopfer im April 2005.

ABKÜRZUNGSVERZEICHNIS

AA	Auswärtiges Amt
Abb.	Abbildung
ADB	Dokumentenbücher der Anklage
AdR	Archiv der Republik
AP	Archiwum Panstwowe Łódźi
ARZ	Achern-Reuch-Zeitung
BA	Bundesarchiv Berlin
BDC	Berlin Document Center
BDM	Bund Deutscher Mädel
BG	Bezirksgericht
BGB.	Bürgerliches Gesetzbuch
BGBl.	Bundesgesetzblatt
BH	Bezirkshauptmannschaft
BM	Bundesministerium
BR	Bayrischer Rundfund
DB	Dokumentenbuch
DP	Displaced Person
DRK	Deutsches Rotes Kreuz
DVL	Deutsche Volksliste
e.V.	eingetragener Verein
Ebda.	Ebenda
EWZ	Einwandererzentralstelle
f.	folgend
Ga.	Gauakt
Gestapo	Geheime Staatspolizei
GPO	Generalplan Ost

H.	Heft
HA	Hauptamt
Hg.	Herausgeber
HJ	Hitler-Jugend
HSSPF	Höherer SS- und Polizeiführer
IfZG	Institut für Zeitgeschichte in München
IPN	Instytut Pamięci Narodowej, Warszawa
IRO	International Refugee Organization
ITS	Internationaler Suchdienst
JM	Jungmädel
Kap.	Kapitel
KLV	Kinderlandverschickung
KZ	Konzentrationslager
MF	Mikrofilm
Mj.	Minderjährige
NAPOLA	Nationalpolitische Erziehungsanstalten
N. N.	Nomen nescio
NS	nationalsozialistisch
NSDAP	Nationalsozialistische Arbeiterpartei
NSV	Nationalsozialistische Volkswohlfahrt
o. B.	ohne krankhaften Befund
o. J.	ohne Erscheinungsjahr
o. O.	ohne Ortsangabe
o. P.	ohne Paginierung
OKBZN	Okręgowa Komisja Badania Zbrodni Niemieckich
OKW	Oberkommando der Wehrmacht
OÖLA	Oberösterreichisches Landesarchiv
PCK	Polski Czerwony Krzyż
RFSS	Reichsführer-SS
RGBl.	Reichsgesetzblatt
RKFDV	Reichskommissar für die Festigung deutschen Volkstums
RMI	Reichsminister des Innern
RSHA	Reichssicherheitshauptamt
RSTH	Reichsstatthalter
RuS-Führer	SS-Führer im Rasse- und Siedlungswesen
RuSHA	Rasse- und Siedlungshauptamt
SA	Sturmabteilung der NSDAP

Sch.	Schachtel
SD	Sicherheitsdienst der SS
Sign.	Signatur
Sipo	Sicherheitspolizei
SLA	Salzburger Landesarchiv
SS	Schutzstaffel der NSDAP
Stapo	Staatspolizei
Tbc	Tuberkulose
TWC	Trials of War Criminals
u. a.	und andere
ul.	ulica
UNRRA	United Nations Relief and Rehabilitation Administration
UWZ	Umwandererzentralstelle
VDB	Dokumentenbücher der Verteidigung
Vgl.	Vergleiche
VoMi	Volksdeutsche Mittelstelle
VS	Volksdeutsch
WDR	Westdeutscher Rundfunk
ZfA	Zentrum für Antisemitismusforschung, Berlin
zit.	zitiert
ZS	Zeugenschrifttum

QUELLEN— UND LITERATURVERZEICHNIS

A. Ungedruckte Quellen

Archive

Österreich

Archiv für die Geschichte der Soziologie in Österreich
T-12. Transkription vom 2. Februar 2001. Interview mit Hildegard Hetzer am 8. Juni 1990 von Christian Fleck.

Österreichisches Staatsarchiv, Archiv der Republik (AdR)
AdR, Bundesministerium (BM) für Inneres, Gauakt (Ga.) 237.382
AdR, BM für soziale Verwaltung, Jugendfürsorge, Österreichisches Rotes Kreuz allgemein

Oberösterreichisches Landesarchiv (OÖLA)
Bestand Arisierung, MF 34 (Akt Weller)
Bestand Nationalsozialistische Volkswohlfahrt (NSV), Sch. 30, Fasz. 9 (Oberweis)

Salzburger Landesarchiv (SLA)
Bestand RSTH (Reichsstatthalter)
Bestand Bezirkshauptmannschaft (BH) Salzburg-Umgebung, Jugendamt
Personalakten der Landesregierung Salzburg, Personalabteilung
Personenregister Bezirksgericht (BG) Mittersill, BG Neumarkt, BG Salzburg, BG St. Johann, BG Zell am See
National Archives, USA, Amerikanische Besatzungszeit 1945–1955, Mikrofilm Nr. 1164

Archiv des Stadtjugendamtes Salzburg
Akt Luser Gisela

Archiv der Marktgemeinde Laakirchen
Bericht von Maria Merkel, verfasst am 26. Juni 1945 in Oberweis
Meldebuch Laakirchen: Eintragungen betreffend die Bewohner des Schloss Oberweis, Kinderheim Lebensborn, Oberweis Nr. 34

Volkszählungsunterlagen aus dem Jahr 1939
Ausweis über das Ergebnis der Volkszählungen der Gemeinde Laakirchen 1890 bis 1961

Sonstige Archivalien
Gemeindearchive (zeitgenössische Meldekarteien):
Marktgemeinde Bad Hofgastein
Gemeinde Kaprun
Stadtgemeinde Bischofshofen
Gemeinde Neumarkt am Wallersee
Stadtgemeinde Radstadt

Schularchivalien:
Schulmatrikel der VS (Volksschule) Uttendorf
Schulmatrikel der VS Sighartstein, Neumarkt
Schulmatrikel der VS Kaprun

Chronik:
Chronik des Gendarmeriepostens Laakirchen

Deutschland

Bundesarchiv Berlin-Lichterfelde (BA Berlin)
Bestand NS 2   Rasse- und Siedlungshauptamt SS
         NS 3   SS-Wirtschafts-Verwaltungshauptamt
         NS 19   Persönlicher Stab RF-SS
         NS 37   Hauptamt für Volkswohlfahrt
         NS 48   Statistisch – wissenschaftliches Institut des RF-SS
         R 59   Volksdeutsche Mittelstelle
Ehemaliges Berlin Document Center (BDC)

Institut für Zeitgeschichte in München (IfZG)
Mikrofilm MB 30: Nürnberger Nachkriegsprozess Nr. 8 (Prozessprotokoll, Anklage- und
Verteidigungsdokumente, Schriftsätze und Urteile)
         MB 30/17
         MB 30/20
         MB 30/25

Dokumente der Nürnberger Kriegsverbrecher-Prozesse; Serie NO
Mikrofilm MA 136/1

Zeugenschrifttum (Sig. ZS):
     ZS-1071: Maria-Martha Heinze-Wisswede
     ZS-1404: Ingrid Sänger
     ZS-1524: Maximilian Sollmann

Eichmann-Prozess-Beweisdokumente
Fa 510, Auszüge aus Spruchkammerakten Max Sollmann, Erich Schulz, Gregor Ebner
u. a.

Zentrum für Antisemitismusforschung in Berlin (ZfA)
Verfahren des US-Militärgerichtsprozesses, Fall VIII: „Prozess gegen das Rasse- und Siedlungshauptamt" (RuSHA-Case)

Protokollbücher
Dokumentenbücher der Anklage (ADB)[7]
Dokumentenbücher der Verteidigung (VDB)[8]
Closing briefs
Urteile
Dokumente der Nürnberger Kriegsverbrecher-Prozesse; Serie NO

ADB:

ADB 2 C
     Eidesstattliche Erklärung von Otto Hofmann, NO-4699
     Eidesstattliche Erklärung von Maximilian Sollmann, NO-4707
     Eidesstattliche Erklärung von Inge Viermetz, NO-4703

---

[7]   Die Anklagedokumentenbücher bestehen aus zahlreichen Bänden. Um dem Leser das Nachschlagen
    zu erleichtern, werden die in der vorliegenden Arbeit verwendeten Eidesstattlichen Erklärungen nach
    jeweiligem Bestimmungsort unten angeführt.
[8]   Der Großteil der für die vorliegende Arbeit verwerteten Aussagen befindet sich in den Dokumentenbü-
    chern Maximilian Sollmanns (DB Sollmann) – um das Wiederfinden der zitierten Quellen zu beschleu-
    nigen, werden die verwendeten Eidesstattlichen Erklärungen gesondert aufgelistet. Die Eidesstattlichen
    Erklärungen von Karl Horn, Katharina Lander, Adolf Weinbrenner, Joseph Denner sowie Margarete
    Gross wurden aus dem IfZG, Mikrofilm MB 30/25 entnommen.

Eidesstattliche Erklärung von Else Mayer, NO-5043

ADB 7

Beglaubigte offizielle Niederschrift des Zeugenverhörs von Josef Rembacz,
NO-5266

Eidesstattliche Erklärung von Leokadia Szymanska, NO-5254

Eidesstattliche Erklärung von Feliksa Dzieginska, NO-5256

Eidesstattliche Erklärung von Wanda Dobiecka, NO-5255

Eidesstattliche Erklärung von Julian Hammer, NO-5253

Eidesstattliche Erklärung von Jozef Schwakopf, NO-5252

Eidesstattliche Erklärung von Jan Sulisz, NO-5251

Zeugeneinvernahme von Zofia Wawelska, NO-5268

Zeugeneinvernahme von Wladyslawa Krata, NO-5272

ADB 8 A

Eidesstattliche Erklärung von Maria-Martha Heinze-Wisswede, NO-4822

Eidesstattliche Erklärung von Hans Hilmar Staudte, NO-5260

Eidesstattliche Erklärung von Kurt Heinze, NO-4821

Eidesstattliche Erklärung von Wolfgang Überschaar, NO-5221

Eidesstattliche Erklärung von Inge Viermetz, NO-4709

Eidesstattliche Erklärung von Max Sollmann, NO-4450

ADB 8 B

Eidesstattliche Erklärung von Inge Viermetz, NO-4704

Eidesstattliche Erklärung von Maximilian Sollmann, NO-4706

Eidesstattliche Erklärung von Klara Keit, NO-4950

Eidesstattliche Erklärung von Heinrich Hauser, NO-5229

Eidesstattliche Erklärung von Franziska Ranzinger, NO-4978

Eidesstattliche Erklärung von Ingrid Sänger, NO-5228

Eidesstattliche Erklärung von Jakob Pfaffenberger, NO-4974

Eidesstattliche Erklärung von Norbert Schwab, NO-5238

Eidesstattliche Erklärung von Alina Antczak, NO-5131

Bericht von Fürsorgerin E. Foerster, NO-4946

ADB 8 C

Eidesstattliche Erklärung von Georg Kuester, NO-4820

Eidesstattliche Erklärung von Inge Viermetz, NO-4710

ADB 8 D

   Eidesstattliche Erklärung von Karl Schafhauser, NO-5004
   Eidesstattliche Erklärung von Georg Rödel, NO-5115
   Eidesstattliche Erklärung von Robert Wilhelm Dueker, NO-5180
   Eidesstattliche Aussage von Hans Willibald Zwirner, NO-5223
   Eidesstattliche Erklärung von Erich Schulz, NO-5235
   Eidesstattliche Erklärung von Erich Schulz, NO-5236
   Eidesstattliche Erklärung von Slawomir Grodomski-Paczesny, NO-5259
   Eidesstattliche Erklärung von Hermann Alois Krumey, NO-5364

ADB 8 E

   Eidesstattliche Erklärung von Wilhelm Robert Schneider, NO-5459
   Eidesstattliche Erklärung Václav Hanf, NO-5463
   Eidesstattliche Erklärung von Anna Hanf, NO-5466
   Eidesstattliche Erklärung von Věra Vokatá , NO-5464
   Eidesstattliche Erklärung von Emilie Frey, NO-5467
   Eidesstattliche Erklärung von Marie Mulak, NO-5468
   Eidesstattliche Erklärung von Magdalena Pelichovsky, NO-5469
   Eidesstattliche Erklärung von Anna Kohlicek, NO-5471

ADB Rebuttal A / II. Teil

   Eidesstattliche Erklärung von Fritz Bartels, NO-5813

VDB:

DB Sollmann II

   Eidesstattliche Erklärung von Kurt Graebe, Nr. 10
   Eidesstattliche Erklärung von Robert Schulz, Nr. 11
   Eidesstattliche Erklärung von Irma Bruessew, Nr. ohne Angabe
   Eidesstattliche Erklärung von Marie Molsen, Nr. ohne Angabe
   Eidesstattliche Erklärung von Edgar Freier, Nr. 16
   Eidesstattliche Erklärung von Johanna Zander, Nr. 17
   Eidesstattliche Erklärung von Else Burghardt, Nr. 18
   Eidesstattliche Erklärung von Irmgard Eisler, Nr. 19
   Eidesstattliche Erklärung von Maria Merkel, Nr. 22
   Eidesstattliche Erklärung von Maria Merkel, Nr. 23

DB Sollmann VI
    Eidesstattliche Erklärung von Willi Ziesmer, Nr. 54
    Eidesstattliche Erklärung von Jakob Pfaffenberger, Nr. 58

DB Sollmann IX
    Eidesstattliche Erklärung von Maria Treiber, Nr. 83

DB Sollmann X
    Eidesstattliche Erklärung von Hedwig Wuerfel, Nr. 109
    Eidesstattliche Erklärung von Therese Grassler, Nr. 110
    Eidesstattliche Erklärung von Slawomir Grodomski-Paczesny, Nr. 114

DB Viermetz
    Eidesstattliche Erklärung von Maria Merkel, Nr. 4
    Eidesstattliche Erklärung von Klara Keit, Nr. 17
    Eidesstattliche Erklärung von Hans Klingsporn, Nr. 19
    Eidesstattliche Erklärung von Konrad Hartl, Nr. 23

Archiv des Internationalen Suchdienstes, Arolsen (ITS)
Kindersuchdienst Ordner Lebensborn 2
Kindersuchdienst Ordner Lebensborn 7
Sachdokumenten Ordner Lebensborn 21

Archiv der Benediktinerabtei Niederaltaich
Liste über Jungmannen in der Deutschen Heimschule Niederaltaich, undatiert
Schreiben des Reichsministers für Wissenschaft, Erziehung und Volksbildung, Inspektion der Deutschen Heimschulen, an den Leiter der Deutschen Heimschule in Niederaltaich vom 9. April 1943
Schreiben des Reichsministers für Wissenschaft, Erziehung und Volksbildung, Inspektion der Deutschen Heimschulen, an den Leiter der Deutschen Heimschule in Niederaltaich vom 26. Mai 1943

Archiv der Gemeinde Niederaltaich
Schriftverkehr zwischen Wladyslaw R. und der Gemeinde Niederaltaich

Stadtarchiv Achern
Bestand „Alte Meldekartei"

Polen

Instytut Pamięci Narodowej (IPN) – Institut des Nationalen Gedenkens, Warszawa
Okręgowa Komisja Badania Zbrodni Niemieckich (OKBZN) w Łódźi, 177/29
OKBZN w Łódźi, 177/30
Fotokopie II, 437
Kolekcja (Sammlung) „Z", Sign. 982
Kolekcja „Z", Sign. 209
Kolekcja „Z"/I, Sign. 209
Kolekcja „Z"/II, Sign. 209
Kolekcja „Z"/III, Sign. 209
ZB Fotograffii, UWZ 64
ZB Fotograffii, UWZ 65
Einwanderzentralstelle RuS-Führer Litzmannstadt, Rasse- und Siedlungsamt, Sign. 167/19

Archiwum Panstwowe w Łódźi (AP Łódź) – Staatsarchiv Łódź
L-15061 (Mikrofilm), in gedruckter Form Sign. 31867 sowie Sign. 31868: Stadtverwaltung Litzmannstadt, Gesundheitsamt
L-15069, in gedruckter Form Sign. 31794: Rassewesen
L-15070: Stadtverwaltung Litzmannstadt, wichtige Gerichtsentscheidungen
L-15074: Adoptionswesen

Sign. 31627: Dienstanweisung für Ermittler und Fürsorge
Sign. 31667: Städtisches Jugendamt, Litzmannstadt
Sign. 31669: Verzeichnis der Heime und Anstalten, alle Vorgänge 1940–1941
Sign. 31674: Alters- und Jugendheim, Erhard Patzerstr. 75, 1942–1943
Sign. 31675: Alters- und Jugendheim, Erhard Patzerstr. 75, 1942–1943
Sign. 31696: Volkspflegeamt, Jugendheim Albrecht-Thaerstr. 51
Sign. 31697: Volkspflegeamt, Kinderheim, Albrecht-Thaerstr. 51
Sign. 31698: Volkspflegeamt, Kinderheim, Zobtenweg 12, 1942–1943
Sign. 31699: Volkspflegeamt, Kinderheim, Friedrich Gosslerstraße 36, 1942–1943
Sign. 31700: Volkspflegeamt, Friedrich Gosslerheim, Alle Vorgänge, 1940–1944
Sign. 31701: Volkspflegeamt, Kinderheim Mark-Meißenstraße 66, 1942–1943
Sign. 31702: Volkspflegeamt, Jugendheim Mark-Meißenstrasse (sic) 66
Sign. 31711: Erziehungsheim, Albrecht-Thaerstr. 51, Zeitraum I. 1940–III. 1941
Sign. 31712: Erziehungsheim, Albrecht-Thaerstr. 51, Zeitraum IV. 1941–IV. 1942

Sign. 31713: Erziehungsheim Mark-Meißenstraße 66, Zeitraum VI. 1940–III. 1941
Sign. 31714: Erziehungsheim, Zobtenweg 12, Zeitraum IV. 1941–VI. 1942
Sign. 31717: Deutsches Kinderheim, Mark Meißen [sic] 66, Zeitraum April 1941–April 1942
Sign. 31719: Übergangsheim Friedrich Gosslerstraße 36, Zeitraum April 1941–März 1942.

Miejska Rada Narodowa i Zarząd Miejski w Łodzi 1945–1950, Wydział Opieki Społecznej, wykaz nr. 3, sygn. A/88, B/501, G/8, K/99, S/319, Z/18.

Interviews und Fragebögen

Interviews

Berger Andrea (Pseudonym), Telefonat am 24. März 2005
Berger Karin (Pseudonym), Interview am 27. Mai 2005 in Graz
B. Wiesława, Interview am 28. März 2004 in Warschau
Borkowska Halinka, Interview am 7. April in Łódź
Bukorzycki Janusz, Interview am 7. April 2004 in Łódź
E. Maria, Interview am 22. Jänner 2005 in Oberweis
Fiala Theresia, Telefonat am 11. März 2005
Fiegl Maria, Telefonat am 9. Feber 2005
Lesiecka Krystyna, Interview am 7. April 2004 in Łódź
N. N. (anonym), Telefonat am 28. Jänner 2005 und am 1. April 2005
Paciorkiewicz Barbara, Interview am 31. März 2004 sowie am 5. April 2004 in Łódź
Rzążewski Zygmunt (Pseudonym), Interview am 23. März 2005
Schneider Peter, Telefonat am 28. Jänner 2005
Swoboda Joseph, Interview am 22. Jänner 2005 in Oberweis
T. Maria, Interview am 22. Jänner 2005 in Oberweis
Z. Karoline, Interview am 22. Jänner 2005 in Oberweis

Fragebögen

A. Piotr
Boczek Karol (Pseudonym)
Borkowska Halinka
Bukorzycki Janusz

Burger Karoline (Pseudonym)

Hetich Bogumiła

K. S. (anonym)

Kociuba Anna

Kuligowski Wiesław

Langegger Balthasar

Lesiecka Krystyna

M. Jerzy

Madejczyk Janina

Majeski Irene

Olczak Bołeslaw

Olejniczak Halina

Raczyńska Alicja

Ronacher Elisabeth

Rupert (Pseudonym)

Salchegger Anton

Stuhler Kajetan

Sus Zyta (Pseudonym)

Twardecki Leon

W. A. (anonym)

Waser Anna (Pseudonym)

Wojciechowski Henryk

Sammlung Ines Hopfer

Auszug aus dem Krankenbuch betreffend medizinische Untersuchungen in der Heimschule Niederalteich. Kopie des Dokuments zur Verfügung gestellt von Henryk Wojciechowski (November 2004).

Brief des Internationalen Suchdienstes an Wacława Płuciennik vom 5. März 1982. Kopie
vom Verein „Zrzeszenie Dzieci Polskich Germanizowanych przez reżim hitlerowski"
zur Verfügung gestellt (April 2004).

Brief von Bogumiła Hetich an die Autorin vom 6. April 2005.

Brief von Halina Kurek an die Autorin (Juni 2004).

Brief von J. W. an die Autorin (September 2004).

Foto von Anna Kociuba bei ihrer Gmundner Pflegefamilie. Kopie zur Verfügung gestellt
von Anna Kociuba (Februar 2005).

Hotelprospekt über Schloss Oberweis in den Dreißigerjahren. Prospekt zur Verfügung gestellt von Joseph Swoboda (Jänner 2005).

Janina Madejczyk, Bericht von meinem Aufenthalt in Österreich. Zur Verfügung gestellt von Janina Madejczyk (September 2004).

Krajowy Rejestr Sądowy. Odpis Aktualny: z rejestru stowarzyseń, innych organizacji społecznych i zawodowych, fundacji i publicznych załadów opieki zdrowotnej. Stowarzyszenie – Zrzeszenie Dzieci Polskich Germanizowanych przez reżim hitlerowski, vom 9. Oktober 2003. Kopie zur Verfügung gestellt von Barbara Paciorkiewicz.

N. N., Na 150 tys. porwanych dzieci powróciło do Polski zaledwi 300. In: Głos Wielkopolski vom 13.11.1947, o. P. Kopie zur Verfügung gestellt von Halina Kurek (Juni 2004).

Schriftlicher Lebensbericht von Anna Hanfová, niedergeschrieben nach dem Tod der Schwester Marie, o. P. Übersetzt und Kopie zur Verfügung gestellt von Jana Müller.

Statut – Zrzeszenie Dzieci Polskich Germanizowanych przez reżim hitlerowski, vom 25. Februar 1989. Kopie zur Verfügung gestellt von Barbara Paciorkiewicz.

B. Gedruckte Quellen und Literatur

Ackermann Josef, Heinrich Himmler – Reichsführer-SS. In: Smelser Ronald, Zitelmann Rainer (Hg.), Die braune Elite. 22 biographische Skizzen (Darmstadt, 1989), S. 115–133.

Ackermann Josef, Heinrich Himmler als Ideologe (Göttingen, Zürich, Frankfurt, 1970).

Benz Wolfgang, Graml Hermann, Weiß Hermann (Hg.), Enzyklopädie des Nationalsozialismus (München, 4. Auflage, 2001).

Beyer Hans Joachim, Das Schicksal der Polen. Rasse, Volkscharakter, Stammesart (Leipzig, Berlin, 1942).

Birn Ruth Bettina, Die Höheren SS- und Polizeiführer. Himmlers Vertreter im Reich und in den besetzten Gebieten (Düsseldorf, 1986).

Böltken Andrea, Inge Viermetz, eine weibliche Karriere im Dritten Reich. In: Danckwortt Barbara, Querg Thorsten, Schöningh Claudia (Hg.), Historische Rassismusforschung. Ideologen, Täter, Opfer (Berlin, 1995), S. 179–207.

Broszat Martin, Nationalsozialistische Polenpolitik 1939–1945 (Stuttgart, 1961).

Buchheim Hans, Broszat Martin, Jacobsen Hans-Adolf, Krausnick Helmut (Hg.), Anatomie des SS-Staates. Gutachten des Instituts für Zeitgeschichte (München, 6. Auflage, 1994).

Buchheim Hans, Die Dienstellen und Organisationen des Dritten Reiches. Die Übernahme staatlicher Fürsorgeaufgaben durch die NSV. In: Gutachten des Instituts für Zeitgeschichte, Bd. 2 (Stuttgart, 1966), S. 126–132.

Buchheim Hans, Die SS – das Herrschaftsinstrument (=Anatomie des SS-Staates, München, 6. Auflage, 1994), S. 15–212.

Buchheim Hans, Rechtsstellung und Organisation des Reichskommissars für die Festigung deutschen Volkstums. In: Gutachten des Instituts für Zeitgeschichte, Bd. 1 (München, 1958), S. 239– 279.

Bukorzycki Janusz, Moje lata dzięcięce. In: Z kart historii, polskich janczarów XX wieku. Hg. v. Zrzeszenie Dzieci Polskich Germanizowanych przez reżim hitlerowski (Łódź, 2000), S. 9–14.

Chamberlain Houston Stewart, Die Grundlagen des 19. Jahrhunderts, 2 Bde. (München, 1899).

Clay Catrine, Leapman Michael, Herrenmenschen. Das Lebensborn-Experiment der Nazis (München, 1997).

Bessau, Hallamit, Lobe u. a. (Hg.), Das Bürgerliche Gesetzbuch mit besonderer Berücksichtigung der Rechtsprechung des Reichsgerichts, Bd. IV, Familienrecht (Berlin, Leipzig, 1935).

Feder Gottfried, Das Programm der NSDAP und seine weltanschaulichen Grundgedanken (München, 1931).

Fénelon Fania, Das Mädchenorchester in Auschwitz (Frankfurt/Main, 1980).

Ferenc Tone, Quellen zur nationalsozialistischen Entnationalisierungspolitik in Slowenien 1941–1945 (Maribor, 1980).

Flick Uwe, Qualitative Sozialforschung, Theorie, Methode, Anwendung in Psychologie und Sozialwissenschaften (Reinbek bei Hamburg, 1998).

Geuter Ulfried, Die Professionalisierung der deutschen Psychologie im Nationalsozialismus (Frankfurt/Main, 1988).

Gobineau Joseph Arthur, Versuch über die Ungleichheit der Menschenrassen, 4 Bde. (Paris, 1853–55).

Goodwin Godfrey, The Janissaries (London, 1997).

Günther Hans F. K., Der nordische Gedanke unter den Deutschen (München, 1925).

Günther Hans F. K., Kleine Rassenkunde des deutschen Volkes (München, 1933).

Gutachten des Instituts für Zeitgeschichte (München, 1958).

Gutachten des Instituts für Zeitgeschichte (Stuttgart, 1966).

Hahn Susanne, Lilienthal Georg, Totentanz und Lebensborn. Zur Geschichte des Alters- und Pflegeheimes in Kohren-Sahlis bei Leipzig (1939–1945). In: Medizinhistorisches Journal. Internationale Vierteljahresschrift für Wissenschaftsgeschichte, Bd. 27, H. 3/4 (1992), S. 340–358.

Harten Hans-Christian, De-Kulturation und Germanisierung. Die nationalsozialistische Rassen- und Erziehungspolitik in Polen 1939–1945 (Frankfurt, New York, 1996).

Heiber Helmut, Der Generalplan Ost. In: Vierteljahrshefte für Zeitgeschichte, H. 6 (1958), S. 281–324.

Heinemann Isabel, „Rasse, Siedlung, deutsches Blut". Das Rasse- und Siedlungshauptamt der SS und die rassenpolitischen Neuordnungen Europas (=Moderne Zeit. Neue Forschungen zur Gesellschafts- und Kulturgeschichte des 19. und 20. Jahrhunderts Bd. II, Göttingen 2003).

Heißmeyer August, Die nationalpolitischen Erziehungsanstalten. Nachschrift eines Vortrages im Oberkommando der Wehrmacht im Dezember 1938 (o. O., o. J.).

Hetich Bogumiła, Przerwana nić. In: Z kart historii, polskich janczarów XX wieku. Hg. v. Zrzeszenie Dzieci Polskich Germanizowanych przez reżim hitlerowski (Łódź, 2000), S. 19–20.

Hillel Marc, Henry Clarissa, Lebensborn e.V. Im Namen der Rasse (Wien, Hamburg, 1975).

Hitler Adolf, Mein Kampf (München, 1027.–1031.000 Auflage, 1944).

Höhne Heinz, Der Orden unter dem Totenkopf. Die Geschichte der SS (Gütersloh, 1967).

Hopf Christel, Qualitative Interviews – ein Überblick. In: Flick Uwe, Kardorff Ernst von, Steinke Ines (Hg.), Qualitative Forschung. Ein Handbuch (Reinbek bei Hamburg, 2003), S. 349–360.

Hrabar Roman, „Lebensborn" czyli źródło życia (Katowice, 1976).

Hrabar Roman, Hitlerowski rabunek dzieci polskich (1939–1945) (Katowice, 1960).

Hrabar Roman, Jakim prawem? (Katowice, 1962).

Hrabar Roman, Tokarz Zofia, Wilczur Jacek E., Czas niewoli czas śmierci. Martyrologia dzieci polskich w okresie okupacji hitlerowskiej (Warszawa, 1979).

Hrabar Roman, Tokarz Zofia, Wilczur Jacek E., Kinder im Krieg – Krieg gegen Kinder. Die Geschichte der polnischen Kinder 1939–1945 (Hamburg, 1981).

Huber Gabriele, Thumser Regina, Das Flüchtlingslager „Camp Hellbrunn". Fremdsprachige Flüchtlinge im Salzburg der Nachkriegszeit. In: Haas Hanns, Hoffmann Robert, Kriechbaumer Robert (Hg.), Salzburg. Städtische Lebenswelt(en) seit 1945 (=Schriftenreihe des Forschungsinstitutes für politisch-historische Studien der Dr.-Wilfried-Haslauer-Bibliothek, Salzburg 11, Wien, Köln, Weimar, 2000).

Internationaler Militärgerichtshof Nürnberg, Der Prozess gegen die Hauptkriegsverbrecher vor dem Internationalen Militärgerichtshof. Nürnberg, 14. November 1945 – 1. Oktober 1946, Bd. 25 (Nürnberg, 1947), Bd. 26 (Nürnberg, 1947), Bd. 29 (Nürnberg, 1948), Bd. 31 (Nürnberg, 1948).

Ivanov Miroslav, Der Henker von Prag. Das Attentat auf Heydrich (Berlin, 1993).

Jacobsen Hans-Adolf, Jochmann Werner (Hg.), Ausgewählte Dokumente zur Geschichte des Nationalsozialismus 1939–1945, Bd. 3 (Bielefeld, 1961).

Kempner Robert M. W., SS im Kreuzverhör. Die Elite, die Europa in Scherben schlug (= Schriften der Hamburger Stiftung für Sozialgeschichte des 20. Jahrhunderts, Bd. 4, 1987).

Kershaw Ian, Arthur Greiser – Ein Motor der „Endlösung“. In: Smelser Ronald, Syring Enrico, Zitelmann Rainer, Braune Elite II. 21 weitere biographische Skizzen (Darmstadt, 1993), S. 116–127.

Klare Anke, Die Deutschen Heimschulen 1941–1945. Zur Gleichschaltung und Verstaatlichung kirchlicher, privater und stiftischer Internatsschulen im Nationalsozialismus. In: Jahrbuch für Historische Bildungsforschung Bd. 9. Hg. v. Sektion Historische Bildungsforschung der Deutschen Gesellschaft für Erziehungswissenschaft (Bad Heilbrunn, 2003), S. 37–58.

Klee Ernst, Das Personenlexikon zum Dritten Reich. Wer war was vor und nach 1945 (Frankfurt/Main, 2003).

Klönne Arno, Jugend im Reich. Die Hitlerjugend und ihre Gegner. Dokumente und Analysen (Düsseldorf, 1984).

Knotzinger Günther, Das SS-Heim „Wienerwald“ und die Geschichte des Hauses von 1904 bis zur Gegenwart (Feichtenbach, 2001).

Kociuba Anna, Bez tożsamości. In: Z kart historii, polskich janczarów XX wieku. Hg. v. Zrzeszenie Dzieci Polskich Germanizowanych przez reżim hitlerowski (Łódź, 2000).

Kock Gerhard, „Der Führer sorgt für unsere Kinder…“ Die Kinderlandverschickung im Zweiten Weltkrieg (Schöningh, 1997).

Koehl Robert L., RKFDV. German Settlement and Population Policy. A History of the Reich Commission for the Strenghtening of Germandom (Cambridge, 1957).

Koop Volker, „Dem Führer ein Kind schenken“. Die SS-Organisation Lebensborn e.V. (Köln, Weimar, Wien, 2007).

Köttgen Arnold, Deutsche Verwaltung (Berlin, 1944).

Kowal Sabine, O'Connel Daniel C., Zur Transkription von Gesprächen. In: Flick Uwe, Kardorff Ernst, Steinke Ines (Hg.), Qualitative Forschung. Ein Handbuch (Reinbek bei Hamburg, 2003), S. 437–468.

Kozłowicz Tatiana, Das Arbeitsstraflager für polnische Kinder und Jugendliche in Łódź. In: Verbrechen an polnischen Kindern, 1939–1945. Eine Dokumentation. Hg. v. Hauptkommission zur Untersuchung der Naziverbrechen in Polen (München, Salzburg, 1973).

Král Václav, Die Deutschen in der Tschechoslowakei 1933–1947. Dokumentensammlung. Acta Occupationis Bohemiae et Moraviae (Prag, 1964).

Král Václav, Fremund Karel, Die Vergangenheit warnt. Dokumente über die Germani-
    sierungs- und Austilgungspolitik der Naziokkupanten in der Tschechoslowakei (Prag,
    1962).

Krausnik Helmut, Denkschrift Himmlers über die Behandlung der Fremdvölkischen
    im Osten (Mai 1940). In: Vierteljahrshefte für Zeitgeschichte, H. 2 (1957), S. 194–198.

Kuby Erich, Als Polen deutsch war. 1939–1945 (Ismaning bei München, 1986).

Kucharski Władysław Stanisław, Związek Polaków w Austrii Strzecha, 1894–1994
    (Lublin, Wiedeń, 1996).

Kuligowski Wiesław, Wspomnienia z lat germanizacji 1942–45. In: Z kart historii, pols-
    kich janczarów XX wieku. Hg. v. Zrzeszenie Dzieci Polskich Germanizowanych przez
    reżim hitlerowski (Łódź, 2000), S. 43–53.

Lamnek Siegfried, Qualitative Sozialforschung. Bd. 2. Methoden und Techniken (Mün-
    chen, 1989).

Langbein Hermann, Menschen in Auschwitz (Wien, 1972).

Lilienthal Georg, Der „Lebensborn e.V.". Ein Instrument nationalsozialistischer Rassen-
    politik (=Forschungen zur neueren Medizin- und Biologiegeschichte 1, Stuttgart, New
    York, 1985).

Lilienthal Georg, Der „Lebensborn e.V.". Ein Instrument nationalsozialistischer Rassen-
    politik (Frankfurt/Main, erweiterte Neuausgabe, 2003).

Lilienthal Georg, Kinder als Beute des Rassenkriegs. Der „Lebensborn e.V." und die Ein-
    deutschung von Kindern aus Polen, der Tschechoslowakei und Jugoslawien. In: Die
    Verfolgung von Kindern und Jugendlichen (= Dachauer Hefte 9, 1993), S. 181–196.

Lipp Richard, Die Tiroler Franziskanerprovinz unterm Hakenkreuz (1938–1945) (Dipl.
    Arb., Innsbruck, 1997).

Łuczak Czesław, Położenie ludności Polskiej w tzw. Kraju Warty w okresie Hitlerowskiej
    Okupacij (=Documenta Occupationis XIII, Poznan, 1990).

Lukas Richard C., Did the children cry? Hitler's War against Jewish and Polish Children,
    1939–1945 (New York, 1994).

Lumans Valdis O., Himmler's Auxiliaries. The Volksdeutsche Mittelstelle and the Ger-
    man National Minorities of Europe, 1933–1945 (Chapel Hill, London, 1993).

Macková Jolana, Ulrych Ivan, Kinderschicksale aus Lidice – Erinnerungen, Zeugnisse,
    Dokumente (Nymburk, 2004).

Madajczyk Czesław, Die Okkupationspolitik Nazideutschlands in Polen 1939–1945 (Ber-
    lin, 1987).

Madajczyk Czesław, Vom Generalplan Ost zum Generalsiedlungsplan. Dokumente
    (München, London, Paris, 1994).

Madajczyk Czesław, Vom Generalplan Ost zum Generalsiedlungsplan. In: Rössler Mech-

tild, Schleiermacher Sabine (Hg.), Der „Generalplan Ost". Hauptlinien der nationalsozialistischen Planungs- und Vernichtungspolitik (Berlin, 1993), S. 12–24.

Majer Diemut, „Fremdvölkische" im Dritten Reich. Ein Beitrag zur nationalsozialis-
   tischen Rechtssetzung und Rechtspraxis in Verwaltung und Justiz unter besonderer
   Berücksichtigung der eingegliederten Ostgebiete und des Generalgouvernements
   (=Schriften des Bundesarchivs 28, Boppard am Rhein, 1981).

Märker Elisabeth A., „Rassisch wertvoll". Die positive Eugenik: Ihre Handhabung am
   Beispiel des Lebensbornvereins im „Heim Alpenland" und „Heim Wienerwald" (Dissertation, Innsbruck, 1999).

Martyn Tadeusz, Das Gaukinderheim in Kalisz. In: Verbrechen an polnischen Kindern,
   1939–1945. Eine Dokumentation. Hg. v. Hauptkommission zur Untersuchung der
   Naziverbrechen in Polen (München, Salzburg, 1973), S. 76–82.

Mausbach Hans, Mausbach-Bromberger Barbara, Feinde des Lebens. NS-Verbrechen an
   Kindern (Frankfurt/Main, 1979).

Maximilian-Kolbe-Werk (Hg.), Im Namen der Rasse. Raub und Germanisierung polnischer Kinder. Faltblatt (Freiburg, April 1990).

Mayer Monika, Reichsschule für Volksdeutsche in Achern: Nationalsozialistische Internatschule für Südtiroler Mädchen (Dipl. Arb., Innsbruck, 1991).

Moll Martin, „Führer-Erlässe" 1939–1945 (Stuttgart, 1997).

Müller Heinz, Die Bevölkerung im ehemaligen Polen. In: Volk und Rasse, H. 11/12
   (1939), S. 234–236.

Olczak Bolesław, Wspomnienia z dziecięcych lat. In: Z kart historii, polskich janczarów
   XX wieku. Hg. v. Zrzeszenie Dzieci Polskich Germanizowanych przez reżim hitlerowski (Łódź, 2000), S. 59–61.

Ostmark-Jahrbuch 1942, „Der alte Krakauer-Schreibkalender", 188. Jg.

Paciorkiewicz Barbara, Kim jestem. In: Z kart historii, polskich janczarów XX wieku.
   Hg. v. Zrzeszenie Dzieci Polskich Germanizowanych przez reżim hitlerowski (Łódź,
   2000), S. 62–66.

Pilch Andrezy, Losy polaków w austrii po drugiej wojnie światowej 1945–1955 (=Biblio-
   teka Polonijna 29, Wroclaw, Warszawa, Krakow, 1994).

Plato Alexander von, Erfahrungsgeschichte – von der Etablierung der Oral History. In:
   Jüttemann Gerd, Thomae Hans (Hg.), Biographische Methoden in den Humanwissenschaften (Weinheim, 1998), S. 60–75.

Pospieszalski Karol Marian, Hitlerowski „Prawo" Okupacyjne w Polsce. (=Documenta
   Occupationis V, Poznan, 1952).

Rak Anna, Współcześni Janczary. In: Z kart historii, polskich janczarów XX wieku. Hg. v. Zrzeszenie Dzieci Polskich Germanizowanych przez reżim hitlerowski (Łódź, 2000), S. 5–8.

Röhr Werner (Hg.), Europa unterm Hakenkreuz. Die faschistische Okkupationspolitik in Polen (1939–1945) (Berlin, 1989).

Röhr Werner, Occupatio Poloniae. Forschungen zur deutschen Besatzungspolitik in Polen 1939–1945 (=Bulletin für Faschismus- und Weltkriegsforschung, Beiheft 4, Berlin, 2004).

Schaeffer Helmut, Tatsachen geben uns recht. NSV-Einrichtungen – wertvolle Eindeutschungsinstrumente im Rahmen der Volkstumspolitik des Gaues Danzig Westpreußen. In: NS-Volksdienst, H. 10 (1943), S. 29–33.

Schubert H. H., Errichtung der Volkstumsgrenze. In: Volk und Rasse, H. 4 (1942), S. 63–67.

Schubert H. H., Grundsätze nationalsozialistischer Volkstumspolitik. In: Volk und Rasse, H. 5 (1942), S. 83–88.

Schubert H. H., Zur Praxis der Volkstumspolitik. In: Volk und Rasse, H. 6 (1942), S. 103–108.

Schweitzer Gerhard, Die Janitscharen. Geheime Macht des Türkenreiches (Salzburg, 1979).

Seifert Reinhard, Der „Lebensborn" e.V.: eine Zuchtanstalt? Himmlers „Rassenpolitik" und seine Pläne für ein „germanisches Reich". Der „Lebensborn" im niederösterreichischen Pernitz – Heim Wienerwald (Dipl. Arb., Wien, 2003).

Smith Bradley F., Peterson Agnes F. (Hg.), Heinrich Himmler. Geheimreden 1933 bis 1945 und andere Ansprachen (Frankfurt/Main, Berlin, Wien, 1974).

Sosnowski Kyril, Ohne Mitleid. Dziecko w systemie hitlerowskim (Poznan, 1962).

Sosnowski Kyril, The Tragedy of children under Nazi Rule (New York, 1983).

Stadtmüller Georg, Pfister Bonifaz, Geschichte der Abtei Niederaltaich 741–1971 (Augsburg, 1971).

Stahlmann Martin, Schiedeck Jürgen, „Erziehung zur Gemeinschaft – Auslese durch Gemeinschaft" zur Zurichtung des Menschen im Nationalsozialismus (Bielefeld, 1991).

Stedingk Yvonne von, Die Organisation des Flüchtlingswesens in Österreich seit dem Zweiten Weltkrieg (Wien, Stuttgart, 1970).

Stehlík Eduard, Lidice. Geschichte eines Dorfes (Lidice, 2004).

Strzelczyk Henryk, Moja droga germanizacyjna. In: Z kart historii, polskich janczarów XX wieku. Hg. v. Zrzeszenie Dzieci Polskich Germanizowanych przez reżim hitlerowski (Łódź, 2000), S. 84–86.

Trials of War Criminals before the Nuremberg Military Tribunals under Control Council Law No. 10, Nuremberg, October 1946 – April 1949 (Green Series), Vol. IV und V (Washington, 1950).

Tuchel J., Der Reichsführer SS. In: Smelser Ronald, Syring Enrico (Hg.), Die SS: Elite unter dem Totenkopf (Paderborn, 2000), S. 234–253.

Ueberschär Gerd R. (Hg.), Der Nationalsozialismus vor Gericht. Die alliierten Prozesse gegen Kriegsverbrecher und Soldaten 1943–1952 (Frankfurt/Main, 1999).

Vorländer Herwart, Mündliches Erfragen von Geschichte. In: Vorländer Herwart, Oral History. Mündlich erfragte Geschichte (Göttingen, 1990), S. 7–28.

Waitzbauer Harald, Displaced Persons in Salzburg 1945 bis 1955. In: Salzburg 1945–1955. Zerstörung und Wiederaufbau. Begleitbuch zur gleichnamigen Ausstellung des Salzburger Museums Carolino Augusteum in Zusammenarbeit mit dem Verein „Salzburger Wehrgeschichtliches Museum" (=Jahresschrift des Salzburger Museums Carolino Augusteum 40/41, Salzburg, 1994/95), S. 139–146.

Wasser Bruno, Die „Germanisierung" im Distrikt Lublin als Generalprobe und erste Realisierungsphase des „Generalplan Ost". In: Rössler Mechtild, Schleiermacher Sabine (Hg.), Der „Generalplan Ost". Hauptlinien der nationalsozialistischen Planungs- und Vernichtungspolitik (Berlin, 1993), S. 271–293.

Dokumentationsarchiv des österreichischen Widerstandes (Hg.), Widerstand und Verfolgung in Oberösterreich, 1934–1945. Eine Dokumentation, Bd. 2 (Wien, München, Linz, 1982).

Wiener Zeit- und Wegweiser 1943, „Der alte Krakauer-Schreibkalender", 303. Jg.

Wieser Priska, Nationalsozialistische Mädchenerziehung in der Reichsschule für Volksdeutsche in Achern (Dipl. Arb., Innsbruck, 1990).

Wnuk Jozef, Dzieci polskie oskarżają (Lublin, 1975).

Wnuk Jozef, Losy dzieci polskich w okresie okupacji hitlerowskiej (Warszawa, 1980).

Woodbridge George, UNRRA. The History of the United Nations Relief and Rehabilitation Administration, Bd. 2 (New York, 1950).

Yow Valerie Raleigh, Recording Oral History. A Practical Guide for Social Scientists (Thousand Oaks, 1994).

Zorn Gerda, Nach Ostland geht unser Ritt. Deutsche Eroberungspolitik zwischen Germanisierung und Völkermord (Bonn, Berlin, 1980).

Zywulska Krystyna, Wo vorher Birken waren. Überlebensbericht einer jungen Frau aus Auschwitz-Birkenau (München, 1979).

Justizblätter

RGBl. I, 1933
RGBl. I, 1937
RGBl. I, 1940
RGBl. I, 1941
BGBl. I, 2000
BGBl. III, 2001

C. Periodika

Berger Manfred, Wer war Hildegard Hetzer. In: sozialmagazin, 24. Jg., H. 10 (1999), S. 8–10.

Brandner Edmund, Im Schloss Oberweis arbeiteten die Nazis an der „Herrenrasse". In: Oberösterreichische Nachrichten, Lokal, vom 29. November 2003, S. 25.

Brandner Judith, Lebensborn im Wienerwald. In: gehÖrt. Das Österreich 1 Magazin (Mai 2004), S. 10–11.

M. S., Tragedia dzieci polskich wywiezionych do Autrii i Niemiec. In: Głos Polski, Nr. 10, vom 10. Mai 1946, o. P.

N. N., Geburten in Heimen des Lebensborn. In: Das Standesamt, Zeitschrift für Standesamtswesen, Ehe- und Kindschaftsrecht, Staatsangehörigkeitsrecht, 18. Jg. (1965), S. 164–165.

N. N., Hitlerowskie Zbrodnie na dzieciach Polskich. In: Gazeta Sadowa i Penitencjarna, Nr. 17, vom 1. September 1968, o. P.

N. N., Kinder suchen Eltern. In: Salzburger Nachrichten vom 15. September 1945, S. 5.

N. N., Späte Vergangenheitsbewältigung. Viele Stimmen melden sich zu Wort. In: Achern-Reuch-Zeitung (ARZ) vom 17. November 1992, o. P.

Nadolny Anastazy, Polskie sieroty i dzieci samotne w Austrii po II wojnie światowej. In: Przegląd Zachodni, 40. Jg., Nr. 2 (1984), S. 87–110.

Plato Alexander von, Zeitzeugen und die historische Zunft. In: Zeitschrift für Bibliographieforschung und Oral History, 13 Jg., H. 1 (2000), S. 5–29.

Rak Anna, Spotkanie Janczarow. In: Nasz Dziennik vom 28.–29. Oktober 2000 (Wochenendausgabe), S. 14.

Rak Anna, Współcześni janczarzy (cz.1). Odebrano wam życie – dziś dajemy wam tylko pamięc. In: Nasz Dziennik vom 1. Juni 1999, S. 9.

Schleicher Barbara, Es steht ein Haus in Österreich. In: „Spectrum", Wochenendausgabe „Die Presse" vom 9. Dezember 2002, S. I–II.

Schmölzer Michael, Die Kinder von Lidice. Gedanken – Sühne ohne Schuld. In: Wiener Zeitung vom 10. Juni 2002, S. 3.

T. K., Das Polenlager in der Hellbrunnerkaserne. In: Salzburger Nachrichten vom 5. November 1945, S. 2.

Wojciewska Katarzyna, Polska Unia Ofiar Nazizmu. In: Wieści, Nr. 11–12, vom 21.–28. März 2004, S. 5.

D. Websites

http://www.bz.nuernberg.de/bzshop/publikationen/nproz/nproz.html, Die Nürnberger Nachfolgeprozesse (Stand vom 25. April 2006).

http://www.mazal.org/, The Mazal Library (Stand vom 15. Juni 2004).

http://www.versoehnungsfonds.at/, Homepage des Österreichischen Versöhnungsfonds (Stand vom 15. April 2006).

http://www.fpnp.pl, Homepage der Stiftung „Polnisch-Deutsche Aussöhnung" (Fundacja „Polsko-Niemieckie Pojednanie") (Stand vom 10. Jänner 2006)

E. Audio-Quellen

„Lebensborn im Wienerwald – ein Lungensanatorium als Gebäranstalt für arisches Leben". Radiosendung gestaltet von Judith Brandner; ausgestrahlt am 15. Mai 2004 in der Reihe *Hörbilder* auf Ö1.

„Menschenzucht – der Lebensborn e.V. als nationalsozialistisches Rasseninstrument". Radiosendung gestaltet von Judith Brandner; ausgestrahlt am 31. August 2004 in der Reihe *Dimensionen* auf Ö1.

F. Audiovisuelle Quellen

„Ruhelos – Kinder aus dem Lebensborn". Film von Christiane Ehrhardt (BR), 1993.

„Zwangsweise deutsch. Als Kind von der SS verschleppt". Dokumentation von Frank Berger und Beatrice Weise, gesendet am 8. März 2002 im WDR.

„Geheimsache Lebensborn". Dokumentation von Barbara Thalberg, gesendet am 4. Dezember 2002 im ORF.

Personenregister

Falls bekannt, werden die ehemaligen „eingedeutschten" Namen in Klammern angeführt.

Sachregister

Danksagung

Der Komplex der gewaltsamen „Eindeutschung" von „rassisch wertvollen" Kindern stellt in der zeitgeschichtlichen Wissenschaftslandschaft ein beträchtliches Forschungsdesiderat dar. Trotz dieser Tatsache wurde die vorliegende Untersuchung nicht von allen ArchivmitarbeiterInnen unterstützt; dasselbe gilt für einige ZeitzeugInnen. Doch viele halfen, und das war erfreulicherweise die überwiegende Mehrheit.

Zu großem Dank verpflichtet bin ich Herrn Univ. Prof. Dr. Dieter A. Binder (Karl-Franzens Universität, Graz), Herrn Dr. Peter Widmann (Zentrum für Antisemitismusforschung, Berlin), Frau Michalina Wysocka (Instytut Pamięci Narodowej, Warschau), Herrn Dr. Josef Goldberger (Landesarchiv Oberösterreich), Herrn Dr. Oskar Dohle (Landesarchiv Salzburg), Frau Krzysztofa Marzec-Gacka (Stiftung „Polnisch-Deutsche Aussöhnung", Warschau), Frau Elzbieta Rejf (Informationsbüro des Polnischen Roten Kreuzes), Frau Sabine Gresens (Bundesarchiv Berlin), Frau Andrea Rumpf (Stadtarchiv Achern), Dr. Wolfgang Quatember (Zeitgeschichte Museum, Ebensee), Herrn Dr. Georg Lilienthal (Johannes-Gutenberg-Universität Mainz) sowie den namentlich nicht bekannten MitarbeiterInnen des Archiwum Panstwowe w Łódźi und des Instituts für Zeitgeschichte in München. Ebenso danke ich Herrn Mag. Arno Wonisch, Frau Mag. Vera Noll, Herrn Hermann Lüdeking, Herrn Frank Berger, Herrn Franz Brunner, Herrn Manfred Brein, Frau Bożena Będzińska-Wosik, P. Heribert Rasch, P. Ratmund Kulman OSB, Herrn Georg Rams, Frau Jolanta Zajec, Frau Mag. Jana Müller und Herrn Werner Mader. Für ihren großartigen persönlichen Einsatz sind insbesondere Frau Mag. Ursula Mindler und meine Schwester Frau Mag. Nicole Hopfer hervorzuheben.

Mein besonderer Dank gilt all jenen Personen, die sich bereit erklärten, mir ein Interview zu geben bzw. meinen Fragebogen zu beantworten: Herrn Piotr A., Frau Wiesława B., Frau Halinka Borkowska, Herrn Janusz Bukorzycki, Frau Maria E., Frau Theresia Fiala, Frau Maria Fiegl, Frau Bogumiła Hetich, Frau Anna Kociuba, Herrn Wiesław Kuligowski, Frau Halina Kurek, Herrn Balthasar Langegger, Frau Krystyna Lesiecka, Herrn Jerzy M., Frau Janina Madejczyk, Frau Irene Majeski, Herrn Zenon Małkiewicz, Herrn Bołeslaw Olczak, Frau Halina Olejniczak, Frau Barbara Paciorkiewicz, Frau Alicja Raczyńska, Frau Elisabeth Ronacher, Herrn Anton Salchegger, Herrn Peter Schneider, Herrn Kajetan Stuhler, Herrn Dkfm. Ing. Joseph Swoboda, Frau Maria T., Herrn Leon Twardecki, Herrn Henryk Wojciechowski, Frau Karoline Z. sowie all jenen, die namentlich nicht genannt werden wollten. Besonders möchte ich Frau Barbara Paciorkiewicz, ehemalige Vorsitzende des Vereines „Zrzeszenie Dzieci Polskich Germanizowanych przez reżim hitlerowski", für ihre Hilfsbereitschaft und Freundschaft danken.

Eine besonders innige Danksagung ergeht an meine Eltern, ohne deren stetige Ermutigung und ideelle Unterstützung die vorliegende Studie in dieser Form nicht verwirklicht worden wäre und an Gerald, der mir Mut zusprach oder mich schlicht ertrug, wenn ich von Frustration gebeutelt oder in die Arbeit völlig versunken war.

Dr. Ines Hopfer, Graz (2006, 2009)

Die Autorin

Dr. Ines Hopfer ist Historikerin mit dem Forschungsschwerpunkt „Eindeutschung" von Kindern und Jugendlichen in der NS-Zeit.

Sie erhielt 2006 für ihr wissenschaftliches Engagement u. a. die Ehrenmedaille des polnischen Vereins „Zrzeszenie Dzieci Polskich Germanizowanych przez reżim Hitlerowski". Dr. Hopfer arbeitet und lebt in Graz.

VOLKER KOOP
»DEM FÜHRER EIN KIND
SCHENKEN«
DIE SS-ORGANISATION
LEBENSBORN E.V.

Wissenschaftlich fundiert und kenntnisreich erschließt Volker Koop die Geschichte des Lebensborn e.V. von der zugrunde liegenden Ideologie bis zu dem Nachkriegsschicksal der Betroffenen. Sein Buch ermöglicht neue Einblicke in den praktizierten Rassenwahn dieser SS-Organisation, die unter dem Vorwand, Müttern und Kindern zu helfen, rücksichtslos die »Germanisierung« Europas vorantreiben wollte.

2007. X, 306 S. MIT 11 S/W-ABB. GB. MIT SU. 155 X 23 MM.
ISBN 978-3-412-21606-1

Mit Bilddokumenten, ausführlichen Zitaten aus dokumentarischen Quellen, reichem Faktenmaterial und der Darstellung von exemplarischen Einzelschicksalen vermittelt das sachlich gehaltene Buch ein authentisches Bild der kriminellen Organisation und trägt damit zur Geschichte des Dritten Reiches wie der praktizierten Rassenhygiene/Eugenik bei.

Zeitschrift für Geschichtswissenschaft

BÖHLAU VERLAG, URSULAPLATZ 1, 50668 KÖLN. T: +49(0)221 913 90-0
INFO@BOEHLAU.DE, WWW.BOEHLAU.DE | KÖLN WEIMAR WIEN

böhlau

böhlau

WALTRAUD HÄUPL
DER ORGANISIERTE
MASSENMORD AN KINDERN
UND JUGENDLICHEN IN DER
OSTMARK 1940–1945
GEDENKDOKUMENTATION FÜR DIE
OPFER DER NS-EUTHANASIE

Nach dem „Gnadentod-Erlass" A. Hitlers im Jahre 1939 setzte ab sofort und intensiv die „Vernichtung lebensunwerten Lebens" ein. Niemand durfte durch anderes Aussehen, Krankheit, Behinderung, Arbeits- und Bildungsunfähigkeit das Idealbild der „arischen Herrenrasse" stören. Viele willfährige Helfer im ganzen Land unterstützten diese Wahnsinnsideologie des Dritten Reiches mit Begeisterung, blindem Gehorsam und „kreativer" Eigeninitiative. Es entstanden Tötungszentren u. Menschenversuchsabteilungen, die als Spezialkliniken oder Erholungsheime deklariert wurden.

Dieses Buch ist eine Gedenkdokumentation für die Opfer des organisierten Massenmordes an Kindern und Jugendlichen. Sie wurden mit Sammeltransporten in Bussen, Zügen, Schiffen oder einzeln in die Tötungsanstalten gebracht. Ihre Zahl kann nie mehr genau erfasst werden. Trotzdem gelang es aus den noch erhaltenen Unterlagen (Krankengeschichten, Briefen, Aussagen von noch lebenden Zeitzeugen, usw.) stellvertretend für alle Opfer, weitere 1437 Namen und Lebensbilder festzuhalten.

2008, 271 S. GB. MIT SU 155 X 235 MM.
ISBN 978-3-205-77729-8

BÖHLAU VERLAG, WIESINGERSTRASSE 1, 1010 WIEN. T: +43(0)1 330 24 27-0
BOEHLAU@BOEHLAU.AT, WWW.BOEHLAU.AT | WIEN KÖLN WEIMAR